Le droit de la concurrence face aux défis des économies insulaires

Regards sur la Polynésie française et la région du Pacifique

Concurrences
Paris – New York – Londres

ISBN 979-10-94201-94-7

Ouvrages Concurrences

La version électronique de ces ouvrages est disponible sur le site concurrences.com.

Mélanges

Harry First – A Global Vision for Competition Law, *S. Waller, A. Gavil, D. Bush (eds.), Forthcoming 2025*

James F. Rill – A Life in Antitrust, *J. Taladay, P. Lugard, J. Antonio, 2024*

Laurence Idot – Concurrence et Europe, Vol. I & II, *Christophe Lemaire, Francesco Martucci (dir.), 2022*

Eleanor M. Fox – Antitrust Ambassador to the World, *2022*

Frédéric Jenny – Standing Up for Convergence and Relevance in Antitrust, Vol. I & II, *2021*

Herbert Hovenkamp – The Dean of American Antitrust Law, *2021*

Albert A. Foer – A Consumer Voice in the Antitrust Arena, *2020*

Richard Whish – Taking Competition Law Outside the Box, *2020*

Wang Xiaoye – The Pioneer of Competition Law in China, *Adrian Emch, Wendy Ng (eds.), 2019*

Douglas H. Ginsburg – An Antitrust Professor on the Bench, Vol. I & II, *2018 & 2021*

Ian S. Forrester – A Scot Without Borders, Vol. I & II, *Assimakis Komninos et al. (eds.), 2015*

William E. Kovacic – An Antitrust Tribute, Vol. I & II, *Nicolas Charbit et al. (eds.), 2013 & 2014*

Thèses

Intent in Antitrust Law, *M.-S. Garnier, Forthcoming 2025*

The Economics of Digital Markets: Essays in theoretical and empirical industrial organization, *E. Arnaud-Joufray, 2024*

Abuse of Platform Power: Leveraging Conduct in Digital Markets under EU Competition law and Beyond, *Friso Bostoen, 2023*

Reform of Chinese State-owned enterprises: What China Can Learn From the Practice of Competitive Neutrality Policy in Australia, *Xue Bai, 2023*

La soumission des banques au droit de la concurrence, *Antonin Pitras, 2022*

L'entreprise contrevenante en droit des pratiques anticoncurrentielles, *Etienne Thomas, 2021*

Droit de la commande publique et droit de l'Union européenne : Étude sur une dynamique commune, *Vincent Bridoux, 2021*

Competition and Regulation in Network Industries: Essays in Industrial Organization, *Jean-Marc Zogheib, 2021*

La faute lucrative en droit de la concurrence, *Godefroy de Moncuit de Boiscuillé, 2020*

The Role of Media Pluralism in the Enforcement of EU Competition Law, *Konstantina Bania, 2019*

Les accords de report d'entrée (Pay-for-delay), *Walid Chaiehloudj, 2019*

Buyer Power in EU Competition Law, *Ignacio Herrera Anchustegui, 2017*

Google, la presse et les journalistes, *Guillaume Sire, 2015*

L'Union européenne et le droit international des subventions, *Loïc Wagner, 2015*

Pratiques

Navigating The DMA: Application Across National Jurisdictions, *G. Muscolo, A. Massolo (eds.), 2025*

Compendium of International Cartels, *A. Capobianco, O. Schwartz, 2025*

Artificial Intelligence and Competition Policy, *A. Abbott, T. Schrepel, 2024*

Code de la concurrence, *C. Lemaire, 2024*

The 2023 U. S. Merger Guidelines: A Review, *Sean Sullivan (ed.), 2024*

Competition Inspections in 25 Jurisdictions 2nd Edition – A Practioner's Guide, *Nathalie Jalabert-Doury (ed.), 2024*

EU Antitrust Enforcement – Law, Economics, History, Policy & Practice, *Wouter P. J. Wils, 2024*

The EU Foreign Subsidies Regulation, *Andreas Reindl, Isabelle Van Damme (eds.), 2024*

Compendium of Antitrust Damages Actions – 2nd Edition, *John W. H. Denton AO, François Brunet, Sarina Williams, Caroline Inthavisay (eds.), 2024, in collaboration with the ICC*

Pharmaceutical Antitrust – An Analysis of US and EU Law, *Mélanie Thill-Tayara, George G. Gordon (eds.), 2023*

Innovation Paradox in Merger Control, *Professor Gönenc Gürkaynak, 2023*

Antitrust and the Digital Economy – Legal Standards, Presumptions, and Key Challenges, *Yannis Katsoulacos, 2023*

Judicial Review of Competition Cases, *Tim Eicke, Douglas H. Ginsburg (eds.), 2023*

Global Dictionary of Competition Law, *Deborah Healey, William E. Kovacic, Pablo Trevisán, Richard Whish (eds.), 2024*

Grands arrêts du droit de la concurrence – Pratiques anticoncurrentiels – Volume I : Règles de fond, Nouvelle édition, *Laurence Idot (dir.), 2022*

Grands arrêts du droit de la concurrence – Pratiques anticoncurrentielles – Volume II : Mise en œuvre, Nouvelle édition, *Laurence Idot (dir.), 2022*

Grands arrêts du droit de la concurrence – Concentrations, Nouvelle édition, *Laurence Idot (dir.), 2022*

Grands arrêts du droit de la concurrence – Aides d'État, Nouvelle édition, *Laurence Idot (dir.), 2022*

Competition Law Treatment of Joint Ventures, *Benedict Bleicher, Neil Campbell, Andrea Hamilton, Niko Hukkinen, Arshad (Paku) Khan, Alastair Mordaunt (eds.), 2022 (in collaboration with the IBA)*

Information Exchange and Related Risks – A Practical Guide, *Zoltán Marosi & Marcio Soares (eds.), 2022 (in collaboration with the IBA)*

Rulemaking Authority of the US Federal Trade Commission, *Daniel A. Crane (ed.), 2022*

The International Competition Network at Twenty, *Dave Anderson & Paul Lugard (eds.), 2022*

Competition Case Law Digest – 5th Edition, *Frédéric Jenny, Nicolas Charbit (eds.), 2022*

Perspectives on Antitrust Compliance, *Anne Riley, Andreas Stephan, Anny Tubbs (eds.), 2022 (in collaboration with the ICC)*

Turkish Competition Law, *Gönenç Gürkaynak, 2021*

Les pratiques commerciales déloyales, *Erwann Kerguelen, Jean-Louis Fourgoux, Leyla Djavadi (dir.), 2021*

Les inspections de concurrence des autorités françaises, *Nathalie Jalabert-Doury, 2e édition, 2021*

Competition Law, Climate Change & Environmental Sustainability, *Simon Holmes, Dirk Middelschulte, Martijn Snoep (eds.), 2021*

La réparation des préjudices causés par les pratiques anticoncurrentielles, *Rafael Amaro, Jean-François Laborde, 2e édition, 2020*

Competition Inspections under EU Law – A Practitioner's Guide, *Nathalie Jalabert-Doury, 2020*

Merger Control in Latin America – A Jurisdictional Guide, *Paulo Burnier da Silveira, Pamela Sittenfeld (eds.), 2020*

Gun Jumping in Merger Control, A Jurisdictional Guide, *Catriona Hatton, Yves Comtois, Andrea Hamilton (eds.), 2019*

Grands arrêts du droit de la concurrence – Régulations, *Francesco Martucci (dir.), 2019*

Grands arrêts du droit de la concurrence – Distribution & Pratiques commerciales déloyales, *Nicolas Ferrier & Frédéric Buy (dir.), 2019*

Choice – A New Standard for Competition Analysis ?, *Paul Nihoul et al., 2016*

Ouvrages généraux

Great Antitrust Enforcers – Lessons from Regulators, *William E. Kovacic, 2023*

Competition – How to Speak Like an Expert, *Emmanuel Combe, 2023*

Chroniques (décalées) d'un économiste, *Emmanuel Combe, 2022*

Women & Antitrust – Voices from the Field, Vol. I & II, *Evelina Kurgonaite & Kristina Nordlander (eds.), 2020*

Petit manuel (irrévérencieux) d'économie, *Emmanuel Combe, 2018*

A quoi sert la concurrence ?, *Martine Behar-Touchais et al. (ed.), 2014*

La vague et la pierre

Le droit de la concurrence face aux défis des économies insulaires

Regards sur la Polynésie française et la région du Pacifique

Le mot du Président Moetai Brotherson
Préfaces d'Olivier Guersent et William E. Kovacic
Avant-propos de Benoît Coeuré
Postface de Gina Cass-Gottlieb

Sous la direction de
Johanne Peyre
Enzo Silvestro
Vivien Terrien
Teuraterai Emen
Yannick Lecornu

LA LÉGENDE DE LA VAGUE ET DE LA PIERRE

Ta'aroa le dieu créateur avait créé la mer lisse comme un immense bloc de glace, sans rides, sans mouvements. Mais la mer s'ennuyait, car ce n'est pas gai d'être une chose inanimée et figée. Elle décida de voyager et de dépasser ses frontières. Elle savait bien que cela lui était défendu, qu'elle n'avait droit à la moitié du monde et que l'autre moitié appartenait aux pierres, aux arbres et aux hommes. Aussi choisissait-elle les nuits les plus sombres, les plus noires, pour désobéir. Chaque nuit la mer partait à l'assaut du monde

La nuit la mer se mettait à enfler doucement, doucement, sans faire de vagues, pour recouvrir le monde entier. L'eau montait sans vagues à l'assaut de la plage et des rochers, arrachant le sable et les pierres. Et elle engloutissait sans bruit les vallées et les montagnes, avec les maisons des hommes. Mais sous le sable, il y avait encore du sable. Et derrière la pierre, il y avait encore de la pierre. Et la mer, vaincue, lasse, se retirait chaque matin. Puis chaque soir elle repartait à l'assaut du monde.

Il ne fallait pas donner l'éveil à Ta'aroa le Grand ni aux autres dieux. Elle s'écartait donc soigneusement des lieux de culte et de sacrifice parce qu'ils étaient tapu (interdits et sacrés). Elle passait de chaque côté d'eux et les transformait en îles. Les hommes avaient beau s'inquiéter, les dieux qui ne savaient rien ignoraient leurs plaintes. Et la mer, peu à peu, agrandissait son domaine. Mais comment arrêter la progression de la mer ?

Arai, un jeune polynésien, qui se tenait debout sur la colline qui surplombait son village, voyait la mer s'approcher, nuit après nuit. Les dieux semblaient dormir. Arai savait que bientôt il n'y aurait plus de vie humaine. Aussi décida-t-il d'arrêter la mer. Mais comment ?

Il avait observé que la mer semblait éviter soigneusement les lieux tapu (interdits). Une nuit, il alla dans le plus proche marae (lieu de culte). Il savait qu'en violant le tapu il risquait sa vie mais il voulait arrêter la mer. Il prit une pierre de l'autel sacré et il lui sembla que la pierre lui brûlait les doigts. Il alla la cacher dans une grotte connue de lui seul et il attendit.

Il attendit la nuit suivante. Quand le soir arriva, il alla chercher cette pierre et s'avança vers la mer. Puis, dissimulé derrière un tronc d'arbre, il enfouit la pierre dans le sable.

La mer bientôt se mit à monter, à avancer sans bruit, pour surprendre les hommes dans leur sommeil. Elle monta, monta, et ne vit pas le piège. D'un coup, elle recouvrit la pierre sacrée. Déjà il était trop tard : cela fit une grande vague et un gros bruit, la pierre était en colère. Ta'aroa, averti, fit éclater sa menace dans un coup de tonnerre qui arrêta la mer.

C'est depuis ce temps-là que la mer et l'homme sont toujours en train de se battre. La mer voudrait bien l'engloutir mais, chaque fois qu'elle bouge, elle fait naître une multitude de vagues bruyantes qui sont un signal d'alarme pour les dieux et les hommes. L'homme a alors le temps de construire des digues et la mer a toujours pu être repoussée à temps.

TE TU'A 'Ā'AI O TE ARU 'E TE 'ŌFAI MANA*

Tē ha'umani noa ra te miti 'apāpāvai. Tupu iho ra tōna mana'o e 'a'e i te fenua. Terā rā, ti'a mai nei te taure'are'a tā'ī'ī ra o Arai nō tē tei fa'aū i te vāve'a a mau roa atu ai te he'era'a o te miti.

E ha'umani rahi tō te miti.

'Ua rahu o Ta'aroa, te Atua tinitini, i te miti 'apāpāvai e te mānino mai te tahi 'ata'a pape pa'ari huru rahi, te taratara 'ore e taimāmū. Tē ha'umani noa ra te miti, inaha i tōna mana'o e'ere roa i te mea au i te fa'aea noa. 'Ua 'ōpua a'e ra 'oia i te tere haere ē tāhiti roa atu i tōna 'ōti'a. Ua 'ite maita'i ho'i 'oia e tapu te reira, ua fa'aotihia te 'āfara'a o te fenua nōna 'āre'a rā te tahi atu 'āfara'a nō te 'ofa'i ïa, te aru e te ta'ata. Nō reira ïa 'oia i ha'a'eta'eta ai 'e a tāponi ai i te pō pōuri pa'opa'o.

I te mau pō ato'a e tere te miti nō te nīnīvaru i te fenua

I te tau pō, mara'a aunu'nu'u noa te miti, fa'a'ī marū noa ai ma te 'āueue 'ore ē 'ati a'e te fenua. 'Ua paremo o tahatai i te miti e 'ua nīnā roa te mau 'ofa'i, 'ua heru i te one e te 'iri'iri, horomi'i atu i te mau fa'a e te mou'a ē momi ato'a atu i te fare o te ta'ata. Teie nei rā i raro a'e i te one tē vai noa ra ā te one 'e i raro a'e i te mau 'ōfafa'i tē vai noa ra ā te 'ōfa'i. 'Aita te miti i manuia, 'e nō tōna rohirohi fa'aru'e iho ra 'oia i ta nā 'ōpuara'a ma te ti'afā i te mau po'ipo'i ato'a. 'Ia tape rā te mahana i muri mai, nā ni'a fa'ahou te miti i tāna peu 'e i tāna 'ōpuara'a i tē nīnīvarura'a i te ao.

'Ua māramarama maita'i 'oia ē 'eiaha roa o Ta'aroa e te mau Atua rau e 'ite i te 'ohipa o tāna e rave ra i te mau pō ato'a, nō reira 'oia a fa'ahahao noa ai i te mau vāhi tapu mai te mau Marae 'e te mau vāhi ha'amorira'a, a riro mai ai taua mau tuhara'a fenua 'ei motu 'āpī. E ahoaho tō te ta'ata, aita rā te mau Atua i hāro'aro'a noa a'e i te 'ohipa e tupu ra 'e te 'āehuehu o te ta'ata. Te 'ā'ano noa atu ra te pāhora fenua i po'i i te miti.

Nāhea rā i tē tāpe'a i te miti?

I te mau pō ato'a e ti'a mai o Arai i ni'a i te pu'u mou'a o tōna 'oire 'e tē 'ite noa ra 'oia i te miti i te fa'aenera'a i tahatai i te mau pō ato'a 'e tē piri noa mai ra e ru'i ē e ru'i atu. E au ra ho'i ē tē ta'oto noa ra te mau Atua. Ua 'ite maita'i o Arai i te mea ē tē vai ra te taime 'aita e ta'ata ora fa'ahou i ni'a i te fenua. Fa'aoti atu ra o Arai i te tāpe'a i te miti.

'Ua hi'o maita'i o Arai i te terera'a o te miti 'e ua 'ite 'oia ē tē 'ape'ape ra te miti i te mau vāhi tapu, fa'aoti a'e ra 'oia i te haere i te marae piri roa a'e iō na, noa atu tōna mata'u rahi i te pohe 'aita 'oia i 'ōtohe i tāna 'ōpuara'a e tāpe'a i te miti. 'Ua rave

---

* Traduit par le Service de traduction de la Polynésie française.

mai 'oia i te hō'ē 'ofa'i mai ni'a mai i te Marae, e au ra ïa e ahu rahi i tōna rima i te amora'a i taua 'ofa'i ra. 'Āfa'i tāpuni atu ra 'oia i tāua 'ofa'i ra i roto i te hō'ē ana matauhia e ana e ua tīa'i i reira.

'Ua tīa'i 'oia i te pō i muri mai 'e i te ahiahira'a ra haere atu ra 'oia e ti'i i taua 'ofa'i ra ma tē moemoe i te miti, huna atu ra i te reira i roto i te hō'ē 'āpo'o one i muri mai i te tahi tumu.

Te vāve'a māniania

Tē mara'a marū noa mai ra te miti i ni'a i te fenua ma tē 'ahehe 'ore, hitimahuta a'e nei te ta'ata i roto i tō rātou ta'otora'a. 'Aita te miti i fa'aea noa a'e i tē mara'a 'e ua horo haere ma te 'ore e ha'apa'o noa a'e i te 'ati e vai ra. 'Aita i maoro roa atu, 'ua 'a'e atu nā ni'a i te 'ōfa'i tapu, tāere roa : pahū vavā iho nei te miti i te hae o te 'ōfa'i mana. Ara iho nei o Ta'aroa e 'ua pi'i iho ra 'oia i te haruru pātiri, mau a'e ra te miti i tōna haere'a.

Mai reira mai te 'aro-noa-ra'a te miti i te ta'ata. Hina'aro ihoā te miti i te nīnā i te fenua, i te taime rā a hā'uti'uti ai 'oia, te tuputupu-ato'a-ra'a ïa te 'aru fāfati e āunauna ïa nō te mau Atua e te ta'ata. 'Aua'e maoti te reira a taimehia ai te ta'ata nō te patu i te pā fa'aruru miti rahi.

LE MOT DU PRÉSIDENT

Moetai Brotherson
Président de la Polynésie française

En tant que président de la Polynésie française, j'ai à cœur de partager avec vous la vision qui guide nos actions pour bâtir un avenir ambitieux et équilibré pour notre territoire. La Polynésie française est une terre d'une singularité exceptionnelle : un archipel dispersé sur un espace aussi vaste que l'Europe, mais peuplé comme une ville moyenne. Ce paradoxe géographique, couplé à notre éloignement des grands marchés, modèle les opportunités et les défis auxquels nous faisons face chaque jour.

Nos enjeux sont à la fois historiques et contemporains. L'héritage du Centre d'expérimentations du Pacifique a profondément transformé notre société, en modifiant nos structures économiques et en centralisant la population autour de Tahiti. Par ailleurs, le changement climatique est une menace immédiate, en particulier pour les îles basses comme celles des Tuamotu, où des actions de remédiation pourraient devenir coûteuses, voire impossibles. Et pourtant, la Polynésie regorge d'atouts : des paysages parmi les plus beaux du monde, une culture riche et vivante, et une population résiliente et innovante.

Notre ambition pour la décennie à venir repose sur quatre grands piliers. Le premier est le tourisme durable. Nous ne cherchons pas simplement à augmenter le nombre de visiteurs, mais à repenser le tourisme pour qu'il devienne une activité respectueuse de l'environnement et de nos communautés, tout en créant des revenus qui profitent directement aux habitants. Le deuxième pilier est la revitalisation de notre secteur primaire, pour regagner une autosuffisance alimentaire et développer des productions à haute valeur ajoutée comme la vanille, le concombre de mer ou encore le noni. Le troisième est la transition énergétique, en tirant parti de ressources locales telles que l'énergie thermique des mers, tout en diminuant notre dépendance aux énergies fossiles. Enfin, le quatrième pilier est la révolution numérique. Grâce aux câbles intercontinentaux qui relient désormais Tahiti au reste du monde, nous avons la capacité de développer une économie numérique dynamique et créatrice d'emplois pour nos jeunes.

La régulation de la concurrence joue un rôle clé dans cette stratégie. En Polynésie, l'absence naturelle de concurrence, due à la taille de nos marchés, peut freiner l'innovation et l'efficacité économique. C'est pourquoi l'Autorité polynésienne de la concurrence est essentielle. Elle agit comme un garant de l'équité économique, permettant à nos marchés de prospérer tout en protégeant les consommateurs.

À l'occasion du dixième anniversaire de notre régime polynésien de la concurrence, je souhaite partager ma conviction que la Polynésie peut relever ces défis et saisir ces opportunités grâce à une approche équilibrée, alliant respect de notre identité culturelle et ouverture à l'innovation. Notre objectif est de construire un territoire où chaque Polynésien puisse s'épanouir, dans une économie durable, solidaire et tournée vers l'avenir. Ce projet ne se limite pas à répondre aux besoins d'aujourd'hui : il s'agit de poser les fondations d'une Polynésie résiliente pour les générations futures.

PRÉFACE

« La défense de la concurrence au bénéfice de l'innovation et des consommateurs »

Oliver Guersent

Directeur général de la Direction générale de la concurrence, Commission européenne

En 2015, il y a déjà 10 ans, la loi sur la concurrence de la Polynésie française a été adoptée et l'année suivante l'Autorité polynésienne de la concurrence (APC) a pris ses fonctions.[1] Et, depuis lors, l'APC et ses agents ont fait une réelle différence dans le paysage concurrentiel de la Polynésie française, en remplissant les missions qui leur ont été confiées.

Quand on pense à la Polynésie française, l'image d'un archipel à la nature luxuriante au milieu du Pacifique bleu nous vient immédiatement à l'esprit mais il faut prendre conscience qu'il s'agit d'une multitude d'îles et d'atolls, peuplés d'environ 280 000 habitants,[2] dont 69 % se concentrent à Tahiti.

En d'autres termes, ce qui contribue à la beauté insulaire de ce territoire influence également le développement de son économie et la manière dont la concurrence s'exerce. La taille modeste d'un territoire insulaire ne permet pas, en règle générale, d'atteindre, sur le plan économique, les économies d'échelle et de gamme présentes dans les grandes économies.[3] En raison de la taille limitée de leurs marchés intérieurs et de leur production, les petites économies ont également tendance à dépendre des importations.[4] Elles sont, donc, confrontées à des coûts de transport et d'intrants élevés. En outre, la Polynésie française est éloignée des principales voies de transport maritime et aérien.[5] Tout cela se traduit par une forte concentration industrielle et des barrières à l'entrée élevées.[6] Dans une telle situation, le rôle de l'Autorité de la concurrence est déterminant, afin de créer le type d'environnement approprié où la concurrence peut s'épanouir.

---

1 Peyre Johanne, Kovacic William E. et Ibarra Alejandro, *An Overview of the Competition Law and Policy Challenges in the Pacific Islands – The Case of French Polynesia* [en ligne], p. 6. Disponible sur : https://awards.concurrences.com/IMG/pdf/cljp_-_an_overview_of_the_competition_law_and_policy_challenges_in_the_pacific_islands_240124_.pdf?120814/974e88800ce1414eecbfa265959c921fcbafc9a3f268aa002f968302f9c8d5c2.

2 *Recensement de la population 2022 – La population légale en Polynésie française au 18 août 2022.*

3 Ennis Sean et Piffaut Henri, « Insular Economies: An Overview of the National Case Law », *Concurrences*, n° 113622, p. 1.

4 Peyre Johanne, Kovacic William E. et Ibarra Alejandro, *An Overview of the Competition Law and Policy Challenges in the Pacific Islands – The Case of French Polynesia*, *op. cit.*, p. 4.

5 Peyre Johanne, Competition Law in French Polynesia: Enforcement Challenges from a Young and Small Competition Authority, in : (2022) 27 CLJP/JDCP, p. 113.

6 Voir, Peyre Johanne, Kovacic William E. et Ibarra Alejandro, *An Overview of the Competition Law and Policy Challenges in the Pacific Islands – The Case of French Polynesia*, *op. cit.*, p. 4.

C'est ce qu'a fait régulièrement l'APC.

En premier lieu, l'APC a utilisé ses pouvoirs pour soutenir des politiques qui favorisent le développement de la concurrence. En fait, elle peut être saisie de demandes d'avis sur toute question de concurrence, sur les projets de loi ou sur d'autres textes.[7] Dans ce contexte, l'APC a émis récemment des avis dans des domaines cruciaux comme les postes et télécommunications et l'énergie,[8] juste pour en mentionner quelques-uns.

Outre ces avis, l'APC n'a pas hésité à faire respecter le droit de la concurrence en cas de violations. Elle a pris des décisions contre des cartels[9] ou s'est attaquée aux abus de position dominante, et n'a pas hésité à imposer des mesures conservatoires.[10]

Avec une trentaine de dossiers à son compte, l'APC est également active en matière de contrôle des concentrations, analysant les transactions qui doivent lui être notifiées lorsque les seuils juridictionnels sont atteints.[11]

L'application du droit de la concurrence par ces instruments classiques est essentielle pour garantir que les difficultés que le paysage concurrentiel peut poser dans une petite économie insulaire comme celle de la Polynésie française ne soient exacerbées par le comportement anticoncurrentiel des entreprises.

À côté de ces instruments classiques, l'APC contrôle les créations et les modifications des surfaces commerciales, afin de préserver un climat suffisamment concurrentiel dans le domaine du commerce de détail.[12] Dans ce contexte, elle examine notamment si l'opération crée ou renforce une position dominante.

Il s'agit d'un riche portefeuille d'activités que l'APC a courageusement et efficacement développé, avec une vision claire sur comment renforcer la concurrence dans son territoire.

L'APC est également bien consciente qu'elle s'inscrit dans un contexte plus large. Elle est membre fondateur du réseau régional des autorités du Pacifique (Pacific Island Network of Competition Consumer and Economic Regulators [PINCCER])[13] qui a été lancé en

---

7 Voir : https://autorite-concurrence.pf/fonction-consultative/. L'APC peut en outre prendre l'initiative de rendre un avis public sur toute question concernant la concurrence et recommander au Gouvernement de mettre en œuvre les mesures nécessaires à l'amélioration du fonctionnement concurrentiel des marchés.

8 Voir, par exemple, APC, avis n° 2024-AO-03 du 29 avril 2024 portant sur un projet de loi du pays portant modification du *Code des postes et télécommunications* en Polynésie française ; avis n° 2024-A-04 du 30 mai 2024 portant sur un projet de loi du pays relatif à la régulation sectorielle en matière d'énergie ; avis n° 2023-A-06 du 15 décembre 2023 relatif à la fixation des tarifs de référence d'interconnexion des terminaisons d'appels mobiles des opérateurs de téléphonie mobile Onati, PMT et Viti pour 2024 et 2025.

9 Par exemple, décision n° 2022-PAC-01 du 5 septembre 2022 relative à des pratiques mises en œuvre dans le secteur des pompes funèbres.

10 Voir, par exemple, décision n° 2023-PAC-01 du 31 mars 2023 relative à une demande de mesures conservatoires présentée par la société Viti pour des pratiques mises en œuvre dans le secteur des télécommunications, en matière de prestations d'itinérance dans les archipels éloignés : dans cette affaire, l'APC a ordonné, dans l'attente d'une décision sur le fond, des mesures provisoires à l'encontre d'Onati, devant soumettre une offre tarifaire pour l'accès au *roaming* (voix et SMS) sur les îles des « archipels éloignés » afin de permettre à Viti d'être compétitive efficacement.

11 https://autorite-concurrence.pf/concentrations-liste/.

12 https://autorite-concurrence.pf/controle-des-amenagements-commerciaux/.

13 https://autorite-concurrence.pf/international/.

novembre 2023. Elle codirige la branche Concurrence aux côtés de son homologue de la Nouvelle-Zélande (Commerce Commission [NZCC]).

Le PINCCER servira de plateforme de coopération régionale et offrira l'occasion de relever des défis communs.

Les échanges entre ces juridictions peuvent favoriser le développement économique et servir de moteur à l'intégration régionale, comme l'a montré notre expérience dans l'UE. Dans l'UE, nous bénéficions du Réseau européen de la concurrence (REC), qui se compose de la Commission européenne et des autorités nationales de la concurrence de tous les États membres. J'espère que l'exemple du REC pourra également inspirer la coopération dans la région du Pacifique.

Tant l'APC que le PINCCER peuvent compter sur le soutien de la Commission européenne. Nous avons par exemple déjà contribué au financement d'un certain nombre de participants de la région à l'événement PINCCER tenu à Tahiti en février 2024 et nous sommes impatients de continuer nos échanges avec l'APC et le PINCCER.

À l'avenir, l'APC compte renforcer davantage son expertise et développer la coopération interne avec les services d'autres institutions et organismes de la Polynésie française ainsi qu'à l'international.[14]

Je félicite l'APC pour cet anniversaire qui est couronné par tant de succès.

Je lui souhaite autant de succès pour les années à venir.

Comme autorités partageant les mêmes valeurs et idées, c'est-à-dire la défense de la concurrence au bénéfice de l'innovation et des consommateurs, c'est avec plaisir que nous serons à ses côtés.

---

[14] APC, *Rapport annuel 2023*, p. 85 et 86.

PRÉFACE

« Cette expérience a une portée qui va au-delà du Pacifique »

William E. Kovacic

Professeur et Directeur du *Competition Law Center*
à l'Université George Washington

L'expansion extraordinaire et moderne du droit de la concurrence en tant qu'élément de la politique économique mondiale – notamment l'adoption de lois sur la concurrence par environ 120 juridictions depuis la fin des années 1980 – a fourni de nombreux enseignements sur ce qu'il faut pour créer et maintenir un régime efficace en la matière. Il n'existe pas de solutions rapides ou simples. Même les nations bénéficiant de conditions favorables et disposant de ressources substantielles pour cette tâche ont constaté que la mise en place d'un système efficace est un processus de croissance lente nécessitant des efforts soutenus. Il faut facilement 20 à 25 ans pour élaborer et tester les principes fondamentaux et le cadre institutionnel qui garantissent le succès.

Cet ouvrage fournit des indications encourageantes montrant que la Polynésie française, à l'occasion du dixième anniversaire de l'adoption de sa loi sur la concurrence, suit une trajectoire prometteuse en matière de mise en œuvre. Le développement d'un système efficace de droit de la concurrence repose sur un cycle vertueux d'expérimentation, d'évaluation et d'amélioration. La première décennie d'un nouveau système est largement expérimentale, au cours de laquelle un pays met en place des cadres institutionnels pour appliquer ses politiques et exerce ses pouvoirs d'application de la loi ainsi que d'autres outils réglementaires. La Polynésie française s'intègre pleinement dans l'évolution contemporaine grâce aux accomplissements réalisés au cours de cette première décennie formatrice.

Il est particulièrement remarquable que la direction de l'Autorité polynésienne de la concurrence saisisse pleinement l'importance de la deuxième phase du cycle vertueux – l'évaluation –, essentielle à la réussite future. Cet ouvrage ne se limite pas à examiner le travail passé de l'Autorité de la concurrence ; il fait aussi le point sur la situation économique en Polynésie française. Cette analyse aide à définir les priorités pour l'avenir et propose des améliorations pour le mandat, l'organisation et les ressources de l'Autorité. Il est très encourageant de voir que l'Autorité polynésienne de la concurrence s'engage à évaluer son système et à identifier les obstacles à une concurrence saine. Depuis l'adoption de la première loi sur la concurrence au Canada en 1889, aucun système n'a réussi sans un effort continu pour analyser les résultats et repérer les points à améliorer.

Le processus d'évaluation ne serait pas possible sans un investissement en ressources dans la recherche en matière de politique économique. Cet investissement constitue la base essentielle pour analyser les phénomènes commerciaux, décider des interventions nécessaires afin de résoudre les problèmes identifiés et choisir les solutions les plus adaptées. La direction de l'Autorité doit investir des ressources dont les effets ne seront peut-être pas immédiatement visibles en matière d'application de la loi, mais qui sont essentielles pour garantir que les choix politiques et les interventions futures soient judicieux. En établissant une norme qui valorise les investissements dans la recherche afin de développer les connaissances et les capacités, l'Autorité polynésienne de la concurrence pose aujourd'hui un exemple fort que les générations futures de dirigeants pourront suivre.

Cet ouvrage joue un rôle clé non seulement pour la Polynésie française, mais aussi pour les petites îles du Pacifique. Il documente les efforts visant à construire des alliances de coopération régionale qui permettront à chaque nation insulaire d'obtenir collectivement des résultats qui seraient inatteignables si chaque pays agissait seul. Les cadres de collaboration dans la région du Pacifique sont un complément précieux aux grandes organisations internationales qui s'efforcent de promouvoir l'adoption de pratiques exemplaires à l'échelle mondiale. En jouant un rôle central dans la formation de programmes de coopération régionale dans le Pacifique, la Polynésie française contribue à l'édification d'une infrastructure politique qui bénéficiera à toutes les nations de la région et servira de modèle à suivre dans d'autres parties du monde.

Dans l'ensemble, les avancées décrites ci-dessus marquent un début prometteur pour la politique de la concurrence en Polynésie française et dans les petites nations insulaires du Pacifique. Documenter cette expérience est d'une importance majeure bien au-delà du Pacifique. En rendant compte de l'évolution initiale du droit de la concurrence en Polynésie française et en reliant cette expérience aux développements plus larges dans la région du Pacifique, ce volume apporte une contribution précieuse aux avancées dans la conception et la mise en œuvre du droit de la concurrence à l'échelle mondiale.

AVANT-PROPOS

« Nous partageons une vision commune avec l'APC »

Benoît Cœuré

Président de l'Autorité de la concurrence (France)

Il y a 10 ans, la Polynésie française faisait le choix ambitieux de la concurrence.

Longtemps attendue, la réforme initiée par la loi de pays n° 2015-2 du 23 février 2015 a marqué un véritable tournant : pour la première fois, un droit de la concurrence voyait le jour en Polynésie française, confié à une autorité administrative indépendante, l'Autorité polynésienne de la concurrence (APC).

Cette modernisation du cadre juridique polynésien répondait à un besoin pressant des consommateurs et des entreprises, conscients des bénéfices qu'un fonctionnement plus dynamique des marchés pourrait leur offrir. Ce besoin se faisait d'autant plus sentir en Polynésie française, où les spécificités des territoires ultramarins – insularité, étroitesse des marchés et éloignement – renforcent les obstacles à la concurrence, en générant des barrières à l'entrée et un niveau de concentration économique plus élevé qu'en France hexagonale.

L'Autorité de la concurrence (ADLC) est particulièrement sensible à ces enjeux lorsqu'elle agit dans les Départements et Régions d'outre-mer, dont les structures économiques présentent des similitudes avec le contexte polynésien. La protection de la concurrence dans les territoires ultramarins est l'une de nos priorités constantes inscrites dans notre feuille de route pour 2024-2025.[1]

Nous partageons avec l'APC une vision commune : celle d'une concurrence libre et loyale, au bénéfice de tous. Les défis soulevés par les économies ultramarines, qu'illustre la persistance des problématiques de vie chère, exigent en effet une vigilance continue des autorités de concurrence pour préserver le pouvoir d'achat et dynamiser le jeu concurrentiel.

La célébration du dixième anniversaire du régime de concurrence en Polynésie offre une occasion précieuse de saluer le rôle remarquable de l'APC, qui a su, en une décennie seulement, s'emparer de cette réforme pour mobiliser l'ensemble de ses ressources en faveur d'une économie polynésienne plus dynamique et ouverte.

Cet engagement s'est illustré tout d'abord dans le domaine répressif, avec des décisions marquantes sanctionnant des pratiques anticoncurrentielles dans les secteurs de la téléphonie mobile – où l'APC a par ailleurs su prendre la mesure de l'urgence, quand la

---

[1] Le bilan de l'action de l'ADLC témoigne des moyens conséquents dévolus à ces territoires : depuis sa création en 2008, l'ADLC a rendu 46 décisions contentieuses (pour un total de plus de 232 millions d'euros d'amende), 17 avis et 81 décisions de contrôle des concentrations.

situation l'exigeait, en adoptant des premières mesures conservatoires en 2023 – ainsi que de la commercialisation de boissons et des pompes funèbres.

Le contrôle des concentrations constitue une autre facette essentielle de son action. À ce jour, l'APC a examiné une trentaine d'opérations, dont plusieurs autorisées sous conditions, pour préserver la concurrence dans des secteurs clés pour l'économie polynésienne tels que le transport maritime de marchandises, la santé et le tourisme. Dans le même temps, l'APC a exercé un contrôle rigoureux sur les projets de création et de modification des surfaces commerciales, allant jusqu'à interdire une opération en 2022 en raison des risques concurrentiels élevés dans la grande distribution.

Au-delà de ces missions répressives et préventives, l'APC s'est affirmée comme une véritable force de proposition, en mettant son expertise au service des pouvoirs publics. Par ses nombreux avis rendus, que ce soit sur saisine de tiers ou de sa propre initiative, elle a su éclairer les autorités publiques et identifier des gisements de pouvoir d'achat dans des domaines aussi essentiels que les hydrocarbures, les pièces détachées automobiles ou les produits de première nécessité.

Portant la voix de la Polynésie française à travers le monde de la concurrence, l'APC s'est aussi illustrée par son rôle actif au sein des enceintes internationales, telles que l'International Competition Network (ICN) ou l'Organisation de coopération et de développement économiques (OCDE), et par la création du Réseau des autorités de concurrence, consommation et régulation du Pacifique (PINCCER), initiative qui témoigne de son dynamisme et de son rayonnement régional.

Il est impossible enfin de ne pas mentionner la collaboration étroite et fructueuse qui lie l'APC et l'ADLC depuis 2015. Cette coopération, nourrie par des échanges d'expertise et par une vision commune, continuera à se renforcer dans l'intérêt des deux institutions.

Cette brève rétrospective, sans prétendre à l'exhaustivité, offre un aperçu du chemin remarquable accompli depuis l'instauration du droit de la concurrence en Polynésie française. Ce succès est aussi celui des femmes et des hommes qui, au sein de l'APC, ont œuvré avec conviction et professionnalisme au service des consommateurs et de l'économie polynésienne. Leur travail est aujourd'hui reconnu et célébré à travers les pages de cet ouvrage que je vous invite à découvrir.

Le droit de la concurrence polynésien : une barrière récifale à protéger

Johanne Peyre

Présidente de l'Autorité polynésienne de la concurrence

Si j'emprunte au monde fascinant de la biologie marine les mots utiles à une analogie avec le *code de la concurrence* pour le titre de cet éditorial, c'est d'abord parce qu'une barrière récifale constitue, à mes yeux de profane, une digue permettant de maintenir un écosystème apaisé, le lagon, contre les caprices de Poséidon.

Tout comme un récif corallien est un écosystème complexe où chaque espèce joue un rôle crucial, un marché insulaire est un écosystème économique où chaque entreprise interagit avec les tiers dans le cadre d'une fragile harmonie. Un léger déséquilibre dans un récif corallien, qu'il s'agisse de la pollution, du réchauffement climatique ou de la surpêche, peut entraîner des conséquences désastreuses pour l'ensemble de l'écosystème.

De même, les ententes, les abus de position dominante, les concentrations ou l'absence de contrôle des aménagements commerciaux peuvent perturber l'équilibre économique et nuire à l'innovation, au bien-être des consommateurs et, plus généralement, à l'ensemble des forces économiques du territoire.

De plus, tout comme les coraux construisent le récif, les entreprises construisent le marché. Cependant, une croissance excessive ou des pratiques déloyales peuvent endommager l'écosystème économique, tout comme une prolifération excessive d'une espèce de corail peut nuire à la biodiversité du récif.

Enfin, tout comme nos récifs coralliens, notre économie est particulièrement vulnérable aux changements environnementaux et aux chocs exogènes.

Notre économie, comme nos récifs, constitue un bien commun, appelant un subtil équilibre entre protection et développement, et donc une régulation adaptée des acteurs et pratiques. Voilà les missions et la raison d'être du *code de la concurrence polynésien* et de l'Autorité éponyme.

Cette célébration des 10 ans de notre régime de concurrence constitue un moment opportun pour rompre avec la dictature de l'immédiateté, moderne despote devant lequel nous sommes trop souvent agenouillés, pour dresser le bilan de cette première décennie, pour revenir sur les orientations stratégiques qui ont présidé à la création de ce cadre réglementaire, pour mesurer le chemin parcouru, pour constater les échecs et pour définir ensemble des axes de progression afin de relever les défis à venir.

Les règles du jeu : un levier pour le développement économique

Dans une économie insulaire marquée par des contraintes géographiques et structurelles, l'adoption d'un cadre concurrentiel clair et adapté constitue un choix visionnaire. Les règles du jeu de la concurrence encouragent l'innovation, réduisent les coûts pour les consommateurs et stimulent la productivité des entreprises locales. En Polynésie, comme dans toutes les économies de marché, la concurrence est un levier efficace pour lutter contre la vie chère.

Le régime de concurrence introduit en 2015 répondait à cette ambition et y a partiellement répondu. Des décisions emblématiques et des avis ont été rendus, lesquels ont contribué à éclairer les politiques publiques et à structurer l'économie.

Un chemin parcouru avec des limites

Depuis sa création, l'Autorité polynésienne de la concurrence (APC) s'est affirmée comme l'instance de régulation capable d'analyser des situations complexes et de proposer des solutions concrètes. Tout d'abord, de nombreuses décisions ont été rendues. La majeure partie fut favorable, tandis que d'autres vinrent sanctionner des abus. Il est toujours délicat d'objectiver les résultats d'une entreprise de long terme visant à assainir un système économique. Tout d'abord parce que l'Autorité ne décide pas du nombre d'affaires qu'elle aura à traiter. Ensuite parce que les indicateurs chiffrés ne témoignent pas de la complexité d'un dossier, de ses incidences potentielles, voire du nombre d'agents économiques ayant amendé leurs comportements par crainte d'une potentielle sanction.

Je crois que cette évolution culturelle des chefs d'entreprise vis-à-vis des règles de concurrence doit également beaucoup aux actions de sensibilisation des acteurs locaux impulsées au cours des dernières années. Ainsi, via l'organisation d'événements tels que les Journées Concurrence et les Ateliers Concurrence, l'Autorité a mis à la disposition d'un public averti les clés de compréhension, ainsi que les outils et méthode essentiels à la mise en conformité des entreprises polynésiennes. En effet, ces rendez-vous dédiés aux acteurs et praticiens locaux permettent de sensibiliser et d'expliquer les principes du droit de la concurrence, de partager les bonnes pratiques et de renforcer la compréhension des enjeux économiques. Je tiens ici à remercier les nombreux experts nationaux et internationaux qui ont accepté de nous aider bénévolement dans cette quête. Les acteurs économiques et les professionnels du droit s'accordent pour saluer positivement cette initiative qui devra s'inscrire dans le temps long pour produire la plénitude de ses effets.

Parallèlement, l'APC a initié la création du réseau des autorités de concurrence, consommation et régulation du Pacifique (PINCCER), qui favorise la coopération et l'échange d'expertise entre les économies insulaires de la région. Là encore, cette dynamique devra être entretenue pour assurer l'amélioration continue des équipes composant chaque autorité.

Toutefois, ces 10 ans ont également été marqués par des difficultés et des échecs. Tout d'abord, en matière de gouvernance. Premier historique dont la jeune autorité se serait aisément passée, la démission d'office du premier président de la première autorité administrative indépendante polynésienne n'augurait guère de lendemains qui chantent.

Il aura fallu attendre 2021 pour que l'Autorité trouve un cadre de travail stable, de la fin de la séquence des perturbations et intérims jusqu'à l'installation pérenne dans des locaux adaptés.

Ensuite, le *code de la concurrence polynésien* a subi plusieurs amendements dont la fréquence a pu nuire à l'intelligibilité du droit. Entendons-nous bien : l'évolution d'un corpus juridique est vertueuse et hautement nécessaire pour lui permettre de rester en prise avec les tendances de changement de la société. Toutefois, l'exercice doit obéir à une certaine rationalité, faute de quoi le citoyen et le praticien peuvent vite se retrouver en difficulté pour appréhender positivement la matière concernée. À titre d'exemple, la suppression en 2018 de l'interdiction des exclusivités d'importation a pu causer la déstabilisation de certaines dynamiques de marché, en sus de priver le régulateur d'un outil utile à la lutte contre les pratiques anticoncurrentielles.

De même, l'absence d'évaluation des impacts des ajustements opérés peut conduire à une trajectoire différente de celle initialement envisagée. Dans le cas de l'exemple cité supra, la Polynésie française étant le seul territoire de l'ensemble républicain à avoir opté pour cette position devrait permettre de diligenter une analyse comparative des résultats enregistrés.

Par ailleurs, la réponse de l'Autorité ne fut pas toujours au niveau attendu par les tiers en matière de délai. Très récemment encore, j'ai dû déplorer des délais de traitement anormalement longs, une difficulté à maintenir une communication fluide avec le porteur d'une saisine et, plus généralement, une asymétrie trop fort entre le temps long de la procédure et les espoirs légitimes des partenaires.

Cela résulte notamment d'une gestion interne encore perfectible. En effet, l'Autorité ne dispose pas encore de la latitude nécessaire à l'exercice serein de ses compétences. Ainsi, alors que son activité et son rayonnement ne cessent de croître, l'Autorité dispose de marges budgétaires très contraintes, en particulier concernant les ressources humaines. Sur ce dernier point, l'Autorité s'étant vu retirer dès ses premières années son autonomie en matière de recrutement et de pilotage de la masse salariale, elle fait face à une complexification administrative croissante ayant, pour corollaire, un affaiblissement des moyens consacrés à ses principales missions.

Des perspectives ambitieuses pour une économie durable

À l'aube de cette seconde décennie, il nous incombe de tirer enseignement de ces succès et difficultés afin d'ajuster la trajectoire au cap de nos ambitions.

Tout d'abord, sur le *code de la concurrence*, il est indispensable de programmer des revues périodiques, une fréquence triennale semble adaptée, afin de planifier les travaux, d'évaluer les impacts, d'anticiper les effets de bord, de consulter les praticiens du droit et de penser le déploiement.

De même, il est tout aussi important que la saisine de l'Autorité soit requise sur l'ensemble des textes à caractère économique. A l'instar de celui du Conseil économique, social, environnemental et culturel, l'avis de l'Autorité pourrait utilement être systématiquement porté à la connaissance des représentants de l'Assemblée de la Polynésie française, préalablement à l'examen en commission. L'instauration de cette pratique permettrait aux équipes de l'Autorité de répondre, le cas échéant, aux demandes d'éclairage de l'assemblée délibérante, contribuant ainsi à renforcer la démocratie tout en participant plus efficacement à la production législative et réglementaire. Sur ce point, un dialogue permanent entre l'Autorité et les pouvoirs publics doit s'instaurer de sorte que les avis émis par l'Autorité gagnent en lisibilité et en audience.

Par ailleurs, l'Autorité pourrait être investie de la régulation indépendante des secteurs clés de l'énergie et des télécommunications, afin de garantir un marché plus équilibré et accessible. Sous d'autres latitudes, cette compétence a été confiée à des autorités administratives spécifiques. En tissant des partenariats avec celles-ci, l'Autorité pourrait mobiliser une expertise indispensable à l'appréhension de ces domaines à forts enjeux et à haute technicité.

Enfin, les modalités de gestion du fonctionnement interne de l'Autorité doivent être repensées à l'aune des constats dressés supra. Cette question des moyens, tant en volume qu'en procédure d'allocation, conditionnera les ambitions et les capacités de répondre aux aspirations de tous, décideurs publics et société civile.

Pour reprendre les termes de la métaphore usitée en introduction, notre droit de la concurrence demeure, tel le corail, un organisme vivant dont il convient de prendre le pouls à intervalles réguliers afin de s'assurer de son épanouissement ou, le cas échéant, de son niveau de stress. Tel est l'objectif de ce recueil qui, à travers la grande variété de ses contributeurs, offrira au lecteur les clés de compréhension du passé, d'appréhension du présent et de construction de l'avenir.

Johanne Peyre est Présidente de l'Autorité polynésienne de la concurrence. Avocate spécialisée en droit de la concurrence au sein de cabinets internationaux, elle a également occupé les fonctions de directrice juridique concurrence et conformité pour plusieurs groupes côtés.

Enzo Silvestro dispose d'une longue expérience en cabinets ministériels puis au sein du secrétariat général du gouvernement de la Polynésie française. Il a également siégé au conseil d'administration du port autonome de Papeete et enseigné à l'Université de la Polynésie française.

Vivien Terrien est membre du collège de l'Autorité polynésienne de la concurrence et Vice-Président de l'Autorité de la concurrence de la France hexagonale. Avocat spécialisé en droit de la concurrence et de l'Union, il a également occupé les fonctions de référendaire au Tribunal de l'Union européenne et enseigne dans de nombreuses universités françaises et internationales.

Teuraterai Emen est responsable du Bureau de la procédure, de la communication et des projets évènementiels de l'Autorité polynésienne de la concurrence. Elle a également occupé les fonctions de secrétaire générale et responsable administratif et financier pour l'EPIC ainsi que pour l'Agence tahitienne de presse.

Yannick Lecornu a exercé en cabinet de conseil international puis en tant que responsable des politiques territoriales de l'État, directeur de cabinet du ministère de l'économie et des finances de la Polynésie française, et directeur général de la chambre de commerce et d'industrie. Il a porté plusieurs initiatives visant à moderniser les modalités de réglementation et régulation de l'économie locale.

INSTITUTE FOR SMALL MARKETS IN LAW AND ECONOMICS

Faire progresser le droit de la concurrence dans les économies insulaires et les petits marchés

ISLE est une organisation à but non lucratif portée par une équipe de bénévoles désireux de contribuer à une meilleure compréhension des mécanismes de concurrence et de régulation dans les petites économies de marché et insulaires.

En effet, les modalités d'application des principes généraux du droit de la concurrence doivent tenir compte des caractéristiques structurelles et du fonctionnement économique spécifique de chaque territoire, en particulier lorsque ceux-ci sont de taille modeste et/ou isolés. Ce constat appelle la mobilisation de capacités plurielles d'analyse afin de formuler des règles *ad hoc* à même de satisfaire aux objectifs de développement harmonieux de chaque territoire.

Via des travaux de recherche, des études sectorielles, des analyses d'impact sur les politiques de concurrence, l'élaboration de formations, d'outils de sensibilisation et de programmes de communication, les membres de ISLE entendent contribuer à une meilleure appréhension par les parties prenantes des externalités des règles concurrentielles tout en répondant aux défis du coût de la vie et durabilité des pratiques économiques.

Dans la perspective d'une conduite dynamique de ces chantiers, l'initiative ISLE repose sur une gouvernance bicéphale, à savoir une administration via un comité directeur présidée par Johanne PEYRE et une animation de la réflexion sous la présidence du professeur William E. KOVACIC.

Plus d'informations sur notre site : www.isle-research.org

REMERCIEMENTS

À l'heure de célébrer le dixième anniversaire de l'avènement du régime de droit de la concurrence en Polynésie française, il m'apparaît nécessaire de rappeler l'origine et la dimension humaine de tout corpus normatif et des instruments dédiés à sa mise en œuvre, au premier titre desquels le code et l'Autorité polynésienne de la concurrence. Aussi, à travers cet ouvrage, je souhaite honorer celles et ceux dont l'engagement a permis d'édifier et de développer ce bel édifice collectif.

Ma profonde gratitude va donc aux précédents présidents et membres du collège de l'APC, aux rapporteurs généraux, aux rapporteurs, aux conseillers et aux agents du bureau de la procédure. Leur travail et leur dévouement ont permis d'ancrer la culture concurrentielle au sein de notre économie insulaire, tout en façonnant une institution crédible et respectée.

Je tiens également à saluer le travail des professionnels du droit et de l'économie, avocats, ou conseillers d'entreprises, qui ont su accompagner et structurer l'appropriation de ces règles par les acteurs économiques locaux. Mes remerciements vont également aux entreprises, à l'association des consommateurs polynésiens et tous ceux qui, par leur engagement et leurs recours, ont participé à la vie du droit de la concurrence. En sollicitant l'APC, en contestant des pratiques, en défendant une saine émulation entre acteurs économiques, vous avez donné tout son sens à cette démarche.

Ma reconnaissance va également aux représentants de l'Assemblée de la Polynésie française qui, avec la volonté de doter notre territoire d'un droit de la concurrence efficace et adapté à ses spécificités, sont à l'origine des succès enregistrés et des réussites futures.

Enfin, un merci tout particulier à nos détracteurs, à ceux qui, avec une persévérance admirable, ont tenté de fragiliser les fondations de cette jeune Autorité. Par leurs critiques acerbes et leur infatigable entreprise de déstabilisation, ils nous ont offert, bien malgré eux, l'aiguillon nécessaire pour donner le meilleur de nous-mêmes. Comme le dit un antique adage issu de la sagesse populaire, ils ont essayé de nous enterrer, sans savoir que nous étions des graines.

Que ce livre soit, outre un témoignage du chemin parcouru, un hommage aux femmes et aux hommes qui firent de cette belle ambition initiale une réalité tangible.

Johanne Peyre, Présidente de l'Autorité polynésienne de la concurrence

LISTE DES CONTRIBUTEURS

Joel Abraham

Léopold Biardeau

Jean Christophe Bouissou

Sophie Bresny

Moetai Brotherson

Arnaud Busseuil

Antoine Callot

Gina Cass-Gottlieb

Walid Chaiehloudj

Benoît Coeuré

Quitterie de La Poype

Pascal Devillers

Warren Dexter

Benoît Durand

Sean Ennis

Makalio Folituu

Edouard Fritch

Olivier Guersent

Arthur Helfer

Angélique Herbez-Fontaine

Patrick Hubert

Alejandro Ibarra

Nathalie Jalabert-Doury

Vincent Jaunet

Frédéric Jenny

Hironui Johnston

William E. Kovacic

Vinitesh Kumar

Hervé Raimana Lallemant-Moe

Yannick Lecornu

Jean-Luc Lemercier

Stanislas Martin

Marie Minetto

Emma Moisson

Elisabeth Moreau

Frederic Paillusson

Caroline Perdrix

Johanne Peyre

Jérôme Philippe

Henri Piffaut

Matthieu Pujuguet

Chloé Racine

Yvonnick Raffin

Stéphane Retterer

Teva Rohfritsch

Heiva Sage

Thibault Segalard

Igor Simic

Sarah Vidal

SOMMAIRE

PARTIE II
RETOUR SUR UNE DÉCENNIE DE DÉCISIONS ET AVIS DE L'AUTORITÉ POLYNÉSIENNE DE LA CONCURRENCE

PARTIE III
CONTRIBUTION À LA RÉGULATION DES PRINCIPAUX SECTEURS D'ACTIVITÉS

PARTIE I

Genèse et premiers pas d'une ambition partagée

Au commencement était la détermination

Jean-Christophe Bouissou*

En février 2015, la promulgation de la loi du pays sur la concurrence en Polynésie française a marqué une étape cruciale dans le développement économique de notre territoire. Ce texte, longuement débattu et soigneusement élaboré, répondait à la nécessité d'un cadre juridique moderne, adapté aux spécificités insulaires tout en s'alignant sur une dynamique internationale. Les motivations de notre Gouvernement à l'époque se déclinaient autour de plusieurs axes stratégiques.

L'une de nos premières priorités était de favoriser un fonctionnement équilibré des marchés. Nous avions identifié la nécessité de réguler les pratiques économiques pour garantir une concurrence saine et transparente. La loi établissait des règles strictes pour prévenir les abus de position dominante, les ententes restrictives et les comportements anticoncurrentiels susceptibles de fausser les marchés. Notre objectif était double : stimuler l'innovation et encourager les initiatives privées tout en protégeant les consommateurs contre des prix artificiellement élevés. Cette régulation était particulièrement cruciale dans une économie insulaire comme la nôtre, où des acteurs dominants pouvaient facilement émerger et perturber la concurrence.

Parallèlement, nous aspirions à moderniser l'économie locale en nous inspirant des normes internationales et en adaptant des mécanismes éprouvés aux réalités locales. Le texte législatif puisait son inspiration dans les législations européennes, américaines et la loi Lurel, tout en tenant compte des particularités géographiques et économiques de la Polynésie. Par exemple, la prohibition des droits d'exclusivité pour les importations visait à éviter la captation abusive des marchés, tout en assurant des avantages réels pour les consommateurs. Cette mesure a également permis d'ouvrir des secteurs auparavant bloqués par des monopoles, stimulant ainsi la diversité des produits disponibles et renforçant la compétitivité des prix.

Un autre pilier de cette réforme fut l'instauration d'une autorité administrative indépendante. La création de l'Autorité polynésienne de la concurrence (APC), première du genre parmi les collectivités territoriales françaises, reflétait notre volonté politique affirmée de promouvoir une régulation des marchés équitable et rigoureuse. Conçue comme une entité indépendante, cette Autorité avait pour mission de veiller à l'application des règles de concurrence, d'offrir un cadre d'arbitrage impartial et de sensibiliser les acteurs économiques à ces principes fondamentaux. Son indépendance était essentielle pour garantir des décisions objectives, à l'abri des influences politiques ou économiques externes.

* Jean-Christophe Bouissou a été vice-président de la Polynésie française de novembre 2021 à mai 2023. Il a également occupé des postes ministériels, notamment en tant que ministre du Logement, du Tourisme et du Travail.

Toutefois, certaines dispositions introduites ultérieurement, telles que le pouvoir d'évocation conféré au président de la Polynésie française ou l'exigence de son accord pour certaines opérations de concentration, ont suscité des interrogations quant à l'équilibre entre régulation et pouvoir politique. Il est crucial de veiller à ce que ces ajustements renforcent, plutôt que compromettent, l'objectif initial de l'Autorité polynésienne de la concurrence : assurer une régulation juste, transparente et efficace au service de tous.

La loi visait également à réduire les inégalités sociales et économiques exacerbées par les contraintes insulaires, telles que la concentration des marchés et les coûts logistiques élevés. En rendant les marchés plus accessibles et compétitifs, nous protégions les petites entreprises.

contre les pratiques abusives et garantissions des prix équitables pour les produits de première nécessité. Cette équité économique était essentielle pour réduire les disparités entre les archipels et assurer une meilleure intégration territoriale.

L'insertion de la Polynésie dans une dynamique régionale et internationale constituait une autre ambition majeure de notre Gouvernement. En alignant les pratiques locales avec des normes internationales, notre objectif était d'attirer des investissements étrangers, de diversifier l'économie et de renforcer la compétitivité des entreprises locales sur les marchés extérieurs. Cette stratégie d'ouverture favorisait une image de fiabilité pour les investisseurs tout en stimulant l'échange de savoir-faire et de technologies.

Enfin, la loi offrait des garanties renforcées aux consommateurs en améliorant la transparence et en instaurant des mécanismes de contrôle des prix. Ces mesures visaient à améliorer le pouvoir d'achat et à garantir l'accès aux biens et services de qualité. Contrairement à la période précédente où l'encadrement des produits de première nécessité existait déjà, les dispositions du nouveau code ont permis de renforcer ces mécanismes. Les plafonds tarifaires pour les produits de première nécessité, élaborés en concertation avec la Direction générale des affaires économiques (DGAE), ont été consolidés par des dispositions supplémentaires du code, offrant une protection accrue au pouvoir d'achat des Polynésiens tout en affirmant que les marchés devaient servir l'intérêt général. Les dispositions transitoires incluses permettaient aux entreprises de s'adapter progressivement, minimisant ainsi les impacts négatifs à court terme pour les consommateurs. Cette approche équilibrée démontrait une réelle prise en compte des besoins des citoyens tout en laissant le temps aux acteurs économiques de se conformer aux nouvelles exigences.

Dix ans plus tard, en tant qu'ancien ministre de l'Économie du gouvernement polynésien, je me remémore les débats et la défense du projet de loi devant l'Assemblée. Ce texte, fruit d'un travail approfondi et d'une concertation rigoureuse, n'aurait pu voir le jour sans la mobilisation essentielle de la Direction générale des affaires économiques (DGAE). Son expertise a permis d'adapter les principes de la concurrence aux réalités locales, tout en s'appuyant sur des normes internationales reconnues.

À l'époque, les marchés polynésiens étaient confrontés à des pratiques anticoncurrentielles freinant l'innovation et pesant sur les consommateurs. La création de l'Autorité polynésienne de la concurrence a été une réponse forte et nécessaire. Dotée de pouvoirs d'enquête, de sanction et d'injonction, cette institution est devenue un acteur incontournable pour réguler les marchés et prévenir les abus. Parmi les mesures phares, les plafonds tarifaires pour les produits de première nécessité, élaborés en concertation avec la DGAE, visaient à protéger le pouvoir d'achat des Polynésiens tout en affirmant que les marchés devaient servir l'intérêt général. Ces plafonds limitaient également les marges commerciales abusives, protégeant ainsi les consommateurs les plus vulnérables.

La modernisation de l'économie locale s'est faite avec pragmatisme, en adaptant des modèles internationaux aux spécificités polynésiennes. Avec le soutien de personnalités reconnues comme Bruno Lasserre, président de l'Autorité française de la concurrence à l'époque, nous avons bâti un cadre réglementaire solide et adapté. L'interdiction des droits d'exclusivité à l'importation en est un exemple notable, ouvrant les marchés tout en préservant les intérêts des petites entreprises locales. De plus, des efforts ont été déployés pour réduire les disparités entre les archipels, en régulant les produits essentiels et en offrant des exonérations fiscales et douanières pour garantir un accès équitable aux biens de première nécessité pour tous les Polynésiens.

Aujourd'hui, avec le recul, certains aspects de la loi nécessitent des ajustements. L'article LP. 111-9 impose des obligations administratives lourdes aux petites entreprises, ce qui peut freiner leur dynamisme. De même, les sanctions financières, bien que clairement définies, ne suffisent parfois pas à dissuader les grands groupes. Ces lacunes doivent être comblées pour renforcer l'équité. Par ailleurs, les contraintes géographiques et logistiques propres aux archipels n'ont pas toujours été pleinement prises en compte. Il est indispensable d'adapter les régulations et les moyens de contrôle pour répondre aux besoins des îles les plus isolées.

Le droit de la concurrence polynésien, bien qu'ancré dans une réalité insulaire unique, s'inspire des meilleures pratiques internationales. Comparativement, l'Union européenne impose des normes strictes pour prévenir les ententes illicites et les abus de position dominante, tandis que les États Unis adoptent une approche plus libérale, misant sur des recours judiciaires a posteriori. La Chine, quant à elle, combine une réglementation antimonopole moderne avec des objectifs stratégiques nationaux, notamment pour encadrer ses géants technologiques. Ces exemples internationaux montrent que la Polynésie française a su développer un cadre sur mesure, prenant en compte les contraintes logistiques et géographiques influençant les coûts et l'accès aux produits. Cependant, des marges d'amélioration subsistent, notamment dans l'harmonisation des sanctions avec les standards mondiaux d'économies similaires et le renforcement de la transparence des procédures.

Pour que le droit de la concurrence continue de répondre aux besoins évolutifs de notre économie, plusieurs pistes d'amélioration méritent d'être explorées. Investir dans la digitalisation est essentiel pour développer des outils numériques intégrés permettant de surveiller les prix, de simplifier les démarches administratives et de faciliter l'accès à l'information pour les entreprises et les consommateurs. Renforcer les moyens de l'Autorité polynésienne de la concurrence en augmentant ses ressources humaines et financières lui permettra de mener des enquêtes approfondies et de garantir une régulation proactive. La formation et la sensibilisation des entreprises locales sont également cruciales pour les accompagner dans la compréhension des règles et les inciter à adopter des pratiques conformes, prévenant ainsi les infractions. Harmoniser les seuils de notification et les sanctions avec ceux des modèles internationaux tout en préservant les spécificités locales contribuera à une meilleure intégration dans les standards mondiaux. Enfin, réduire les disparités géographiques en adaptant les régulations aux réalités des archipels garantira une équité territoriale accrue.

Dix ans après la promulgation de la loi, les progrès réalisés sont indéniables. Toutefois, le travail continue. En combinant pragmatisme, innovation et collaboration, il est possible de bâtir une économie plus juste et inclusive pour tous les Polynésiens. En célébrant cette décennie, il est également essentiel de regarder vers l'avenir avec ambition, en renforçant ce socle réglementaire pour en faire un modèle non seulement pour la Polynésie, mais aussi pour les économies insulaires et en développement à travers le monde.

Teva Rohfritsch

Sénateur de la Polynésie française

« J'avais à l'esprit, comme objectif premier, de protéger les consommateurs polynésiens »[*]

Le 25 juin 2014, en qualité de représentant au sein de l'Assemblée de la Polynésie française, vous aviez voté en faveur du projet de loi du pays introduisant un droit de la concurrence en Polynésie française. Pouvez-vous nous rappeler les motivations de ce vote ?

Pour moi, le droit de la concurrence n'a jamais représenté une fin en soi mais bien un moyen de contribuer à l'émergence d'un environnement économique plus dynamique et plus équitable. Notre tissu économique, vous le savez, est le produit de notre histoire : il présente donc certaines limites, une forte bureaucratisation, un degré important de Concentration et un manque de concurrence dans quelques secteurs-clés.

En ce sens, mon vote constituait un début de réponse à ce constat, un premier pas important dans l'évolution de notre économie. L'instauration d'un droit de la concurrence polynésien pouvait favoriser l'émergence de nouvelles entreprises, stimuler l'innovation et améliorer la qualité des services proposés aux consommateurs. Sur ce dernier point, j'avais à l'esprit comme objectif premier de protéger les consommateurs polynésiens, en leur offrant un plus grand choix de produits et de services à des prix plus justes, notamment en luttant contre les pratiques anticoncurrentielles et les abus de position dominante.

Politiquement et philosophiquement, j'ai toujours jugé plus efficace une régulation éclairée des passions qu'une aveugle réglementation des intérêts. Pour le dire autrement, ma vision libérale de l'économie m'invite à penser les conditions d'une saine stimulation des interactions entre entreprises plutôt qu'à un dirigisme administratif aux externalités délétères.

Enfin, dans l'optique de renforcer l'attractivité économique de notre territoire, je savais l'importance d'aligner la législation polynésienne sur le droit de la concurrence français et européen. Je suis donc fier d'avoir positivement pris part à ce vote important dans l'histoire économique de notre territoire.

---

[*] Propos recueillis par Yannick Lecornu.

Plus tard, en qualité de ministre de l'Économie, vous avez porté une réforme plus restrictive du code de la concurrence mais aussi du fonctionnement interne de l'Autorité polynésienne de la concurrence. A quels objectifs répondaient ces textes ? Ont-ils produit les effets escomptés ?

Cette réforme s'inscrivait dans une volonté de renforcer l'efficacité de notre politique concurrentielle et de mieux adapter notre cadre réglementaire aux spécificités du marché polynésien. Elle n'était pas restrictive mais visait à tirer les conséquences des premières années de fonctionnement sous l'empire des textes de 2015.

Le droit de la concurrence apparaît généralement obscur aux yeux du grand public. En est-il de même pour les décideurs publics et des législateurs ?

Tout d'abord, je tiens à préciser que le droit de la concurrence apparaît complexe et technique même pour des juristes spécialisés. Cela est dû à la nature même de ce domaine, placé à la confluence de l'économie et du droit, qui implique une analyse fine des comportements, des structures de marché et des interactions entre les entreprises.

Pour le grand public, le droit de la concurrence est souvent perçu comme une notion abstraite et trop éloignée des préoccupations quotidiennes.

Pour les décideurs publics, tout dépend de leur formation initiale et continue, de leur spécialisation et appétence pour le sujet. Vous savez, une assemblée élue au suffrage universel direct est le reflet d'une société ; vous y trouvez donc des profils très variés avec des sensibilités très diverses selon les matières. Cela étant dit, tout décideur public ou législateur doit garder à l'esprit que là où il y a un honneur, il y a aussi une responsabilité.

A la différence du grand public, les participants à une procédure législative ont choisi de s'impliquer dans ce type de chantier. Ils ont donc le devoir de s'informer et de se former en permanence, car si les termes techniques, les concepts économiques et les procédures juridiques utilisés peuvent être difficiles à saisir, les conséquences du droit de la concurrence sont bien réelles et ont un impact direct sur le pouvoir d'achat et le dynamisme économique.

Selon vous, le droit de la concurrence polynésien a-t-il produit des effets concrets dans la vie des consommateurs et des entreprises locaux ?

Je rappelais au début de notre entretien que l'introduction de ce droit a indéniablement suscité des attentes importantes en termes de dynamisation économique et de protection des consommateurs. Fort heureusement, certaines de ces attentes ont été satisfaites. En effet, l'instauration d'un cadre concurrentiel a encouragé l'émergence de nouveaux acteurs sur certains marchés, offrant ainsi aux consommateurs un choix plus large de produits et de services.

De plus, la concurrence a exercé une pression à la baisse sur les prix, améliorant ainsi le pouvoir d'achat des consommateurs, notamment en matière de services téléphoniques et numériques, ou encore de transport.

Le tout avec une amélioration générale de la qualité des services de la part de nombreuses entreprises, pour se différencier de leurs concurrents et fidéliser leur clientèle. Plus généralement, le droit de la concurrence a contribué à favoriser l'émergence d'un environnement des affaires plus sain et plus équitable pour toutes les entreprises. Si l'on considère le point de départ, il y a là une incontestable avancée.

Parallèlement, d'autres attentes ont pu être déçues, en particulier en raison de la lenteur des procédures. Nous le savons, l'évolution de notre système économique est une entreprise de longue haleine ; elle requiert patience, constance et détermination. Elle implique aussi des efforts de sensibilisation. Sur ce dernier point, si la mise en place des « ateliers concurrence » à destination des professionnels est une excellente chose, tout comme l'implication des étudiants dans l'organisation des

« Competition Days », il reste encore fort à faire en matière de communication vis-à-vis du grand public.

Enfin, je tiens à souligner la grande implication des entreprises polynésiennes dans le déploiement des règles concurrentielles. S'il y a peu de sanctions à leur encontre, cela ne vient pas d'un hypothétique laxisme de l'autorité de contrôle, mais bien d'une adaptation rapide de leur comportement à cette nouvelle donne. Pour le dire autrement, c'est un peu comme le nombre de contraventions pour l'absence de port de ceinture de sécurité en voiture : s'il y en a peu, c'est que la population a compris la règle et s'y conforme. Le but de l'Autorité polynésienne de la concurrence (APC), comme celui de l'agent de police, n'est pas d'infliger des amendes, mais bien de faire respecter la règle. Sous cet angle, l'objectif me semble atteint.

A l'heure où la cherté de la vie devient une préoccupation constante et quasi universelle, le droit de la concurrence peut-il concourir à répondre aux aspirations des citoyens ?

Absolument, c'est même l'un des principaux leviers à la main du politique. En favorisant l'entrée de nouveaux acteurs sur le marché, le droit de la concurrence limite le pouvoir de marché des entreprises existantes et les incite à baisser leurs prix pour rester compétitives. En sanctionnant les pratiques anticoncurrentielles, il permet de prévenir les hausses de prix artificielles. En favorisant une allocation plus efficace des ressources, il stimule l'innovation et l'investissement, ce qui peut à

terme se traduire par une baisse des coûts de production et des prix à la consommation. Le tout au service du consommateur.

Alors, me direz-vous, si ça marche si bien, pourquoi la cherté de la vie demeure un thème si récurrent dans le débat public ? Tout d'abord car plusieurs facteurs peuvent limiter l'efficacité du cadre concurrentiel, tels que la structure des marchés ou les chocs exogènes, lesquels sont particulièrement impactants dans une économie d'importation.

Ensuite, car il existe une asymétrie de temporalité entre les aspirations, par ailleurs légitimes, de la population, et la production de résultats d'une politique publique ou d'une évolution d'un cadre juridique. Selon moi, c'est le cœur du problème et toutes les démocraties y sont actuellement confrontées : l'impatience. Dans nos sociétés modernes, on ne supporte plus d'attendre, on veut tout obtenir instantanément, on réagit au lieu de planifier. Or, les réformes d'envergure peuvent nécessiter plusieurs décennies pour produire leurs effets, d'où l'intérêt d'accompagner leur déploiement par une communication adaptée à chacun.

L'Autorité polynésienne de la concurrence a connu une phase de lancement plutôt chaotique. Quelles en sont les raisons ? Son statut doit-il évoluer ?

Et encore, chaotique est un euphémisme. Avec la démission d'office de son premier président, on peut dire que l'histoire avait plutôt mal commencé et nombreux sont ceux qui pensaient impossible de revenir à l'ambition initiale. D'autres ont même peut-être nourri l'espoir de la voir enterrée à jamais. Et pourtant, à force de travail et d'abnégation, les équipes renouvelées de l'Autorité ont su reconstruire pas à pas une légitimité, une éthique et des dispositifs de travail efficaces. En l'espèce, pour le pire et pour le meilleur, l'humain demeure la source de notre plus grande faiblesse et de notre plus grande force.

Sur le statut de l'Autorité, je dois vous avouer que ma position a nettement évolué au cours des dernières années. Alors que ce démarrage raté a empêché tout ajustement du périmètre et des moyens de l'APC, le rétablissement d'une situation

apaisée permet aujourd'hui de penser l'évolution nécessaire de cet outil. Première piste de réflexion : je pense que l'APC doit être dotée d'un budget spécifique sous supervision, non plus d'un ministère, mais de la commission de l'économie de l'Assemblée de la Polynésie française. A ce titre, le dialogue entre l'APC et l'APF doit être constant. Seconde piste : l'APC doit assurer la régulation des secteurs clés de l'énergie et des télécommunications, dans lesquels le Gouvernement est présent en qualité d'actionnaire ou de délégant. Cette montée en compétences doit être accompagnée par les autorités nationales que sont l'ARCEP et la CRE. Troisième piste : la saisine de l'APC sur les questions économiques doit être systématisée, à l'instar de celle du CESEC. Quatrième piste : la coopération avec les autres autorités administratives doit être renforcée, à commencer par les directions des affaires économiques, des douanes, voire des commissions internes ou spécifiques de l'APF.

Ces quatre premières idées, simples et concrètes, me semblent de nature à accompagner le développement de l'Autorité polynésienne de la concurrence.

Au sein de l'ensemble républicain, plusieurs territoires aspirent à une plus forte autonomie et pourraient se doter, dans les années à venir, de règles spécifiques en matière de concurrence. A partir de l'expérience polynésienne, quels conseils leur donneriez-vous ?

La question de l'autonomie économique et de l'adaptation locale du droit de la concurrence est un enjeu majeur pour tous les territoires ultramarins. Croyez-moi, c'est un sujet d'échanges permanent avec mes collègues sénateurs. Les outre-mer, ce sont à des contextes sociaux spécifiques, des caractéristiques économiques uniques, des environnements régionaux distincts et des niveaux de développement hétérogènes.

En ce sens, l'expérience polynésienne peut offrir des enseignements précieux pour tous les territoires ainsi que pour le législateur national. A l'instar de nos amis calédoniens, nous avons su trouver, à travers notre propre code de la concurrence, des règles adaptées, plutôt flexibles et d'une relative simplicité. Avec nos 10 ans de recul, nous sommes aujourd'hui en mesure de répondre aux éventuelles demandes de nos concitoyens ultramarins.

Pour revenir à votre question, je formulerai deux conseils. Le premier est de prendre conscience de la temporalité du chantier : la construction et le déploiement d'un code de la concurrence procède d'une dynamique de long terme, ce qui implique de mobiliser tous les acteurs dans la durée. Le second est de s'appuyer sur les autorités nationales et régionales existantes. Dans nos territoires, nous ne disposons pas toujours de la disponibilité constante de l'expertise requise sur certains secteurs clés comme l'énergie et les télécommunications. Il y a donc des synergies à trouver pour mutualiser les compétences et bénéficier, dans tous les territoires, d'un égal niveau de qualité.

J'ai pu constater qu'un réseau spécialisé sur les questions de concurrence, baptisé Institute for Small Markets in Law and Economics, permettait de nouer des coopérations entre experts. Voilà un exemple d'initiative concrète à encourager et qui pourra être utile aux territoires ultramarins, le cas échéant.

Quels sont, selon vous, les principaux enjeux auxquels le droit de la concurrence polynésien sera confronté dans les 10 prochaines années ?

L'économie est une matière vivante. Pour rester en prise avec son temps et son contexte, notre droit de la concurrence devra poursuivre son évolution. Fort des progrès déjà enregistrés, il devra s'adapter aux évolutions des modèles économiques de notre société qui verra émerger, à n'en pas douter, de nouvelles formes de concurrence.

Pour commencer, l'essor du numérique et des plateformes en ligne modifie profondément les règles de la concurrence et devrait logiquement nous impacter. Les modèles économiques collaboratifs, comme Uber et Airbnb, posent de nouvelles questions en matière de concurrence. Dans les prochaines années, il faudra trouver un équilibre entre le dynamisme économique, l'innovation et la protection des consommateurs et des emplois.

Ensuite, le droit de la concurrence devra prendre en compte les enjeux environnementaux et sociaux. Demain, il pourrait être utilisé pour promouvoir des pratiques économiques plus durables et plus responsables. Il s'agit d'une préoccupation croissante des consommateurs, lesquels sont mieux informés, donc plus exigeants.

Enfin, le développement de l'intelligence artificielle et de l'automatisation pourrait entraîner une concentration accrue de certains marchés. Il faudra donc mettre en place des outils pour détecter et sanctionner les pratiques anticoncurrentielles nuisibles au consommateur.

Voilà, pour résumer, à gros traits, les principaux défis que j'identifie. Et je suis confiant en notre capacité à les relever.

Édouard Fritch

Ancien président de la Polynésie française (2014-2023)

« Il s'agissait d'une expérience inédite pour l'ensemble des acteurs concernés »[*]

Monsieur le Président, la loi du pays instaurant le droit de la concurrence est entrée en vigueur un peu moins d'an après votre élection aux fonctions de président de la Polynésie française. Pouvez-vous nous expliquer dans quel contexte ce texte a été à l'époque rédigé et voté ?

Dans le cadre des principes fondamentaux de la démocratie et du respect des règles de bonne gouvernance, la Polynésie française a choisi de se doter de son Autorité de la concurrence. Cette instance a été officiellement instaurée par une loi du pays, adoptée par l'Assemblée de la Polynésie française, et bénéficie de prérogatives étendues en matière d'enquête, de décision et de sanction. Elle s'inscrit en complémentarité avec les autres institutions économiques et juridiques locales.

En tant qu'acteur clé de la régulation économique, l'Autorité de la concurrence contribue à la structuration d'un marché équitable et compétitif, tout en répondant aux particularités économiques de la Polynésie française. Elle œuvre également à la protection des intérêts tant des consommateurs que des entreprises, favorisant ainsi un développement harmonieux et inclusif du tissu économique local.

Vous souvenez-vous si l'instauration d'un droit de la concurrence au sein d'une économie administrée comme celle de la Polynésie française avait fait l'unanimité auprès de la classe politique, ou si au contraire elle avait été accueillie par certains avec scepticisme ?

Tout changement ou innovation peut susciter des interrogations et des appréhensions légitimes. L'instauration de l'Autorité polynésienne de la concurrence (APC) s'inscrivait cependant dans une dynamique d'évolution nécessaire et inéluctable. Il est important de rappeler que l'économie polynésienne est historiquement fondée sur un modèle de commerce de comptoir, reposant largement sur les importations. Dans ce contexte, il était naturel que les acteurs du tissu économique local se questionnent sur la pertinence et les implications de l'installation d'une telle institution en Polynésie.

---

[*] Propos recueillis par Maître Angélique Herbez-Fontaine, Avocate barreau de Papeete.

Grâce à un dialogue constructif et des efforts d'explication, cette initiative a été progressivement acceptée par une grande majorité des parties prenantes. L'objectif était de progresser collectivement, tout en ajustant les approches au fil de la montée en puissance des activités de l'APC, afin de répondre au mieux aux spécificités locales et aux attentes des acteurs économiques.

Comment la population polynésienne a-t-elle accueilli et compris l'institution d'une autorité chargée du respect du droit de la concurrence ?

Il est essentiel de replacer ces événements dans leur contexte historique. La Polynésie française sortait alors d'une période marquée par une certaine instabilité politique, entraînant des répercussions inévitables sur les plans économique et social. À cette époque, les préoccupations de la population polynésienne étaient davantage orientées vers des enjeux concrets et immédiats. Les citoyens aspiraient à un rétablissement de la stabilité institutionnelle ainsi qu'à une relance de la dynamique économique.

Par ailleurs, il convient de rappeler que ce contexte s'inscrivait dans le cadre d'une crise financière mondiale majeure, dont les impacts se faisaient ressentir tant pour les acteurs économiques locaux que pour la population. Ces circonstances ont, de manière compréhensible, accentué les attentes envers les politiques publiques en matière de stabilité et de résilience économique.

Au regard de la nouveauté que représentait l'instauration d'une telle autorité, comment votre gouvernement et vous-même avez-vous accompagné la mise en place de l'Autorité polynésienne de la concurrence ?

Il s'agissait d'une expérience inédite pour l'ensemble des acteurs concernés. Il a été nécessaire de comprendre et de s'approprier les mécanismes de fonctionnement tout en veillant scrupuleusement à préserver la séparation des rôles et des prérogatives. L'indépendance de l'Autorité de la concurrence constitue un principe fondamental qui doit être strictement respecté. Ce processus a représenté une phase d'apprentissage mutuel pour toutes les parties prenantes impliquées.

L'Autorité polynésienne de la concurrence a été la première autorité administrative indépendante instituée par la Polynésie française. Elle dispose d'une autonomie fonctionnelle sur le plan juridique ainsi que d'une autonomie matérielle. Pouvez-vous nous dire ce que cette indépendance impliquait dans vos rapports avec l'APC ?

En vertu de la séparation des pouvoirs qui s'applique à l'ensemble des parties prenantes, une fois que les règles du jeu étaient clairement établies pour tous, chacun pouvait exercer son rôle en toute légitimité et occuper sa place dans un cadre structuré. Bien que leurs rôles soient indépendants, ils avaient la possibilité d'être complémentaires, tout en respectant strictement les limites définies et les principes établis. Ce respect des rôles et des frontières était essentiel pour assurer le succès de la mission de l'APC et renforcer la crédibilité de la collectivité.

En qualité de président de la Polynésie française, le *code de la concurrence* vous accorde un pouvoir d'évocation en matière de concentration, c'est-à-dire la possibilité d'autoriser pour un motif d'intérêt général une opération que l'Autorité de la concurrence n'a pour sa part pas autorisée, ou encore la possibilité de faire appel des décisions de l'APC. Vous n'avez pas fait usage de ces pouvoirs pendant votre mandat, mais y avez-vous songé ?

Je tiens à souligner mon profond respect pour les principes et les usages qui encadrent nos actions. L'installation de l'Autorité polynésienne de la concurrence (APC) s'inscrivait dans un cadre nécessaire et cohérent avec nos engagements. En tant que premier responsable de cette démarche, il m'a semblé impératif de suivre scrupuleusement cette ligne de conduite, en parfaite conformité avec les prérogatives qui m'étaient conférées par le *code de la concurrence*. Pour répondre directement à votre question, il n'a jamais été dans mes intentions de faire usage de mon pouvoir de transiger et je ne l'ai jamais fait si ma mémoire est bonne.

Le *code de la concurrence polynésien* fait également la part belle au rôle consultatif de l'Autorité, avec notamment l'obligation pour le président de la Polynésie française et celui de l'Assemblée de lui soumettre tout projet de loi du pays ou tout projet de délibération instituant un régime nouveau ayant pour effet de soumettre l'exercice d'une profession ou l'accès à un marché à des restrictions quantitatives et géographiques d'établir des droits exclusifs dans certaines zones ou secteurs d'activité, ou d'imposer des pratiques uniformes en matière de prix ou des conditions de vente. Comment les avis de l'Autorité polynésienne de la concurrence se sont-ils intégrés dans le processus législatif et réglementaire ?

Vous soulevez un point très pertinent concernant les spécificités économiques et structurelles de la Polynésie française, et en particulier de Tahiti. En raison de la taille réduite du marché local et de la prédominance de certains grands groupes, qu'ils soient locaux ou métropolitains, il est crucial d'adopter une approche rigoureuse et équilibrée dans les prises de décisions et les orientations, notamment dans des secteurs clés comme le commerce ou d'autres activités stratégiques.

Dans ce contexte, le rôle de l'Autorité de la concurrence, bien que consultatif dans certains cas, est fondamental pour garantir des mécanismes de régulation qui servent d'éléments protecteurs et préventifs. Cela permet d'instaurer des principes clairs et justes, tout en respectant les spécificités locales.

Enfin, il est important de rappeler que la séparation des pouvoirs demeure un pilier essentiel de notre modèle démocratique. Chaque instance remplit un rôle distinct : certaines émettent des avis, d'autres légifèrent, tandis que l'exécutif met en œuvre les décisions. Ce cadre assure un équilibre institutionnel garantissant la transparence et l'équité au service de l'intérêt général.

Le droit de la concurrence fête aujourd'hui cette année ses 10 ans. Avez-vous le sentiment que le droit de la concurrence a réussi lors de cette dernière décennie à intégrer le paysage économique local et à développer la compétitivité des entreprises en Polynésie ?

Concernant la première question, la réponse est sans aucun doute affirmative. Aujourd'hui, il est devenu courant et essentiel pour chacun de prendre le temps de réfléchir aux bonnes questions avant de s'engager dans un investissement ou tout autre projet important. En ce qui concerne son impact sur la compétitivité des entreprises en Polynésie, elle a certainement apporté une contribution significative dans cette direction.

Avez-vous pu constater de la part des acteurs économiques du territoire une évolution dans leurs pratiques, dans le secteur public comme dans le privé ?

Comme mentionné précédemment, il est désormais courant et fondamental pour chacun de prendre le temps de considérer attentivement les questions pertinentes avant de s'engager dans un investissement ou tout autre projet d'envergure. Nos acteurs l'ont bien compris.

Comment évaluez-vous aujourd'hui le niveau de collaboration entre le pays et l'Autorité concernant la mise en œuvre du droit de la concurrence sur le territoire ?

Je me limiterai à évoquer la période où j'avais des responsabilités. Durant cette époque, les principes étaient clairement établis : aucune interférence dans les missions de l'APC.

Quelles sont, selon vous, les prises de position marquantes de l'Autorité polynésienne de la concurrence au cours de la dernière décennie ?

Je préfère souligner les analyses et avis formulés, qui ont suscité des réactions variées de la part du public et des acteurs économiques, qu'elles soient positives ou critiques. Il est toujours complexe de trouver un équilibre entre la recherche de rentabilité dans le monde des affaires, qui peut parfois favoriser des positions dominantes, et le maintien d'un marché harmonieux dans un environnement restreint comme celui de la Polynésie. Toutefois, ce que je retiens avant tout, c'est que la réflexion empreinte de pragmatisme a toujours su prévaloir.

Et quels seront les défis auxquels l'Autorité devra se confronter dans les prochaines années, au regard des perspectives économiques du pays ?

De nombreuses initiatives ont été entreprises par le passé, et il est désormais essentiel de les voir s'épanouir et perdurer. Le principal enjeu pour l'Autorité au cours de la prochaine décennie résidera dans la consolidation de son organisation, de la communication avec les institutions et les administrés, l'optimisation de son fonctionnement interne et le maintien de son indépendance institutionnelle, qui constitue un élément fondamental pour assurer le plein accomplissement de sa mission.

Enfin, fort de votre collaboration de près de 8 ans avec l'Autorité, quelles seraient vos recommandations pour renforcer l'efficacité du droit de la concurrence en Polynésie française pour l'avenir ?

Il est toujours délicat de formuler des recommandations ou des orientations à destination d'une Autorité indépendante sans risquer de malentendus. Toutefois, dans un esprit constructif et en gardant une approche générale, plusieurs axes d'attention pourraient être envisagés pour l'Autorité de la concurrence de Polynésie française, afin de répondre aux spécificités et aux évolutions des dynamiques économiques du territoire :

- En raison de la taille limitée du marché polynésien et de la concentration économique dans certains secteurs clés (grande distribution, transport, énergie), il sera essentiel de maintenir une attention constante pour garantir une concurrence saine et équilibrée.
- Les orientations stratégiques du territoire en faveur de la transition énergétique et d'une économie durable entraîneront des transformations significatives dans des secteurs tels que les énergies renouvelables, le transport maritime ou le tourisme. L'Autorité devra ajuster ses outils et approches afin d'accompagner ces évolutions tout en assurant des conditions équitables pour tous les acteurs.
- Dans un contexte où la compréhension et l'adhésion aux principes de la concurrence sont encore en développement, l'Autorité pourrait intensifier ses actions pédagogiques, tant auprès des entreprises que du grand public, pour mieux faire connaître les avantages d'une concurrence loyale et les règles applicables.
- Les dynamiques économiques polynésiennes étant influencées par des tendances globales et régionales, l'Autorité gagnerait à renforcer sa coopération avec les pouvoirs publics et d'autres institutions, afin de s'aligner sur les meilleures pratiques internationales et anticiper les évolutions du marché.

Pour relever ces défis, l'Autorité de la concurrence devra conjuguer vigilance, innovation et pédagogie. Son rôle sera déterminant pour accompagner les mutations économiques tout en préservant un marché compétitif, équilibré et aligné sur les objectifs de développement durable et d'intérêt général.

Yvonnick Raffin

Ancien ministre des finances et de l'économie de la Polynésie française (2020-2023)

*« La position dominante de certains grands groupes, qu'ils soient locaux ou issus de la métropole, impose une gouvernance économique fondée sur la rigueur et l'équilibre »**

Monsieur le Ministre, vous aviez la charge du portefeuille de l'économie sous la gouvernance du Président Edouard Fritch pendant trois années de 2020 à 2023. Le ministère de l'Économie et l'Autorité polynésienne de la concurrence partagent comme objectif commun d'assurer l'efficacité des marchés, mais ont des moyens d'action très différents. Comment décririez-vous la répartition institutionnelle des rôles entre ce ministère, et plus particulièrement entre la Direction générale des affaires économiques, et l'Autorité ?

En préambule, il est essentiel de rappeler que la séparation des compétences entre les différentes institutions économiques garantit un fonctionnement optimal et une coordination efficace des politiques publiques.

L'articulation entre la DGAE et l'APC repose sur un principe fondamental de complémentarité. Tandis que la DGAE œuvre au développement et à la régulation économique dans un cadre politique et stratégique, l'APC s'assure du respect des règles concurrentielles en toute indépendance. Cette répartition permet d'assurer une régulation économique efficace, conciliant croissance, protection des consommateurs et équité du marché.

Ainsi, le cadre institutionnel en Polynésie française garantit un équilibre entre intervention publique et respect des principes du marché, favorisant un développement économique structuré, sécurisé et conforme aux standards internationaux.

L'Autorité polynésienne de la concurrence a pour particularité d'être une autorité administrative indépendante et de disposer d'une autonomie fonctionnelle sur le plan juridique ainsi que d'une autonomie matérielle. Pouvez-vous nous dire ce que cette indépendance impliquait dans vos relations avec l'APC ?

Dans le cadre du principe fondamental de séparation des pouvoirs, qui s'impose à l'ensemble des parties prenantes, la clarté des règles du jeu garantissait à chacun la légitimité nécessaire à l'exercice de ses fonctions. Cette structuration permettait non seulement de

* Propos recueillis par Maître Angélique Herbez-Fontaine, Avocate barreau de Papeete.

préserver l'indépendance des rôles, mais également de favoriser des synergies encadrées, dans le strict respect des prérogatives et des principes établis. Le maintien de cet équilibre institutionnel était la condition sine qua non pour assurer l'efficacité de la mission de l'APC et consolider la crédibilité de la collectivité.

L'économie polynésienne a pour caractéristique d'être une économie administrée, compte tenu des importantes contraintes géographiques et logistiques du territoire. Comment faire cohabiter au sein d'une même économie, la conception libérale du droit de la concurrence, avec l'interventionnisme du Pays parfois nécessaire au regard des spécificités économiques locales ?

L'économie de la Polynésie française repose largement sur un modèle d'importation, caractéristique d'une économie de comptoir. Bien que son territoire maritime s'étende sur près de 5 millions de km², l'essentiel de l'activité économique – soit environ 90 % – est concentré sur Tahiti, qui ne représente que 1 042 km² de superficie terrestre. Cette concentration, combinée à la taille limitée du marché local et à la position dominante de certains grands groupes, qu'ils soient locaux ou issus de la métropole, impose une gouvernance économique fondée sur la rigueur et l'équilibre.

Dans ce contexte, la définition des politiques publiques, notamment dans des secteurs stratégiques tels que le commerce, doit répondre à une approche pragmatique, où la régulation et la structuration du marché visent à garantir une concurrence saine et une dynamique économique durable. L'intérêt général doit rester au cœur des décisions, en veillant à une répartition équitable des ressources et des opportunités.

Le cadre institutionnel joue un rôle déterminant dans cet équilibre. Chaque instance dispose d'une mission spécifique : certaines ont vocation à émettre des avis, d'autres à légiférer, tandis que l'exécutif est chargé de la mise en œuvre des décisions. Cette répartition des rôles contribue à garantir la transparence et l'équité, tout en consolidant la légitimité des choix politiques au service du développement économique et social de la Polynésie française.

Vous étiez en fonction au moment de la crise sanitaire du Covid19, qui a frappé de plein fouet la Polynésie française. Pendant cette période de crise, où des mesures économiques fortes ont dû être prises, quel rapport entretenait votre ministère avec l'Autorité ?

La nécessité de restructurer l'APC s'est imposée dans le cadre d'une nouvelle gouvernance. Toutefois, la priorité n'était pas centrée sur l'APC, mais bien sur la mise en place des conditions essentielles à la survie de notre économie, à la préservation des emplois et à l'instauration des mécanismes permettant une reprise économique rapide et efficace.

L'Autorité polynésienne de la concurrence a rendu ces dix dernières années de nombreux avis sur le fonctionnement de l'économie locale, ainsi sur des projets de réformes. Quel éclairage les avis de l'Autorité vous ont-ils apporté sur les perspectives économiques en jeu ?

Durant mon mandat ministériel, l'Autorité Polynésienne de la Concurrence a joué un rôle clé dans l'adaptation des acteurs économiques au nouveau cadre réglementaire.

Ses avis ont favorisé une meilleure compréhension du marché local, soutenu les réformes économiques et renforcé la régulation des marchés, dans un souci d'intérêt général. Ils ont également contribué à l'élaboration de politiques publiques plus efficaces, garantissant une croissance durable et équilibrée pour l'économie de la Polynésie française.

Le droit de la concurrence métropolitain fait aujourd'hui largement participer le ministère de l'Économie dans la poursuite de ses missions, en impliquant notamment largement la DGCCRF (équivalent de la DGAE) dans l'identification des pratiques anticoncurrentielles ou encore dans l'exercice de son pouvoir d'enquête. Pensez-vous que le droit polynésien aurait lui aussi tout intérêt à évoluer dans la même direction ?

Le simple copier-coller de modèles extérieurs ne saurait suffire lorsqu'il s'agit d'adapter les réglementations aux réalités locales. Durant mon mandat, j'ai veillé à ce que la collaboration entre le ministère et l'Autorité Polynésienne de la Concurrence soit à la fois étroite et efficace, tout en respectant l'autonomie de l'institution. En tant qu'exécutif, nous avons assuré une coordination active, notamment à travers la nomination du commissaire au gouvernement, désigné par le gouvernement sur proposition du ministre des Finances. Cette approche a permis d'ancrer l'action de l'APC dans une vision pragmatique et cohérente avec les enjeux économiques de la Polynésie française.

Le droit de la concurrence polynésien fête cette année ses dix ans. Avez-vous le sentiment que le droit de la concurrence a réussi lors de cette dernière décennie à intégrer le paysage économique local et à développer la compétitivité de l'économie locale ?

La réponse est incontestablement positive, où dans un contexte économique comme celui de la Polynésie, son action a clairement renforcé la capacité des acteurs économiques à s'adapter aux exigences du marché, en favorisant un environnement plus structuré et propice à une croissance durable.

Avez-vous pu constater de la part des acteurs économiques du territoire une évolution dans leurs pratiques, dans le secteur public comme dans le privé ?

Aujourd'hui, les acteurs économiques privés adoptent une approche stratégique rigoureuse avant d'allouer des ressources à un investissement ou un projet d'envergure. Cette démarche pragmatique permet d'optimiser les retombées économiques et sociales tout en maîtrisant les risques. En revanche, pour les acteurs publics, la logique est fondamentalement différente : leur action ne s'inscrit pas dans une dynamique concurrentielle, mais dans une mission de service public. Cela implique une gestion des ressources orientée vers l'intérêt général, nécessitant une approche adaptée aux enjeux spécifiques du secteur public.

Quelles sont, selon vous, les prises de position marquantes de l'Autorité Polynésienne de la Concurrence au cours de la dernière décennie ?

Les analyses et avis formulés, qui ont naturellement suscité des réactions contrastées de la part du public et des acteurs économiques sont des faits marquants. Ce qui importe avant tout, c'est que les décisions ont toujours été guidées par une approche pragmatique, privilégiant l'intérêt général et l'efficacité économique.

Existe-t-il encore aujourd'hui des secteurs d'activités pour lesquels le développement de la concurrence est une priorité, au regard des perspectives économiques de la Polynésie ?

Comme souligné précédemment, l'économie de la Polynésie française repose sur un territoire limité de 1 042 km², ce qui influe directement sur la structure de ses marchés. D'un côté, la concentration du pouvoir économique entre quelques acteurs locaux façonne les dynamiques concurrentielles ; de l'autre, la taille restreinte du marché rend difficile l'émergence d'une concurrence véritablement ouverte. Cette réalité impose une régulation adaptée et des politiques publiques volontaristes pour garantir un équilibre entre compétitivité, développement économique et protection des consommateurs.

Enfin, selon vous, quels sont les prochains défis que le Pays devra relever pour assurer une concurrence saine et efficace sur les marchés polynésiens ?

L'Autorité de la concurrence de Polynésie française doit adapter son action aux spécificités économiques du territoire en conciliant régulation efficace et développement durable. Face à un marché restreint et marqué par une forte concentration économique, sa vigilance sera essentielle pour garantir une concurrence équilibrée, notamment dans des secteurs stratégiques comme la grande distribution, l'énergie et le transport.

Les mutations liées à la transition énergétique et au développement durable imposent une adaptation de ses outils pour encadrer ces évolutions sans freiner l'innovation. Par ailleurs, le renforcement des actions pédagogiques auprès des entreprises et du grand public est nécessaire pour ancrer une véritable culture de la concurrence.

Enfin, dans un environnement influencé par des dynamiques régionales et mondiales, l'Autorité devra intensifier sa coopération avec les pouvoirs publics et les institutions compétentes pour anticiper les évolutions du marché et s'aligner sur les meilleures pratiques. Son action sera déterminante pour structurer un marché plus transparent, compétitif et résilient, au service des objectifs de développement économique et d'intérêt général.

Pascal Devillers

Président du Tribunal administratif de la Polynésie française

*« La concurrence a porté ses fruits : les télécommunications et le transport aérien en sont des exemples frappants »**

En tant que Président du Tribunal administratif, vous êtes en première ligne dans l'application du droit de la concurrence en Polynésie, une juridiction qui a longtemps évolué sans cadre législatif spécifique local. Quels sont, selon vous, les principaux défis auxquels le tribunal administratif a dû faire face pour instaurer et faire respecter le droit de la concurrence en Polynésie ?

Dire que le Tribunal administratif de la Polynésie française est en « première ligne » dans l'application du droit de la concurrence en Polynésie française est très aimable, mais cela ne saurait faire oublier que le juge judiciaire est le plus souvent regardé comme le « juge naturel de la concurrence ». Le législateur a choisi, en effet, en 1987, de modifier l'ordre normal des compétences juridictionnelles en attribuant le contentieux du Conseil de la concurrence (devenu Autorité de la concurrence en 2008), qui a la nature d'une autorité administrative indépendante, à la Cour d'appel de Paris, et in fine à la Cour de cassation. Le Conseil constitutionnel a admis partiellement cette dérogation au principe selon lequel l'annulation ou la réformation des décisions prises par les autorités administratives (dont les autorités administratives indépendantes), dans l'exercice de prérogatives de puissance publique, ressortissent de la compétence de la juridiction administrative, consacrant par là même ce « principe fondamental reconnu par les lois de la République », par son importante décision n° 86-224 DC du 23 janvier 1987.

Toutefois, plutôt que de procéder à cette attribution de compétence par une référence synthétique au bloc des actes de l'Autorité pris en cette matière, le législateur a fait le choix de recourir à une énumération précise visant certaines décisions mentionnées à certains articles législatifs, excluant l'ensemble des contentieux liés à des opérations de concentration, qui se déroulent devant le Conseil d'État. La jurisprudence judiciaire est ainsi essentielle en ce qui concerne les questions de concurrence déloyale, de pratiques restrictives et de transparence du marché.

En Polynésie, de fait, le tribunal administratif, juge de la légalité de l'action publique, que ce soit à travers les actes réglementaires ou individuels adoptés ou les contrats signés, est amené à connaître des questions de droit de la concurrence et potentiellement

* Propos recueillis par Thibault Segalard, journaliste à Tahiti Infos.

à appliquer les règles contenues dans le *code de la concurrence* de Polynésie française, compétence réservée à la Polynésie française par la loi organique statutaire. Plus marginalement, les règles nationales et européennes seront appliquées pour les actes des autorités étatiques applicables localement. C'est notamment le cas du dossier de la concession de l'aéroport de Tahiti, sur laquelle on aura très probablement à statuer en 2025, ou des marchés de l'État ou des armées qui sont contestés. Signalons également que les décisions de l'Autorité polynésienne de la concurrence peuvent être contestées en premier et dernier ressort devant la cour administrative d'appel de Paris, compétente pour en connaître en application de l'article R 311-2 du *code de justice administrative*, et donc devant la juridiction administrative, à la différence de l'Autorité de la concurrence métropolitaine.

Pour le tribunal administratif de la Polynésie française, le droit de la concurrence polynésien est effectivement constitué d'un corpus de règles très récentes puisque instituées par la loi du pays n° 2014-15 LP/APF du 25 juin 2014 relative à la concurrence, il y a 10 ans seulement. Sur les 18 jugements qui sont rendus au visa du *code de la concurrence polynésien*, 7 seulement concernent l'application de règles de fond de ce code, les 11 autres portant sur des différends opposant le personnel de l'APC à la Polynésie française, y compris, tout de même, un président et un rapporteur général de cette institution.

Mais au-delà de l'application du nouveau code, qui ne nous a pas posé de difficultés insurmontables, la difficulté réside davantage dans l'appréhension des réglementations souvent très touffues et complexes qui encadrent certaines activités professionnelles, lorsqu'il s'agit de contrôler la légalité d'une réglementation ou d'une sanction administrative. Il y a également des freins sociétaux à l'application du droit de la concurrence, dans la mesure où il existe des situations de monopole et d'oligopole.

Lorsqu'on évoque l'instauration du droit de la concurrence, les conflits entre Onati et Pacific Mobile Telecom viennent immédiatement à l'esprit. Outre ce cas, quels ont été les dossiers majeurs liés au droit de la concurrence sur lesquels le tribunal administratif a été amené à statuer ?

Les conflits entre Onati et les deux autres opérateurs de télécommunication représentent pas moins de 15 jugements rendus par le tribunal, et les litiges, très complexes, sont variés : contestation des arrêtés portant approbation des tarifs de référence d'interconnexion, d'articles du *code des postes et des télécommunications* relatifs à la détermination de ces tarifs de référence d'interconnexion, d'un arrêté approuvant l'attribution d'une subvention d'investissement en faveur de la SAS Onati en vue du déploiement de la 4G dans les archipels éloignés, du refus de communiquer des documents concernant la délégation de service public conclue entre l'OPT et la SAS Onati, du refus d'abroger l'article LP 28 de la loi du pays du 7 décembre 2009, en tant qu'il exclut du cadre réglementaire applicable aux délégations de service public celles confiées par les établissements publics (en clair l'OPT) à leurs filiales, du refus de modifier le calendrier de déploiement prévu au cahier des charges de l'autorisation d'exercer l'activité d'opérateur de téléphonie mobile.

Et outre ces litiges, dans lesquels chacun s'efforce de limiter l'avantage concurrentiel estimé indûment accordé à d'autres par la réglementation, nous sommes aussi saisis de contentieux de responsabilité, pour obtenir la réparation du préjudice causé par des règles que le tribunal a déclarées illégales.

Sinon, comme dossiers importants et impliquant notamment en termes de cherté des prix pour les consommateurs, principal enjeu du droit de la concurrence, nous avons eu à connaître des contestations de la liste des produits de première nécessité (PPN) et produits de grande consommation (PGC), en ce qu'ils classent dans ces catégories certains produits, réduisant les marges et avantageant certains types de commerce, des amendes administratives pour perception indue de remises commerciales sur certains produits de première nécessité, ou encore des contestations entre armateurs d'arrêtés définissant les prix maximaux de vente du gazole servant à l'alimentation des moteurs des navires de commerce assurant le transport maritime interinsulaire, au motif qu'ils avantageraient un concurrent.

Quelles plaintes récurrentes avez-vous constatées en matière de droit de la concurrence ? Existe-t-il des secteurs ou des pratiques particulièrement sujets à contentieux ?

À ce stade, on doit évoquer le rôle particulier que joue le tribunal comme garant de la transparence et de l'égalité entre candidats dans le domaine de la commande publique, marchés publics et concessions/délégations de service public, qui participent à une bonne part du PIB mais aussi aux emplois de la Polynésie française. Deux types de contentieux s'inscrivent particulièrement dans le champ des règles de concurrence : le référé précontractuel et le recours en annulation d'un contrat quand il émane – c'est le plus souvent le cas – d'un concurrent évincé.

Le référé précontractuel, prévu à l'article L 551-24 du *code de justice administrative* pour la Polynésie française, sert à rebattre les cartes si un candidat à un marché public estime qu'une règle de la procédure d'appel d'offres ou bien la façon dont elle a été menée favorise, de fait ou volontairement, une catégorie ou certains candidats, en méconnaissance des règles de publicité et de mise en concurrence applicables. Le juge a alors notamment la faculté d'annuler la procédure de passation du marché et d'enjoindre la reprise de la procédure en la purgeant du vice qui l'affectait. Cette procédure de référé est jugée en moyenne dans les 15 jours. Le tribunal a été saisi 237 fois sur ce fondement depuis la création de cette disposition en 2009, 22 fois depuis le début de l'année 2024.

Comment évaluez-vous l'efficacité des mesures juridiques mises en place pour favoriser la concurrence en Polynésie française ? À votre avis, dans quels secteurs la concurrence pourrait-elle être développée pour renforcer son efficacité ?

Il m'est très difficile de répondre à cette question pour laquelle je ne dispose que de très peu de données et d'éléments d'appréciation. Je ne saurais, en effet, en tant que président du tribunal administratif, apprécier si ces mesures permettent de lutter efficacement contre les monopoles ou quasi-monopoles, contre les ententes ou les abus de position dominante. Peut-être – c'est le citoyen qui parle – peut-on, inversement, s'interroger sur le maintien de règles qui sont des freins à la concurrence et servent à la protection de marges abusives au détriment de l'intérêt des consommateurs – taxe de développement local, accords d'exclusivité d'importation, etc.

Selon vous, quelle est l'importance d'une juridiction administrative pour l'application du droit de la concurrence dans une petite économie insulaire comme celle de la Polynésie ?

Dans l'exercice de sa fonction régulatrice, le juge administratif occupe une place qui est loin d'être négligeable. Comme je l'indiquais en début d'entretien, sont en effet susceptibles d'être soumises à son contrôle toutes les décisions organisant l'exercice d'une activité économique. Le juge contrôle aussi l'usage par les autorités publiques de leurs pouvoirs de sanction, mais également, en amont, d'agrément ou d'autorisation.

Notre intervention dans le domaine de la concurrence peut aussi être incidente lorsque, par exemple, il nous est demandé, par un concurrent, l'annulation du permis de construire accordé pour la construction d'un hôtel ou d'un supermarché. Plus ponctuellement, il est à noter que le tribunal peut être saisi par les autorités de la Polynésie française ou de l'État d'une demande d'avis qui peut porter sur des questions concurrentielles, comme, par exemple, cette année, la demande relative à la possibilité de création d'un régime de quasi-régie adapté aux spécificités sectorielles et géographiques du secteur des télécommunications de la Polynésie française.

Comment le tribunal administratif intègre-t-il et prend-il en compte les avis et recommandations de l'Autorité polynésienne de la concurrence dans le traitement des dossiers relatifs à la concurrence ?

Nous prenons bien sûr en compte les avis autorisés rendus par l'APC, auxquels, au demeurant, les parties que cela avantage n'omettent pas de s'y référer. Ils pèsent dans l'appréciation que nous portons sur le règlement des questions de légalité qui nous sont soumises, et cela a bien sûr été le cas dans ces nombreux litiges portant sur le secteur des télécommunications, certains jugements en citant même des extraits lorsqu'ils rendent compte au mieux du contexte singulier d'une question à trancher. Nous les citons largement dans nos jugements, non pas comme arguments de droit, mais comme arguments d'un organisme spécialisé dans le domaine de la concurrence.

Enfin, comment anticipez-vous l'évolution de la régulation concurrentielle en Polynésie française pour les 10 prochaines années ? Quels axes de développement sont, selon vous, prioritaires ?

Avec l'Autorité polynésienne de la concurrence, la Polynésie française s'est dotée d'un bel outil, composé de gens compétents et motivés, dans une ambiance de travail qui, on peut l'espérer, ne viendra plus nourrir les audiences du tribunal administratif.

Cet outil doit être mis à profit, ses rapports et propositions pris en compte, sans pusillanimité.

La cherté du coût de la vie est le problème numéro 1 d'une population fracturée, avec des écarts de richesse considérables laissant de plus en plus une population pauvre au bord de la route. Or la concurrence a porté ses fruits : les télécommunications et le transport aérien en sont des exemples frappants. C'est dans l'intérêt commun que cette régulation s'amplifie dans le domaine de la grande distribution ou de l'hôtellerie de luxe, par exemple, où les positions dominantes, nourries et sans cesse renforcées par les marges pratiquées, sont les plus visibles. Et sans doute, le droit de la concurrence devrait-il alors être complété par une politique fiscale volontariste.

Jean-Luc Lemercier

Président de la Chambre territoriale des comptes de la Polynésie française

« Les actions de l'APC sont aussi favorables pour la puissance publique, puisqu'une transparence accrue favorise la gestion des deniers publics »[*]

Quel rôle la Chambre territoriale des comptes (CTC) joue-t-elle dans le contrôle et la promotion de la concurrence en Polynésie française ? Dans quelle mesure cette mission contribue-t-elle au développement économique du territoire ?

La Chambre territoriale des comptes n'intervient pas directement dans le champ de la concurrence. Cependant, par des analyses ponctuelles, par pointillisme, nous abordons ces questions ou les frôlons. Le droit de la concurrence, tel qu'il s'est développé en Polynésie, trouve son origine dans la crise économique de 2008. Les aides allouées à la Polynésie à cette époque étaient assorties de conditionnalité, dont l'émergence d'un droit de la concurrence. Dans un contexte plus récent, les questions de concurrence sont de plus en plus présentes auprès de la population, qui est sensible à l'inflation et qui a pour idée que la concurrence fait baisser les prix.

Le rôle de la CTC n'est pas de s'occuper de la concurrence, c'est d'ailleurs pour ça que l'on a créé l'APC. Notre rôle est d'être le gardien de l'ordre public financier, en garantissant une bonne gestion des deniers publics tout en informant les citoyens sur leur utilisation. Cependant, deux aspects nous lient à la concurrence. D'abord, nous exerçons un contrôle financier sur l'Autorité polynésienne de la concurrence (APC). Nous avons d'ailleurs publié, il y a quelques années, un rapport sur sa gestion, assorti de recommandations. Ensuite, la concurrence transparaît dans nos analyses, notamment via des thèmes choisis par les citoyens à travers une plateforme participative. Par exemple, en 2023, c'est le sujet de la taxe de développement local (TDL) qui avait été choisi, un sujet lié à la protection et à l'émergence de « champions » polynésiens.

Un autre exemple est notre rapport récent sur Air Tahiti Nui (ATN) et la politique touristique du pays, qui met en lumière les défis liés à l'ouverture à la concurrence internationale, impactant l'opérateur national et ses subventions publiques. Enfin, nos contrôles des entités publiques – communes, intercommunalités ou entreprises recevant des fonds publics – incluent l'examen des marchés publics, un domaine central pour la concurrence. Ainsi, nos travaux contribuent indirectement à baliser ce droit en Polynésie.

---

[*] Propos recueillis par Thibault Segalard, journaliste à Tahiti Infos.

Quant à l'impact de ces missions sur le développement économique, la concurrence est une « ligne de crête » qu'il faut manier avec précaution. L'exemple d'ATN illustre bien cette équation : équilibrer ouverture à la concurrence et protection des intérêts locaux pour préserver à la fois l'économie et les contribuables.

Quelles difficultés spécifiques rencontrez-vous dans le contrôle financier des entités publiques dans le contexte d'une économie progressivement libéralisée ?

Paradoxalement, et c'est une note d'espoir, nous rencontrons peu de difficultés. Nous disposons d'un cadre juridique solide – le *code des juridictions financières* – qui nous confère les prérogatives nécessaires pour contrôler efficacement les entités publiques. Bien que l'économie polynésienne ait amorcé une libéralisation, je suis d'accord là-dessus, des progrès restent à faire. L'APC joue un rôle essentiel en ce sens, en favorisant une concurrence accrue.

Les entités publiques, qu'elles soient créatrices de droit ou agents économiques, ont tout intérêt à encourager cette dynamique et à faire émerger une concurrence plus importante sur le territoire. De notre côté, nous disposons des outils nécessaires pour assurer nos missions de contrôle.

L'introduction d'un *code de la concurrence* en Polynésie vous a-t-elle permis de renforcer le contrôle financier des organismes publics et des entreprises sous gestion publique ?

Absolument, il a permis dans une certaine mesure de renforcer le contrôle financier, puisque nous disposons désormais, avec ce code, d'un outil supplémentaire précieux. Son adoption était une nécessité, marquant un véritable progrès. En Polynésie, il manque de nombreux codes, comme celui de la santé publique, ce qui complique parfois nos contrôles. Sans code, il y a une absence de base légale et donc un manque d'outils pour nos contrôles. Le *code de la concurrence*, en revanche, offre une base légale qui renforce notre capacité à agir.

Depuis l'application du droit de la concurrence, avez-vous observé des changements concrets au sein de l'économie polynésienne ? Quels sont les secteurs publics les plus impactés ?

L'adoption de ces règles de concurrence a permis l'émergence de l'action de l'APC, qui aujourd'hui a construit une jurisprudence solide, encadrant la concurrence. Cette jurisprudence encadre l'action des acteurs économiques dans ce domaine, et ça, c'est très positif. Ce cadre réglementaire est essentiel pour les secteurs stratégiques les plus impactés comme l'énergie, les télécommunications et les produits de première nécessité (PPN).

L'APC joue un rôle déterminant, comme en témoignent les décisions prises sur la régulation énergétique. Sans sa présence et ses recommandations, une telle décision n'aurait pas été rendue. En somme, l'APC a atteint une certaine maturité. Elle structure déjà par ses avis et décisions, et elle structurera de plus en plus les questions de concurrence en Polynésie française. J'en suis convaincu.

Selon vous, l'Autorité de la concurrence a-t-elle contribué à une meilleure gestion des fonds publics, notamment en termes de transparence et de responsabilisation des acteurs publics ?

Indéniablement. L'APC, depuis qu'elle est entrée dans sa phase de maturité, a un rôle positif sur l'ensemble des acteurs locaux. Des exemples concrets, comme la baisse des coûts dans les télécoms ou le secteur des pompes funèbres, montrent que son action se traduit par des économies directes pour le consommateur. De plus, les actions de l'APC sont aussi favorables pour la puissance publique, puisqu'une transparence accrue favorise la gestion des deniers publics. Aujourd'hui, le rôle de l'Autorité est admis, compris et nécessaire. Ce n'est pas rien.

Comment le droit de la concurrence a-t-il influencé les comportements des entreprises publiques locales et des services publics en Polynésie ?

Le droit de la concurrence s'impose comme une base légale incontournable. Les acteurs publics et les entreprises doivent respecter et suivre ces contraintes sous peine de sanctions, qu'elles viennent de l'APC ou qu'elles soient pénales. Concernant les entreprises et services publics, il faut comprendre que le droit de la concurrence est une globalité pour toutes les entreprises. Toutes ont été obligées de s'adapter aux contraintes. Avant que le code n'existe, il n'y avait pas de règles et donc il était compliqué de faire appliquer quoi que ce soit.

Quelles mesures additionnelles envisageriez-vous pour renforcer le respect et l'application du droit de la concurrence ?

Deux pistes me semblent essentielles. D'abord, s'inspirer des pratiques ailleurs. Je crois beaucoup au parangonnage. Par exemple en réévaluant la pertinence de certaines dispositions comme la clause de l'importateur exclusif, encore présente ici mais qui a été retirée ailleurs. Nous pourrions nous poser la question de savoir pourquoi elle a été retirée ailleurs. Il y a une réflexion à avoir concernant ce qui se passe au-delà de la Polynésie française. Ce qui m'amène à ma deuxième piste, qui est l'évaluation régulière des dispositifs existants. Faire le bilan 5 ou 10 ans après l'adoption d'une réglementation permettrait d'ajuster les politiques publiques et de mesurer leur impact. Savoir ce qui a fonctionné ou non, si l'objectif a été atteint. Selon moi, ce serait primordial pour améliorer le droit de la concurrence et l'action de l'APC.

PARTIE II

Retour sur une décennie de décisions et avis de l'Autorité polynésienne de la concurrence

Sophie Bresny

Rapporteur général de l'Autorité polynésienne de la concurrence

« Les contacts informels sont nombreux et permettent de clarifier les textes et la jurisprudence »[*]

Les économies insulaires, surtout lorsqu'elles sont éloignées des continents, souffrent habituellement de prix élevés mais l'accord ne se fait pas toujours sur l'explication de ce phénomène. Tantôt, l'on invoque des raisons structurelles, comme les coûts de transport, et tantôt des raisons anticoncurrentielles, comme des collusions plus fréquentes entre acteurs du marché. Selon votre expérience, que faut-il penser de ce débat ?

Avant de s'intéresser à la différence entre les raisons structurelles et les raisons anticoncurrentielles des prix élevés dans les économies insulaires, il convient de s'attarder sur ce que chacune d'elles englobe.

Tout d'abord, *les raisons structurelles* sont principalement liées aux caractéristiques géographiques et économiques spécifiques des territoires insulaires. Elles incluent :

– Les *surcoûts d'approvisionnement* :

En raison de leur insularité (double insularité pour certaine comme la Polynésie française), les économies insulaires subissent des surcoûts d'approvisionnement, notamment liés au transport maritime et aérien. Par exemple, en Polynésie française, le transport maritime constitue un facteur de surcoût d'environ 8 % du prix de vente d'un produit, ce qui n'est pas substantiel mais pas négligeable. Toutefois, l'éloignement et l'isolement de la Polynésie française ne suffisent pas à expliquer la totalité des surcoûts, qui résultent également de la taille du marché.

– L'*étroitesse des marchés* :

Les marchés insulaires sont souvent de petite taille, ce qui limite les économies d'échelle que peuvent réaliser les entreprises locales. Cette étroitesse des marchés est un obstacle naturel à l'établissement d'un marché concurrentiel. La Polynésie française est dépendante des importations, notamment en matière de biens de consommation. Ceux-ci proviennent

[*] Propos recueillis par Patrick Hubert, avocat associé basé à Paris au sein du département Antitrust & Concurrence du cabinet Orrick.

à 28 % de métropole, à 14 % d'autres pays de l'Union européenne, et pour le reste des États-Unis, de la Chine, de l'Australie et de la Nouvelle-Zélande. Les circuits régionaux ne sont donc pas privilégiés. C'est particulièrement le cas pour les produits de l'industrie agroalimentaire, le matériel électrique ou les produits pharmaceutiques.

- La *structure concentrée et intégrée des marchés insulaires* (en particulier celui de Polynésie) qui résulte de deux facteurs cumulatifs :

Premier facteur, en amont, l'importation des marchandises est fortement réglementée. En effet, les producteurs locaux bénéficient de protections douanières. De plus, la demande est souvent sous-évaluée contrairement à l'offre locale qui est souvent surévaluée entraînant une situation de pénurie sur un certain nombre de produits. Il devient alors nécessaire de recourir aux quotas d'importation obligeant les importateurs à acheter dans des conditions défavorables, qui se répercutent sur les prix aux consommateurs.

Second facteur, les importateurs bénéficient fréquemment d'exclusivités d'importation d'une ou plusieurs marques qui sont légales en Polynésie française. De plus, on observe dans un grand nombre de secteurs une intégration verticale dans des activités d'importation, de production et de distribution. Les producteurs ne sont pas encouragés à améliorer la qualité ou la diversité de la production. La grande distribution est également fortement concentrée.

- Un *cadre réglementaire spécifique* :

Il participe également au renchérissement des prix en augmentant les coûts d'entrée sur les marchés insulaires. Cela représente environ 8 %, soit autant que les surcoûts d'approvisionnement précédemment évoqués. Par exemple, la Polynésie française a instauré un large arsenal de protections de marché visant notamment à protéger la production industrielle et agricole domestique. Les importations sont ainsi très encadrées par des barrières à la fois tarifaires (perception de droits et taxes à l'importation, une vingtaine, qui représentent près de 30 % du montant CAF des importations, mais beaucoup plus sur certains produits, notamment ceux soumis à la taxe de développement local (TDL) ou à des taxes spécifiques) et non tarifaires (interdictions d'importation ou quotas, notamment en matière agricole). D'autres dispositions réglementaires sont également susceptibles d'avoir des effets sur les prix : réglementation des prix, dont l'avis de l'Autorité du 2 avril 2019 relatif aux produits de première nécessité (PPN) a montré qu'elle avait des effets notamment de renchérissement des prix ; défiscalisation locale qui bénéficie de manière privilégiée à des acteurs déjà puissants au détriment des nouveaux entrants ; restrictions aux investissements directs étrangers qui limitent l'entrée sur le marché de nouveaux opérateurs ou producteurs ; règles sanitaires anciennes et non réévaluées aux effets parfois anticoncurrentiels.[1]

---

[1] APC, avis n° 2019-A-01 du 2 avril 2019 relatif aux effets de la réglementation sur le fonctionnement concurrentiel des marchés de produits de première nécessité ; APC, avis n° 2019-A-02 du 19 septembre 2019 relatif aux mécanismes d'importation et de distribution en Polynésie française ; ISPF, *Des prix plus élevés de 31 % en Polynésie française qu'en France métropolitaine en 2022*, coll. Points Etudes et Bilans de la Polynésie française, n° 1391, octobre 2023.

Ensuite, les raisons anticoncurrentielles sont principalement liées dans les économies insulaires aux *pratiques des entreprises* qui restreignent la concurrence sur ces marchés. Ces pratiques incluent :

– Les *ententes et pratiques concertées* :[2]

Les entreprises peuvent s'entendre pour fixer les prix de manière artificielle. Par exemple, dans le secteur des pompes funèbres en Polynésie française où 12 entreprises ont participé à des réunions de concertation pour fixer les prix de leurs prestations funéraires pour les décès liés à la Covid-19 provoquant leur hausse.[3] Des ententes existent aussi, bien sûr, dans les grandes économies non insulaires, mais on peut penser que la petite taille, le nombre plus limité d'acteurs et l'existence de barrières à l'entrée qui rend difficile l'arrivée d'acteurs « dissidents » favorisent l'apparition et le maintien des ententes à l'échelle d'une petite économie isolée.

– Les *abus de position dominante* :[4]

Les entreprises en position dominante peuvent exploiter cette position pour imposer des prix élevés. Par exemple, dans le secteur de la téléphonie mobile à destination de la clientèle résidentielle en Polynésie française où la société Vini pratiquait des offres fidélisantes et une différenciation tarifaire lorsque ses abonnés contactaient par SMS ou appelaient ceux de son concurrent.[5]

Ainsi, la différence entre les raisons anticoncurrentielles et les raisons structurelles de prix élevés dans les économies insulaires réside dans leur origine. Les premières sont issues du comportement des entreprises au travers de la structure des prix de leurs produits en particulier les marges et les pratiques anticoncurrentielles sur lesquelles l'Autorité polynésienne de la concurrence (APC) a la compétence pour agir contrairement aux secondes qui dépendent davantage d'une volonté du gouvernement local en matière de politique concurrentielle mais que l'Autorité peut éclairer par des avis.

Les solutions pour remédier à ces prix élevés doivent donc prendre en compte à la fois les caractéristiques structurelles des économies insulaires et les pratiques anticoncurrentielles des entreprises. À titre indicatif, en 2022, la différence de prix à la consommation entre la Polynésie française et la France métropolitaine demeure plus élevée de 31 %, en considérant un panier de consommation moyen comparable et intermédiaire entre les structures de consommation des deux territoires. Cet écart dépasse largement ceux constatés dans les départements d'outre-mer (16 % en Guadeloupe, 14 % en Martinique et en Guyane, 10 % à Mayotte et 9 % à la Réunion).

---

2 *Code de la concurrence*, art. LP 200-1.

3 APC, décision n° 2022-PAC-01 du 5 septembre 2022 relative à des pratiques mises en œuvre dans le secteur des pompes funèbres.

4 *Code de la concurrence*, art. LP 200-1.

5 APC, décision n° 2018-PAC-01 du 6 juin 2018 relative à des pratiques mises en œuvre dans le secteur de la téléphonie mobile à destination de la clientèle résidentielle.

L'Autorité est-elle parvenue à mettre en place un service d'instruction efficace en dépit de l'impact de la distance et de l'isolement, de la petite taille d'une économie où tout le monde se connaît et où développer des carrières de spécialistes n'est pas facile ?

L'efficacité d'un service d'instruction s'analyse, à mon sens, à l'aune d'une multiplicité de critères, certains applicables dans toutes les autorités de concurrence, d'autres spécifiques aux territoires insulaires, et en particulier à celui de la Polynésie française.

De façon générale, l'efficacité d'un service d'instruction s'évalue à travers la réalisation des objectifs fixés par les textes et déclinés par le Collège de l'Autorité[6] et rapportés aux moyens de la structure. En ce qui concerne les missions générales dévolues au service d'instruction, le quotidien de l'équipe ne diffère pas de celui des autres : il s'agit de lutter contre les ententes et les abus de position dominante en recherchant des indices, en collectant des preuves et en rédigeant des notifications de griefs, de contrôler les opérations de fusions-acquisitions et enfin d'instruire les demandes d'avis principalement à la demande du président de la Polynésie. Particularité polynésienne, qu'on retrouve également en Nouvelle-Calédonie, nous instruisons également les opérations d'aménagement commercial.

La difficulté de l'exercice en Polynésie résulte du nombre de dossiers obligatoires à traiter dans des délais contraints sans visibilité sur la charge effective de travail au quotidien. Nous avons en moyenne 25 jours ouvrés pour traiter une concentration,[7] 15 jours ouvrés pour un aménagement commercial[8] et 1 mois calendaire pour un avis sauf urgence où le délai est réduit à 15 jours.[9] Il faut donc être particulièrement réactif tout en maintenant une activité contentieuse. En 2024, mon équipe composée de 5 rapporteurs a traité 25 dossiers.

Dans un tel contexte, il est indispensable de pouvoir recruter des spécialistes du droit de la concurrence et si possible des personnes ayant déjà eu une expérience en tant que rapporteurs pour que l'équipe soit immédiatement opérationnelle. Mais, il est également important de favoriser la transmission des savoirs en intégrant dans le service des personnes connaissant parfaitement le territoire et ses enjeux. Il s'agit d'un savant mélange d'équilibre. Enfin, il faut réussir à fidéliser les ressources, ce qui est un défi non négligeable dès lors qu'on peut difficilement faire carrière au sein d'une même autorité. L'Autorité, en signant une convention de partenariat avec l'Université de la Polynésie le 8 octobre 2024 fixant les conditions et modalités d'une coopération renforcée en matière de formation au droit de la concurrence des étudiants des masters de droit public et de droit des affaires, s'est engagée dans une démarche d'ouverture renforcée vers les forces vives du territoire.

Quant à l'insularité elle est à la fois un atout et un défi pour le service d'instruction notamment dans la réalisation des enquêtes. La confidentialité des investigations peut

---

6 APC, *Rapport annuel 2023* [en ligne]. Disponible sur : https://autorite-concurrence.pf/rapport-annuel-2023/.

7 *Code de la concurrence*, art. LP 310-5.

8 *Code de la concurrence*, art. LP 320-3.

9 *Code de la concurrence*, art. LP 620-2.

parfois être difficile à maintenir dans un territoire où tout le monde se connaît. Si personne n'ignore qu'il est complexe pour un fournisseur de signaler le comportement potentiellement anticoncurrentiel de ses clients (supermarchés, restaurants, hôtels...) par peur des mesures de représailles, dans un contexte insulaire, les effets peuvent rapidement être dévastateurs faute de solutions alternatives. Le service d'instruction doit pouvoir assurer l'anonymat des signalements et créer un contexte de confiance pour sécuriser les plaignants. Cette confiance ne peut s'instaurer que sur le long terme dans le cadre de dossiers contentieux réussis et le rôle du rapporteur général est central sur ce point.

Les entreprises en position dominante doivent connaître clairement la responsabilité accrue qui leur incombe en tant qu'acteur dominant. Les contacts informels sont nombreux et permettent de clarifier les textes et la jurisprudence. L'insularité favorise ces échanges et je ne peux que m'en féliciter car ils profitent à l'ensemble des acteurs économiques en favorisant la diffusion des bonnes pratiques en droit de la concurrence. Mais les contacts informels se transforment parfois en contacts formels avec l'ouverture de dossier contentieux. L'enjeu actuel majeur du service d'instruction est d'être en mesure de mener à bien ses dossiers contentieux pour mettre le collège en situation de sanctionner les comportements déviants. Sur ce point, il reste encore du chemin à parcourir pour apurer les saisines. Le temps de l'instruction et de la rédaction d'une notification prend du temps et ce temps n'est pas toujours adapté à l'étroitesse du territoire et de l'économie qui nécessite des solutions rapides.

Est-ce que coopérer avec les autres autorités de concurrence vous aide à surmonter les inconvénients de la petite taille et de l'isolement ?

La coopération entre les services d'instruction des autorités de concurrence s'organise traditionnellement de deux manières différentes : la coopération formelle telle qu'elle résulte des textes et la coopération informelle créée dans le cadre des forums des instances internationales ou régionales ou résultant de relations bilatérales privilégiées. Ces deux types de coopération ont pour objectif principal l'adoption de pratiques communes et exemplaires pour améliorer la sécurité juridique des entreprises par une application efficace du droit de la concurrence. La coopération formelle favorise par ailleurs la réalisation des dossiers contentieux transnationaux. Le service d'instruction de l'Autorité polynésienne de la concurrence ne fait pas exception et s'appuie sur ces deux types de coopération.

Pour le service d'instruction de l'Autorité polynésienne de la concurrence, *la coopération informelle avec ses homologues* est fondamentale à plus d'un titre. La taille de mon service et les exigences résultant des missions qui nous sont confiées nous obligent à nous former en permanence et à appréhender la pratique des autres autorités pour être en mesure de traiter efficacement nos propres dossiers et améliorer notre performance et notre réactivité.

Le service d'instruction de l'Autorité n'a pas une taille critique suffisante pour spécialiser ses rapporteurs par mission. Nous sommes six, rapporteur général compris, et chacun doit être en mesure de traiter une opération de concentration, une autorisation de création d'un aménagement commercial, une pratique anticoncurrentielle, y compris dans une industrie de réseau, ou de rédiger un avis sur un projet de texte du pays quel que soit le secteur concerné. Cette absence de spécialisation a plusieurs conséquences concrètes immédiates :

- Nous devons souvent régler dans des délais contraints des difficultés procédurales qui sont nouvelles pour nous mais que d'autres autorités, notamment l'ADLC ou l'ACNC (pour le contrôle des aménagements commerciaux), ont déjà rencontrées. Pouvoir bénéficier du support rapide de nos homologues nous permet de répondre efficacement à nos besoins. Lorsque vous traitez seulement deux ou trois opérations de concentration par an, vous pouvez légitimement vous poser des questions sur l'appréciation d'une influence déterminante d'une entreprise contrôlante sur l'activité d'une entreprise contrôlée ou sur la manière efficace de négocier des engagements.
- Nous ne possédons pas de services supports spécialisés (service économique ou service investigations). Il est donc nécessaire que nous soyons suffisamment formés pour être en mesure de traiter en interne les analyses économiques ou que nous puissions efficacement récolter les preuves des pratiques anticoncurrentielles. En moyenne, nous bénéficions d'une formation par mois sur des sujets aussi diversifiés que les investigations informatiques, l'analyse financière, les techniques quantitatives en contrôle des concentrations ou encore le traitement du secret des affaires. A ce titre, l'Autorité a signé une convention-cadre d'assistance technique avec l'ADLC le 4 mai 2022 qui prévoit la mise en place de ces formations.

Les échanges informels s'appuient également sur l'existence de trois forums spécialisés où le service d'instruction de l'Autorité polynésienne de concurrence peut entretenir des contacts réguliers avec ses homologues et traiter des problèmes pratiques de concurrence : le réseau PINCCER (Pacific Island Network of Competition Consumer and Economic Regulators), l'OCDE et le cartel *working group* de l'ICN. Si les deux derniers forums ne sont plus à présenter, le premier, le réseau PINCCER, d'initiative régionale, créé en 2023 permet les discussions entre services de la zone Pacifique faisant face aux mêmes contraintes résultant de l'insularité, de l'étroitesse des marchés ou de la cherté de la vie.

Nous organisons également régulièrement des rencontres bilatérales sur des sujets d'intérêt commun, notamment avec l'ACNC dont la taille, les missions et le territoire insulaire sur lequel elle officie sont autant de facteurs communs qui nous rapprochent dans l'exercice au quotidien de nos missions d'instruction.

Mais si la coopération informelle entre autorités de concurrence est indispensable au service d'instruction de l'APC, le législateur a également prévu *une coopération formelle* qui est tout aussi importante.

En effet, l'article 2 de la loi n° 2018-643 du 23 juillet 2018 modifiant l'ordonnance n° 2017-157 du 9 février 2017 étendant et adaptant à la Polynésie française certaines dispositions du livre IV du *Code de commerce* relatives aux contrôles et aux sanctions en matière de concurrence a instauré un système d'échanges d'information entre l'Autorité et l'ADLC.[10] Ce texte permet à l'Autorité de demander à l'ADLC ou au ministre chargé de l'économie de réaliser des enquêtes pour son compte et, réciproquement, les informations

---

[10] Ordonnance n° 2017-157 du 9 février 2017 étendant et adaptant à la Polynésie française certaines dispositions du livre IV du *Code de commerce* relatives aux contrôles et aux sanctions en matière de concurrence, art. 9 bis.

recueillies dans ce cadre pouvant notamment être utilisées légalement dans les notifications de griefs notamment.

Ce texte a fait l'objet d'une application à ce jour, à l'initiative de l'ADLC qui a demandé à l'Autorité de réaliser des investigations pour son compte dans une affaire de transport par fret aérien d'animaux de compagnie en Polynésie qui a fait l'objet d'une décision de sanction.[11] Pour aider l'ADLC dans son instruction, l'Autorité a notamment entendu des membres de la cellule zoosanitaire de la direction polynésienne de la biosécurité.

Au cas d'espèce, la société Goldenway International Pets (GIP) a été sanctionnée à hauteur de 65 000 euros pour abus de position dominante. En liant la prestation de mise en quarantaine, sur laquelle était en monopole de fait, avec deux autres prestations liées au transport routier et à l'organisation du transport par fret aérien, GIP a créé un effet de levier et empêché toute concurrence.

Enfin, certaines affaires nécessitent une *coordination entre autorités de concurrence, y compris dans les cas qui ne sont pas expressément prévus par les textes polynésiens* mais pour lesquels les recommandations de l'ICN[12] servent de fondements aux discussions et à la pratique mise en place notamment par la Commission européenne de cadre, par le biais des *weavers*, documents par lesquels les entreprises autorisent les autorités à communiquer entre elles des informations confidentielles relevant du dossier. Ces renonciations à la confidentialité dans les enquêtes sur les concentrations permettent aux autorités de concurrence, de façon bilatérale, de discuter de la concentration et de conduire des analyses conjointes pour favoriser des décisions plus éclairées et permettre un examen plus rapide de l'affaire.

En effet, dans le cadre du contrôle des concentrations, certaines opérations peuvent avoir une dimension mondiale. En 2023, l'opération d'envergure mondiale de cession de 100 % de la filiale Bolloré Logistics du groupe Bolloré au groupe CMA CGM dont le montant s'élevait à 4,65 milliards d'euros est une illustration parfaite. En effet, pour ce dossier, l'Autorité a coopéré étroitement avec la Commission européenne et l'ACNC. Après examen de l'opération, l'Autorité a autorisé celle-ci sous engagements structurels et comportementaux, notamment la revente, à un repreneur soumis à l'agrément de l'Autorité, les activités d'organisation du transport maritime de marchandises de Bolloré Logistics relatives à la Polynésie française.[13] La coopération de la Commission avec l'Autorité polynésienne de la concurrence s'est étendue jusqu'à l'approbation de l'acquéreur de l'activité à céder, CMA CGM ayant choisi Balguerie comme acquéreur des deux ensembles de cessions.

Toutefois, cette coopération ne nie nullement les spécificités du territoire et laisse toute son autonomie à l'Autorité. Elle la rend juste plus performante. Ainsi, la coopération avec les autres services d'instruction est nécessaire, efficace et doit perdurer.

---

11 ADLC, décision n° 22-D-05 du 15 février 2022 relative à des pratiques mises en œuvre dans le secteur du transport d'animaux vivants par fret aérien.

12 ICN, *ICN Recommended Practices for Merger Notification and Review Procedures. Working Group Comments, Original Comments (April 2004), Amended (April 2018)*, p. 35.

13 APC, décision n° 2024-CC-01 du 27 février 2024 relative au contrôle de concentration sur la prise de contrôle exclusif de Bolloré Logistics SE et ses filiales par CMA CGM SA.

Le droit de la concurrence n'est pas seulement pratiqué par les autorités de concurrence mais également par les juristes d'entreprise et par les avocats. Dix ans après la mise en place d'un droit moderne de la concurrence, que pensez-vous du degré de maturité du barreau sur les questions de concurrence ?

Entre ma prise de poste le 1er mai 2023 et aujourd'hui, j'ai pu constater une évolution sensible de l'intérêt des cabinets d'avocats locaux pour les questions de concurrence. Le rôle de l'Autorité en matière d'*advocacy* est en train de favoriser l'émergence de spécialistes. Depuis 2 ans, l'Autorité organise des journées concurrence (pour la 1re édition, en janvier 2023 et pour la 2e, en février 2024) et des ateliers concurrence (en novembre 2023 et 2024) où sont conviés les milieux économique, administratif, juridique et universitaire. Ces événements sous forme de conférences ou de cas pratiques permettent de diffuser largement la culture de la concurrence. Ils montrent aux entreprises qu'elles doivent faire appel à des avocats dans certaines situations juridiques complexes (rédaction d'une saisine de l'Autorité, conclusions en réponse à une notification de griefs, projets de fusions-acquisitions...), et aux avocats qu'ils peuvent avoir intérêt à se spécialiser.

Il existe au barreau de Papeete de nombreux avocats spécialisés en droit des affaires et en droit des pratiques restrictives de concurrence. La majorité exerce leur activité pour défendre les affaires de rupture des relations commerciales et de concurrence déloyale. Mais l'activité croissante de l'Autorité va nécessairement intéresser un nombre accru de professionnels du droit. Pour les opérations de concentration et les autorisations de création de surfaces commerciales, les entreprises choisissent de plus en plus fréquemment d'externaliser la préparation de leurs dossiers de notification auprès de cabinets d'avocats locaux qui connaissent le maillage territorial de la Polynésie. Seuls les grands groupes gèrent leurs dossiers en interne par le biais de leur direction juridique, ou font appel pour les affaires contentieuses à des cabinets d'avocats métropolitains spécialisés en droit de la concurrence.

Toutefois, en pratique, seul un nombre restreint d'avocats locaux intervient dans les dossiers du service d'instruction pour l'instant. Il y a trois ou quatre cabinets qui commencent à se spécialiser, le risque étant, à terme, que ces cabinets se retrouvent en situation de refuser des clients qui seraient plaignants et mis en cause dans les mêmes dossiers. En effet, la taille du marché polynésien et la concentration de l'activité économique entre les mains d'un nombre restreint de familles pourraient dans le futur créer des situations de conflits d'intérêts pour ces cabinets d'avocats spécialisés en droit de la concurrence. De facto, il faut souligner que les spécialisations des avocats concernent également des spécialisations par secteur de l'économie (grande distribution, industrie de réseaux...).

Ce que je constate également, c'est que les PME qui commencent à se former au droit de la concurrence n'hésitent plus à faire appel à certains avocats locaux, avocats qui eux-mêmes n'hésitent plus à prendre contact avec le service d'instruction soit pour transmettre des informations, soit pour demander les modalités d'une saisine officielle de l'Autorité. Jusqu'à une époque encore récente, la majorité des saisines de faits ou de pratiques susceptibles de constituer une pratique anticoncurrentielle[14] a été rédigée par des cabinets d'avocats métropolitains, la situation va probablement évoluer dans l'avenir et c'est une excellente nouvelle tant pour les entreprises qui bénéficieront de conseils adaptés au territoire que pour l'Autorité qui aura des interlocuteurs réguliers.

Des relations pérennes avec les mêmes cabinets d'avocats sont souhaitables car elles permettent d'instaurer un climat de confiance. Nous serons souvent adversaires lors des séances contentieuses devant le Collège de l'Autorité, mais nous pourrons être également partenaires lors des demandes de clémence, par exemple, et la confiance dans ce cadre lors des premiers échanges informels est capitale. Enfin, il ne faut pas non plus oublier que le service d'instruction réalise des enquêtes en pouvoirs simples ou sur autorisation judiciaire du juge des libertés et de la détention[15] où la présence d'un conseil est prévue par les textes, même si elle n'est pas obligatoire. Par définition, les cabinets d'avocats métropolitains ne seront pas en mesure de se déplacer pour assister leurs clients, alors que les avocats locaux pourront être présents.

Toutefois, là encore, la spécialisation d'un avocat dans une matière telle que le droit de la concurrence va probablement obliger les cabinets à recruter des jeunes ayant suivi des études spécialisées et il faut souhaiter que l'Université puisse répondre à cette demande pour que les étudiants du Fenua soient en mesure de poursuivre des carrières dans cette matière.

---

14 *Code de la concurrence*, art. LP 620-5 et A. 631-1.

15 Ordonnance n° 2017-157 du 9 février 2017 étendant et adaptant à la Polynésie française certaines dispositions du livre IV du *Code de commerce* relatives aux contrôles et aux sanctions en matière de concurrence, art. 3 et 5.

Concurrence et mécanismes d'importation et de distribution en Polynésie française

Antoine Callot*
Tribunal administratif de Grenoble

1. Le 19 septembre 2019, l'APC a adopté un avis d'initiative, relatif aux mécanismes d'importation et de distribution en Polynésie française[1]. Il s'agissait d'une étude générale visant à cerner les principaux facteurs contribuant à cherté du coût des biens en Polynésie française.
2. L'instruction a donné lieu à des auditions, des questionnaires, une consultation publique, ainsi qu'à l'exploitation d'une large base de données de l'administration de la Direction générale des affaires économiques (DGAE) polynésienne sur la décomposition des prix.
3. Elle a permis d'identifier les facteurs de surcoût des différents biens, et de former une cinquantaine de propositions pour les réduire.

I. Les petites économies insulaires et la concurrence

4. La littérature économique décrit l'économie de la Polynésie française comme une « petite économie insulaire ». Celles-ci souffrent d'un double handicap. Leur petite taille les empêche d'accéder à une masse critique permettant une production locale efficace, du fait de faibles économies d'échelle, tandis que leur éloignement des

---

* Antoine Callot est magistrat administratif et rapporteur public au Tribunal administratif de Grenoble. Il a occupé auparavant le poste de rapporteur général adjoint de l'Autorité polynésienne de la concurrence. Les propos tenus sont personnels et n'engagent pas ces institutions.

1 Avis n° 2019-A-02 du 19 septembre 2019 relatif aux mécanismes d'importation et de distribution en Polynésie française

principaux marchés pénalise leurs exportations. Par suite, les importations sont massives. En outre, même lorsqu'une production locale existe, celle-ci est nécessairement concentrée, ce qui peut s'effectuer au détriment de l'intensité concurrentielle et facilite le maintien de positions dominantes, de cartels et d'arrangements collusifs.

5. S'y ajoute, notamment sur des îles volcaniques comme en Polynésie, une concentration de l'activité sur le littoral et une faible disponibilité des terres disponibles, alors que les activités de production et de distribution sont de grosses consommatrices de foncier.

6. Si de telles économies ont donc des caractéristiques spécifiques, qui justifient de s'intéresser aux circuits d'importation de distribution, il faut toutefois retenir de l'analyse économique qu'un degré élevé de concurrence y demeure pertinent. En revanche, l'action des pouvoirs publics et le contrôle des autorités de concurrence doivent y être adaptés, notamment en adoptant des seuils plus bas pour le contrôle des concentrations, en réglementant prioritairement les monopoles naturels[2] et en adaptant les outils de lutte contre les comportements collusifs ou les abus de position dominante. Il s'agit notamment sur ce dernier point de réduire le standard de preuve requis par les autorités de concurrence pour démontrer les effets sur les consommateurs, qui seront plus facilement présumés, et de s'attaquer prioritairement aux accords d'exclusivité d'importation et de distribution.[3]

7. Compte tenu de ces problématiques communes aux petites économies insulaires, mais également des fréquents mouvements de protestation contre le coût élevé de la vie, notamment aux Antilles et à la Réunion, de nombreux rapports ont été rédigés sur ces questions, avant comme après celui de l'APC, par l'autorité de la concurrence hexagonale[4], l'autorité calédonienne[5], ou encore le Parlement national[6].

---

2 Voir sur ce point l'article relatif au secteur des télécommunications.

3 Voir notamment sur ces différentes adaptations *Competition for Small Market Economies*, Michal S. Gal, Harvard University Press, 2003. Voir également *Small economies and competition policy: a background paper*, OECD Global Forum on Competition et *Word Development Reports*, 2002, World Bank, p. 142

4 ADLC, Rapport relatif aux mécanismes d'importation et de distribution des produits de grande consommation en Nouvelle-Calédonie, 21 septembre 2012. ADLC, avis n° 18-A-09 du 3 octobre 2018 relatif à la situation concurrentielle sur les marchés des matériaux de construction à Mayotte et à La Réunion. ADLC, avis n° 19-A-12 du 4 juillet 2019 concernant le fonctionnement de la concurrence en Outre-Mer, voir aussi *French Competition Authority, The French Competition Authority publishes its recommendations to the New Caledonian government authorities regarding the food retail sector and the competition control bodies (Gouvernement de Nouvelle-Calédonie), 21 September 2012, e-Competitions September 2012, Art. N° 58526, voir aussi French Competition Authority, The French Competition Authority issues an opinion regarding competition in the building materials markets in Mayotte and La Réunion, 3 October 2018, e-Competitions October 2018, Art. N° 88067, voir aussi Jean-Philippe Kovar, Overseas territories: The French Competition Authority delivers a general diagnosis of competition in the French overseas territories and recommends strengthening its powers (Competition process in the French overseas territories), 4 July 2019, Concurrences N° 4-2019, Art. N° 92383, pp. 191-19.*

5 Autorité de la concurrence de la Nouvelle-Calédonie (ACNC), avis n° 2020-A-07 du 28 décembre 2020 relatif au mécanisme de formation des prix des produits de grande consommation en Nouvelle-Calédonie. Avis n° 2023-A-03 du 31 octobre 2023 sur la demande d'avis concernant le projet de délibération modifiant la partie réglementaire du code de commerce applicable en Nouvelle-Calédonie relative aux pièces détachées et de rechanges automobiles, *voir aussi Nils Vitalis, New Caledonia: The New Caledonian Competition Authority issues an important opinion on the price formation mechanism of consumer products in New Caledonia, which is an opportunity to make a comparative approach between the opinions of the metropolitan, Polynesian and New Caledonian competition authorities on this issue, 28 December 2020, Concurrences N° 2-2021, Art. N° 100610, pp. 219-222.*

6 Assemblée nationale, « L'octroi de mer, un enjeu stratégique pour les économies ultramarines », rapport d'information n° 659 présenté au nom de la délégation aux outre-mer par MM. Mathieu Hanotin et Jean Jacques Vlody, 29 janvier 2013, XIVe Législature. Sénat, 15 avril 2015, rapport fait au nom de la commission des

8. L'APC a également mis à profit sa situation géographique et la création du réseau régional des autorités de concurrence du Pacifique (Pacific Island Network of Competition Consumer and Economic Regulators) pour aborder cette question avec plusieurs de ses homologues de la région.

II. Les spécificités polynésiennes et l'avis de l'APC

A. *Le constat : des prix plus élevés que dans d'autres territoires ultra-marins*

9. Les études conduites par l'Institut de la statistique de la Polynésie Française (ISPF) comparant le coût de paniers de biens locaux, ultra-marins et métropolitains, confirme des prix plus élevés en Polynésie qu'en métropole et que dans les départements et régions d'Outre-mer (DROM), quel que soit le panier retenu, avec notamment des écarts très significatifs pour les produits alimentaires et les boissons non alcoolisées (indice de Fisher plus élevé de 48 %).

10. Or, l'alimentation représente également la principale source de dépense des ménages polynésiens et est d'autant plus importante que la population est modeste (plus de 30 % du budget des plus modestes contre 12 % pour les plus aisés).

11. Ce constat est à première vue paradoxal. En effet, l'indice s'envole alors même que les produits alimentaires font l'objet de toute la gamme des protections de marché (prix réglementés, quotas et interdictions d'importation, règles sanitaires) et sont le cœur de métier de la grande distribution qui a connu à la même époque une forte croissance et achète moins cher que les petits commerces. Il est d'autant moins intuitif que des baisses de prix ont été observées suite à des ouvertures de marchés à la concurrence dans d'autres secteurs, tels que la téléphonie mobile et le transport aérien. Plus que de l'isolement du territoire, ce paradoxe résulte probablement en tout ou partie de la structure peu concurrentielle du marché, et témoigne de manière très éclairante du manque d'efficacité des dispositifs de soutien à la consommation en vigueur.

B. *Les déterminants du niveau des prix*

12. À partir d'une large base de données, concernant des produits divers à tarifs libres comme à tarifs réglementés, l'APC a été en mesure de déterminer la structure des prix et de distinguer les coûts liés à la phase d'approche vers Tahiti, correspondant au coût de l'éloignement du territoire, les droits et taxes dives relevant de la réglementation des importations et les marges acquises par les importateurs puis les détaillants locaux, liés pour leur part en partie à la structure du marché.

---

finances sur le projet de loi modifiant la loi n° 2004-639 du 2 juillet 2004 relative à l'octroi de mer, par M. Éric Doligé, Sénateur. Audition du 11 avril 2019 par la délégation aux outre-mer de l'Assemblée nationale du délégué interministériel à la concurrence dans les outremer.

Décomposition du prix acquité par le consommateur des produits de consommation courante

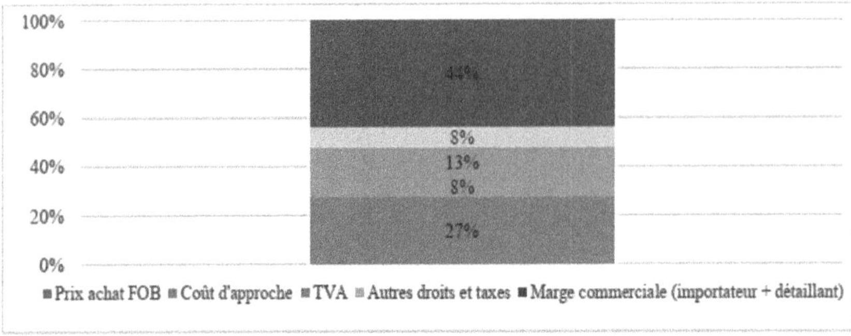

Source : APC

13. Or, sur l'échantillon recueilli, pour les différentes catégories de produits, en dehors du prix d'achat initial représentant environ un quart du prix, l'acheminement ne représentait en moyenne que 8 % du coût d'un produit, les taxes environ 20 % et le solde, soit environ 44 %, constituait la marge commerciale des différents importateurs et distributeurs pour (qui – il convient de le rappeler – ne se limite pas à leur profit mais couvre également leurs frais).

14. Ainsi, contrairement à ce que soutiennent parfois les pouvoirs publics et certaines entreprises, la raison des prix élevés ne se trouve pas seulement et pas même majoritairement dans l'éloignement du territoire, mais tout autant dans les défaillances de la réglementation et les insuffisances de la structure concurrentielle du secteur de l'importation et de la distribution.

C. *Les actions possibles sur les déterminants structurels liés à la position géographique de la Polynésie française*

15. Les caractéristiques géographiques du territoire polynésien ont nécessairement une incidence sur les prix. La Polynésie française est un petit marché de 275 000 habitants, plus étroit que ceux de la Réunion ou des Antilles, situé à 18 000 km de la métropole et à plus de 4 000 km des premières métropoles de la zone pacifique, et très éclaté (118 îles sur 2,5 millions de km²). On parle à son propos de « double insularité ».

16. En conséquence, elle présente un déficit commercial très important, avec un taux de couverture de seulement 7 % par la production locale. On note également – en dehors des hydrocarbures – une très forte prépondérance de la métropole et de l'Union européenne dans les importations, qui sont à 46 % en provenance de l'UE dont 28 % de France, même si une part importante des biens agricoles sont en provenance des États-Unis et de Nouvelle-Zélande et des produits manufacturés en provenance de Chine. Outre le régime douanier privilégié dont bénéficie l'Union européenne, les explications sont également culturelles, liées à présence d'enseignes hexagonales et réglementaires, avec des questions telles que le respect des normes CE ou NF et l'obligation d'étiquetage en langue française des produits alimentaires.

17. Toutefois, la part du prix des produits liée au transport et donc à l'éloignement demeure relativement limitée et n'est pas en tant que telle une fatalité. En particulier, il ressort de l'analyse du marché du fret maritime, en situation de quasi-monopole sur la liaison avec l'hexagone et de celui de l'acconage (manutention par les dockers et magasinage), dont la réglementation excessive limite toute concurrence, que des marges de réduction des coûts significatives pourraient être obtenues à ce stade.

18. L'APC a ainsi procédé à une analyse détaillée du *coût du transport* depuis la métropole sur la principale ligne, hors manutention et taxes. Or, s'il est incontestable que les compagnies ne peuvent faire des économies d'échelles en desservant la Polynésie française, en raison de son faible poids économique, du déséquilibre des flux (les bateaux sont contraints de repartir quasiment à vide) et de l'impossibilité pour son port principal d'accueillir les plus gros navires (même les porte-conteneurs les plus importants en provenance d'Europe ne circulent pas à pleine capacité), la forte concentration sur la ligne en provenance d'Europe (38 % du trafic) a également un effet sur les tarifs, qui sont plus élevés que pour des trajets comparables sur des lignes en concurrence, y compris celle de Nouméa. Pour élargir l'offre maritime, seul un approfondissement de la passe de Papeete permettrait d'accompagner le mouvement de recherche d'économies d'échelles du transport maritime mondial, qui passe notamment par un accroissement de la taille des navires et l'accueil a minima de porte-conteneurs de taille moyenne.[7] Ce chantier fait en Polynésie française fréquemment l'actualité, mais sans qu'une action concrète n'ait été engagée à ce jour, faisant courir le risque d'une marginalisation de la liaison, qui à l'extrême pourrait aboutir à un transbordement systématique des biens dans un port néo-zélandais, allongeant encore les délais et les frais

19. S'agissant de *l'acconage*, les prix sont très élevés, tant par rapport aux grands ports mondiaux que par rapport aux DROM et aux autres ports de la région. Seule l'escale de Nouméa a des prix similaires, et la presse calédonienne y a déjà dénoncé une situation de cartel. Or, cette activité est très réglementée et on peut y relever des inefficiences. En effet, les tarifs ne sont pas concurrentiels mais sont fixés par arrêté et régulièrement revus à la hausse et si trois prestataires y exercent, ils sont choisis par le gouvernement sans mise en concurrence depuis 1987 et se partagent la clientèle, dans ce qui pourrait s'apparenter à une situation d'entente. En outre, ils y disposent tous de leur propre matériel de levage, au détriment des économies d'échelles dès lors que les grues situées sur le même quai ne sont pas toutes actives en même temps. Cette situation n'est pas optimale. Il n'existe en effet ni concurrence « sur le marché », compte tenu des prix réglementés, ni concurrence « pour le marché », faute de remise en concurrence régulière des prestataires sur les tarifs et la qualité du service. Elle conduit à une rente de situation des trois opérateurs, qui d'ailleurs profitent de leur surface financière pour développer des activités parallèles (transport terrestre, importations de matières premières, agences maritimes…)

---

7 Chambre territoriale des comptes de Polynésie française, Rapport d'observations définitives, « Port autonome de Papeete », 3 septembre 2018.

20. D'autre actions pourraient être conduites pour réduire le niveau des droits de douane en particulier pour les pays proches, et profiter de l'équation de gravité du commerce international, qui veut que la structure d'échanges la plus naturelle et efficiente pour un pays donné soit d'échanger avec des pays proches et au PIB élevé (soit en l'espèce États-Unis, Nouvelle-Zélande, Australie, voire Chine).

D. *Les actions possibles en matière réglementaire*

21. La Polynésie française dispose d'un arsenal très vaste de protections tarifaires et non tarifaires, qui représentent une part bien plus importante du prix que les frais d'approche.

22. Une vingtaine de barrières tarifaires ont été recensées, avec un taux de taxation moyen de 29,5 %, qui alourdit d'autant le prix des produits importés et vient peser sur le pouvoir d'achat des consommateurs. S'y ajoutent un enchevêtrement complexe de barrières non tarifaires avec différents régimes, tels que des interdictions d'importer (charcuterie ou ananas), des marchandises sous le régime d'appel d'offres (riz ou farine), des quotas d'importation (fruits et légumes) et des règles sanitaires ou techniques dont la légitimité est contestée et aux effets anti-concurrentiels (yaourts, miel, viande).

23. De telles restrictions aux importations, rationnelles lorsqu'elles sont temporaires et permettent aux entreprises locales de prendre pied sur leur marché (protectionnisme éducateur), ne le sont plus si elles soutiennent artificiellement et durablement une activité non compétitive. Dans ce cas, ces protections engendrent une perte nette de bien-être pour l'économie dans son ensemble, et reviennent à faire financer quelques emplois industriels locaux par le consommateur, alors qu'il n'y a pas de certitude que les emplois disparaitraient en cas de réduction ou de de suppression de ces barrières. Au contraire, les gains de pouvoir d'achat sur les produits importés pourraient se reporter sur une demande de biens et services locaux, rendus plus avantageux (baisse du prix des consommation intermédiaires). La baisse des prix aurait également une incidence positive sur l'attractivité du Pays, notamment dans le secteur touristique.[8] C'est le choix qui a d'ailleurs été fait par d'autres petites économies insulaires telles que la République de Maurice ou des Seychelles.

24. L'avis de l'APC a notamment mis l'accent sur deux dispositifs particulièrement critiquables à cette aune : la taxe de développement local et les quotas d'importation des produits agricoles.

25. La *taxe de développement local (TDL)*, mise en place en 1998, concerne 147 positions tarifaires taxées entre 2 % et 82 %, notamment des biens de consommation courante aussi divers que les confitures, les savons, les jus de fruits, les eaux minérales, les paréos, la bière, les nappes et serviettes de table ou le papier toilette. L'objectif est de donner un avantage à la production locale et de défendre l'emploi en Polynésie française. Toutefois, cet outil ne parait pas être le plus pertinent. Les critiques portent à la fois sur les taux particulièrement élevés sur les produits

---

8 Bernard Poirine et Jean-François Gay, « Le coût du protectionnisme dans une petite économie insulaire : le cas extrême de la Polynésie française », *Région et Développement*, 2015, 42, p. 133-156. B. Poirine, *Tahiti, une économie sous serre,* L'Harmattan, 2012.

de consommation courante, qui pèsent beaucoup dans le budget des ménages, sur l'assiette trop large qui vise également des biens non produits localement[9] ou sur l'utilisation d'une nomenclature douanière trop peu ciblée. Au final, seuls 1200 emplois industriels sont concernés par les secteurs protégés par la TDL et il s'agit de secteurs dont la valeur ajoutée locale est souvent très faible, avec un apport marginal, souvent du simple assemblage ou conditionnement de produits importés comme dans les boissons ou les produits d'hygiène. En outre, rien n'indique que sans ce soutien, ces industries ne seraient pas viables et elles perdent au contraire du fait de ces protections qui créent une rente à leur profit, toute incitation à l'innovation et à la baisse des prix pour les consommateurs. Ainsi, cet outil, qui évolue surtout au gré des actions conduites par les différents groupes de pression sur le gouvernement, n'atteint pas ses objectifs, faute notamment d'une vraie évaluation de ses effet, industrie par industrie.

26. Une réforme efficace consisterait ainsi à limiter de telles taxes dans la durée, pour permettre l'émergence d'une industrie mais limiter dans le temps les effets de rente associés, et à mettre en place des contreparties à la protection, avec des critères contrôlables et transparents liés à la performance, l'innovation, la sauvegarde ou la création d'emplois ou l'incorporation d'inputs locaux dans le processus productif.

27. S'agissant des q*uotas de fruits et légumes importés*, décidés mensuellement lors de conférences agricoles, ils s'avèrent en réalité ne bénéficier qu'aux seuls producteurs agricoles, mais au détriment de tous les autres acteurs : transformateurs, importateurs, distributeurs et bien entendu consommateurs. En particulier, la sous-évaluation chronique de la demande (malgré l'importance pour la santé publique de ces produits dont la consommation devrait être encouragée) et la surévaluation de l'offre par les producteurs conduit à des prix exagérément élevés et à des pénuries fréquentes. Et les producteurs n'ont pas intérêt à améliorer la qualité, la diversité ou le coût de revient de leur production, qu'ils sont assurés d'écouler. En outre, la répartition des quotas entre importateurs est peu transparente et l'absence de prévisibilité des quotas à venir les empêche de négocier les prix avec leurs fournisseurs.

28. Dans ce secteur, comme dans tous ceux qui ont recours aux importations, dès lors que l'on sait que les pertes de bien-être générées par les barrières non tarifaires sont plus élevées que celles des barrières tarifaires, la production locale serait mieux protégée par de simples droits de douane, afin de conserver au niveau local des incitations à l'amélioration de la qualité et à la productivité. Les barrières tarifaires sont de plus génératrices de ressources et mieux susceptibles de limiter les pénuries que les quotas ou les importations pures et simples d'importer. Et pour atteindre l'objectif de dynamiser la production locale, une action ciblée sur la filière agricole, par des actions de structuration et de mutualisation, serait plus efficace que la politiques des quotas.

29. *D'autres réglementations qui protègent les producteurs locaux ont également été examinées*. C'est notamment le cas des dispositifs de défiscalisation et

---

[9] Cette critique a toutefois été en partie levée, avec le retrait en 2019 de 20 positions tarifaires, notamment sur des produits emblématiques comme le chocolat ou le saumon fumé.

d'encadrement des investissements directs étrangers, qui limitent l'entrée de potentiels concurrents étrangers dans un certain nombre de secteurs et favorisent souvent des projets consistent uniquement à remplacer des infrastructures existantes, sans nouvelle capacité (notamment dans l'hôtellerie). De telles mesures peuvent s'interpréter comme une prime aux entreprises déjà existantes et notamment aux plus grandes d'entre-elles, qui renforce une concentration déjà structurelle. *A minima*, un contrôle concurrentiel indépendant des projets souhaitant obtenir le bénéfice de la défiscalisation, le cas échéant par l'APC, permettrait d'analyser ces projets dans le contexte plus global du secteur économique auquel ils appartiennent.

E. *La question de la structure des marchés*

30. Pour un prix de vente au consommateur de 100, le coût d'achat du bien, les coûts d'approche et les droits et taxes chacun représentent un peu plus de la moitié du prix. Le solde, estimé en moyenne à 44 %, est constitué par la marge des distributeurs, importateurs-grossistes et détaillants. Cette marge commerciale sert d'abord à couvrir les charges liées à la commercialisation (frais de structure, de stockage, de distribution, de communication) et le solde constitue la marge nette ou profit des entreprises.

1. La production locale : le risque de l'hyper-concentration et des conglomérats

31. Les protections dont bénéficient les producteurs locaux est très forte, ce qui limite la concurrence des importations, et ce segment est très concentré, dans l'industrie agro-alimentaire en particulier. L'Observatoire des concentrations de l'APC avait par exemple examiné le degré de concentration dans quelques industries agro-alimentaires (charcutiers industriels, mareyeurs, fabricants de boissons, produits laitiers et boulangers-pâtissiers) et à l'exception des boulangers-pâtissiers, un secteur relativement émietté, les quatre autres connaissent de très forts niveaux de concentration. C'est d'ailleurs la raison pour laquelle l'APC a également rendu un avis spécifique relatif à la filière porcine[10] et que certains de ses dossiers en matière de concurrence ou de concentration ont porté sur le secteur des boissons[11].

32. Il existe donc des situations de rente, qui conduisent à des prix très élevés et à l'absence d'incitations à améliorer la qualité ou la diversité de la production. S'y ajoutent une forte intégration verticale, avec la présence de groupes exerçant à la fois des activités d'importation, de production et de distribution et une

---

10 Avis n° 2020-A-01 du 11 mai 2020 relatif à la situation de la concurrence dans la filière porcine.

11 Décision n°2019-PAC-01 du 22 août 2019 relative à des pratiques mises en œuvre dans le secteur de la commercialisation de boissons, annulée par la cour d'appel de Paris par un arrêt du 21 janvier 2021 pour un motif de procédure et renvoyée à l'APC pour une nouvelle instruction au fond. Décisions de concentration du 27 juin 2019, n° 2019-CC-052 et du 8 décembre 2023 n° 2023-CC-02 et 03 ayant donné lieu à des engagements de la part du groupe Brasserie de Tahiti, voir aussi *Jean-Louis Fourgoux, Polynésie : L'Autorité polynésienne de la concurrence condamne à près de 2 millions d'euros (235 millions de FCP) pour abus de position dominante un distributeur ayant imposé à ses fournisseurs de boissons une tarification jugée discriminatoire et excessive pour la mise à disposition de meubles réfrigérés (Wane), 22 août 2019, Concurrences N° 4-2019, Art. N° 92404, pp. 198-20.*

diversification conglomérale dans des secteurs d'activité variés, au-delà du seul secteur agro-alimentaire, souvent dans l'hôtellerie. C'est notamment le cas du principal producteur du secteur agro-alimentaire, également actif dans l'hôtellerie, la distribution, les transports, le foncier, le textile, l'impression, la publicité ou la production de contenants, qui offrent une forte complémentarité avec la production de boissons et donnent au groupe la possibilité d'offrir une prestation complète à ses clients tels que les cafés, hôtels et restaurants.

33. De tels regroupements nécessitent une grande vigilance, pour éviter que leur pouvoir de marché ne se traduise par des comportements discriminatoires à l'égard des concurrents, tels que la mise en œuvre d'une « police des prix », par imposition aux détaillants de prix de revente conseillés ou plancher, ce qui contrevient directement au code de la concurrence (article LP 420-1), par des comportement d'acquisition et de rétention foncière de terrains afin d'éviter l'émergence d'une production concurrente ou encore par des pressions exercées sur le secteur aval (commerces, hôtels ou restaurants), soit pour lui imposer un approvisionnement exclusif ou privilégié, soit symétriquement, s'agissant des concurrents, pour pratiquer des refus de vente ou des prestations de services dans des conditions dégradées.

2. Le secteur de l'importation : une multiplication des intermédiaires pas toujours rationnelle

34. Le circuit long, qui implique le passage par un intermédiaire appelé « importateur grossiste » ou « agent de marques », qui assure transport, stockage, livraison et publicité des produits, demeure majoritaire en Polynésie française, même si se développe un circuit court par lequel un distributeur est livré par ses centrales d'achat et sur ses propres plateformes de stockage, notamment pour les marques de distributeur, Ces deux circuits s'accompagnent souvent – c'est essentiel – d'une exclusivité dans l'importation d'une marque, de droit (par contrat), ou de fait.

35. Or, la situation financière des grossistes est plutôt favorable et dynamique, avec des taux de marge en hausse et plus élevés qu'en métropole. Ainsi, si le passage par les importateurs demeure utile du fait de leurs capacités de négociation, des économies d'échelles et de leurs services commerciaux, même si cela implique un intermédiaire et donc une marge supplémentaire, la difficulté est que du fait des exclusivités d'importation, ces économies d'échelle ne bénéficient pas aux consommateurs. En effet, réduire la marge supposerait une concurrence effective entre importateurs. Or, ces exclusivités excluent la concurrence intra-marque tandis que la très faible taille du marché réduit considérablement la concurrence intermarque et le nombre de produits substituables, qui est en tout état de cause limité pour les marques à forte notoriété.

36. Il en résulte une grande liberté de fixation des tarifs par les importateurs et les gains de productivité sont en réalité captés par l'importateur, d'autant que beaucoup d'importateurs sont également distributeurs et peuvent alors profiter de leur pouvoir de marché sur les importations pour favoriser leurs propres circuits de distribution au détriment de ceux des concurrents. Ceci, qui peut expliquer le maintien d'une forte rentabilité dans un secteur pourtant en apparence concurrentiel du fait du nombre élevé d'entreprises importatrices.

37. Or, ces pratiques ne peuvent être rapidement et aisément appréhendées par le droit de la concurrence et l'interdiction des ententes et des abus de position dominante, dont les procédures sont longues et complexes, alors que la situation est particulièrement défavorable au consommateur. C'est pourquoi tous les Outre-mer du territoire français permettent une interdiction de principe des accords exclusifs d'importation, sauf pour les entreprises à démontrer qu'ils permettent un gain pour le consommateur. Les autorités de la concurrence hexagonales (compétente pour les DROM) et calédoniennes sanctionnent ainsi très fréquemment de tels accords et souhaitent renforcer l'efficacité de ces mesures. La Polynésie française, qui a en 2018 retiré de son droit cette interdiction, est donc clairement à contre-courant.

3. La distribution : un secteur de la vente de détail dual et très concentré

38. Un groupe occupe plus de la moitié de la surface commerciale des supermarchés et hypermarchés « sous enseigne », tandis qu'en parallèle se maintient un secteur dense de petits commerces de proximité et supérettes, en particulier dans les îles mais également à Tahiti. Cette survivance est sans doute lié à leur proximité et à certaines pratiques commerciales, telles que le crédit commerçant, mais c'est également un indice d'un faible différentiel de prix entre ces magasins et les grandes surfaces, lié à l'existences de tarifs réglementés (les produits de première nécessité ou PPN et les produits de grande consommation ou PGC), mais également au fait que l'effet volume dont bénéficie la grande distribution ne la conduit pas toujours à diminuer ses prix mais souvent à accroître ses marges.

39. Ainsi, dans son avis de 2019, l'APC a fait la description suivante du secteur de la distribution polynésien : un acteur est le *price maker* et fixe les prix pour l'ensemble du marché, à un niveau élevé, bénéficiant ainsi d'une très forte rentabilité, tandis que les autres groupes s'alignent sur ces prix élevés, faute de pouvoir conduire une guerre des prix. On observe de surcroit un phénomène d'intégration verticale conglomérale, puisque ce groupe est également actif dans la production agro-alimentaire, l'importation ou le secteur hôtelier. Cette concentration est susceptible d'avoir des effets sur les marchés amont comme aval en lui donnant un poids considérable dans les négociations avec les fabricants et les importateurs, qui ne peuvent se passer de ce canal de distribution qui représente souvent plus d'un tiers de leurs ventes, et avec ses concurrents dans la vente de détail qui ont besoin des produits dont il a l'exclusivité.

40. Là encore, une surveillance accrue du marché est nécessaire, afin d'éviter les pressions sur les prix, les menaces de déréférencement et les pratiques commerciales discriminatoires notamment en matière de conditions d'approvisionnement.

41. De tels comportements sont rendus possibles par la petite taille et l'isolement du marché polynésien, qui favorisent un phénomène implicite de collusion entre acteurs. Mais il ressort des consultations conduites que ceux-ci tirent également profit de l'inégalité des revenus importante en Polynésie française (avec un indice de Gini plus élevé qu'en métropole) en fixant leurs prix sur le consentement à payer des consommateurs les plus aisés, privilégiant ainsi l'obtention de marges unitaire élevées plutôt qu'un effet volume. Il y a ainsi un alignement des acteurs

et une forme d'équilibre de prix élevés, du fait de la différenciation de la demande entre, d'une part, des consommateurs modestes et susceptibles de n'acheter que des produits à bas prix (PPN et PGC), et d'autre part, des consommateurs plus aisés, dont la demande est relativement peu élastique au prix, et sur lesquels les entreprises préfèrent souvent se concentrer. Une réflexion globale sur la réglementation des prix et l'efficacité de ses effets – qui sont parfois contre-productifs – est donc nécessaire.

42. Pour lutter contre les concentrations excessives en matière de distribution, l'APC a également été dotée d'un outil efficace en matière de contrôle des créations de surfaces commerciales, par une saisine en amont sur les projets d'ouverture, qui a pu la conduire à refuser certains projets[12]. Mais il est insuffisant face à un tel déséquilibre structurel. Un autre dispositif existe pourtant pour mettre fin à une éventuelle dérive des prix, les injonctions structurelles, qui permettent le cas échéant d'imposer des cessions d'actifs à des groupes dominants. Mais, il a été supprimé en 2018, là encore à encore à contre-courant de ce qui se fait dans les autres territoires ultra-marins. Or, même si ce dispositif n'a encore jamais été appliqué, on peut imaginer qu'il a un effet dissuasif dès lors que sa mise en œuvre implique de démontrer l'existence de prix élevés dans un secteur où un acteur est dominant et qu'il devient donc dans l'intérêt de ce dernier de ne pas pratiquer des prix exorbitants.

III. Les suites de l'avis

43. L'intensité de la concurrence en Polynésie française est donc globalement faible. En amont, l'acheminement, est pénalisé par le poids dominant d'un opérateur sur la principale ligne maritime – depuis l'Europe – et le coût élevé de l'acconage. S'agissant de la production locale, les industriels profitent de cet isolement pour négocier avec les pouvoirs publics d'avantage de protection au nom de l'emploi, même si les effets sont très discutables. Ainsi protégés, ils n'ont que peu d'incitations à réduire leurs prix ou mieux satisfaire les consommateurs. Au stade intermédiaire des importateurs-grossistes, un certain degré de concurrence subsiste en apparence mais les exclusivités de marque limitent son effectivité. En aval, le dualisme et la concentration élevée du secteur de la grande distribution sont peu favorables au dynamisme concurrentiel. Enfin, la présence de grands groupes intégrés, ainsi que le caractère captif de la clientèle insulaire, contribuent encore à émousser le jeu concurrentiel et rendent difficile la contestation de leur pouvoir de marché.

44. Or, la question de la structure du marché est essentielle. Elle permet à elle seule de réduire les coûts et de redistribuer une partie des marges aux consommateurs. Mais surtout, elle garantit l'efficacité des autres mesures, notamment réglementaires, qui pourraient être décidées mais seront vaines si elles ne s'accompagnent pas d'une action sur la concurrence. Si, par exemple, la réglementation des prix était levée ou assouplie afin de conduire à une concurrence sur les prix plutôt qu'à

12 Décision du 12 septembre 2022, n° 2022-SC-09 relative à l'ouverture d'un magasin de commerce de détail sous l'enseigne « Carrefour » d'une surface de vente de 1830m² sis commune de Paopao à Moorea

un alignement sur les tarifs plafond, encore faut-il que les différentes enseignes se livrent en réaction à une véritable concurrence sur les prix de ces produits. Une telle mesure serait vaine en revanche si les acteurs persistent à suivre le comportement de l'acteur dominant et maintiennent des prix élevés.

45. Il y a donc un enjeu à lever les barrières à l'entrée sur le marché, à faciliter la création et le développement des entreprises et la mise en place de conditions de concurrence équitable et à renforcer une culture de la concurrence. Pour cette raison, l'avis de septembre 2019 de l'APC a présenté – outre les principales mesures structurelles présentées ci-dessus – un arsenal de mesures concernant la question du foncier, celle de la mutualisation des petits acteurs et notamment des consommateurs, qui font l'objet en Polynésie française d'un déficit de représentation, ou celle de la transparence sur les prix pour lutter contre la « bulle de prix élevés ».

46. Plusieurs avis thématiques postérieurs ont permis de décliner et adapter ces propositions à d'autres secteurs, tels que la filière porcine[13], les pièces détachées automobiles[14] ou les hydrocarbures.[15]

47. Pour sa part, le gouvernement polynésien a mis en œuvre un certain nombre de réformes, même si celles-ci sont restés d'ampleur limitée : réforme de la TDL en 2019[16], réforme du régime des prix réglementés[17], mise en œuvre de dispositifs élaborés de suivi des prix (la météo des prix de la DGAE).

48. Toutefois, les principales réformes structurelles ne semblent pas avoir à ce jour été accomplies. Or, faute pour les gouvernements successifs d'effectuer un véritable choix entre économie de marché ouverte et économie administrée, des acteurs privés profitent toujours de cette situation intermédiaire pour développer une économie de rente et capter la marge, au détriment des consommateurs les plus modestes, et l'action de l'APC même en matière de pratiques anti-concurrentielles sera vouée à n'avoir des effets que marginaux si elle ne s'accompagne pas de choix politiques audacieux.

---

13 Avis n° 2020-A-01 du 11 mai 2020 relatif à la situation de la concurrence dans la filière porcine

14 Avis du 23 décembre 2021 n° 2021-A-04 sur le fonctionnement concurrentiel du secteur de la réparation et du commerce de pièces détachées pour véhicules motorisés (automobiles)

15 Avis du 21 avril 2022 n° 2022-A-01 relatif à la situation de la concurrence dans le secteur de l'approvisionnement en hydrocarbures de la Polynésie française

16 Voir l'avis du 2 avril 2019 n°2019-A-01 relatif aux effets de la réglementation sur le fonctionnement concurrentiel des marchés de produits de première nécessité

17 Voir les avis de l'APC du 30 mars 2022 n° 2022-AO-01 sur un projet de loi du Pays relative aux conditions d'encadrement des prix de certains produits et services et portant modification de la partie législative du livre Ier du code de la concurrence et du 5 décembre 2022 n° 2022-A-05 sur un projet d'arrêté portant approbation d'une convention de blocage volontaire des prix de certains produits par les commerces de détail à dominante alimentaire (ou « panier de produits à prix bloqués »), voir aussi *Alain Ronzano, Politique de concurrence : L'Autorité de la concurrence de Polynésie émet plusieurs recommandations concernant le projet du gouvernement de renforcer l'encadrement des prix des produits de première nécessité et des produits de grande consommation , 30 mars 2022, Concurrences N° 2-2022, Art. N° 106154.*

Les mécanismes d'encadrement des prix en Polynésie française

Frédéric Paillusson*
Autorité polynésienne de la concurrence**

1. Dans une étude récente,[1] l'Institut de la statistique de la Polynésie française (ci-après ISPF) a relevé que le niveau des prix à la consommation est plus élevé de 31 % en moyenne en Polynésie française qu'en France métropolitaine en 2022, selon l'indice synthétique de Fisher. Il s'agit d'un écart de prix comparable à celui constaté en Nouvelle-Calédonie mais qui dépasse largement ceux constatés dans les Départements d'outre-mer. L'ISPF note en particulier que ces écarts de prix s'expliquent en partie par la cherté des produits alimentaires.[2] En Polynésie française, le surcoût de l'alimentation atteint 80 % pour un ménage consommant un panier métropolitain, tandis que ce surcoût est de « seulement » 17 % pour un ménage consommant un panier polynésien.[3]

2. À ces écarts de prix s'ajoute un niveau de vie moins élevé en Polynésie française qu'en France métropolitaine avec le revenu médian mensuel estimé à 1 630 euros.[4] En conséquence, le niveau de prix élevé pèse plus lourdement sur le pouvoir d'achat des ménages et les dépenses répondant aux besoins essentiels

---

* Rapporteur général adjoint au service d'instruction de l'Autorité polynésienne de la concurrence.

** Les points de vue exprimés n'engagent que leur auteur et ne reflètent pas nécessairement la position de l'Autorité de la concurrence polynésienne.

1 ISPF, *Des prix plus élevés de 31 % en Polynésie française qu'en France métropolitaine en 2022*, coll. Points Etudes et Bilans de la Polynésie française, n° 1391, octobre 2023.

2 *Ibid.*

3 *Ibid.*

4 ISPF, *Des fortes inégalités salariales en Polynésie française*, coll. Points Etudes et Bilans de la Polynésie française, n° 1268, novembre 2021.

(se nourrir, se loger, se déplacer) « représentent 62 % du budget des ménages polynésiens alors qu'ils ne concentrent que 44 % du budget des ménages de France métropolitaine ».[5] En Polynésie, l'alimentation pèse également 10 points de plus dans les dépenses.[6]

3. L'ensemble de ces données illustrent les raisons pour lesquelles la question de la vie chère a constitué un sujet politique central en Polynésie française, facteur d'insatisfactions de la part de la population.

4. Comme déjà souligné par le passé,[7] les causes de la vie chère sont multiples. La Polynésie française est caractérisée par une petite économie insulaire, fortement dépendante des importations[8] mais protégée par des barrières tarifaires et non tarifaires (contingentement, interdiction d'importation), renchérissant le prix des produits importés et protégeant les productions locales. L'économie polynésienne est également caractérisée par une dynamique concurrentielle faible dans de nombreux secteurs.

5. Face à ce constat, l'une des solutions privilégiées par la puissance publique fut la réglementation des prix avec pour objectif central de juguler les dérives inflationnistes et de rendre accessibles les produits de base à l'ensemble de la population.

6. Durant près d'une décennie, l'Autorité polynésienne de la concurrence (ci-après l'Autorité) a eu l'occasion d'examiner un certain nombre de lois du pays, visant à répondre à la question de la vie chère, et d'apporter un certain nombre de recommandations au travers de sa mission consultative.

7. Cet effort d'*advocacy* de la part de l'Autorité s'est matérialisé dès ses premières années d'activité. À l'occasion de deux avis structurants,[9] l'Autorité a tenté d'éclairer le débat public sur les déterminants de la vie chère, en réalisant deux enquêtes sectorielles successives sur des secteurs stratégiques pour l'économie polynésienne que sont les secteurs de l'importation, de la distribution et des produits de première nécessité. Par la suite, l'Autorité sera invitée à se pencher à nouveau sur les différents dispositifs d'encadrement des prix mis en place sur le territoire, dans le cadre d'avis rendus en 2022[10] et en 2024.[11]

---

5 ISPF, *Des prix plus élevés de 31 % en Polynésie française qu'en France métropolitaine en 2022*, *op. cit.*

6 *Ibid.*

7 Voir, par exemple, les auditions de LIOU Philippe (directeur par intérim de l'ISPF), BOULIOU Florence (responsable du département prix à l'ISPF) et PEYRE Johanne (présidente de l'Autorité), *Compte rendu n° 7 de la Commission d'enquête sur le coût de la vie dans les collectivités territoriales régies par les articles 73 et 74 de la Constitution*, jeudi 6 avril 2023.

8 En Polynésie française, 94 % des biens de consommation sont importés.

9 Avis n° 2019-A-02 du 19 septembre 2019 relatif aux mécanismes d'importation et de distribution en Polynésie française ; avis n° 2019-AO-01 du 2 avril 2019 relatif aux effets de la réglementation sur le fonctionnement concurrentiel des marchés de produits de première nécessité.

10 Avis n° 2022-AO-01 du 30 mars 2022 relatif aux conditions d'encadrement des prix de certains produits et services portant modification de la partie législative du livre premier du *code de la concurrence* ; avis n° 2022-A-05 du 5 décembre 2022 sur un projet d'arrêté portant approbation d'une convention de blocage volontaire des prix de certains produits par les commerces de détail à dominante alimentaire (ou « panier de produits à prix bloqués »).

11 Avis n° 2024-AO-05 du 29 juillet 2024 sur un projet de loi du pays portant modification du livre 1er du *code de la concurrence* et relatif a l'encadrement des prix de certains produits et services bénéficiant d'un régime fiscal ou douanier particulier.

8. À l'occasion de ces avis, l'Autorité a réalisé un diagnostic sur les différents dispositifs d'encadrement des prix prévus par le *code de la concurrence polynésien* (I.), ainsi que sur l'impact de ces dispositifs sur les marchés concernés (II.).

I. Un arsenal réglementaire fourni au service du contrôle des prix

9. Similairement à la situation métropolitaine, le *code de la concurrence* consacre le principe de la liberté des prix[12], principe protégé par le bloc de constitutionnalité. Toutefois, le *code de la concurrence* prévoit plusieurs dispositifs dérogatoires, permettant au Conseil des ministres de contrôler les prix afin de poursuivre un certain nombre d'objectifs d'intérêt général (A.), sur lesquels l'Autorité a eu l'occasion de se prononcer (B.).

A. *Sur les exceptions à la liberté des prix*

10. Le *code de la concurrence* établit une classification relativement simple des exceptions à la liberté des prix permettant au Conseil des ministres de réglementer les prix, et distinguant les mesures temporaires (1.) des mesures permanentes (2.). Il prévoit également la méthodologie de fixation des prix et des marges (3.).

1. S'agissant des mesures temporaires

11. L'article LP 110-1 du *code de la concurrence* prévoit que le Conseil des ministres peut prendre des mesures de contrôle des prix contre des risques de « hausse ou de baisse excessives des prix », dont la durée ne peut excéder 6 mois non renouvelables, « motivées par une situation de crise, des circonstances exceptionnelles, une calamité publique ou une situation manifestement anormale du marché dans un secteur déterminé ». À titre d'exemple, le Conseil des ministres a adopté une mesure visant à geler la révision des loyers des contrats de location, pour une période de 6 mois, entre février 2024 et août 2024.

2. S'agissant des mesures permanentes

12. L'article 110-1 prévoit une autre dérogation à la liberté des prix permettant un contrôle pérenne de ceux-ci, après avis de l'Autorité, dans les secteurs ou les zones où la concurrence par les prix est limitée « en raison de situations de monopole ou d'oligopole, de difficultés durables d'approvisionnement ou de sous-équipement commercial ».

13. L'article LP 110-2 dispose d'une nouvelle possibilité de dérogations à la liberté des prix sur la base de la poursuite de trois objectifs, à savoir : « l'impact sur le budget des ménages », « le développement économique de la Polynésie française » ou encore « la correction des disparités liées à l'éloignement des archipels ». Dans ce cadre, le Conseil des ministres est autorisé à réglementer les prix maximaux de vente des produits ou services contenus dans trois listes :

---

[12] Article LP 110-1 du *code de la concurrence*.

- une liste non limitative des produits ou services de première nécessité (ci-après PPN) relative à des produits et services nécessaires à la vie courante, à la santé des personnes ou à la lutte contre une calamité naturelle. Les PPN bénéficient également d'une exonération de droits et taxes, dont la TVA, et font l'objet d'une prise en charge par le pays du fret maritime interinsulaire. La liste des PPN a été élargie récemment portant le total à 63 ;
- une liste non limitative des produits ou services de grande consommation (ci-après PGC) habituellement utilisés par les ménages dans la vie courante. Contrairement aux PPN, les PGC sont soumis aux droits et taxes. Seuls certains d'entre eux font l'objet de prise en charge du fret interinsulaire et d'exonération de TVA. La liste des PGC a été également élargie récemment, portant le total à 36 ; et enfin
- une liste non limitative des produits ou services nécessaires au développement économique et social de la Polynésie française, tels que le fret interinsulaire, les hydrocarbures, la manutention portuaire, etc.

14. L'article LP 110-3 prévoit, quant à lui, la possibilité pour le Conseil des ministres d'instaurer un régime de liberté des prix encadrée, en « soumettant l'évolution des prix de ces biens ou services au respect d'une formule de calcul définie ou à une homologation administrative », lorsque cette mesure est nécessaire à la protection du pouvoir d'achat des usagers, au développement économique de la Polynésie française ou encore à la correction des disparités liées à l'éloignement des archipels. Ce dispositif a notamment été utilisé dans le secteur immobilier, afin de contrôler les révisions des loyers à usage d'habitation après août 2024, au-delà de la période de 6 mois permise par l'article LP 110-1.

15. L'article LP 110-4 prévoit la possibilité de signer un accord de modération des prix entre la Polynésie française et une organisation professionnelle ou un groupe d'entreprises représentant une branche ou un secteur d'activité. Il s'agit ici d'un dispositif qui présente un certain nombre de similarités avec le « Bouclier qualité-prix » dans les Départements et Régions d'outre-mer (ci-après « DROM ») introduit par la loi Lurel.[13]

16. Le dernier mécanisme d'encadrement des prix permet au Conseil des ministres de réglementer l'ensemble des « produits ou services bénéficiant d'un régime fiscal ou douanier particulier ». À ce jour, ce dispositif n'a pas encore été intégré au *code de la concurrence* mais il pourrait entrer en vigueur en 2025. Ce mécanisme d'encadrement des prix consiste également en une liste non limitative dans laquelle l'ensemble des produits et services, bénéficiant d'une exonération fiscale ou douanière octroyée par le pays, serait susceptible de voir leurs prix administrés. Il apparaît que le fait générateur d'un tel encadrement serait un prix de vente jugé excessif par l'administration.

17. À ces dispositions générales prévues par le *code de la concurrence*, il convient d'ajouter les différentes réglementations sectorielles des prix, relatives au secteur de la santé ou encore à l'activité de certaines professions réglementées, qui ne seront pas abordées dans le cadre de la présente contribution.

---

[13] *code de commerce*, art. L. 410-5, créé par la loi n° 2012-1270 du 20 novembre 2012.

3. S'agissant de la méthodologie de calcul

18. L'article LP 111-1 prévoit également les modalités de fixation des prix limites de vente, à travers trois hypothèses :

- l'imposition d'une marge maximale, soit en valeur absolue, soit en valeur relative (c'est-à-dire en pourcentage), appliquée au coût de revient des produits ;[14]
- la fixation d'un prix plafond ;[15] et
- la mise en place d'un régime spécifique fixant un prix maximum de vente à différentes étapes ou tenant compte des spécificités du bien ou du service.[16]

19. Ces marges et prix constituent un maximum, « quel que soit le nombre d'intermédiaires dans le circuit de distribution », afin de faire pression sur les différents intermédiaires pour se partager une marge contenue et empêcher la multiplication des intermédiaires.

20. Jusqu'à présent, la méthode privilégiée par l'administration polynésienne se porte sur un encadrement de la marge plutôt que la fixation d'un prix plafond. Dans ce cadre, l'administration a fréquemment eu recours au contrôle de la marge en valeur relative (c'est-à-dire en pourcentage) comme méthodologie privilégiée du contrôle des prix.

B. *Sur les objectifs poursuivis par les mécanismes d'encadrement des prix*

21. À l'origine de la première réglementation relative aux PPN, l'arrêté n° 171 CM du 7 février *1992* ne faisait état d'aucun objectif d'intérêt général susceptible de justifier d'un encadrement des prix. Lors de la codification des différentes mesures d'encadrement des prix au sein du *code de la concurrence*, le législateur polynésien s'est efforcé de prendre en compte les recommandations de l'Autorité visant à faire apparaître des objectifs d'intérêt général précis poursuivis par chacun des différents mécanismes d'encadrement des prix.

22. Lors de son premier avis de 2019 sur les prix réglementés, l'une des principales réserves formulées par l'Autorité sur les PPN était l'absence de définition précise de l'intérêt général poursuivi par ce mécanisme d'encadrement des prix. En particulier, il apparaissait primordial que les lois du pays soient en mesure d'identifier clairement l'objectif d'intérêt général poursuivi afin de pouvoir s'assurer que les restrictions de concurrence induites sont justifiées et proportionnées.

23. Dans son effort de codification, le législateur a tenu compte, au moins en partie, des recommandations de l'Autorité, en faisant apparaître les objectifs poursuivis et en définissant avec davantage de précisions les produits et services susceptibles de relever chacun des mécanismes d'encadrement des prix. S'agissant des PPN et PGC, l'article LP 110-2 prévoit par exemple trois types d'objectifs, à savoir (i) le budget des ménages ; (ii) le développement économique de la Polynésie

---

14 Il s'agit du prix rendu entrepôt pour les importations et du prix de facturation pour les produits locaux.

15 Il s'agit de la seule modalité prévue pour les services.

16 Plusieurs régimes spécifiques existent déjà pour différents produits agricoles ou alimentaires : coprah, farine et pain, etc.

française ; ou (iii) la correction des disparités liées à l'éloignement des archipels. Le Conseil d'État a eu l'occasion de confirmer que ces trois objectifs constituaient des objectifs d'intérêt général, susceptibles de justifier une dérogation au principe de liberté des prix.[17]

24. L'observateur ne manquera pas de noter que les différents objectifs poursuivis prévus à l'article 110-2 vont bien au-delà de la lutte contre la vie chère. Le même mécanisme d'encadrement des prix peut être ainsi mobilisé afin de soutenir le développement économique de la Polynésie ou encore de corriger les disparités entre les archipels.

25. Il s'agit ici d'une première difficulté soulevée par l'Autorité à l'égard des mécanismes d'encadrement des prix. L'efficacité de ces mécanismes dans la lutte contre la vie chère doit être mise en balance avec d'autres politiques publiques, notamment au soutien de la production locale. À cet égard, il peut être rappelé que la réglementation douanière prévoit un certain nombre de barrières tarifaires (droits et taxes à l'importation) et non tarifaires (quotas, interdiction d'importation, etc.) limitant la pression des importations sur l'industrie et l'emploi local mais au prix du renchérissement des denrées importées, dont dépendent largement les ménages polynésiens dans leur vie quotidienne.[18]

26. La protection de la production locale peut donc avoir des conséquences importantes sur le prix des denrées alimentaires et limiter d'autant l'action des mécanismes d'encadrement des prix. Toutefois, comme soulignait l'Autorité, la résolution de l'arbitrage entre lutte contre la vie chère et protection de la production locale est « complexe et sort du seul champ de la régulation concurrentielle ».[19]

27. À cet égard, l'un des apports des prises de position de l'Autorité est de souligner que la question de la vie chère, pour une partie essentielle, n'est pas seulement liée à l'éloignement géographique de la Polynésie, mais est bien également liée aux politiques publiques mises en place, dont la politique fiscale, douanière ainsi que la réglementation sur les prix.

28. Avec la multiplication des régimes d'encadrement des prix, une deuxième difficulté réside dans la cohérence d'ensemble entre ces mécanismes de contrôle des prix. Cette problématique est illustrée par le dernier mécanisme d'encadrement des prix en date relatif « aux produits et services bénéficiant d'un régime fiscal ou douanier particulier », qui devrait entrer en vigueur en 2025.

29. Dans son avis de 2024,[20] l'Autorité a pu relever les difficultés rencontrées par le porteur du texte afin d'identifier un objectif inédit d'intérêt général susceptible de justifier la création d'un nouveau mécanisme de contrôle des prix. En l'espèce, le porteur de texte indiquait que le nouveau dispositif visait à s'assurer que les mesures d'exonération fiscale ou douanière consenties par le pays entraîneraient bien un effet modérateur sur les prix. Un tel objectif de modération des prix apparaît très proche de la lutte contre la vie chère, déjà couvert par les autres

---

[17] Conseil d'État, 9 décembre 2022, n° 466687, *Fédération générale du commerce et autres*.

[18] Pour rappel, 94 % des biens de consommation sont importés en Polynésie française.

[19] Avis n° 2019-AO-01 du 2 avril 2019, précité, § 182.

[20] Avis n° 2024-AO-05 du 29 juillet 2024, précité.

mécanismes d'encadrement des prix prévus par les articles 110-2 et 110-3 du *code de la concurrence*.

30. En conséquence, ce nouvel instrument ne manquera pas de créer un certain nombre de chevauchements avec les autres mécanismes de contrôle des prix déjà existants, du fait de la proximité en termes d'objectifs poursuivis. Dans ces conditions, la nécessité de créer un nouveau mécanisme, qui plus est au champ d'application large, ne manque pas de se poser. Par ailleurs, l'encadrement des prix, en tant que dérogation au principe de liberté des prix, devrait être envisagé comme une mesure exceptionnelle et limitée par des conditions strictes d'application.

31. Une troisième difficulté identifiée par l'Autorité réside dans l'adéquation entre les moyens mis en œuvre et l'objectif visé. S'agissant de la lutte contre la vie chère, l'Autorité a eu l'occasion de noter que les dispositifs des PPN et PGC, mais également les autres dispositifs de réglementation des prix, tels que celui sur le prix des carburants, profitent indifféremment à tous les consommateurs, quels que soient leurs revenus. Dans l'ensemble de ses avis relatifs à l'encadrement des prix, l'Autorité a souligné la création d'un effet d'aubaine de ces réglementations en prix au profit des ménages aisés. Ainsi, un prix réglementé touche l'ensemble des consommateurs polynésiens mais « [sans] remplir sa fonction d'accès de ces produits aux plus démunis ».[21]

32. Or, si l'objectif des mécanismes de contrôle des prix était de rendre accessibles des produits de première nécessité aux plus démunis, force est de constater que la réglementation n'est pas dirigée vers cette catégorie de consommateurs. L'Autorité a préconisé, à cet égard, de recentrer les différents dispositifs sur les publics prioritaires.[22]

33. Ainsi, l'Autorité a soulevé un certain nombre de difficultés liées à la définition des objectifs d'intérêt général des différents mécanismes d'encadrement des prix. La diversité des politiques publiques poursuivies, la multiplication des mécanismes d'encadrement des prix, impliquant des chevauchements dans leur champ d'application, et la difficulté à focaliser les instruments de contrôle des prix sur les populations les plus exposées à la cherté de la vie sont autant de défis pour l'efficacité des dispositifs de contrôle des prix en Polynésie française.

II. Un empilement législatif à l'efficacité discutable

34. Dans le sillage des positions prises par l'Autorité métropolitaine de concurrence (ci-après ADLC),[23] l'Autorité a mis en garde la puissance publique envers un recours excessif à l'encadrement des prix, du fait de la capacité limitée des mécanismes de réglementation des prix à résoudre les dysfonctionnements constatés des marchés. L'Autorité a décrit les nombreux obstacles à la mise en œuvre d'une régulation des prix efficace : tout d'abord du fait des effets négatifs induits (A.)

21 Avis n° 2019-AO-01 du 2 avril 2019, précité, § 181.

22 Voir, par exemple, avis n° 2024-AO-05 du 29 juillet 2024, précité, § 81.

23 Voir, par exemple, à cet égard : avis n° 09-A-45 du 8 septembre 2009 relatif aux mécanismes d'importation et de distribution des produits de grande consommation dans les Départements d'outre-mer ; avis n° 08-A-07 du 7 mai 2008 relatif à l'organisation de la filière fruits et légumes.

et de l'absence d'évaluation de ces politiques (B.). L'ensemble de ces éléments incite à ne pas recourir à l'encadrement des prix avec circonspection, pointant vers un possible changement d'approche de la question en Polynésie (C.).

A. *Sur les effets des mécanismes d'encadrement des prix*

35. La régulation des prix présente plusieurs risques de distorsions de concurrence, quels que soient les marchés concernés. En effet, lorsque la puissance publique se substitue aux mécanismes de marché, cette dernière se heurte à des difficultés relatives à la détermination des prix réglementés, compte tenu de la complexité du processus donnant lieu à la formation des prix (détermination des coûts, multiplicité des produits concernés, évolution de l'inflation, etc.) et de l'asymétrie d'information entre l'administration et les acteurs économiques concernés.

36. Dans le cadre de ses avis,[24] l'Autorité a tenté d'alerter le pouvoir politique sur les distorsions que les mécanismes d'encadrement des prix sont susceptibles de créer. Elle a également réalisé une typologie des risques encourus par l'encadrement des prix ou des marges, en distinguant le risque principal d'un prix réglementé trop élevé (1.) et les risques relatifs à un prix réglementé trop faible (2.).

1. Risque lié à un prix maximal trop élevé

37. L'Autorité a identifié principalement un « effet taquet », c'est-à-dire un alignement des prix de détail sur la référence de prix ou de marge (en valeur) maximum rendue publique par l'administration. Ce risque est particulièrement important sur les marchés où les entreprises sont en mesure de maximiser leur marge en collant à la marge maximum autorisée, du fait de la faiblesse de la dynamique concurrentielle.

38. La réalité de ce phénomène a pu être observée par l'Autorité dans son avis de 2019, dans lequel elle avait relevé que « dans 80 % des cas le prix pratiqué [pour un produit PPN] est un prix comportant quasiment la marge maximale. Dans moins de 5 % des cas, les prix sont inférieurs de plus de 15 % au prix maximal ».[25] L'Autorité avait également noté une homogénéisation des prix des PPN à la différence des produits à prix libre.

2. Risques liés à un prix maximal trop faible

39. L'Autorité a dégagé quatre types de risques induits par la fixation d'un prix ou d'une marge à un niveau trop faible :
   - *L'effet dissuasif :* une marge trop faible peut dissuader le grossiste-importateur de s'approvisionner, totalement, partiellement ou prioritairement, en produits à prix réglementés.
   - *L'effet de contournement :* une marge trop faible peut favoriser les pratiques d'adaptation des grossistes-importateurs en se détournant vers des produits semblables, analogues ou présentant des caractéristiques proches

---

[24] Voir, pour un exemple récent, avis n° 2024-AO-05 du 29 juillet 2024, précité.

[25] Avis n° 2019-AO-01 du 2 avril 2019, précité, § 121.

mais n'appartenant pas à la liste des produits réglementés. Ce comportement est favorisé par des définitions trop précises et des dénominations restrictives.

- *L'effet de dégradation :* une marge en valeur trop faible sur un produit réglementé peut inciter les grossistes-importateurs et les détaillants à privilégier l'approvisionnement en produits moins onéreux. L'approvisionnement en produit à bas prix, à la qualité moindre mais dégageant des marges supérieures, pourrait alors être privilégié par les importateurs.
- *L'effet de compensation :* des marges trop faibles sur les produits réglementés incitent les grossistes-importateurs et les détaillants à reporter ce « manque à gagner » sur les prix des produits libres. L'effet de compensation peut donc également contribuer à un phénomène inflationniste sur les produits dont le prix n'est pas réglementé.

40. Par ailleurs, l'Autorité a également identifié un effet inflationniste de la méthode d'encadrement des marges en pourcentage, méthode communément employée en Polynésie française pour fixer les prix réglementés, notamment des PPN et PGC. En effet, dans le cadre d'une marge en pourcentage, celle-ci augmente corrélativement avec l'augmentation du prix des marchandises, qui sert de base de calcul à la marge réglementée.

41. Dans le cadre d'un tel mécanisme d'encadrement des prix, il n'existe aucune incitation pour les opérateurs à faire baisser leur coût de production ou leur prix rendu entrepôt. À l'inverse, les opérateurs économiques ont une incitation à payer un prix d'achat élevé, permettant d'augmenter leur marge d'autant sur la base de ce prix d'achat. Par ailleurs, un certain nombre de possibilités s'offrent également aux opérateurs économiques pour gonfler artificiellement le prix d'achat : utilisation de structures intermédiaires, surfacturation, marges arrière, etc.

42. Sur le plan quantitatif, l'Autorité s'est intéressée à l'évolution des prix de plusieurs PPN entre 2006 et 2016, malgré le manque relatif de données sur le sujet. Les résultats sont contrastés. Lors du passage des légumes sur la liste des PPN en 2013, le Conseil des ministres anticipait une baisse de 5 % de prix en magasin. L'Autorité a noté pourtant une évolution disparate de cette catégorie de produits : une partie a vu leur prix baisser, alors que, dans le même temps, les prix de la salade (+ 100 %), de la tomate (+ 30 %) et du concombre (+ 12 %), également classés en PPN, ont progressé.[26] Un phénomène similaire d'augmentation du prix de détail du poisson frais (composé essentiellement de thon) a été observé, à compter du classement du thon en PPN en 2007.[27] En février 2019, le thon était retiré de la liste car « l'encadrement administratif n'a eu que peu d'effet sur les prix de vente », selon le Conseil des ministres, mais était à nouveau classé en PPN en 2020.[28]

43. Cette méthode de calcul apparaît également être une source de tensions lors des fortes périodes d'inflation. Là où l'objectif des prix réglementés serait de maintenir, voire de faire baisser, les prix, la méthode de calcul accompagne en réalité

---

26 Avis n° 2019-AO-01 du 2 avril 2019, précité, § 80.

27 *Ibid.*, § 84.

28 Sébastien Petit, « Le thon en PPN, peine perdue », *Tahiti Infos* [en ligne], 21 avril 2020.

une inflation forte en la répercutant sur le prix final. À cet égard, il peut être noté que le Conseil des ministres a récemment décidé de modifier la méthodologie de calcul de la marge de certains PPN pour passer à une marge en valeur absolue afin de limiter la tendance haussière des PPN.

44. Cette prise de position fait suite à l'épisode inflationniste post-Covid-19, qui a frappé notamment les produits alimentaires, y compris les produits classés PPN. La presse locale s'est notamment fait l'écho d'une hausse de + 14,3 % sur un panier de référence de 25 PPN alimentaires entre novembre 2021 et juin 2022.[29] Des hausses importantes ont été relevées sur la volaille (+ 20,9 %) et le thon rouge (+ 33 %), deux denrées très consommées en Polynésie française.

45. Sur la base des quelques données disponibles, les résultats sont donc contrastés. Si la hausse des prix n'est pas systématiquement observée, les PPN n'échappent pas à la tendance inflationniste de la décennie passée. Il apparaît notamment que les mécanismes d'encadrement des prix des PPN n'ont pas été en mesure de maîtriser la tendance haussière des prix des produits alimentaires.

B. *Sur l'absence de mesure de l'efficacité de ces mécanismes*

46. À l'exception des mesures d'encadrement de prix temporaires prévues à l'article LP 110-1, la plupart des régimes de prix réglementés prévus par le *code de la concurrence* constituent des régimes permanents. Par ailleurs, comme indiqué précédemment, les dernières années ont été marquées par une multiplication des mécanismes d'encadrement des prix.

47. Dans le cadre de ses avis, l'Autorité a eu l'occasion de questionner l'efficacité et l'évaluation de ces différents régimes juridiques d'encadrement des prix. Il ressort de l'analyse de l'Autorité, avis après avis, que les réglementations en vigueur s'empilent, sans pour autant « être systématiquement et régulièrement évaluées »[30]. Cela est d'autant plus préoccupant qu'il s'agit de mesures portant atteinte au principe de la liberté des prix et du commerce qui devraient faire l'objet d'évaluations régulières, par exemple sous la forme d'études économiques, afin de savoir si elles doivent être conservées, amendées, voire supprimées.

48. Depuis 2019, l'Autorité formule des recommandations afin d'inciter les pouvoirs publics à réaliser des collectes des données relatives à l'efficacité de ces mécanismes d'encadrement et plus généralement d'évaluer l'impact de ces dernières sur les marchés concernés.

49. Il s'agit ici d'un point fondamental soulevé par l'Autorité dans ses avis. En effet, il est possible que les dispositifs d'encadrement des prix ne remplissent pas toujours les fonctions qui leur ont été assignées, dans la mesure où leurs objectifs ne sont pas suffisamment définis en amont (voir *supra*), mais également ne font pas l'objet d'une évaluation suffisante après leur mise en œuvre.

50. Cette recommandation de l'Autorité apparaît particulièrement importante dans le contexte actuel d'un recours fréquent de la puissance publique aux mécanismes

---

29 Sébastien Petit, « PPN, la flambée continue », *Tahiti Infos* [en ligne], 8 juin 2022.

30 Avis n° 2024-AO-05 du 29 juillet 2024, précité, § 92.

d'encadrement des prix dès lors qu'il s'agit de répondre aux préoccupations de la population sur la vie chère. Ainsi, les mesures d'encadrement des prix, au premier rang desquelles les PPN et les PGC, sont devenues des instruments politiques importants qui font l'objet d'un grand intérêt des médias locaux, et plus généralement de la population, quant à la modification de la liste des produits concernés mais également à une éventuelle augmentation (ou diminution) de prix ou de la marge autorisée.

51. La création de nouveaux régimes d'encadrement des prix pourrait ainsi être expliquée par une volonté d'afficher une action publique vigoureuse tournée vers la résolution des problématiques de la vie chère à l'aide des prix administrés. Cette tendance a été illustrée récemment par la création d'une nouvelle mesure d'encadrement des prix de produits et services bénéficiant d'exonérations fiscales ou douanières, alors que son objectif et son champ d'application apparaissent largement redondants avec les dispositifs précédents.

52. À l'occasion de ses avis,[31] l'Autorité s'était interrogée sur l'opportunité de créer une nouvelle catégorie de prix réglementés qui viendrait s'ajouter aux nombreux autres régimes juridiques d'encadrement des prix. Cet argument était renforcé par la possibilité pour le Conseil des ministres, à droit constant, de réaliser cet encadrement de prix à l'aide des différents instruments d'encadrement des prix déjà prévus par la réglementation, que ce soit la liste des PPN, PGC, ou bien en agissant par le biais d'autres instruments.

53. Cela appelle une deuxième série de remarques relative à la nécessité de collecter des données relatives à l'effet de ces mesures d'encadrement des prix en Polynésie française. L'Autorité a eu l'occasion de collecter un certain nombre de données sur l'évolution des prix des PPN, avec un constat mitigé en termes de capacité de ces mécanismes à assurer une modération des prix. Jusqu'à présent, l'évaluation objective de l'efficacité de la réglementation des prix, mais également de son impact réel sur les marchés concernés, n'a pas été faite par la puissance publique. Il serait notamment intéressant d'étudier si les prix réglementés n'ont effectivement pas permis de protéger les produits de consommation courante de l'épisode inflationniste post-Covid, comme la presse locale s'en est fait l'écho.

54. En tout état de cause, l'établissement de données relatives à l'impact de ces différentes mesures d'encadrement des prix constituera un apport déterminant pour le débat public quant à la capacité de ces mesures à atteindre les objectifs visés et, en particulier, la légitimité de ces instruments à être la réponse privilégiée de la puissance publique sur la question de la vie chère, enjeu politique et social lancinant en Polynésie française. Ces données permettraient également d'évaluer la pertinence des régimes d'encadrement des prix, dans un contexte où les mesures de réglementation des prix n'ont cessé de s'élargir pour toucher un nombre toujours plus grand de produits et de services.

---

31 Voir, à cet égard, avis n° 2024-AO-05 du 29 juillet 2024, précité, ou avis 2022-AO-01 du 30 mars 2022, précité.

C. *Vers un nouveau modèle de lutte contre la vie chère ?*

55. Dans le cadre de son activité consultative, l'Autorité avait pris une position radicale en recommandant de supprimer la réglementation permanente sur les produits de première nécessité, ou à tout le moins de recentrer la liste des prix réglementés aux seuls produits répondant aux besoins de base de la population. Cette recommandation n'a pas été suivie par la puissance publique, puisqu'il s'agit plutôt du phénomène inverse qui a été observé au cours de la décennie passée, avec un recours accru au contrôle administratif des prix.

56. Plusieurs années après cette prise de position, le ministre de l'Economie a fait part de son souhait de réformer le mécanisme d'encadrement des prix pour les PPN et PGC. Selon ses déclarations, ce projet de réforme viserait à réduire la liste des PPN et PGN soumise au contrôle des prix en ne conservant qu'une seule liste limitative de produits. À ce stade, un projet de réforme serait en cours au sein du ministère de l'Economie et une éventuelle entrée en vigueur serait envisagée dans le courant de l'année 2025.[32]

57. Le projet serait également susceptible d'utiliser, pour compenser la réduction du champ d'application des prix réglementés, des accords de modération, prévus par l'article LP 110-3 du *code de la concurrence*. Ces accords de modération ne consistent pas directement en la fixation de prix ou de marges administrés, mais en un encadrement passant par des accords signés entre le pays et les instances représentatives des distributeurs locaux.

58. Cette disposition diffère des autres dans la mesure où il s'agit d'une mesure contractuelle et négociée par les entreprises signataires. Elle est également non contraignante pour les entreprises non-signataires, à l'image du « Bouclier qualité-prix » dans les DROM. La mise en œuvre d'un tel dispositif serait susceptible d'atténuer certains effets de distorsion identifiés par l'Autorité, tels que l'effet de compensation sur les produits non réglementés, mais également de maintenir un certain degré de concurrence par les prix sur les produits réglementés.

59. Il peut également être relevé que, lors des débats à l'Assemblée polynésienne, certains effets du contrôle des prix identifiés par l'Autorité ont été discutés par les représentants de l'Assemblée. En particulier, les représentants se sont intéressés à l'effet de compensation entre prix réglementés et produits à prix libre, mais également à l'effet inflationniste de la méthodologie de calcul des marges réglementées. La presse locale a notamment rapporté que le ministre de l'Economie a confirmé l'existence de *« surmarges » réalisées sur les produits non réglementés pour compenser les prix réglementés des PPN.*[33]

60. Il s'agit ici d'autant de prises de position qui reprennent la substance de l'analyse réalisée par l'Autorité ainsi qu'une partie des recommandations faites par cette dernière au cours de la décennie passée, en appelant à la prudence vis-à-vis des

---

32 Stéphanie Delorme, « Des PPN à consommer avec modération », *Tahiti Infos* [en ligne], 28 novembre 2024.

33 Charlie Réné, « L'exécutif allonge encore la liste des PPN… avant de la détricoter », *Radio1* [en ligne], 28 novembre 2024.

mécanismes de prix réglementés et appelant, en particulier, à la réduction des listes de prix réglementés en la limitant à une série de produits spécifiques.

61. Il est encore trop tôt pour dire si ces prises de position marquent un tournant dans l'approche polynésienne des mécanismes de contrôle de prix. Toutefois, il peut déjà être souligné que ce sujet apporte une perspective intéressante sur l'utilité de la fonction consultative de l'Autorité en Polynésie française. Dès ses premières années d'activités, l'Autorité s'est saisie de ce sujet, afin d'apporter un éclairage inédit notamment sur la capacité du contrôle administratif des prix à faire baisser durablement les prix et de fournir une réponse crédible à la problématique de la vie chère.

62. En soulignant les effets contrastés de l'encadrement des prix sur l'économie, les positions prises par l'Autorité ont eu le mérite de questionner certaines politiques publiques marquées par un certain dirigisme, même si ses recommandations n'ont pas systématiquement été reprises dans la réglementation. Dans leurs aspects les plus techniques, les recommandations de l'Autorité sont fréquemment intégrées dans les réformes successives portées par le pays. En revanche, dans ses prises de position plus radicales, visant par exemple à la suppression de la réglementation pérenne sur les prix des PPN, l'Autorité n'a pas été fréquemment suivie par la puissance publique.

63. Cet aspect est peut-être aussi ce qui caractérise le rôle d'une autorité de concurrence, à savoir de porter une voix singulière dans le débat public, en analysant l'impact de certaines réglementations sur les dynamiques concurrentielles et en proposant, le cas échéant, des solutions audacieuses. Dans la décennie passée, la fonction consultative de l'Autorité a permis d'établir un dialogue entre l'Autorité, les décideurs politiques et la société civile sur des sujets dont l'impact est substantiel pour l'économie polynésienne et plus généralement pour la population locale, qui reste durablement impactée par la question de la vie chère.

64. Dans la décennie à venir, il conviendra à nouveau de faire le point sur les évolutions de la réglementation et, en particulier, d'observer si les mécanismes d'encadrement des prix ont conservé leur importance dans le dispositif réglementaire ou si, au contraire, un infléchissement en faveur d'une approche moins dirigiste a été adopté pour lutter contre la vie chère en Polynésie française.

Transport des hydrocarbures : L'action de l'Autorité polynésienne de la concurrence

Arnaud Busseuil* et Heiva Sage*
Autorité polynésienne de la concurrence

I. Un enjeu économique majeur

1. La Polynésie française est une collectivité d'outre-mer qui s'étale sur plus de 4 millions de km^2 (soit la superficie de l'UE), dont seulement 4 167 km^2 de terres émergées réparties en 118 îles parmi lesquelles 76 sont habitées. Elle cumule donc classiquement un grand nombre d'éléments caractéristiques des petites économies insulaires[1] et dépend fortement des importations, notamment en hydrocarbures.

2. En 2021, selon l'Observatoire polynésien de l'énergie, le taux de dépendance énergétique s'élevait à 93,9 %. Cette même année, la production électrique locale reposait à plus de 70 % sur des sources thermiques alors que le secteur des transports nécessitait à lui seul l'importation de plus de 368 000 000 de litres d'hydrocarbures. Cette dépendance structurelle engendre des coûts élevés et une vulnérabilité économique accrue. En outre, l'approvisionnement en hydrocarbures repose sur des

---

* Docteure en droit public spécialisée en finances publiques, Heiva Sage occupe le poste de conseillère au sein du Service de la présidence et du collège de l'Autorité polynésienne de la concurrence. Docteur en droit public spécialisé en droit constitutionnel, Arnaud Busseuil occupe le poste de responsable du Service de la présidence et du collège à l'Autorité polynésienne de la concurrence.

1 Angeon Valérie et Hoarau Jean-François, « Les petites économies insulaires : un monde à part entière ? Les petites économies insulaires : nouveaux regards conceptuels et méthodologiques », *Région et Développement*, 2015, n° 42, p. 5-13.

infrastructures portuaires spécifiques, dont les limitations (profondeur des passes, capacités de stockage) influencent directement les coûts logistiques et tarifaires.

3. Cette situation génère deux préoccupations majeures pour le territoire, liées mais distinctes. D'une part, il existe des risques de ruptures d'approvisionnement, particulièrement pour les archipels à l'extrémité de la chaîne logistique, et il revient aux autorités compétentes de pallier ce problème, notamment par une intervention directe sur un marché concurrentiel. D'autre part, ces autorités se trouvent en situation de relative faiblesse en termes de négociations et les coûts supportés par la collectivité peuvent rapidement ne plus correspondre à la réalité des coûts réellement supportés par les transporteurs.

4. Or, l'approvisionnement est encadré par une convention qui lie le gouvernement polynésien, les compagnies importatrices et les transporteurs maritimes. Cette convention, établie en 2006 et arrivée à expiration en 2016, prévoyait un encadrement du fret maritime. Depuis, le cadre tarifaire a été modifié, avec des effets notables sur la compétitivité des prix appliqués.

II. L'intervention de l'Autorité polynésienne de la concurrence

5. Dès sa création,[2] l'Autorité polynésienne de la concurrence (ci-après « l'Autorité ») a été saisie par le président de la Polynésie française pour examiner la situation concurrentielle du transport des hydrocarbures. Cette demande initiale s'inscrivait dans le contexte d'un projet de renouvellement d'une convention tripartite entre le pays, les compagnies importatrices de produits pétroliers et les sociétés de transport de ces produits. La convention n° 6.0294 du 7 juillet 2006 relative au transport des hydrocarbures à destination de la Polynésie française, étant arrivée à son terme en 2016, ce nouveau projet de convention était l'occasion d'organiser une mutualisation du transport et de renouveler les éléments de fixation du coût du fret utilisés dans la structure de prix des hydrocarbures.

6. En 2021, à l'occasion des négociations en vue d'un nouveau renouvellement de cette convention, l'Autorité s'est à nouveau interrogée[3] sur le fonctionnement du secteur afin d'examiner si ses recommandations de 2016 avaient été suivies, en tout ou partie, et de constater les évolutions des conditions concurrentielles d'approvisionnement en hydrocarbures. Cela pourrait, le cas échéant, justifier des réductions du prix du fret dans le but de « stimuler l'activité des entreprises, diminuer le coût de production de l'électricité d'origine thermique et augmenter le pouvoir d'achat des consommateurs polynésiens et notamment des automobilistes ».[4]

---

[2] L'Autorité est entrée en fonction le 1er janvier 2016 à la suite de sa création par la loi du pays n° 2015-2 du 23 février 2015.

[3] APC, décision n° 2021-DAA-01 du 28 juin 2021. En vertu de l'article LP 620-4 du *Code de la concurrence* de Polynésie française, « [l]'Autorité peut prendre l'initiative de donner un avis sur toute question concernant la concurrence. Elle peut également recommander au gouvernement de la Polynésie française de mettre en œuvre les mesures nécessaires à l'amélioration du fonctionnement concurrentiel des marchés ».

[4] APC, avis n° 2016-A-02 du 7 novembre 2016 relatif à la situation de la concurrence dans le secteur des hydrocarbures.

7. Concrètement, cette convention dite « *shipping* » poursuivait deux objectifs :[5]
   - fixer le coût du fret utilisé dans la structure de prix des hydrocarbures ;
   - favoriser la mutualisation entre transporteurs.
8. Pour l'Autorité, le choix du conventionnement est judicieux dans la mesure où il représente un équilibre entre « liberté et contrainte et entre protection des intérêts des professionnels et des consommateurs polynésiens ».[6]
9. C'est donc dans une recherche d'équilibre entre flexibilité pour les acteurs, sécurité des approvisionnements et tarif raisonnable pour le pays et les consommateurs que s'inscrit l'avis n° 2022-A-01 du 21 avril 2022 de l'Autorité relatif à la situation concurrentielle dans le secteur de l'approvisionnement en hydrocarbures de la Polynésie française.
10. Sur la thématique de la mutualisation entre transporteurs, qui ne sera pas développée plus avant ici, si l'Autorité a in fine estimé dans son avis de 2016[7] que la mutualisation des achats en produits pétroliers auprès des raffineries asiatiques par les trois sociétés importatrices de produits pétroliers ne paraissait pas justifiée économiquement, puisque dérogatoire au principe de la concurrence par les prix et susceptible d'engendrer des effets anticoncurrentiels, elle reconnaît toutefois que la mutualisation du transport de ces produits est justifiée par la configuration particulière de l'approvisionnement en produits pétrolier du territoire. Son avis de 2022 réitère cette analyse et propose des pistes de solutions au gouvernement polynésien, notamment via des mécanismes incitatifs.
11. L'analyse de l'Autorité relative à la fixation du coût du fret a eu, quant à elle, un retentissement médiatique et institutionnel important. Selon ses conclusions, sur l'année 2021 « l'écart du coût du fret aurait donc été de près d'un milliard de francs »[8] (environ 8,4 millions d'euros). Il a donc été jugé nécessaire de revenir plus en détail sur ce point majeur de l'avis de 2022.

III. La détermination du coût du fret selon la convention

12. L'Autorité rappelle dans son avis que les prix de vente en gros et au détail d'un certain nombre de produits pétroliers finis importés en Polynésie française sont administrés et encadrés par une « structure de prix » qui se fonde notamment sur la fixation d'une « valeur CAF (coût, assurance et fret) barème » pour chacun des produits pétroliers concernés.
13. Cette valeur CAF (coût, assurance et fret) est composée du prix d'achat, ou FOB (*Free on Board*), calculé selon les prix du marché des hydrocarbures,[9], du coût

[5] APC, avis n° 2022-A-01 du 21 avril 2022 relatif à la situation de la concurrence dans le secteur de l'approvisionnement en hydrocarbures de la Polynésie française, § 122.

[6] *Ibid.*

[7] APC, avis n° 2016-A-02 du 7 novembre 2016 relatif à la situation de la concurrence dans le secteur des hydrocarbures, précité.

[8] APC, avis n° 2022-A-01 du 21 avril 2022 relatif à la situation de la concurrence dans le secteur de l'approvisionnement en hydrocarbures de la Polynésie française, précité, § 261.

[9] Selon une formule prévue par l'article 3 de l'arrêté n° 898 CM du 27 août 1990 modifié fixant le cadre général des prix de vente de certains hydrocarbures importés dans le territoire de la Polynésie française.

de l'assurance (au taux effectivement pratiqué) et du coût du fret. C'est sur ce dernier point que porte l'avis étudié.

14. En l'espèce, la « valeur CAF barème » est donc le socle de la détermination des prix à la vente en gros des carburants, mais également le socle de la détermination des prix de détail des carburants. L'Autorité rappelle, à juste titre, que cette valeur impacte la plupart des activités économiques et les consommateurs (prix à la pompe, prix de l'électricité, etc.). Elle précise d'ailleurs que cette valeur peut représenter de 30 à 100 % des prix de gros et de détail réglementés des hydrocarbures importés.

15. Partant du constat que, selon les données fournies à l'Autorité par la Direction générale des affaires économiques, le coût du fret représentait en moyenne 11 % de la « valeur CAF barème » entre 2015 et 2021, appliqué sur des volumes très importants pour le territoire, l'Autorité a justement perçu les potentielles économies que pouvait générer pour le pays et/ou les consommateurs une diminution des coûts du fret.

16. Ainsi, si la fixation de la méthodologie de détermination des prix par la convention devait permettre de surmonter les risques liés à l'intégration verticale des acteurs, l'Autorité devrait toutefois s'assurer que le niveau de tarif issu de la convention n'était pas excessif pour la Polynésie française par rapport aux coûts de revient réellement supportés par les transporteurs. Pour cela, l'Autorité devrait donc vérifier la formule de base des tarifs du fret.

17. À cette occasion, elle s'est aperçue, à l'instar de son avis de 2016, que si cette formule était bien assise sur des indices représentatifs des valeurs de marché, elle était également assortie d'un certain nombre d'éléments complémentaires susceptibles de faire l'objet de débats. La formule que l'Autorité a donc dû analyser était la suivante :

Tarif du fret en USD par tonne métrique

=

Flat rate × (indice worldscale + 15) × (port en lourd du navire / nb moyen de tonnes déchargées à Papeete)

- Le *flat rate* (ou tarif fixe) est un taux publié par la *Worldscale Association Limited* et la *Worldscale Association Inc.* pour l'année de livraison.
- L'indice *worldscale* est la moyenne mensuelle, calculée sur le dernier mois calendaire complet précédant la date de chargement du navire, de l'indice *worldscale* d'une route donnée, telle que publiée par la société *S & P Global Platts* (ici la route Singapour-Sydney) par type de navire (ici des navires de type *medium range* (MR) de 30 KT).
- Le port en lourd représente la charge maximale qu'un navire peut transporter en toute sécurité.
- Le nombre moyen de tonnes déchargées à Papeete est le tonnage moyen de l'ensemble des hydrocarbures déchargés à Papeete sur l'année civile précédant la date d'arrivée du navire, tous types confondus. Il est égal au tonnage total déchargé dans l'année concernée divisé par le nombre de voyages effectués pendant cette année.

IV. Des recommandations et des réformes clés

18. Comme le rappelle l'Autorité, « le choix de la convention paraît judicieux, dans la mesure où il représente un bon équilibre entre liberté et contrainte et entre protection des intérêts des professionnels et des consommateurs polynésiens ».[10] Les enjeux derrière ce choix sont multiples. En effet, un tel dispositif garantit une meilleure transparence et permet aux compagnies importatrices non intégrées (celles n'ayant pas de transport via une filiale ou une société du même groupe) de faire transporter leurs produits de manière équitable, sans discrimination.

19. En outre, l'Autorité a procédé à une analyse critique des projets de convention soumis pendant l'instruction afin de soumettre des propositions d'amélioration au Gouvernement, avec pour ligne directrice : (*i*) d'assurer un équilibre entre flexibilité pour les acteurs et sécurité des approvisionnements à un tarif raisonnable ; (*ii*) tout en calibrant correctement la détermination du taux de fret en faveur d'une formule moins coûteuse pour l'économie polynésienne.

20. La détermination du coût des frais de transport pétrolier vers la Polynésie française par la convention repose sur divers paramètres techniques propres à ce domaine d'activité.

21. L'Autorité a formulé 15 recommandations[11] visant à améliorer la régulation du fret maritime des hydrocarbures, notamment :

- *la suppression des marges injustifiées :* révision de la méthodologie de calcul du fret pour garantir une meilleure corrélation entre tarifs et coûts réels ;
- *l'utilisation d'indices de marché fiables* (worldscale, platts) *:* alignement sur des valeurs de marché transparentes pour éviter les ajustements arbitraires des transporteurs ;
- *l'encouragement à la mutualisation du transport :* optimisation des voyages, limitation du nombre de trajets à vide et mise en place d'incitations pour mutualiser les chargements entre importateurs ;
- *le renforcement de la transparence tarifaire :* obligation pour les transporteurs et importateurs de fournir des documents justificatifs (contrats, factures, indices de fret) aux autorités publiques.

22. L'étude de l'Autorité a aussi révélé des différences dans l'application des coûts du fret entre les différents opérateurs, avec un impact sur la structure tarifaire des hydrocarbures en Polynésie. Une meilleure supervision des indices de référence a été recommandée pour assurer une transparence accrue.

23. Ces recommandations reposent sur des valeurs objectives (telles que les indices *worldscale* et *platts*), ce qui permet de limiter le risque d'ajustement arbitraire des tarifs par les acteurs intégrés, tout en tenant compte des surcoûts réels liés à l'approvisionnement du territoire polynésien, notamment la faible profondeur de la passe (11 m) et les capacités de stockages restreintes.

---

[10] APC, avis n° 2022-A-01 du 21 avril 2022 relatif à la situation de la concurrence dans le secteur de l'approvisionnement en hydrocarbures de la Polynésie française, précité, § 121.

[11] Six d'entre elles reposent sur des incitations à la mutation. Celles-ci ne seront pas traitées dans le présent développement.

24. Sur la base de diverses comparaisons, l'Autorité a mis l'accent sur des éléments de la convention qui nécessitent d'être adaptés aux actuelles pratiques. C'est notamment le cas en matière d'indice de référence comme le *flat rate* et l'indice *worldscale*, relatifs aux routes suivies. L'avis souligne l'importance *d'appliquer un flat rate plus réaliste, portant sur des trajets jusqu'à Papeete*, d'une part, et *d'opter pour le flat rate de la route effectivement utilisée*, d'autre part. Cette évolution permet de mieux refléter les coûts réels des transporteurs, mais également de *supprimer des coefficients de majoration qui ne sont alors plus justifiés, notamment en matière d'indice worldscale*. Une remise en cause similaire a été développée en matière de coefficient de majoration lié à la capacité des navires, en raison de marges de manœuvre disponibles pour optimiser les trajets. L'avis propose, à titre subsidiaire, le maintien de ce dernier coefficient si sa détermination repose sur l'incitation à la mutualisation et à l'optimisation des voyages vers Papeete pour en limiter le nombre.

25. La fourchette encadrant le tarif du fret a également été analysée et a permis de mettre en exergue une asymétrie dans son application. L'objectif initial de cette formule était précisément de s'abstraire des données endogènes au profit de valeurs de marché exogènes. Pourtant, les tarifs constatés étaient souvent supérieurs au plafond conventionnel et presque jamais inférieurs à son plancher. Cela a été profitable aux seuls transporteurs, au détriment du consommateur polynésien et à l'importateur non intégré verticalement, avec la réalisation de superprofits lors des périodes de prix bas, tout en étant protégés des hausses des prix. À juste titre, l'avis rappelle que cette recommandation de *supprimer cette fourchette* est cohérente avec celle de limiter la formule de calcul de prix unitaire du fret à la combinaison des indices *flat rate* et *worldscale*, appropriés à la situation du fret des produits pétroliers vers la Polynésie française et, plus généralement, dans les îles du Pacifique Sud.

26. Cet argument est également valable pour compenser *l'exclusion de la clause de surcharge carburant dans la structure des prix*. Elle intervient en tant que variable, en plus ou en moins, une fois que la consommation réelle d'un voyage accompli est connue. Elle favorise, sur le plan concurrentiel, les importateurs pouvant réaliser des compensations intragroupes. En effet, la combinaison du *flat rate* et de l'indice *worldscale* permet d'évaluer le taux réel de manière presque instantanée, et dont la formule incorpore déjà les fluctuations des prix des soutes.

27. L'avis remet également en cause une dernière composante du coût du fret, les *démurrages*, qui sont des frais en cas de retard de chargement ou de déchargement imputé aux importateurs par le transporteur. La recommandation repose sur *une facturation de ces frais aux seuls événements imprévisibles et non couverts par les assurances, n'impliquant pas la responsabilité d'un tiers, et survenus en Polynésie française*. Actuellement, ces frais sont facturés de manière indue.

V. Un impact concret

28. L'avis de l'Autorité a permis de mettre à jour que les prix pratiqués étaient décorrélés de la réalité des coûts supportés par les transporteurs et d'en examiner les causes. Cette connaissance du secteur, issue d'une enquête minutieuse de 10 mois,

a permis à l'Autorité d'apporter des propositions concrètes d'évolutions de la méthode de calcul du coût du fret, au bénéfice du Gouvernement et des consommateurs, tout en maintenant un subtil équilibre incitatif pour les transporteurs.

29. La « saisine d'office pour avis », à laquelle aucune limite de temps d'instruction n'est imposée,[12] a permis à l'Autorité de recueillir des informations importantes sur le fonctionnement du marché étudié et ses évolutions depuis 2016. En l'espèce, une analyse très technique de l'Autorité sur la décomposition du mode de calcul du coût du fret a permis de constater que les surcoûts facturés au pays relevaient d'éléments définis dans une convention dont le pays était cosignataire. Il demeure toutefois que les tarifs uniformes (57,37 dollars la tonne) pratiqués par les trois sociétés de transport, acceptés par le pays, correspondaient au plancher de la convention de 2006 alors que celle-ci n'était plus en vigueur. L'avenir nous dira si une enquête est ou sera diligentée sur ce point. Le pays a confirmé en 2023 à la Chambre territoriale des comptes (ci-après « CTC ») que *seul l'avis de l'APC lui avait permis de découvrir cette pratique.*[13]

30. Sur les années concernées (2017-2021), le montant du fret facturé au Pays était supérieur au coût du marché, ce qui a conduit à des profits importants des transporteurs, financés par les consommateurs et les contribuables à travers le Fonds de régulation des prix des hydrocarbures, dit « FRPH ».[14] Selon la CTC, qui s'est insérée dans le sillage de l'Autorité pour poursuivre l'instruction de ce sujet, le profit indu cumulé pour les transporteurs sur cette période est de 5 milliards de francs pacifique (environ 42 millions d'euros), et un préjudice pour les automobilistes de 80 F CFP (0,67 euro) par plein d'essence.[15]

31. Les résultats ont également mis en lumière des faiblesses structurelles dans la gouvernance du secteur. L'Autorité a insisté sur la nécessité d'une régulation plus forte pour éviter toute situation de rente excessive et permettre une meilleure concurrence entre les transporteurs.

32. Grâce aux recommandations de l'Autorité, le gouvernement polynésien a adopté l'arrêté n° 2638 CM du 8 décembre 2022, supprimant la fourchette encadrant les tarifs du fret et renforçant l'alignement sur des indices de marché. La formule repose désormais sur des indices de marché qui constituent un fondement objectif. En ce sens, la Polynésie française possède désormais un abonnement aux services d'une société spécialisée pour l'élaboration des indices, ce qui améliore la transparence et réduit l'asymétrie d'information par rapport aux compagnies pétrolières.

---

12 A contrario, les avis obligatoires ou facultatifs relevant des articles LP 620-1 et LP 620-2 du *Code la concurrence* prévoient des délais de publication de 1 mois, ou 15 jours en cas d'urgence déclarée par le président de la Polynésie française, ce dernier cas étant régulier.

13 CTC, *Rapport d'observations définitives – Collectivité de la Polynésie française : politique énergie, exercices 2017 et suivants*, 19 avril 2023, p. 59.

14 Ce fonds a été mis en place par la délibération n° 97-98 APF du 29 mai 1997 créant un compte spécial dénommé Fonds de régulation des prix des hydrocarbures (FRPH). Il a pour objet d'éviter les fluctuations brutales des prix des hydrocarbures destinés à la consommation intérieure, et permet également de fixer des prix de vente spécifiques selon certaines catégories professionnelles (EDT, pêcheurs, centrales de production électrique, entreprises perlicoles, etc.).

15 CTC, *Rapport d'observations définitives – Collectivité de la Polynésie française : politique énergie, exercices 2017 et suivants*, *op. cit.*, p. 61-62.

33. Toutefois, la question de la mutualisation des transports reste à résoudre, car malgré les incitations proposées, elle n'a pas encore été mise en œuvre par les acteurs du secteur.

34. Au surplus, la saisine d'office pour avis s'avère être un outil intéressant pour l'Autorité. Il lui permet de recueillir, dans un climat serein exempt des préoccupations des délais procéduraux, des informations importantes pour étayer les données qu'elle possède pour la compréhension du fonctionnement de certains marchés spécifiques qui sortent de son champ habituel. De surcroît, ces avis peuvent non seulement conduire à des recommandations dans le cadre de l'avis en lui-même, comme en l'espèce, mais aussi permettre de détecter des pratiques qui pourraient ensuite faire l'objet d'enquêtes en matière de pratiques anticoncurrentielles. Rappelons que tant que les informations obtenues lors de l'instruction de l'avis ont été recueillies légalement, elles peuvent servir à un dossier d'enquête qui serait ouvert postérieurement.

VI. Vers une évolution du rôle de l'Autorité ?

35. L'Autorité a joué un rôle clé dans la correction des pratiques tarifaires du fret des hydrocarbures. Son intervention a permis de révéler des écarts injustifiés et de proposer des réformes structurelles bénéfiques aux consommateurs et aux finances publiques. L'enjeu pour l'avenir réside désormais dans la mise en place d'un cadre durable assurant une transparence continue et un meilleur équilibre entre les acteurs du marché, garantissant ainsi une réduction effective du coût du fret et une meilleure protection de l'économie polynésienne.

36. L'efficacité de l'Autorité dans ce dossier a conduit le Gouvernement à envisager un renforcement de ses compétences dans la régulation énergétique. Le 6 mai 2024, l'Autorité a été consultée sur un projet de loi du pays lui conférant des responsabilités sur la régulation du gaz et de l'électricité.[16] Cependant, le secteur des hydrocarbures demeure exclu de cette régulation, ce qui interroge sur la volonté politique de préserver un contrôle direct sur un secteur aussi stratégique.

37. Or, l'approvisionnement en hydrocarbures représente un enjeu crucial pour l'économie polynésienne et une régulation efficace pourrait permettre d'optimiser les coûts pour les consommateurs tout en garantissant la pérennité du marché.

---

16 APC, avis n° 2024-A-04 du 30 mai 2024 portant sur un projet de loi du pays relatif à la régulation sectorielle en matière d'énergie, § 107 ; voir aussi FRENCH COMPETITION AUTHORITY, « The French Competition Authority issues its opinion on the competitive functioning of electric vehicle charging infrastructure » [en ligne], 30 May 2024, *Concurrences*, e-Competitions May 2024, Art. N° 119123.

Pompes funèbres : La première décision d'entente de l'Autorité polynésienne de la concurrence donne le ton

Nathalie Jalabert-Doury* et Emma Moisson**
Mayer Brown

1. Début novembre 2022, l'Autorité polynésienne de la concurrence (APC) a publié sa toute première décision d'entente. Cette décision impose des sanctions cumulées pour un peu plus de 6 millions XPF (soit environ 50 000 euros) à 11 petites entreprises funéraires pour s'être entendues pour fixer les prix pendant la période de pandémie de Covid-19.
2. L'affaire a été déclenchée sur la base de signalements de l'association de consommateurs Te Tia Ara et de la Direction générale des affaires économiques (DGAE). L'Autorité polynésienne, qui s'est autosaisie en mars 2021, a mené rondement cette procédure débouchant sur une décision de sanction moins de 18 mois plus tard.
3. Si les entreprises et l'affaire sont modestes, cette décision constitue un acte fort de la part de l'Autorité polynésienne pour illustrer la manière dont une autorité de concurrence peut veiller aux abus en période de crise sanitaire, alors que la Polynésie a été particulièrement touchée par la crise de Covid-19, avec 636 décès

---

* Nathalie Jalabert-Doury est responsable du département Antitrust et concurrence de Mayer Brown en France et co-dirige le département Antitrust européen du cabinet.
** Emma Moisson est Élève-avocate chez Mayer Brown.

au terme de la vague « Delta » au 27 octobre 2021[1] et une perte de PIB de 10 % sur la seule année 2020.[2]

4. Cette première affaire d'entente traitée par l'Autorité polynésienne rassure en ce qu'elle applique des principes classiques et éprouvés aux niveaux français et européen aux différents niveaux de l'analyse (I). Sur le fond, elle est emblématique des difficultés de concurrence qui peuvent surgir en conditions de crise sanitaire lorsque les entreprises sont légitimes à mener des actions en commun, mais doivent avoir la force de résister à aller au-delà, alors même qu'elles n'ont pas l'impression d'enfreindre les règles (II). Enfin, sur le plan des amendes, il apparaît que beaucoup restent à faire en Polynésie parce que l'Autorité ne dispose pas de tous les outils, mais elle a néanmoins ici fait le maximum pour viser à l'efficacité (III).

I. L'application de principes classiques et éprouvés

5. La décision rappelle qu'aux termes de l'article LP 200-1 du *code de la concurrence*, les actions concertées, ententes expresses ou tacites ou coalitions entre entreprises sont interdites lorsqu'elles ont pour objet ou peuvent avoir pour effet d'empêcher, de restreindre ou de fausser le jeu de la concurrence sur un marché de la Polynésie, en l'occurrence ici le marché des prestations de services funéraires dans l'archipel de la société.

6. La décision cite abondamment la pratique décisionnelle française ainsi que la jurisprudence de droit de l'Union. Si cette dernière n'est pas directement applicable en Polynésie, elle offre un guide utile, comme la pratique française, sachant que les termes et les concepts sur lesquels reposent les règles polynésiennes sont très proches. Ce faisant, l'Autorité polynésienne intègre une base de pratique décisionnelle et de précédents dont elle ne dispose pas encore directement. Sur tous les points de convergence entre les régimes, cette approche est à saluer en ce qu'elle renforce la sécurité juridique et la prévisibilité.

A. *Une procédure contradictoire balisée mais en l'occurrence peu exploitée par les entreprises concernées*

7. Si l'Autorité polynésienne peut diligenter des opérations de visites et saisies[3] – ce qu'elle a fait dans d'autres affaires de la période récente[4] –, cela n'a pas été le cas ici, le signalement des pratiques, leur caractère public et les éléments remis par les entreprises au cours de leurs auditions ayant suffi à nourrir le dossier d'instruction.

---

[1] Décision n° 2022-PAC-01 du 5 septembre 2022 relative à des pratiques mises en œuvre dans le secteur des pompes funèbres, point 111, voir aussi Alain Ronzano, French Polynesia: The Polynesian Competition Authority cleans up the funeral industry by severely sanctioning a horizontal price agreement (HPP Funéraire...), 5 September 2022, Concurrences N° 4-2022, Art. N° 110026

[2] Institut de la statistique de la Polynésie française, « Estimation du PIB 2020 », *Collection Points Référence de la Polynésie française*, Février 2021, n° 1234.

[3] *Code de la Concurrence*, art. LP 500-1 et s., issus de l'ordonnance n° 2017-157, 9 février 2017, art. 5.

[4] Ainsi qu'elle a pu le faire dans le secteur des travaux routiers de bitumage (CA Papeete, premier président, 6 avril 2022, n° 21/00003).

8. La lecture de la décision montre que la procédure contradictoire a été organisée rapidement mais sûrement avec des auditions des entreprises (les déclarations dans la procédure d'au moins 10 des 12 mises en cause sont citées par la décision), une notification de griefs (fin octobre-début novembre 2021), un rapport (mars 2022) et une séance (29 août 2022).

9. Il semble toutefois que le débat contradictoire a été peu nourri, seulement 2 des 12 entreprises ayant produit des observations écrites en réponse à la notification des griefs. Certaines d'entre elles sont en effet de toutes petites entreprises individuelles réalisant un chiffre d'affaires annuel de moins de 5 millions XPF (soit moins de 50 000 euros).[5]

10. C'est une réalité pour l'Autorité polynésienne que les entreprises qui interviennent dans ses procédures peuvent être d'une toute petite taille et qu'elles n'ont tout simplement pas les moyens d'assurer leur représentation, ni même probablement de bénéficier d'un conseil juridique dans des procédures qui sont lourdes pour les parties impliquées, dans un contexte où le droit de la concurrence est lui-même encore d'introduction récente. Toutes ces circonstances invitent l'Autorité polynésienne à faire tout autant de pédagogie que de répression pour développer la culture de la concurrence.

B. *Un cas d'espèce illustrant le champ d'application large des règles de concurrence*

11. Comme l'article LP 100-1 du *code de la concurrence* le prévoit très clairement, « les règles définies dans le présent code [de la concurrence] s'appliquent à toutes les activités de production, de distribution et de services, qu'elles soient le fait de personnes publiques, ou exercées pour leur compte, ou de personnes privées ».

12. Si la vente des produits entre à l'évidence dans ce champ d'application, certains ont parfois conceptuellement un peu plus de mal à considérer que des services aussi spécifiques et réglementés que les services funéraires sont soumis aux mêmes règles de concurrence. Tel est pourtant bien le cas et au cours de la dernière décennie en métropole, des affaires de concurrence ont concerné des secteurs inédits, pour lesquels les opérationnels avaient été manifestement peu préparés à cette éventualité (services bancaires, *trading*, etc.).

13. A l'instar de l'Autorité nationale, l'Autorité polynésienne considère même que le respect des règles de concurrence s'impose encore plus fortement dans le secteur de la santé et de la protection sociale, dans lequel la concurrence est déjà réduite en raison de la réglementation applicable pour préserver les équilibres budgétaires du service d'assurance maladie.[6]

14. Par ailleurs, sont soumises à ces règles de concurrence toutes les formes d'activité économique, en ce compris lorsque ces services sont rendus par de très petites entreprises (TPE) et même par des entreprises exploitées par des entrepreneurs

---

5 Décision, art. 2. En effet, la sanction prononcée à l'encontre de Min Chiu Junior Moorea s'élève à 48 825 XPF et représente entre 0 et 1 % de son chiffre d'affaires. À supposer que cette sanction corresponde à la fourchette maximale de 1 % de son chiffre d'affaires, son chiffre d'affaires serait au maximum de 5 millions XPF.

6 Décision, point 118.

individuels – ce qui était le cas d'un certain nombre des entreprises concernées en l'espèce.[7]

15. Ceci est classique : « même une personne physique peut constituer une entreprise au sens [de l'interdiction des ententes] dès lors qu'elle exerce une activité économique. Constitue une activité économique toute activité consistant à offrir des biens ou des services sur un marché donné ».[8]

16. Enfin, le contexte de crise ne permet pas d'échapper à l'application des règles de concurrence, ce qui procède d'une jurisprudence constante en droit français[9] comme en droit de l'Union.[10] Les seules exclusions opérantes sont établies à l'article LP 200-5 du *code de la concurrence*, à savoir les pratiques résultant de l'application d'une disposition réglementaire, et celles qui sont exemptées en raison de leur contribution au progrès économique.

17. La décision constate dès lors que le contexte de crise ne constitue ni une excuse ni un facteur atténuant[11], mais la décision reconnaît le caractère particulier du contexte pour apprécier la réduction au titre de la non-contestation des griefs[12] (voir III, C ci-dessous).

C. *Un standard de preuve de l'accord de volonté classique*

18. Sur le standard de preuve, l'Autorité polynésienne fait siens les principes adoptés par l'Autorité de la concurrence et les juridictions de l'Union.

19. Ainsi, l'Autorité polynésienne rappelle qu'un accord de volontés est établi « dès lors que les entreprises ont exprimé leur volonté commune de se comporter sur le marché d'une manière déterminée, sans besoin d'un écrit, d'un formalisme particulier, de sanctions contractuelles ou autres mesures de contrainte ».[13] En l'occurrence, un certain nombre d'éléments de preuve ont pu être collectés dont le document tarifaire initial tamponné et signé par neuf des entreprises concernées communiqué aux différentes entreprises ayant participé aux discussions, et aux

---

7 Décision, points 25 et s.

8 Commission européenne, décision dans l'affaire COMP/C.38.279/F3 du 2 avril 2003 relative à une procédure d'application de l'article 81 du Traité CE, *Viandes bovines françaises*, point 104 ; CJUE, 23 avril 1991, aff. C-41/90, *Höfner et Elser*, point 21 ; CJUE, 17 février 1993, aff. C-159/91 et aff. C-160/91, *Poucet et Pistre*, point 17, voir aussi, European Court of Justice, The EU Court of Justice holds that the concept of an undertaking encompasses every entity engaged in an economic activity regardless of the legal status of the entity and the way it is financed (Höfner / Macrotron), 23 April 1991, e-Competitions April 1991, Art. N° 107351

9 Autorité de la concurrence, décision 18-D-15 du 26 juillet 2018 relative à des pratiques mises en œuvre dans le secteur de la distribution de médicaments vétérinaires, point 206, voir aussi, French Competition Authority, The French Competition Authority fines wholesale distributors of veterinary medicinal products and their professional association for anticompetitive practices (Alcyon / Coveto / Centravet), 26 July 2018, e-Competitions July 2018, Art. N° 8747

10 CJCE, 20 novembre 2008, aff. C-209/07, voir aussi Competition Authority c/ Beef Industry Development Society Ltd, Barry Brothers (Carrigmore) Meats Ltd, ; CJCE, 18 décembre 2008, aff. jointes C-101/07 P et C-110/07 P, Viande bovine française, point 87, voir aussi Richard Burton, The EU Court of Justice rules on the capacity of reduction agreements in an Irish beef case (Beef Industry Development Society / Barry Brothers), 20 November 2008, e-Competitions November 2008, Art. N° 44500

11 Décision, point 125.

12 Décision, point 137.

13 Décision, point 82.

autorités publiques (le centre de crise Covid-19, le CHSP, etc.), ainsi que deux versions ultérieures cette fois signées par les 12 entreprises. L'autorité a également rassemblé un certain nombre de déclarations des entreprises pour établir les conditions dans lesquelles ces documents ont été élaborés puis mis en œuvre.

20. Certaines entreprises ont uniquement approuvé les tarifs en commun, d'autres ont pris l'initiative de rappels à l'ordre, ont contacté les administrations ; d'autres n'ont qu'appliqué à moitié les tarifs convenus, voire ne les ont pas appliqués du tout, faute de prise en charge de décès Covid.

21. Sans prononcer les termes d'infraction unique, complexe et continue, l'Autorité polynésienne indique qu'en « s'accordant sur les termes d'un plan d'action, les entreprises savent qu'elles s'entendent et ont conscience des conséquences attendues ».[14] Les 12 entreprises concernées sont par conséquent considérées comme ayant participé à une concertation interdite pour la totalité de la période (du 24 mars 2020 au 26 oct. 2021).

22. L'Autorité polynésienne s'est donc manifestement bien inspirée de la facilité procédurale qu'est l'infraction unique, complexe et continue, permettant d'appréhender de manière globale le caractère anticoncurrentiel de certaines pratiques et de retenir la responsabilité des entreprises pour les différentes manifestations de la concertation se rattachant au plan commun qu'elles ont approuvé, même si elles n'ont pas participé à chacune d'entre elles.[15]

23. En conséquence, l'ensemble des entreprises est considéré comme ayant participé à la concertation établie sur la base de ces différentes manifestations. Le plan d'ensemble auquel chacune aurait adhéré ne ressort pas de manière évidente de la lecture de la décision, mais le caractère assez monolithique des pratiques semble ne pas avoir nécessité de plus amples développements.

D. *La qualification d'objet anticoncurrentiel*

24. L'article LP 200-1 du *code de la concurrence* requiert, comme le texte français,[16] la démonstration d'un objet ou d'un effet anticoncurrentiel. Lorsqu'une pratique comporte un « degré suffisant de nocivité à l'égard de la concurrence »,[17] il n'est pas nécessaire d'établir que la pratique a effectivement eu des effets restrictifs de concurrence. Pour caractériser le degré de nocivité nécessaire à la qualification de restriction par objet doivent être pris en compte, outre la teneur de l'accord et le contexte économique et juridique dans lequel il s'insère, les objectifs poursuivis par les parties.[18]

---

14 Décision, point 83.

15 CJCE, 8 juillet 1999, aff. C-49/92 P, *Commission/Anic Partecipazioni.*, voir aussi European Court of Justice, The EU Court of Justice holds that the Commission does not have to prove the existence of an agreement as well as a concerted practice regarding a cartel in the chemical industry (Anic), 8 July 1999, e-Competitions July 1999, Art. N° 108006

16 *Code de commerce national*, art. L420-1.

17 CJUE, 11 septembre 2014, aff. C-67/13, *Groupement des cartes bancaires (CB) c/ Commission*, point 49, voir aussi Martine Behar-Touchais, Restriction «by object» : The Court of Justice of the European Union returns to a strict conception of the anti-competitive object (Groupement des Cartes Bancaires), 11 September 2014, Concurrences N° 4-2014, Art. N° *69844, pp. 110-118*

18 *Ibid.*, point 53.

25. En se basant sur la pratique décisionnelle européenne et nationale,[19] l'Autorité polynésienne estime être en présence d'une pratique ayant un objet anticoncurrentiel « dans la mesure où la fixation de prix communs à appliquer par des entreprises concurrentes constitue une concertation ayant nécessairement un objet anticoncurrentiel ».[20]

26. Peu importe à cet égard pour l'Autorité polynésienne que les entreprises n'aient pas pris conscience d'un tel objet anticoncurrentiel, ni même d'enfreindre les règles de concurrence, puisqu'elles ne se sont nullement cachées. La décision est à cet égard en ligne avec la jurisprudence française et européenne, pour laquelle l'intention des parties ne constitue pas un élément nécessaire à la caractérisation d'une infraction par objet, tout comme l'erreur sur la licéité du comportement.[21]

27. Il faut dire qu'au cours des auditions réalisées par l'Autorité polynésienne, les entreprises ont elles-mêmes abondé dans le sens suivi par les griefs et la décision en confirmant l'existence d'une concertation, en soulignant elles-mêmes l'existence de contrôles et de rappels à l'ordre, le cas échéant, ou encore le caractère plus (voire trop) élevé des tarifs ainsi institués. Ceci a permis à l'Autorité polynésienne de caractériser une entente particulièrement stable et par nature très grave quand bien même les entreprises n'ont pas eu conscience de participer à une infraction.

II. Une crise sanitaire crée des conditions particulièrement dangereuses pour les entreprises

28. Cette première affaire polynésienne évoque un certain nombre d'affaires de métropole dans lesquelles, dans un contexte de crise sanitaire, les entreprises ont quelque peu perdu de vue les règles applicables pour tenter de réagir à la crise de manière plus efficace.

29. Sans surprise, la réponse de l'Autorité polynésienne a été la même que celle des autres autorités de concurrence : l'existence d'une crise ne peut justifier la mise en œuvre de pratiques interdites.

A. *Quand la sensibilisation des autorités sanitaires en période de crise débouche sur une entente*

30. Lorsque la pandémie est arrivée en Polynésie, des mesures ont été rapidement prises afin d'adapter les conditions de prise en charge des personnes décédées infectées ou suspectées d'être infectées par le virus SARS-CoV-2. Selon l'arrêté n° 1322 CM du 27 août 2020, les personnes décédées en raison de la Covid-19

---

19 CJUE, 25 octobre 1983, aff. C-107/82, *AEG/Commission*, point 43 ; Cour d'appel de Paris, 16 mai 2013, n° 12/01227, Kontik, voir aussi Michel Debroux, Retail prices: The Paris Court of Appeal rejects a distributor's action of toy and fancy goods for anticompetitive practices, who challenged the existence of resale price maintenance (Kontiki), 16 May 2013, Concurrences N° 3-2013, Art. N° 53676, p. 72

20 Décision, point 90.

21 CJUE, 18 juin 2013, aff. C-681/11, *Schenker*, point 43, voir aussi Norman Neyrinck, Milia Chamas, The EU Court of Justice decides that a firm that has infringed Article 101 TFEU is unable to escape the imposition of a fine merely because the illegality of its conduct was erroneously assessed by its legal counsel (Schenker), 18 June 2013, e-Competitions June 2013, Art. N° 63670

devaient notamment faire l'objet d'une mise en bière immédiate avec fermeture définitive du cercueil, avec un certain nombre de mesures de précaution recommandées (frais d'équipements et de protection individuelle, désinfection du matériel, etc.).

31. La Caisse de protection sociale (CPS) de Polynésie a par ailleurs fixé les limites des montants pris en charge avec une liste des prestations associées (soit jusqu'à 150 000 XPF pour un adulte).

32. Dans ce contexte, les entreprises funéraires ont évidemment engagé des démarches auprès des autorités publiques afin d'obtenir la prise en charge des prestations spécifiques liées à la Covid-19 et l'augmentation du montant forfaitaire de la prise en charge – action qui n'est pas contestée par l'Autorité.

33. Ce qui l'est en revanche est le fait que les entreprises aient évoqué ensemble les tarifs pratiqués par chacune d'elles afin de soutenir ces demandes de réévaluation. Si les entreprises se mettent dans de telles situations, c'est d'ailleurs le plus souvent parce que les autorités avec lesquelles elles échangent à ce titre le leur demandent ou le suggèrent afin de faciliter l'instruction de leurs demandes. De l'action collective autorisée à la pratique interdite, il n'y a donc qu'un pas.

34. Après plusieurs réunions, les entreprises ont rédigé un document formalisant leur accord sur les tarifs communs. Le document tamponné et signé par neuf entreprises prévoit une décomposition de prix atteignant 234 540 XPF, soit sensiblement plus que le forfait arrêté par la CPS.

35. Le document a ensuite été communiqué par les entreprises aux autorités (CHSP, centre de crise Covid-19) afin d'obtenir la prise en charge financière des prestations Covid. Le tableau sera ultérieurement complété pour atteindre 260 940 XPF.

36. Il ne s'agissait nullement d'une concertation secrète entre entreprises et la décision rappelle que les entreprises ont évoqué au cours de la procédure comment la grille tarifaire ainsi proposée avait aussi l'objectif de faciliter la prise en charge des défunts et d'éviter que les familles ne se déplacent trop loin : les pratiques avaient pour but de « faciliter la prise en charge des défunts Covid » ; « pouvoir obtenir la prise en charge financière de la CPS pour la totalité des prestations facturées aux familles » ; « pour ne pas que les familles se déplacent trop loin pour rencontrer leur funéraire et permettre une intervention rapide du funéraire local » ; « inciter les familles à aller vers l'opérateur le plus proche du domicile du défunt, grâce aux prix identiques ».[22]

37. Cela n'est pas surprenant. Il faut en effet se rappeler que le droit de la concurrence n'existe en Polynésie que depuis 2017 et ce type de pratique se rencontre encore souvent sur le territoire national où, pourtant, les règles de concurrence sont pratiquées depuis de nombreuses années.

38. La décision rappelle la rigueur de la loi :

> *Les incitations ou encouragements, tolérances, ou approbations donnés par des autorités administratives ne constituent pas une base d'exemption d'un comportement anticoncurrentiel. Un acte législatif doit obligatoirement*

[22] Décision, point 95.

intervenir en amont du processus d'exemption. A fortiori une simple information portée à la connaissance de l'administration et son attitude passive, comme en l'espèce, ne saurait [sic] *exonérer ni constituer une circonstance atténuante d'une entente anticoncurrentielle.*[23]

B. *Une nouveauté en Polynésie, une pratique établie dans de nombreuses juridictions*

39. Les décisions des autorités de concurrence concernant les pratiques pendant des périodes de crise ne sont pas rares. En effet, les périodes de crise provoquent des surcoûts, laissent moins le temps pour opérer des mises en concurrence et donc certains peuvent se satisfaire d'une harmonisation des tarifs. Parfois, la fixation des tarifs est même organisée réglementairement – auquel cas elle ne constitue pas une infraction puisque ce sont les textes applicables qui fixent les tarifs applicables par tous.[24] En revanche, si elle est organisée entre entreprises, elle peut être interdite comme elle l'a été ici.

40. On se souvient notamment de l'affaire de la viande bovine, traitée par la Commission européenne en 2003.[25] Dans cette affaire, liée à l'épidémie de la vache folle, la consommation de viande de bœuf a chuté en France et les mesures de stabilisation du marché adoptées par les autorités ont été jugées insatisfaisantes. Alors que le contexte se durcissait avec des agriculteurs incendiant la viande d'origine non française, le ministre de l'Agriculture a réuni les organisations professionnelles des agriculteurs et des abatteurs en les invitant à se mettre d'accord sur une grille de prix d'achat équitable et à faire stopper les importations.

41. La décision de la Commission sanctionne les fédérations concernées : si l'État a certes fortement encouragé la conclusion de l'entente, ce n'est que si un comportement anticoncurrentiel est « imposé aux entreprises par une législation nationale ou si celle-ci crée un cadre juridique qui, lui-même, élimine toute possibilité de comportement concurrentiel de leur part » que l'interdiction des ententes est inapplicable.[26]

42. Un autre exemple particulièrement parlant est celui de la distribution de médicaments vétérinaires pendant l'épidémie de fièvre catarrhale ovine (FCO), traité par l'Autorité de la concurrence en 2018.[27] La France a en effet connu plusieurs épisodes de FCO, une maladie virale transmise d'un animal infecté à un autre par piqûre de moucheron. Cette maladie, qui peut engendrer d'importantes pertes économiques pour les éleveurs, a conduit à la mise en place de campagnes de vaccination d'ampleur.

---

23 Décision, point 125.

24 Art. LP 200-5 et Décision, point 125.

25 Commission européenne, décision dans l'affaire COMP/C.38.279/F3 du 2 avril 2003 relative à une procédure d'application de l'article 81 du Traité CE, *Viandes bovines françaises*, précitée.

26 Décision, points 151 et 152.

27 Autorite de la concurrence, décision n° 18-D-15 du 26 juillet 2018 relative à des pratiques mises en œuvre dans le secteur de la distribution de médicaments vétérinaires, point 206, voir aussi Michel Debroux, Transaction: The French Competition Authority fines various anticompetitive practices (non-aggression pact, distribution costs agreement) carried out by several companies and their professional federation (Alcyon / Coveto / Centravet), 26 July 2018, Concurrences N° 4-2018, Art. N° 88165, pp. 111-112

43. Lors de la première campagne de vaccination en 2008, les autorités n'étaient pas préparées et ont recherché à mettre à disposition le plus rapidement des vaccins en chargeant les distributeurs en gros de livrer les vaccins sans prévoir de conditions de défraiement. Les distributeurs ont assuré le stockage, la manutention et la livraison pendant quelque temps puis ont fini par contacter les autorités pour demander une indemnisation. Ces dernières ont demandé aux distributeurs, en direct ainsi que via leur fédération, les justificatifs des dépenses engagées et ont abouti sur cette base à un défraiement de 4 centimes hors taxe par dose livrée.

44. A l'évidence, les autorités sanitaires ici ont elles-mêmes contribué à faire naître les pratiques en ne prenant pas les mesures adaptées en amont (par exemple en passant des appels d'offres) et en recherchant à établir en aval un prix unique de défraiement sur la base de contacts individuels ou collectifs avec des acteurs qui travaillaient jusque-là sans rémunération. Cela n'a cependant pas été pris en compte par l'Autorité, qui s'est concentrée sur le fait que les distributeurs ont « profité de l'urgence sanitaire liée à la propagation rapide de la FCO et de l'absence d'appel d'offres pour induire sciemment en erreur l'acheteur public sur les véritables coûts logistiques de livraison des vaccins supportés par chacun d'entre eux et ainsi compromettre la bonne utilisation des deniers publics ».[28]

C. *Les autorités de concurrence ont un rôle à jouer pour alerter les entreprises et/ou adopter des régimes dérogatoires en cas de crise*

45. Lorsque l'épidémie de Covid-19 s'est déclarée, plusieurs autorités ont pris les devants pour alerter les entreprises sur les risques, la vigilance qu'elles observeraient et les mécanismes dérogatoires qui leur sont apparus justifiés.

46. Ce fut notamment le cas du réseau européen de concurrence[29], rassemblant la Commission européenne et les autorités nationales de l'UE, qui a publié en mars 2020 une déclaration conjointe pour informer les entreprises que le caractère extraordinaire de la situation pourrait nécessiter la coopération des entreprises pour garantir la fourniture et la distribution équitable des produits de première nécessité aux consommateurs et qu'elles n'ouvriraient pas d'enquêtes sur de telles coopérations.

47. En revanche, dans le même temps, les autorités ont mis en garde sur le fait qu'elles n'hésiteraient pas à agir à l'encontre des entreprises qui tireraient avantage de cette situation pour commettre des infractions : « le réseau ECN n'hésitera donc pas à agir à l'encontre d'entreprises prenant avantage de la présence situation pour organiser des cartels ou abuser de leur position dominante ».

48. Le message a été relayé de manière claire dans la communication de la Commission du 9 avril 2020 fixant le cadre temporaire mis en place pour ces coopérations pour réagir aux situations d'urgence Covid-19 :[30] « les pratiques des entreprises

---

[28] Décision, point 206.

[29] *Antitrust: Joint Statement by the European Competition Network (ECN) on Application of Competition Law during the Corona Crisis.*

[30] Cadre temporaire pour l'appréciation des pratiques anticoncurrentielles dans les coopérations mises en place entre des entreprises pour réagir aux situations d'urgence découlant de la pandémie actuelle de Covid-19.

qui cherchent de manière opportuniste à exploiter la crise comme un paravent dissimulant une entente anticoncurrentielle » ne seront pas tolérées.[31] L'Autorité de la concurrence effectue la même mise en garde dans son avis relatif à une demande d'avis du Médiateur du cinéma où elle insiste sur une jurisprudence constante selon laquelle « une situation de crise ne saurait en elle-même exclure le caractère anticoncurrentiel d'une entente ».[32]

III. Un pouvoir de sanction qui gagne en lisibilité sur la base de cette décision

49. Les modalités de détermination des amendes en Polynésie sont proches de celles qui existent devant l'Autorité nationale, avec la même évolution récente de suppression de la référence au dommage à l'économie. À la différence de l'Autorité nationale, l'Autorité polynésienne n'a pas adopté de lignes directrices pour expliciter le mode de détermination de ses sanctions mais semble pour l'heure faire siennes les lignes directrices nationales, ce qui est une bonne chose dans l'attente du développement de sa propre pratique. Enfin, sur la non-contestation des griefs, l'approche adoptée est également totalement cohérente.

A. *Des sanctions essentiellement déterminées par rapport à la gravité de l'infraction, même si le texte applicable à l'époque des faits évoquait également le dommage à l'économie*

50. La décision a été rendue sous l'empire de l'article LP 641-2 applicable à l'époque des faits, qui prévoyait que

> *les sanctions pécuniaires sont proportionnées à la durée et la gravité des faits reprochés, et prennent notamment en compte l'importance du dommage causé à l'économie, la distorsion occasionnée sur le ou les marchés concernés, les effets réels et potentiels sur les consommateurs, dans le temps et dans l'espace, à la situation de l'organisme ou de l'entreprise sanctionné ou du groupe auquel l'entreprise appartient et à l'éventuelle réitération des pratiques prohibées mentionnées aux articles LP 200-1 et LP 200-2.* [...].

51. Depuis la loi de pays n° 2021-40 du 7 septembre 2021, le texte ne fait plus référence au dommage à l'économie, à la distorsion occasionnée sur les marchés concernés ou encore aux effets réels et potentiels sur les consommateurs, dans le temps et dans l'espace, qui rappelle l'équivalent national qui exigeait lui aussi la détermination du montant en fonction du dommage à l'économie.[33]

---

31 Décision, point 20.

32 Autorité de la concurrence, avis n° 21-A-03 du 16 avril 2021 relatif à une demande d'avis du Médiateur du cinéma sur les modalités de sortie des films en salle, point 62, voir aussi Jean-Philippe Kovar, COVID-19: The French Competition Authority specifies the conditions for exemption of an agreement between distributors on a common calendar for the release of films when movie theaters reopen, 16 April 2021, Concurrences N° 4-2021, Art. N° 103325, pp. 181-183

33 *Code de commerce national*, art. L 464-2, dans sa version antérieure à l'ordonnance n° 2021-649 du 26 mai 2021.

52. La référence au dommage à l'économie était une spécificité française qu'il a fallu gommer sur le territoire national en 2021 pour harmoniser les modalités de détermination des sanctions au sein de l'UE. Le dommage à l'économie était au surplus toujours particulièrement complexe à quantifier, ce qui donnait lieu à des débats longs et in fine peu satisfaisants entre évaluation (possible) et quantification précise (en général impossible). Le flou du critère constituait donc une bonne raison pour le supprimer aussi en Polynésie.

53. La décision de l'Autorité rappelle certes le texte applicable aux faits, mais ne fait à aucun moment référence expressément au dommage à l'économie. Elle fait seulement état de la gravité des pratiques, évaluée conformément à la pratique décisionnelle nationale en fonction de :

- la nature de l'infraction et des frais ainsi que la nature du ou des paramètres de concurrence concernés ;
- la nature des activités, des secteurs ou des marchés en cause ;
- la nature des personnes susceptibles d'être affectées ;
- les caractéristiques objectives de l'infraction.[34]

54. La décision offre donc un guide assez utile de ce que sera sa pratique sur la base du nouveau texte : le calcul de sanctions proportionnées exclusivement à la durée et la gravité des faits ainsi qu'à la situation de l'entreprise sanctionnée.

B. *Une méthodologie clarifiée même si l'Autorité ne dispose pas (encore) de lignes directrices pour la détermination des amendes*

55. La décision cite la jurisprudence de la Cour d'appel de Paris et de la Cour de cassation[35] pour souligner que le texte n'impose aucune méthode particulière de détermination des sanctions et en fixe seulement le montant maximum.

56. Si l'article LP 630-1 du *code de la concurrence* dispose que « l'Autorité polynésienne de la concurrence établit des lignes directrices qui précisent notamment […] les méthodes de détermination des sanctions susceptibles d'être prononcées par elle », elle ne l'a pas encore fait, ce qui est assez compréhensible dans ses premières années d'expérience en la matière.

57. Dans cette attente, la décision indique que l'Autorité polynésienne est plutôt en phase avec la méthodologie de l'Autorité nationale[36] – toutes choses égales par ailleurs puisque les coefficients de la méthodologie de l'Autorité nationale sont à relier à un plafond de sanction de 10 %, quand il est seulement de 5 % en Polynésie.

---

34 Décision, point 113.

35 Cour d'appel de Paris, 21 janvier 2016, n° 2014-22811, *Inéo Réseaux Sud-Ouest SNC e.a.* ; Cass. com., 27 septembre 2017, n° 16-12907, *Spie Sud-Ouest e.a*, voir aussi Alain Ronzano, Sanctions: The Paris Court of appeal follows the French Supreme Court in refusing to take into account the fact that a company belongs to a group of companies for deterrence purposes when no infringement is attributable to the parent company (Info Réseaux Sud Ouest / SPIE Sud Ouest), 21 January 2016, Concurrences N° 2-2016, Art. N° 79606.

36 Autorité de la concurrence, Communiqué relatif à la détermination des sanctions pécuniaires du 30 juillet 2021.

58. En premier lieu, la décision définit la valeur annuelle des ventes sur le marché affecté pour chaque entreprise afin de pouvoir calculer le montant de base des amendes, de sorte à assurer leur proportionnalité à l'infraction en cause. En l'occurrence, l'Autorité a utilisé les montants facturés pour la prise en charge de décès Covid-19 pendant la première vague de la Covid-19 jusqu'au 30 juin 2021, sachant qu'il y a eu plus de décès lors de la seconde vague. La valeur annuelle des ventes arrêtée pour toutes les entreprises en cause s'établit à 25 millions XPF (soit de l'ordre de 200 000 euros).

59. Afin d'intégrer la durée, toujours en phase avec les lignes directrices nationales, l'Autorité applique un coefficient de 1,3 pour une période d'infraction de 19 mois entre le 24 mars 2020 et le 26 octobre 2021. Cela semble correspondre à la méthode de détermination des anciennes lignes directrices, à savoir un coefficient de 1 pour la première année, et de moitié pour les années suivantes.[37]

60. La gravité est intégrée sous la forme d'un coefficient additionnel de 25 %, ce qui correspond encore assez largement aux modalités proposées dans les lignes directrices nationales, à savoir l'application d'un coefficient compris entre 15 et 30 % pour les ententes horizontales de fixation de prix.

61. L'Autorité procède ensuite à l'individualisation de la sanction en tenant compte de la plus grande implication de deux des entreprises concernées (origine des contacts, rôle de coordination des échanges, suivi de l'application de l'accord) avec une majoration au titre des circonstances aggravantes de 15 % pour l'une et de 5 % pour l'autre.

62. Enfin, l'Autorité devait vérifier que les sanctions pécuniaires ainsi définies n'excèdent pas 5 % du montant du chiffre d'affaires hors taxe réalisé en Polynésie française par les entreprises concernées au cours d'un des trois derniers exercices. L'Autorité est contrainte à cet égard de signaler qu'elle n'a pas obtenu le chiffre d'affaires de certaines entreprises malgré plusieurs relances. Elle considère cependant être en mesure d'estimer ce chiffre d'affaires sur la base des déclarations des entreprises et le seuil n'apparaît pas avoir été atteint.

C. *L'application de réductions additionnelles pour non-contestation des griefs*

63. Le droit polynésien comporte toujours une faculté pour l'Autorité de prendre en compte la non-contestation des griefs[38] et n'a pas évolué vers une procédure de transaction comme le droit national.[39]

64. Dans la non-contestation des griefs, l'entreprise qui renonce à contester les griefs peut bénéficier d'une division par deux du plafond de sanction (et en pratique d'une réduction limitée de l'amende elle-même), ce qui ne permet pas toujours de moduler l'amende de façon suffisante. D'où l'adoption au niveau national d'une

---

[37] Le nouveau communiqué relatif aux sanctions prévoit, lui, la prise en compte complète de chaque année : Communiqué relatif à la détermination des sanctions pécuniaires du 30 juillet 2021, point 34.

[38] *Code de la Concurrence*, art. LP. 614-2, III.

[39] *Code de commerce*, art. L464-2, III.

procédure de transaction permettant plutôt d'aboutir à une fourchette d'amende acceptable dans laquelle l'Autorité devra statuer.

65. Il n'apparaît pas à la lecture de la décision que les entreprises aient signé des procès-verbaux de non-contestation des griefs comme ceux qui avaient cours sur le territoire national mais cette non-contestation des griefs leur est bel et bien accordée. En conséquence, les entreprises ont obtenu une division par deux du plafond d'amende (2,5 %) et une réduction d'amende de 10 %, qui n'est pas expressément prévue par le texte, mais qui était d'usage devant l'Autorité nationale dans les procédures antérieures au passage à la transaction.[40]

66. Il serait très certainement utile à l'avenir aussi de permettre à l'Autorité polynésienne de conclure de réelles transactions plutôt que ces réductions de 10 % qui ne sont guère satisfaisantes.

*

* *

67. Au total, les amendes pécuniaires prononcées dans cette affaire vont de 48 825 à 3 millions XPF (soit environ 400 à 25 000 euros), représentant apparemment pour certaines entreprises de l'ordre de 2 % de leur chiffre d'affaires total, ce qui est en réalité tout à fait conséquent pour une première décision dans un contexte de crise et concernant de très petites entreprises.

Entreprise	Valeur des ventes (XPF)	Coefficient de gravité	Durée	Individualisation	Réduction Non-contestation des griefs	Amende (XPF)	Part du CA
Min Chiu	9 185 548	25 %	1,3	+ 15 %	– 10 %	3 069 982	0-3 %
Tehei Services	6 273 848	25 %	1,3	–	– 10 %	1 823 337	0-2 %
HPP Funéraire	4 022 873	25 %	1,3	+ 5 %	– 10 %	589 842	0-3 %
Vaxelaire	1 537 243	25 %	1,3	–	– 10 %	446 761	0-2 %
Maraetefau	1 254 500	25 %	1,3	–	– 10 %	364 589	0-1 %
Teave Julienne	1 145 660	25 %	1,3	–	– 10 %	85 928	0-3 %
Maruhi Services	451 980	25 %	1,3	–	– 10 %	101 250	0-3 %
Loïc Funéraire	361 700	25 %	1,3	–	– 10 %	101 728	0-2 %
Raromatai	218 880	25 %	1,3	–	– 10 %	61 560	0-1 %
Min Chiu Junior	168 000	25 %	1,3	–	– 10 %	48 825	0-1 %

40 Voir, par exemple, Autorité de la concurrence, décision n° 07-D-26 du 26 juillet 2007, voir aussi Alain Ronzano, Bid rigging: The French Competition Council sanctions an anticompetitive practice on the market of suppliance of high-voltage cables (Nexans), 26 July 2007, Concurrences N° 4-2007, Art. N° 56151

68. Cette décision donne donc le ton : l'Autorité sera particulièrement vigilante sur les pratiques interdites qui nuisent au consommateur. Le maintien et si possible le développement de la concurrence dans un territoire non seulement insulaire, mais aussi isolé, sont à ce prix.

L'efficacité de l'Autorité polynésienne de la concurrence : L'exemple du secteur des télécommunications

Patrick Hubert* et Quitterie de La Poype**
Orrick

1. Les territoires insulaires français sont marqués par un effet de ciseau entre le niveau général élevé des prix et la faiblesse de revenus d'une importante partie de la population, situation particulièrement prononcée en Polynésie puisque cette dernière comporte de nombreuses îles de petite taille et éloignées de Tahiti, impliquant des coûts logistiques élevés.
2. Les écarts de prix entre les DROM-COM et la France métropolitaine ont donné lieu à de nombreux travaux. L'un des plus récents, le rapport n° 1549 de l'Assemblée nationale déposé le 20 juillet 2023, a notamment relevé que le secteur des télécommunications était particulièrement touché. Le rapport ne cite que les DROM, pour lesquels les services mobiles étaient 35 % plus chers qu'au niveau national, et les forfaits 65 % plus chers[1] mais des conclusions proches pourraient être dégagées s'agissant de la Polynésie française.

---

* Patrick Hubert est avocat associé basé à Paris au sein du département Antitrust & Concurrence du cabinet Orrick.

** Quitterie de La Poype est avocate au bureau parisien d'Orrick depuis septembre 2022.

1 Autorité de régulation des communications électroniques, des postes et de la distribution de la presse (ARCEP), *Les services de communications électroniques dans les départements et collectivités d'Outre-mer, année 2021. Observatoire des marches des communications électroniques* [en ligne], 7 juillet 2022, p. 27. Disponible sur : https://www.arcep.fr/fileadmin/cru-1677573101/reprise/observatoire/march-an2021/obs-marches-2021-OUTRE-MER_juil2022.pdf.

3. Deux sortes d'explications peuvent être avancées : des explications structurelles tenant à la petite taille des territoires et à leur difficulté d'accès, et des explications reposant sur la concentration et sur le fonctionnement des marchés. Du fait du manque de concurrents ou de leur comportement, le jeu de la concurrence serait sous-optimal.

4. Partout dans le monde, les marchés des télécommunications étant fortement réglementés, les pouvoirs publics ont mis en œuvre des réformes pour les ouvrir à de nouveaux entrants. Mais le comportement des acteurs, essentiellement celui des acteurs historiquement dominants, a pu faire obstacle à cette ouverture en gênant le déploiement des concurrents, rendant ainsi difficile ou inopérante la concurrence par les prix. L'un des problèmes les plus classiques résulte de la nécessité, pour un nouvel entrant, d'avoir accès au réseau de l'opérateur dominant dans des conditions économiquement acceptables. Dans le marché de la téléphonie fixe, l'opérateur dominant est souvent le propriétaire des câbles : le nouvel entrant doit pouvoir accéder à ce réseau qui ne lui appartient pas. En matière de téléphonie mobile, le problème se pose en termes légèrement différents : chaque opérateur doit pouvoir faire circuler les communications sur le réseau de tous les autres, afin que ses clients puissent accéder à tous les abonnés, quels que soient leurs opérateurs. Il y a en apparence moins d'asymétrie car chaque opérateur est dominant sur son propre réseau ; toutefois, celui qui a le réseau le plus développé peut facilement rendre l'accès trop difficile ou onéreux. C'est au droit de la concurrence et aux autorités en charge de le faire respecter qu'incombe la solution de ces problèmes posés par le comportement des dominants.

5. Dans les marchés insulaires, cette double approche, réglementaire puis concurrentielle, est illustrée depuis longtemps dans les DROM. Le rapport précité de l'Assemblée nationale relève que le nombre d'opérateurs y est à peu près égal au nombre existant en France métropolitaine, mais que de nombreuses interventions de l'Autorité de la concurrence y ont été nécessaires à l'encontre de l'opérateur localement dominant (selon les lieux et les époques, France Télécom, Orange ou Société Réunionnaise du Radiotéléphone (SRR)).

6. Avec un décalage dans le temps, la même séquence s'observe en Polynésie française, où une ouverture du marché par voie réglementaire a buté sur des difficultés que l'Autorité polynésienne de la concurrence (APC) a cherché à résoudre.

I. L'ouverture des marchés de télécommunications par les pouvoirs publics polynésiens

7. L'Assemblée de Polynésie française a initié l'ouverture de ces marchés par la délibération n° 2003-85 APF du 12 juin 2003 qui prévoyait l'ouverture à la concurrence des services de téléphonie mobile et de la fourniture d'accès à Internet, l'attribution d'un service public des télécommunications à l'opérateur historique, l'Office des postes et télécommunications (OPT)(à travers sa filiale, la SAS Onati) qui conserverait un monopole de droit sur les liaisons avec l'extérieur (voix et données et sur les réseaux fixes) et, enfin, un régime d'autorisation des opérateurs en télécommunications concurrents de l'opérateur historique, tant pour la téléphonie mobile que pour la fourniture d'accès à Internet.

8. La principale nouveauté consistait donc en l'ouverture du marché de la téléphonie mobile et d'Internet de façon à permettre aux consommateurs polynésiens de faire jouer la concurrence entre opérateurs. Mais, longtemps après l'entrée en vigueur de la réforme, cette dernière n'avait pas encore produit pleinement ses effets. En effet, ce n'est qu'en 2010 pour la téléphonie fixe et en 2013 pour la téléphonie mobile qu'un deuxième opérateur fut autorisé à entrer sur le marché. Pendant longtemps, le secteur des télécommunications mobiles s'est alors caractérisé par un duopole, constitué de la filiale de l'opérateur historique OPT et de Pacific Mobile Telecom (PMT), qui commercialise des offres de services mobiles sous la marque Vodafone. Ce n'est qu'en 2020, 17 ans après la réforme, qu'un troisième acteur, Viti, a commencé à commercialiser des services de communications mobiles, ce déploiement rencontrant des difficultés.

9. Douze ans après l'ouverture à la concurrence du secteur des télécommunications, la loi du pays n° 2015-2, adoptée le 23 février 2015, a mis en place un droit de la concurrence moderne et une autorité indépendante chargée de le faire respecter, l'APC, dotée non seulement de pouvoirs de sanction, mais également de la capacité d'adopter des mesures conservatoires pour régler des situations urgentes sans attendre la décision à venir sur le fond des affaires.

II. Première intervention de l'APC dans le secteur des télécommunications : Le traitement de la plainte de PMT

10. L'intervention d'une autorité de concurrence pour résoudre des dysfonctionnements de marché est par nature très différente de l'intervention réglementaire car elle nécessite généralement qu'une plainte soit déposée. Ce n'est qu'en 2021 que l'APC a été saisie d'une première plainte au fond assortie d'une demande de mesures conservatoires déposée par PMT[2] qui indiquait ne pas avoir pu déployer de « boucle locale » dans les îles éloignées de Tahiti, faute d'avoir accès au câble Natitua, détenu par l'opérateur historique Onati, qui relie les îles entre elles.

11. PMT invoquait deux griefs : l'impossible accès à une infrastructure essentielle, s'agissant de la téléphonie fixe, et un accès, certes possible physiquement, mais à des conditions trop onéreuses, s'agissant de la téléphonie mobile.

12. Si la plainte portait sur un sujet spécifique à la Polynésie française, non transposable à d'autres marchés géographiques, le problème lui-même, l'accès à une infrastructure essentielle non remplaçable et indispensable pour accéder au marché, est classique. S'appuyant sur des contre-arguments, eux aussi classiques, Onati a fait valoir que le câble Natitua n'était pas irremplaçable dans la mesure où il était possible de faire passer les communications d'une île à l'autre par faisceau hertzien, ce à quoi PMT répliqua qu'elle n'avait pas l'autorisation de

---

2 Décision n° 2021-PAC-01 du 8 décembre 2021 relative à une demande de mesures conservatoires présentées par la société Pacific Mobile Telecom dans le secteur des télécommunications, en matière de prestation d'itinérance pour l'accès aux données mobiles.

déployer cette technologie, laquelle n'aurait au surplus pas permis de faire passer les communications entre des îles très éloignées les unes des autres.

13. Un tel accès était également nécessaire pour les communications de téléphonie mobile. Bien qu'Onati ait, cette fois, adressé une offre d'accès à PMT, celle-ci se plaignait que l'accès au câble Natitua lui était proposé à des conditions trop onéreuses pour lui permettre ensuite, sur le marché aval, de proposer aux consommateurs des prix aussi bas que ceux pratiqués par Onati. C'est donc un effet de compression de marge, ou effet de ciseau, qui était invoqué, pratique également classique dans ce secteur et souvent condamnée par d'autres autorités de concurrence.[3]

14. À ce jour, l'APC n'a pas encore rendu sa décision au fond sur cette affaire mais elle a tout de même abordé le fond en se prononçant sur la demande de mesures conservatoires.

15. À cette occasion, elle a relevé que les pratiques du dominant « sont susceptibles de porter une atteinte grave au fonctionnement de la concurrence » mais a néanmoins rejeté la demande de mesures conservatoires, faute de dommage irréversible.

16. Il n'en demeure pas moins que cette décision longue et précise éclaire les acteurs du marché. En effet, l'APC a fait usage de concepts et de méthodes très connus dans le secteur des télécommunications, notamment mis en œuvre par la Commission européenne et l'Autorité de la concurrence (métropolitaine), mais les a appliqués à des situations spécifiques, notamment en ce qui concerne les liaisons d'île à île.

III. Seconde intervention : Le traitement de la plainte de Viti

17. Une seconde affaire confirme cette double approche ; elle est plus spectaculaire puisque, cette fois, l'APC a prononcé des mesures conservatoires, à la demande du troisième opérateur de télécommunication, Viti,[4] portant sur le marché de la téléphonie mobile.

18. Comme rappelé en introduction, ce marché est caractérisé par la détention, par chaque opérateur, d'un monopole sur son propre réseau qui suppose, pour que les clients de ses concurrents puissent appeler les siens, d'offrir des prestations d'itinérance à ses concurrents. La pratique d'autres autorités a montré que même un opérateur qui n'est pas dominant sur le marché aval peut être condamné pour abus de position dominante s'il ne donne pas accès à son réseau dans des conditions acceptables.[5]

---

[3] Voir notamment, Cour de justice, 10 avril 2008, T-271/03, *Deutsche Telekom AG* ; et le rapport annuel de l'Autorité de la concurrence française, *Etude thématique. Les pratiques de ciseau tarifaires*, 2008, p. 147 à 177.

[4] Décision n° 2023-PAC-01 du 31 mars 2023 relative à une demande de mesures conservatoires présentée par la société Viti pour des pratiques mises en œuvre dans le secteur des télécommunications, en matière de prestations d'itinérance dans les archipels éloignés.

[5] Voir notamment décision n° 12-D-24 du 13 décembre 2012 relative à des pratiques mises en œuvre dans le secteur de la téléphonie mobile à destination de la clientèle résidentielle en France métropolitaine, partiellement confirmée par un arrêt de la Cour d'appel de Paris n° 2013/01006 du 19 mai 2016.

19. D'un certain point de vue, l'APC était donc saisie par Viti d'un problème classique : les conditions d'accès (ou itinérance) au réseau mobile d'Onati auraient été abusives. L'apport de cette décision réside dans l'application d'un problème classique à une situation qui ne l'était pas : dans les îles éloignées de la Polynésie française, Onati était non seulement dominant sur son propre réseau, mais en réalité le seul à avoir déployé un réseau mobile.

20. En général, un opérateur de téléphonie mobile peut, même face à un abus de la part d'un autre opérateur, au moins permettre à chacun de ses clients d'appeler ses autres clients en utilisant son propre réseau ; mais cela n'était pas possible dans les îles éloignées puisque Viti n'y avait pas de réseau. Habituellement, les différents opérateurs peuvent négocier les accords d'itinérance mutuels dans une sorte d'équilibre des forces, qui n'est pas toujours facile à atteindre, il est vrai, par les plus petits. Mais, en l'espèce, Viti n'avait d'autre choix que de négocier un accord d'itinérance totalement asymétrique, la perspective qu'elle puisse installer son propre réseau dans des îles éloignées peu peuplées étant lointaine, ce qui la plaçait dans une position de négociation difficile face à Onati.

21. S'adonnant à une analyse précise du potentiel caractère anticoncurrentiel des pratiques constatées, l'APC a indiqué (sans toutefois se prononcer définitivement sur le fond) qu'elles étaient susceptibles de créer un ciseau tarifaire, d'être discriminatoires[6] (PMT bénéficiant de meilleures conditions) et, enfin, d'être inéquitables au regard des coûts exposés par Onati.[7]

22. Sur l'existence d'un ciseau tarifaire, se fondant sur la pratique décisionnelle des autorités de concurrence française et européenne, l'APC fait une intéressante application du correctif apporté au test du concurrent aussi efficace, qui admet désormais que la concurrence peut également provenir de concurrents qui ne sont pas aussi efficaces, ou du moins pas encore, que l'opérateur en position dominante.[8] Ce correctif était particulièrement approprié à la situation au vu du déséquilibre considérable des forces en présence.

23. Sur cette base, l'APC s'est interrogée sur la demande de mesures conservatoires formulée par Viti. L'article LP 641-1 du *code de la concurrence polynésien* dispose que des mesures conservatoires peuvent être prononcées si une pratique « porte une atteinte grave et immédiate à l'économie générale, à celle du secteur intéressé, à l'intérêt des consommateurs ou à l'entreprise plaignante ».

24. L'APC a d'abord observé que le développement de Viti était particulièrement favorable à la concurrence en Polynésie française. Ce nouvel entrant permettait de sortir du duopole Onati/PMT. Mais, entrant davantage dans le concret, l'APC

---

6 Voir notamment Cour de justice, 17 juillet 1963, C-13/63, *République Italienne c. Commission*, précisant que la discrimination consiste non seulement à traiter de manière différente des situations similaires, mais aussi de manière identique des situations objectivement non similaires ; ou encore Cour de justice, 19 avril 2018, C-525/16, *Meo – Serviços de Comunicaçoes e Multimedia*.

7 Voir notamment Cour d'appel de Paris, 7 avril 2022, n° RG 20/03811, *Google*, sur les prix excessifs.

8 Voir notamment décision n° 2023-PAC-01, précitée, § 90 ; Communication de la Commission européenne du 27 mars 2023, « *Amendments to the Communication from the Commission Guidance on the Commission's Enforcement Priorities in Applying Article 82 of the EC Treaty to Abusive Exclusionary Conduct by Dominant Undertaking* » – voir Annexe, pts 2(b) et 3.

a étudié le comportement commercial de Viti et a conclu que cette dernière développait des offres commerciales jusqu'alors inconnues en Polynésie française, tels les forfaits illimités.

25. Or Viti, sur la base des conditions d'itinérance proposées par Onati, avait fait le choix de renoncer à se développer dans les archipels éloignés, privant ainsi 12 % de la population du territoire de l'animation concurrentielle qu'elle aurait pu offrir. L'APC a considéré que cela constituait une atteinte grave et immédiate au secteur et aux consommateurs.

26. L'APC a en outre constaté l'existence d'une atteinte grave et immédiate aux intérêts de l'entreprise Viti, se penchant là encore sur une situation très spécifique. En effet, en renonçant à desservir les archipels éloignés, Viti s'épargnait le coût très élevé de l'itinérance asymétrique et cela lui permettait de fonctionner, dans les autres îles, de manière financièrement satisfaisante. Il aurait pu en être déduit qu'aucune menace grave et immédiate n'existait pour Viti.

27. Mais l'APC a considéré que les intérêts de l'entreprise devaient s'apprécier pour chaque marché géographique : une survie financière de la firme conditionnée par l'abandon de certains marchés géographiques n'était pas suffisante pour conclure que les intérêts de l'entreprise n'étaient pas atteints.

28. Dès lors, l'APC a prononcé des mesures conservatoires enjoignant à Onati de proposer une offre tarifaire ne souffrant pas des défauts reprochés, décision confirmée par la Cour d'appel de Paris le 6 juillet 2023[9] (à l'exception d'un point relatif au référentiel à prendre en compte pour le calcul de la nouvelle offre).

*

* *

29. Ces décisions confirment, pour la Polynésie française, que les réformes structurelles des marchés réglementés ont besoin du droit de la concurrence, appliqué par les autorités de concurrence, pour produire leurs pleins effets économiques. Elles montrent aussi l'intérêt de confier ce rôle à une autorité localement compétente qui cherche à appliquer les concepts généraux du droit de la concurrence, à peu près identiques dans tous les pays du monde, aux spécificités des marchés locaux, tant en termes d'histoire des marchés que de contraintes géographiques.

---

9 Cour d'appel de Paris, 6 juillet 2023, n° 23/06177.

L'acquisition de Bolloré Logistics par CMA CGM : L'impact de la décision

Jérôme Philippe[*]
Freshfields

1. Le 31 janvier 2024, l'Autorité polynésienne de concurrence (APC) a autorisé sous conditions l'acquisition de la société Bolloré Logistics et de ses filiales par CMA CGM. Cette décision mérite commentaires car, non seulement elle marque une inflexion du contrôle des concentrations en Polynésie française, mais en outre elle se prête particulièrement bien au jeu des comparaisons puisque trois autorités, la Commission européenne, l'APC et l'Autorité de concurrence de Nouvelle-Calédonie (ACNC), sont intervenues de manière parallèle sur cette concentration pour juger de situations qui sont juridiquement et économiquement assez proches, sans pour autant être identiques.[1]

2. En avril 2023, CMA CGM annonçait entrer en négociations exclusives avec le groupe Bolloré pour l'acquisition de l'activité de transport et de logistique de ce dernier. Selon la presse, la valeur de la transaction s'établirait à environ 4,6 milliards d'euros.

3. De manière schématique, l'opération entraînait une légère concentration horizontale sur les marchés de transitaires (*freight-forwarding*) car CMA CGM avait fait en 2018-2019 l'acquisition de CEVA Logistics, active sur ces mêmes marchés. Mais surtout, et là résidait le cœur des sujets de concurrence qui allaient être examinés, l'opération se traduisait par une intégration verticale plus significative

---

* Jérôme Philippe est avocat associé chez Freshfields Bruckhaus Deringer, basé au bureau de Paris, où il dirige l'équipe antitrust, concurrence et commerce. La concentration a également fait l'objet d'autres décisions par d'autres autorités de concurrence, mais dans des cadres économique et juridique plus éloignés.

entre le troisième armateur mondial pour les services de transport maritime de ligne par conteneurs et un transitaire et logisticien important, présent dans environ 150 pays.

4. Pour mémoire, le transitaire est un intermédiaire important, en charge de l'organisation du transport de marchandises, et dont l'activité comprend en général le dédouanement, l'entreposage et un certain nombre de services au sol. Le transitaire peut organiser le transport au sol de/vers l'aéroport ou le port, même s'il ne le réalise en général pas lui-même, ne disposant pas de moyens de transport en propre.

5. La décision de l'APC du 31 janvier 2024 n'est évidemment pas la première à autoriser une concentration sous condition de remèdes, mais *c'est la première à le faire pour une concentration de dimension internationale plutôt que locale.*

6. Elle intervient dans un contexte de remontée du nombre de décisions de concentration à partir de 2022, après une série de 4 années montrant une activité basse en concentrations (6 concentrations seulement contrôlées en 4 ans de 2018 à 2021, dont 1 seule ayant donné lieu à remèdes).

Année	Décisions de concentration	Dont avec remèdes
2024	4	1
2023	3	2
2022	5	3
2021	1	0
2020	2	0
2019	2	1
2018	1	0
2017	4	1
2016	5	1

7. Après cette période maigre, le nombre de décisions de concentration s'établit à environ quatre par an depuis 2022, retrouvant ainsi les niveaux des deux premières années.

8. Surtout, on note tout de suite, au vu des chiffres, que *le taux d'intervention de l'APC est élevé* : la proportion des opérations de concentration pour lesquelles l'APC demande des modifications au titre des remèdes était déjà élevée durant les premières années (3 décisions avec remèdes pour un total de 15 décisions, soit 20 %, entre 2016 et 2021), mais *elle s'accroît encore depuis 2022*, avec 5 décisions avec remèdes pour un total de 12 décisions de concentration, soit un *taux d'intervention de plus de 40 %.*

9. Un tel taux d'intervention ne traduit pas nécessairement une approche plus sévère de l'APC par rapport à d'autres autorités de concurrence, la lecture des décisions montrant plutôt des raisonnements très similaires des différentes autorités, ce que d'ailleurs la décision *CMA CGM/Bolloré Logistics* confirme. Il faut plutôt y voir la traduction *d'une concentration plus importante de l'économie insulaire de Polynésie, qui conduit l'APC à intervenir plus fréquemment dans les opérations de concentration* alors même qu'elle conduit le même type d'analyses

que l'Autorité nationale ou la Commission européenne. On peut ainsi considérer qu'il s'agit de l'une des réponses des pouvoirs publics face aux spécificités d'une économie insulaire outre-mer.

10. S'agissant des types de remèdes demandés par l'APC, là encore la décision *CMA CGM/Bolloré Logistics* s'illustre. C'est la deuxième décision de concentration de l'APC à imposer des remèdes structurels (i.e. des cessions). Mais c'est la première à imposer un remède qui revient à annuler complètement l'effet de la concentration sur le territoire, à savoir imposer la cession de l'ensemble de la cible sur le territoire.

11. Lors de la précédente décision ayant donné lieu à un remède structurel, qui concernait déjà le transport maritime mais cette fois le transport inter-îles de marchandises et passagers, en 2017, l'APC avait imposé la cession de deux navires (l'un sur la ligne Tahiti-îles Sous-le-Vent, l'autre sur la ligne Tahiti-Tuamotu de l'Est-Gambier).[1] Il s'agissait d'ailleurs d'injonctions édictées par l'APC et non d'engagements proposés par l'acquéreur. Ce remède structurel visait à recréer un concurrent tout en permettant un renforcement de l'acquéreur sur le territoire de la Polynésie. *À l'inverse, la décision* CMA CGM/Bolloré Logistics *vise à annuler l'effet de l'opération en Polynésie.*

12. *À cette exception près, tous les autres remèdes demandés par l'APC avant* CMA CGM/Bolloré Logistics *étaient de nature comportementale* : ils concernaient deux opérations dans le secteur de la distribution.[2] deux opérations dans le secteur du tourisme et de l'hôtellerie,[3] une opération dans le secteur de la production alimentaire[4] et une opération dans le secteur médical.[5]

13. Enfin, et surtout, *c'est la toute première fois que l'APC se trouvait à intervenir sur une opération de taille mondiale*. La quasi-totalité des concentrations précédentes, avec ou sans remèdes, était des opérations de dimension locale. La seule opération non locale précédemment contrôlée était, en 2020, la prise de contrôle conjoint par CMA CGM, déjà, du groupe Dubreuil Aéro, qui exploite notamment French Bee, l'une des compagnies aériennes desservant la Polynésie depuis l'Hexagone et les États-Unis. Même si elle dépassait le strict champ de la Polynésie, cette opération était de taille beaucoup plus modeste que l'acquisition de Bolloré Logistics.

14. La concentration *CMA CGM/Bolloré Logistics*, du fait de sa dimension, a donné lieu à un *multi-filing* auprès d'un certain nombre d'autorités, dont notamment trois qui se sont trouvées en charge de contrôler des situations proches :
    - *la Commission européenne*, qui était notamment en charge du contrôle de la concentration sur les territoires de la Guadeloupe, de la Martinique, de la Guyane, de la Réunion et de Mayotte ;
    - *l'APC*, qui était en charge du contrôle pour la Polynésie française ; et
    - *l'ACNC*, qui était en charge du contrôle pour la Nouvelle-Calédonie.

---

1 APC, décision n° 2016-CC-01 du 10 mars 2017.
2 APC, décisions n° 2023-CC-02 et 2023-CC-03 du 24 octobre 2023.
3 APC, décisions n° 2022-CC-02 du 8 juin 2022 et 2016-CC-04 du 5 décembre 2016.
4 APC, décision n° 2019-CC-02 du 6 juin 2019.
5 APC, décision n° 2022-CC-03 du 14 juin 2022.

15. Bien que les statuts juridiques de ces territoires diffèrent, avec pour conséquence des différences de compétences administratives, *il existe entre eux des points communs importants, notamment en matière économique* :

- si la Guadeloupe, la Martinique, la Guyane et la Réunion sont des départements d'outre-mer, si Mayotte est un département et une région d'outre-mer, si la Polynésie française et Saint-Martin sont des collectivités d'outre-mer régies par l'article 74 de la Constitution et si la Nouvelle-Calédonie est une collectivité régie par le titre XIII de la Constitution, tous entretiennent des liens économiques très forts avec la métropole, et tous sont dans la situation où leurs échanges avec l'extérieur sont très largement, et souvent majoritairement, tournés vers la métropole ;
- tous relèvent de l'administration française pour les aspects régaliens et relèvent ou sont issus d'un modèle d'organisation administrative français pour les aspects non régaliens ;
- tous également connaissent, à des degrés divers, des schémas de consommation locale fondés en grande partie sur les importations, très fréquemment de métropole ;
- tous tendent à être moins intégrés dans leur économie régionale qu'ils ne le sont avec l'économie européenne, malgré la distance ;
- tous connaissent des degrés de concentration économique importants, compte tenu de leur situation insulaire[6] et de la taille réduite de leur économie locale ;
- tous font face à une problématique récurrente de coût de la vie, reconnue par de nombreux rapports officiels mais qui peine à se résoudre ;
- tous présentent une dépendance importante au commerce maritime, la sensibilité à cette dépendance ayant été encore exacerbée durant la pandémie de Covid-19.

16. Face à ces similitudes économiques et d'organisation locale, il est évidemment tentant de se livrer à un petit exercice de comparaison sur la façon dont les différentes autorités de concurrence en charge de la concentration *CMA CGM/Bolloré Logistics* ont abordé des situations qui, sans être identiques, sont au moins ressemblantes.

17. S'agissant des définitions de marchés pertinents, les trois autorités retiennent l'existence d'un marché du transport maritime de conteneurs, et à l'intérieur de celui-ci de deux segments principaux, haute mer (*deep-sea*) et courte distance (*short-sea*). Compte tenu de la localisation des territoires concernés et de l'activité de CMA CGM, toutes se focalisent sur le segment du transport maritime en haute mer.

18. Traditionnellement, ce marché se définit géographiquement par des lignes dont chaque extrémité est une large zone géographique (par exemple, une ligne Europe-Amérique du Nord).

19. Du côté européen de la ligne, il peut exister une segmentation Europe du Nord/Europe du Sud, que seule la Commission examinera, sans pour autant la retenir formellement.

---

6 A l'exception de la Guyane, qui n'est évidemment pas une île du point de vue géographique, mais dont l'économie est toutefois très proche d'une économie insulaire.

20. S'agissant des régions situées à l'autre extrémité des lignes concernées, une segmentation traditionnelle aurait consisté à considérer l'Amérique centrale et les Caraïbes, la côte est de l'Afrique et les îles de l'océan Indien, et enfin l'Australie et l'Océanie.

21. Les autorités vont toutefois toutes s'interroger sur la substituabilité entre les ports des départements et collectivités d'outre-mer français et les autres ports de la région, et à l'intérieur de l'outre-mer français sur la substituabilité entre ports :
  - les ports de la Guadeloupe, de la Martinique, de Saint-Martin et de la Guyane sont-ils substituables, pour une activité de *deep-sea* venant d'Europe, avec les autres ports d'Amérique centrale et des Caraïbes, et sont-ils substituables entre eux ?
  - les ports de la Réunion et de Mayotte sont-ils substituables, pour une activité de *deep-sea* venant d'Europe, avec les autres ports de l'Afrique de l'Est ou de l'océan Indien, et sont-ils substituables entre eux ?
  - les ports de Papeete et de Nouméa sont-ils substituables, pour une activité de *deep-sea* venant d'Europe, avec les autres ports d'Australie, de la Nouvelle-Zélande et de l'Océanie, et sont-ils substituables entre eux ?

22. Les autorités vont toutes conclure qu'il convient d'examiner la situation de marché sur des lignes au départ ou à l'arrivée d'Europe et joignant *chacun* des territoires concernés.[7] Elles vont écarter à la fois la substituabilité des ports des territoires concernés avec les autres ports de la région, ainsi que la substituabilité des ports des territoires concernés entre eux. Cette délimitation de marché se fonde sur divers types de critères :
  - l'isolement géographique et l'éloignement des autres ports, s'agissant notamment de la Polynésie et de la Nouvelle-Calédonie ;
  - l'absence ou le caractère limité des services de *feeders* (services de courte distance) entre les territoires concernés et d'autres ports de la région, ainsi qu'entre les ports concernés entre eux (à l'exclusion de Mayotte) ;
  - la fiscalité, propre à chaque territoire, et l'absence d'intégration fiscale avec les autres pays de la région ; c'est notamment la raison pour laquelle, malgré l'existence d'une ligne entre Auckland et Papeete, les deux ports restent considérés comme non substituables ;
  - les obligations douanières spécifiques pour les territoires concernés ;
  - le caractère minoritaire des échanges avec la région par rapport aux échanges avec la métropole, que ce soit pour des raisons de normes, des raisons fiscales ou douanières, ou des raisons de préférences de consommation ;
  - l'absence de nombreux transitaires internationaux des ports des territoires concernés.

23. In fine, la position de CMA CGM sera dans tous les cas analysée sur des lignes Europe-Polynésie française, Europe-Nouvelle-Calédonie ou Europe-territoire concerné des Caraïbes ou de l'océan Indien.

---

[7] Certaines définiront formellement le marché de cette manière, d'autres feront le choix de formellement laisser le marché ouvert mais néanmoins conduiront l'analyse sur cette segmentation.

24. De manière similaire, l'APC examinera aussi l'opération sur les lignes Amérique du Nord-Polynésie française, Asie-Polynésie française et Océanie-Polynésie française.

25. Pour chaque ligne, les autorités seront amenées à distinguer selon le sens du trajet, l'économie des deux sens n'étant pas du tout la même compte tenu du volume beaucoup plus élevé des importations par rapport aux exportations pour les territoires concernés.

26. S'agissant de l'activité de transitaire, les trois autorités considéreront, là encore, un marché par territoire pour évaluer la position de Bolloré Logistics et de CEVA Logistics.

27. Dans tous les cas, *les autorités de concurrence vont facilement écarter l'existence de problèmes de concurrence provenant de l'addition horizontale entre Bolloré Logistics et CEVA Logistics.* La part de marché cumulée des deux entités reste modérée, et la nouvelle entité fera chaque fois face à un nombre significatif de concurrents.

28. *L'attention des autorités va se porter plutôt sur l'intégration verticale entre le transporteur CMA CGM et le transitaire Bolloré Logistics.*

29. À titre de comparaison, les différentes autorités ont relevé les parts de marché suivantes de CMA CGM supérieures à 40 % :

Autorité	**Ligne**	**Part de marché de CMA CGM**
APC	Europe → Polynésie française	90-100] % avec VSA
APC	Polynésie française → Europe	[90-100] % avec VSA
APC	Polynésie française → Asie	[90-100] %
ACNC	Europe → Nouvelle-Calédonie	[60-70] %
CE	Europe du Nord → Martinique	[90-100] % avec VSA
CE	Martinique → Europe du Nord	100 % avec VSA
CE	Méditerranée → Martinique	[70-90] %
CE	Martinique → Méditerranée	[70-90] %
CE	Europe du Nord → Guadeloupe	[90-100] % avec VSA
CE	Guadeloupe → Europe du Nord	100 % avec VSA
CE	Méditerranée → Guadeloupe	[70-90] %
CE	Guadeloupe → Méditerranée	[70-90] %
CE	Europe du Nord → Guyane	100 % avec VSA
CE	Guyane → Europe du Nord	100 % avec VSA
CE	Méditerranée → Guyane	100 % avec VSA
CE	Guyane → Méditerranée	100 % avec VSA
CE	Europe → Réunion	[70-80] % avec VSA
CE	Europe → Mayotte	[70-80] %

30. On notera que tant l'APC que la Commission européenne ont pris en compte, dans le calcul des parts de marché de CMA CGM, l'ensemble des participants des accords de partage de navires, ou *Vessel Sharing Agreements* (VSA), dont CMA

CGM est membre, en considérant que les autres membres des VSA ne peuvent exercer qu'une pression concurrentielle plus réduite.

31. Face à l'existence de telles positions très fortes sur certains des marchés amont, l'APC a examiné si cette situation était susceptible de conduire à l'exclusion de certains concurrents transitaires de Bolloré Logistics sur le marché aval.[8] Elle a ainsi cherché à évaluer le risque d'une « forclusion des intrants », l'intrant étant ici le transport de marchandises par conteneurs *deep-sea*.

32. En d'autres termes, le risque envisagé par l'APC est celui que le nouveau groupe, de par sa maîtrise des transports par conteneurs sur certains marchés, puisse priver d'accès à ses volumes les transitaires concurrents (forclusion totale) ou à tout le moins les forcer à travailler avec des conditions moins favorables que celles dont bénéficierait son transitaire désormais intégré.

33. Tout d'abord, l'APC élimine ce risque sur les lignes au départ de la Polynésie quelle que soit la part de marché de CMA CGM, car les volumes y sont trop faibles pour qu'une éviction éventuelle de ce segment très étroit puisse avoir une conséquence sur la structure du marché des transitaires.

34. *L'APC se concentre donc sur les lignes à destination de la Polynésie*, et plus précisément sur la seule ligne à destination de la Polynésie sur laquelle CMA CGM détient une part importante, à savoir la ligne Europe-Polynésie, sur laquelle CMA CGM occupe, avec l'autre participant au VSA Marfret, une part de marché supérieure à 90 %.

35. L'APC exclut le risque de forclusion totale en estimant que le nouveau groupe n'aurait pas la capacité d'absorber le volume supplémentaire que cela représenterait au niveau des transitaires. Elle se concentre donc sur le risque de forclusion partielle.

36. Selon l'APC,

> *Une situation de forclusion partielle pourrait se matérialiser par le biais d'un traitement discriminatoire organisé par la nouvelle entité à l'encontre des transitaires concurrents sur le marché de l'organisation du transport de marchandises. Une telle stratégie pourrait prendre la forme d'un octroi, par CMA CGM, de conditions commerciales (ex. : prix, volumes, qualité de service, etc.) moins avantageuses aux concurrents de la nouvelle entité, ce qui reviendrait à dégrader la compétitivité de ces derniers sur le marché de l'organisation des transports vis-à-vis de la nouvelle entité intégrée. Ce type de verrouillage partiel du marché peut dissuader les entreprises rivales d'entrer ou de se développer sur le marché, voir [sic] les inciter à en sortir.*[9]

37. L'APC note que CMA CGM possède 12 des 13 navires du VSA « Panama Direct Line » (PAD) détenant plus de 90 % de la ligne Europe-Polynésie, le reliquat

---

[8] L'APC a préalablement examiné le risque de « verrouillage de l'accès à la clientèle », i.e. le risque que le transitaire nouvellement intégré n'adresse plus ses volumes qu'à CMA CGM en écartant les autres transporteurs. Elle a toutefois rapidement écarté ce risque en observant que la part de marché limitée à l'aval de Bolloré Logistics et de CEVA Logistics ne leur permettrait pas de mettre en œuvre une telle politique avec succès.

[9] APC, décision n° 2024-CC-01 du 31 janvier 2024, § 107.

étant dispersé entre 4 concurrents. En outre, le PAD représente à lui seul 42 % de l'ensemble des volumes traités par les transitaires en Polynésie et constitue, de par sa fréquence hebdomadaire et son temps de transport de 30 jours seulement, le mode d'approvisionnement privilégié depuis l'Europe. L'APC souligne que le PAD est notamment le seul choix maritime possible pour les produits périssables importés d'Europe.

38. L'APC en conclut que le PAD est un intrant critique pour les transitaires. Elle ajoute qu'avec un seul navire sur les 13 du PAD, l'autre membre du PAD, Marfret, ne serait pas en mesure d'absorber les volumes nécessaires pour constituer une alternative pour les transitaires en cas de conflit entre ceux-ci et CMA CGM.

39. L'APC a également examiné la concurrence dynamique, en s'intéressant notamment à la possibilité qu'un concurrent déjà présent comme MSC, ou potentiel comme Maersk ou SeaTrade, lance un service direct sans transbordement pour concurrencer le PAD. Elle observe toutefois que l'historique du marché montre plutôt des sorties que des entrées, et que la limite de profondeur du port de Papeete constitue une barrière à l'entrée pour des opérateurs souhaitant utiliser des navires de grande taille (supérieurs à 2 400 TEU).

40. Enfin, l'APC remarque que les transitaires présents en Polynésie seraient trop peu puissants pour pouvoir exercer un contre-pouvoir sur le nouveau groupe.

41. Elle en conclut que le nouveau groupe aurait la capacité d'une forclusion partielle.

42. Elle examine ensuite les incitations à mettre en œuvre une telle politique, pour conclure que le nouveau groupe pourrait augmenter son volume en aval, et la marge correspondante, sans nécessairement subir de coûts importants en amont. Elle en déduit que le nouveau groupe pourrait avoir des incitations économiques le conduisant à mettre en œuvre cette politique.

43. En outre, l'APC note également un risque que le transitaire intégré puisse avoir accès aux conditions que ses concurrents offrent à CMA CGM.

44. Face à ces risques identifiés par l'APC, CMA CGM a proposé un engagement structurel consistant en la cession de l'activité de Bolloré Logistics Polynésie et de l'activité de Bolloré Logistics France relative à la Polynésie française.

45. L'engagement prévoit toutefois deux exceptions concernant certains clients multidestinations actuels de Bolloré Logistics, soit figurant sur une liste limitative, soit réalisant moins de 25 % de leur activité avec CMA CGM au départ ou à destination de la Polynésie française, afin de ne pas artificiellement « casser » la relation du nouveau groupe avec des clients globaux.

46. Cet engagement de cession se double d'un engagement de stricte séparation et d'un maintien d'activité, sous contrôle d'un mandataire, entre le *closing* de la concentration et la cession.

47. Qui plus est, CMA CGM s'engage à ne pas développer une activité de transitaire au départ ou à destination de la Polynésie française pendant 5 ans, à l'exception des clients globaux déjà mentionnés.

48. Le raisonnement suivi par l'APC apparaît tout à fait similaire à celui mené par la Commission européenne. La Commission s'est également intéressée au risque de verrouillage total ou partiel des intrants dans les marchés insulaires (et Guyane)

sur lesquels CMA CGM dispose, seul ou en VSA, d'une part de ligne importante. Elle a examiné, elle aussi, successivement la capacité et les incitations à mettre en œuvre une telle politique. Tout comme l'APC, elle a également examiné la concurrence dynamique et potentielle, ainsi que l'éventuel pouvoir compensateur des acheteurs, et elle est parvenue à la même conclusion. Elle a enfin éliminé, elle aussi, le risque de verrouillage de la clientèle.

49. La Commission a toutefois accepté, s'agissant de la Réunion, de ne pas prendre en compte l'ensemble du VSA auquel participe CMA CGM, car le partenaire au sein du VSA est le groupe MSC, qui dispose de 10 des 16 navires du VSA et est particulièrement puissant dans la région. Dès lors, la part de marché individuelle de CMA CGM, inférieure à 40 %, permet d'écarter le risque de forclusion des intrants.

50. Malgré une part de marché individuelle importante de CMA CGM à destination de Mayotte, la Commission a écarté également le risque sur ce territoire compte tenu d'une forte pression de la part de MSC et d'une concurrence potentielle plus forte de Maersk.

51. En réponse aux préoccupations de la Commission, CMA CGM a proposé des engagements structurels de cession concernant les activités de Bolloré Logistics relatives à la Martinique, à la Guadeloupe, à Saint-Martin et à la Guyane.

52. Enfin, l'ACNC a mené également une analyse de forclusion partielle des intrants, elle aussi centrée sur le service PAD, jugée plus efficace par les transitaires et les clients que le service concurrence MSC, plus long et supposant un transbordement à Sydney.

53. À la différence de la Commission et de l'APC, l'ACNC a en revanche autorisé la transaction sur le fondement d'engagements comportementaux, en considérant qu'ils seraient suffisants pour remédier au risque de forclusion tout en préservant les gains d'efficacité liés à l'intégration verticale.

54. L'acquéreur s'est ainsi engagé à réserver au moins 65 % de ses volumes en provenance d'Europe à des transitaires tiers, à ne pas discriminer en prix à l'encontre des transitaires concurrents en proposant des conditions générales et des grilles tarifaires accessibles et transparentes, et à mettre en place un programme de sensibilisation des équipes de direction et commerciales de ses entités concernées. Ces engagements ont une durée de 5 ans, le cas échéant prolongeable deux fois pour tout ou partie des engagements par l'ACNC, cela menant donc à une durée maximale de 15 ans. Un mandataire indépendant sera chargé du suivi des engagements.

55. Il est assez rare de pouvoir mener l'examen comparé d'une même concentration par plusieurs autorités avec des situations de marché suffisamment similaires. L'exercice montre un grand parallélisme des analyses et des conclusions, même si une divergence est finalement apparue quant à la manière de résoudre les risques de concurrence identifiés.

56. Outre son intérêt, la décision *CMA CGM/Bolloré Logistics* est particulièrement importante pour l'APC en ce qu'elle marque la première fois que l'APC contrôle une opération d'envergure mondiale, en parallèle avec d'autres autorités dans le cadre d'un *multi-filing* de l'acquéreur.

57. Le fait que l'APC, qui est encore une toute jeune autorité puisqu'elle n'a même pas 10 ans, soit dès sa première « décision parallèle » alignée en tous points avec la Commission européenne, non seulement sur l'analyse et les conclusions mais aussi sur les remèdes, est révélateur de la montée en puissance de cette autorité, que ce soit en termes de positionnement, d'expertise, de gestion de l'ensemble du processus de revue que de capacité à convaincre les parties de la nécessité de répondre pleinement à ses préoccupations de concurrence.

L'encadrement des opérations de concentration en Polynésie : Enseignements de l'affaire *Brasserie de Tahiti*

Arthur Helfer[*], Igor Simic[**] et Marie Minetto[***]
Bredin Prat

I. Introduction

1. Depuis 2015, l'Autorité polynésienne de la concurrence (ci-après « l'APC ») a rendu une trentaine de décisions en matière de contrôle des concentrations.

2. Les décisions n° 2023-CC-02 et n° 2023-CC-03,[1] adoptées dans l'affaire dite *Brasserie de Tahiti* à l'issue d'un examen approfondi, constituent un jalon important de ces dix premières années d'existence de l'APC.

3. Ces décisions renseignent sur la manière dont doivent être examinées les opérations parallèles, en particulier lorsqu'elles sont réalisées par un même acquéreur (II.).

---

[*] Arthur Helfer, Avocat associé, Bredin Prat.
[**] Igor Simic, Avocat associé, Bredin Prat.
[***] Marie Minetto, Avocate collaboratrice, Bredin Prat.

[1] Décision n° 2023-CC-02 relative à la prise de contrôle exclusif de la SARL Toa Distribution, exploitant un fonds de commerce à dominante alimentaire de type supermarché sous l'enseigne « Happy Market Faa'a », la SARL Société de gestion d'approvisionnement et de marketing, qui a récemment obtenu une autorisation pour l'ouverture d'un fonds de commerce à dominante alimentaire de type supermarché Happy Market, et la SCI Ofai par la société Brasserie de Tahiti ; et décision n° 2023-CC-03 relative à la prise de contrôle exclusif de la Société de distribution et d'exploitation commerciale, exploitant un fonds de commerce à dominante alimentaire de type hypermarché sous l'enseigne « Hyper U » à Pirae, par la société Brasserie de Tahiti.

Elles illustrent par ailleurs les problématiques de concurrence propres aux territoires ultramarins et liées, notamment, au niveau élevé des prix en matière de produits de grande consommation (III.). Elles confirment enfin l'importance, pour les autorités de concurrence intervenant dans ces territoires, de disposer d'instruments complémentaires au contrôle des concentrations (IV.).

II. Le traitement des opérations parallèles par l'Autorité polynésienne de concurrence

4. L'analyse des opérations de concentrations dites « parallèles » peut être menée selon différentes méthodes (A.). Dans ses décisions du 24 octobre 2023, l'APC a eu recours à l'approche dite « combinée », consistant à examiner chacune des opérations en tenant compte des changements induits par l'autre (B.).

A. *Règles applicables en matière d'analyse des opérations de concentration dites « parallèles »*

5. Les autorités de concurrence sont régulièrement conduites à se prononcer sur des opérations de concentrations notifiées de manière concomitante et susceptibles d'affecter les mêmes marchés.

6. Lorsqu'elles sont qualifiables d'« interdépendantes » – donc d'opérations uniques[2] – de telles opérations font l'objet d'une seule décision analysant globalement la modification de la structure de marché induite par « l'ensemble de ces opérations mises bout à bout ».[3]

7. À l'inverse, lorsque les conditions ne sont pas réunies pour les qualifier d'interdépendantes, de telles opérations doivent – en principe – être analysées séparément.[4]

8. Si les conséquences de ce principe sont claires sur un plan procédural (les opérations devant être notifiées séparément et les seuils de notification appréciés individuellement), ses implications du point de vue de l'analyse concurrentielle

---

2 Aut. conc., *Lignes directrices sur le contrôle des concentrations*, § 77 et s. Voir également : Communication juridictionnelle consolidée de la Commission européenne relative au contrôle des opérations de concentration entre entreprises (ci-après « *la Communication juridictionnelle consolidée* »), § 38 et s. Comme le rappelle la Commission européenne dans sa Communication juridictionnelle consolidée, cette approche « reflète la philosophie selon laquelle [...] les opérations qui constituent un tout en fonction des objectifs économiques poursuivis par les parties doivent également être appréciées dans le cadre d'une seule et même procédure ». Pour mémoire, en droit français, des opérations sont qualifiées d'« interdépendantes » si (*i*) elles sont réalisées par le même acquéreur, (*ii*) il existe un lien conditionnel entre elles, et (*iii*) elles constituent chacune, en elle-même, une concentration (voir notamment : Aut. conc., *Lignes directrices relatives contrôle des concentrations*, § 79). A noter que pour la Commission européenne, les opérations sont dites « interdépendantes » dès lors qu'elles sont liées par une conditionnalité réciproque mais ne sont ensuite qualifiables d'« opération unique » que s'il en résulte en outre « une prise de contrôle d'une ou plusieurs entreprises par la ou les mêmes personnes ou entreprises » (critère du « résultat » de l'opération, qui rejoint la première des trois conditions prévue les lignes directrices de l'Autorité de concurrence).

3 Communication juridictionnelle consolidée, § 40.

4 Au niveau européen, le paragraphe 40 de la Communication juridictionnelle consolidée prévoit ainsi que « dès lors que les différentes opérations ne sont pas interdépendantes et que les parties mèneraient à son terme une des opérations même en cas d'échec de toutes les autres, il semble approprié d'évaluer ces opérations individuellement dans le cadre du règlement sur les concentrations ».

sont en revanche moins évidentes – la question étant alors de déterminer comment tenir compte, sur le fond, des éventuels problèmes de concurrence *spécifiquement liés au cumul de ces opérations.*[5]

9. Historiquement, les autorités de concurrence ont apporté différentes réponses à cette question.

10. Dans un certain nombre de cas, les autorités ont appliqué une *règle dite « de traitement combiné »*.[6] Cette approche, qui consiste à prendre en compte chacune des opérations dans le cadre de l'analyse de l'autre, repose sur un scénario post-concentration unique, commun à toutes les décisions et dans lequel l'ensemble des opérations notifiées sont réalisées.

11. Elle revient donc, sur le fond, à examiner les opérations notifiées *comme si celles-ci étaient interdépendantes*, sans tenir compte d'éventuels scénarios intermédiaires dans lesquels seules certaines opérations seraient réalisées.

12. Dans d'autres cas, les autorités de concurrence ont, à l'inverse, opté pour une *règle dite de « priorité »*, consistant à traiter de manière séquencée les opérations, en suivant un ordre de priorité découlant (généralement) de la date de notification de chacune d'entre elles.[7] Cette approche, désormais privilégiée par la Commission

---

5 Le risque étant alors que chaque décision se limite à analyser les effets propres à l'une des opérations (sans tenir compte de l'autre) et qu'aucune des décisions n'analyse in fine le scénario dans lequel les opérations parallèles sont *toutes* réalisées.

6 Cette approche a notamment été retenue par la Commission européenne dans les décisions *PriceWaterhouse/Coopers & Lybrand* (décision IV/M.1016 du 20 mai 1998) et *KPMG/Ernst & Young* (décision COMP/M.1044 du 4 février 1998). Voir également : décisions COMP/M.2389 du 20 décembre 2001 (*Shell/DEA*) et COMP/M.2533 du 20 décembre 2001 (*BP/E.ON*) ; décisions COMP/M.1630 du 18 janvier 2000 (*Air Liquide/BOC*) et COMP/M.1641 du 9 février 2000 (*Linde/AGA*), *voir aussi* Geraldine Emberger, John Kemp, The EU Commission clears a merger between two leading audit and accounting companies addressing the issue of possible collective dominance (Price Waterhouse / Coopers & Lybrand), 20 May 1998, e-Competitions May 1998 , www.concurrences.com/39374, *voir aussi* Michael Rauber, The German Competition Authority clears a merger in the energy market with remedies, including the divestiture of gas stations, pipeline supply contracts and the granting of infrastructure access for aviation fuel delivery at Frankfurt airport (Shell / DEA), 19 December 2001, e-Competitions December 2001, www.concurrences.com/25731, *voir aussi* Wilmer Hale, The EU Commission approves an acquisition by industrial gas producer of part of a rival subject to complex remedies (Air Liquide / BOC), 18 janvier 2000, e-Competitions January 2000, www.concurrences.com/121756

7 Cette approche a notamment été mise en œuvre par la Commission dans les décisions *KarstadtQuelle/MyTravel* (décision COMP/M.4601 du 4 mai 2007) et *TUI/First Choice* (décision COMP/M.4600 du 4 juin 2007) ainsi que dans les décisions *TomTom/TeleAtlas* (décision COMP/M.4854 du 14 avril 2008) et *Nokia/NAVTEQ* (décision COMP/M.4942 du 2 juillet 2008), dans les décisions *Western Digital Ireland/Viviti Technologies* (décision COMP/M.6203 du 23 novembre 2011) et *Seagate/HDD Business of Samsung* (décision COMP/M.6213 du 19 novembre 2011) et, plus récemment, dans les décisions *Dow/DuPont* (décision COMP/M.7932 du 27 mars 2017) ; *Chemchina/Syngenta* (décision COMP/M.7962 du 5 avril 2017) et *Bayer/Monsanto* (décision COMP/M.8084 du 21 mars 2018), *voir aussi* Stanislas Martin, Position dominante collective : La Commission européenne revient sur l'analyse de la position dominante collective dans le secteur des voyages et rappelle le principe selon lequel une première concentration notifiée est examinée sans tenir compte des conséquences d'une seconde opération notifiée immédiatement après dans le même secteur (TUI/First Choice-Karstadtquelle/My Travel), 4 juin 2007, Concurrences N° 3-2007, www.concurrences/13822, *voir aussi* John Gatti, Mary Loughran, The European Commission clears an acquisition in the navigable digital map databases sector (Nokia/NAVTEQ), 2 juillet 2008, e-Competitions July 2008, www.concurrences.com/37707, *voir aussi* www.concurrences.com/59294, *voir aussi* www.concurrences.com/59294 ,*voir aussi* www.concurrences.com/86504

européenne,[8] suppose quant à elle d'analyser la première opération notifiée *sans tenir compte* de la seconde puis d'examiner la seconde *en prenant pour hypothèse que la première sera réalisée.*[9]

13. Les avantages et limites de chacune de ces approches sont aujourd'hui bien connus.

14. D'un coté, l'approche combinée est généralement prônée pour des raisons d'égalité de traitement et d'équité, une analyse séquencée pouvant s'avérer injuste pour la partie notifiant son opération en second, qui doit alors supporter seule le risque d'interdiction ou la charge des engagements liés au cumul des opérations.[10]

15. Le contrôle des concentrations étant de nature prospective, certains auteurs relèvent par ailleurs que rien ne s'oppose à ce qu'il soit tenu compte, à l'occasion de l'examen d'une opération, des modifications de la structure de marché susceptibles d'intervenir dans un avenir proche et de manière suffisamment certaine, notamment en raison de l'existence d'une autre opération – à condition que celle-ci soit notifiée (donc connue) avant que la première ne soit autorisée.[11]

16. À l'inverse, plusieurs arguments sont classiquement mis en avant en faveur de la règle dite « de priorité », tirés notamment :

- d'une lecture littérale des textes applicables au contrôle des concentrations, lesquels n'évoquent (le plus souvent) la possibilité d'examiner ensemble plusieurs opérations que dans le cas, spécifique, des opérations interdépendantes (ou dans celui, tout aussi spécifique, des opérations successives) ;
- d'un souci de cohérence entre la procédure et le fond, qui impliquerait de réserver l'approche globale aux hypothèses dans lesquelles les opérations concernées ont vocation à être analysées dans une seule et même décision ; ou encore
- du souhait d'éviter d'interdire plusieurs opérations au seul motif que leur cumul pose problème, alors même que certaines d'entre elles, prises isolément, pourraient (voire devraient) être autorisées.

---

8 Voir notamment : Bertuzzi Alexandre, Blanco Thomas Soledad, Forestier Laurent, Goppelsroeder Marie, Hariton Cyril, Impellizzeri Alessandra, Kovo David, Tew Julia, Vande Walle Simon, Deisenhofer Thomas, Ramondino Marco, Bove Roberto et Notaro Giovanni, *The EU Commission Conditionally Approves a Merger in the Seeds, Traits and Pesticides Markets to Protect Innovation and Product Competition (Bayer/Monsanto)*, 21 mars 2018, e-Competitions March 2018, Art. N° 114428. Voir également le communiqué de presse publié par la Commission euroépenne à l'occasion de la décision *Bayer/Monsanto* précitée (*Mergers: Commission Clears Bayer's Acquisition of Monsanto, Subject to Conditions*, 21 March 2018).

9 Encore aujourd'hui, les deux approches coexistent et sont alternativement utilisées par les autorités de concurrence, comme l'illustrent les affaires *Western Digital/Hitachi* et *Seagate/Samsung* précitées, qui ont été analysées selon l'approche combinée par la Federal Trade Commission et selon la règle de priorité par la Commission européenne (voir notamment : Agathoklis Murino Andrea et Tennis Bradley T., *Mergers in the Information Technology Industry in the US: An Overview of Leading Cases*, 22 janvier 2015, e-Competitions US Mergers in IT, Art. N° 70930).

10 Voir par exemple : Levy Nicholas, *European Merger Control Law: A Guide to the Merger Regulation*, édition n° 21, Matthew Bender Elite Products, LexisNexis, Novembre 2024, § 10.06 et s.

11 Cet argument a d'ailleurs été repris, récemment, par le Tribunal de l'Union européenne, dans l'affaire *EVH et autres c/ Commission européenne* dans laquelle des requérants reprochaient à la Commission d'avoir analysé *ensemble* des opérations parallèles pour lesquelles la qualification d'« opération unique » avait pourtant été écartée et qui faisaient en conséquence l'objet de deux décisions distinctes (Trib. UE, 17 mai 2023, 11 arrêts, *EVH*, aff. T-312/20, et al. ; puis Trib. UE, 20 décembre 2023, 11 arrêts, *EVH c/ Commission*, aff. T-53/21, et al.).

17. Enfin, l'analyse de la pratique décisionnelle montre que l'approche combinée présente un risque d'instrumentalisation du contrôle des concentrations – la perspective d'une analyse combinée des deux opérations pouvant inciter des tiers actifs dans le même secteur à notifier concomitamment une autre opération uniquement pour faire échec à la première.[12]

B. *Cas particulier des opérations parallèles notifiées par le même acquéreur*

18. Les décisions commentées illustrent de manière intéressante la problématique des opérations dites « parallèles », dans le cas où les opérations concernées sont réalisées par le *même acquéreur*.

19. Dans cette affaire, la société Brasserie de Tahiti envisageait de réaliser quatre opérations,[13] chacune formalisée par un compromis de cession daté du même jour. Trois de ces opérations étaient interdépendantes. La quatrième, en revanche, ne pouvait être rattachée aux trois premières – faute de lien de conditionnalité entre elles.

20. Constatant l'absence d'interdépendance entre les trois premières opérations (d'une part) et la quatrième (d'autre part), l'APC a, logiquement, adopté deux décisions.

21. Puis, constatant la simultanéité des quatre opérations, l'APC a décidé de recourir à l'approche combinée.[14] Conformément à cette approche, l'APC a donc analysé les deux séries d'opérations ensemble, en retenant dans chaque décision un scénario post-opération unique dans lequel l'ensemble des opérations notifiées étaient réalisées.[15]

22. Sur un plan méthodologique, un tel choix ne s'imposait pas avec la force de l'évidence. L'approche combinée, déjà débattue dans le cas d'opérations parallèles envisagées par différents acquéreurs (voir *supra*), semble selon nous plus discutable encore dans le cas d'opérations parallèles notifiées par le même acquéreur.

---

12 Un tel scénario est loin d'être purement théorique comme l'illustrent les affaires *PriceWaterhouse/Coopers & Lybrand* (décision IV/M.1016 du 20 mai 1998) et *KPMG/Ernst & Young* (décision COMP/M.1044 du 4 février 1998), dans lesquelles la Commission européenne n'a pu autoriser l'une des opérations qu'en raison de l'abandon de la seconde pendant l'instruction de la première.

13 Acquisition, auprès d'un premier vendeur, (i) de la totalité des parts sociales de la SARL Toa Distribution, (ii) de la SARL Société de gestion d'approvisionnement et de marketing, et (iii) de la société civile immobilière Ofai, et acquisition, auprès d'un second vendeur, (iv) de la totalité des parts sociales de la SA Société de distribution et d'exploitation commerciale (société exploitant un hypermarché à Pirae sous l'enseigne « Hyper U »).

14 Voir § 14 et 15 de la décision n° 2023-CC-02 (« Simultanément à la présente opération, le groupe BDT a notifié à l'Autorité une seconde opération de concentration consistant en l'acquisition de la totalité des parts sociales de la SA Société de distribution et d'exploitation commerciale exploitant un hypermarché à Pirae sous l'enseigne Hyper U. L'analyse concurrentielle menée dans ce dossier tient dès lors compte de cette seconde opération notifiée »). Voir également § 14 et 15 de la décision n° 2023-CC-03.

15 Voir § 35 de la décision n° 2023-CC-02, dans lequel l'APC retient que

> *la partie notifiante, après réalisation des opérations notifiées, sera un nouvel acteur sur le marché de la distribution au détail à dominante alimentaire à travers la société cible, une seconde cible qui doit être active dans un futur proche sur le même secteur* **et une troisième cible (qui fait l'objet d'une seconde opération notifiée)** *active sur le marché de la distribution de détail à dominante alimentaire. L'opération est donc susceptible de produire des effets horizontaux.*

23. Dans une telle hypothèse, il pourrait en effet être imaginé que les autorités de concurrence *exigent* de l'acquéreur, avant ou au moment de la notification formelle des opérations concernées, qu'il indique explicitement :

- s'il entend uniquement réaliser toutes les opérations ensemble ou s'il envisage de ne réaliser que certaines d'entre elles (notamment dans le cas où l'analyse concurrentielle ne permettrait pas à l'autorité de concurrence d'autoriser toutes les opérations qui lui ont été notifiées) ; et
- dans cette seconde hypothèse, quelle opération il entend privilégier.[16]

24. Fait dès la phase de prénotification, ce choix permettrait à l'autorité de concurrence soit de considérer les opérations comme mutuellement conditionnées donc interdépendantes, soit de les traiter séparément, sur un plan procédural comme sur le fond, en appliquant une règle de priorité dictée par le choix de l'acquéreur lui-même – et que les dates de notification formelle pourraient, le cas échéant, refléter.[17]

25. Dans l'affaire *Brasserie de Tahiti*, deux raisons pouvaient certes justifier, légitimement, le recours à une approche combinée.

26. La première raison tient au fait qu'au cas d'espèce, une analyse séquencée des deux opérations *n'aurait probablement pas abouti à un résultat différent* de celui auquel est parvenu l'APC en appliquant une approche combinée.

27. En effet, l'acquéreur étant nouvel entrant sur le marché aval de la distribution de détail à dominante alimentaire, et les deux cibles étant exclusivement présentes sur ce marché mais dans des zones géographiques différentes, l'opération ne soulevait aucun problème de concurrence sur le plan horizontal quelle que soit l'approche retenue.

28. De même, sur le plan vertical, la lecture des décisions permet de constater qu'une analyse de chaque opération, séparément, aurait probablement conduit au même résultat – c'est-à-dire nécessité des engagements comportementaux de même nature que ceux finalement proposés par l'acquéreur (les risques de verrouillage identifiés par l'APC n'étant pas principalement liés à l'importance des parts de

---

16 D'un point de vue strictement juridique, il est d'ailleurs possible de se demander si le recours à l'approche combinée, dans un cas où les opérations (*i*) sont notifiées par le même acquéreur et (*ii*) font chacune l'objet d'une condition suspensive liée à l'obtention de l'autorisation requise au titre du contrôle des concentrations, n'est pas de nature à caractériser, *en soi*, une conditionnalité de fait, donc à rendre les opérations interdépendantes – en particulier si les accords matérialisant chaque opération sont conclus le même jour (comme c'était le cas en l'espèce) ou si les opérations s'inscrivaient toutes dans le cadre d'un même projet économique global (voir en ce sens Aut. conc., *Lignes directrices sur le contrôle des concentrations*, § 81-82 : « Afin de déterminer si plusieurs opérations sont effectivement interdépendantes, l'Autorité peut prendre en considération plusieurs éléments, tels que la formalisation des opérations au sein d'un seul et même instrument, la conclusion simultanée de leurs accords ou les déclarations faites par les parties elles-mêmes, sous toute forme de communication (documents internes, déclarations publiques, etc.) »).

17 En choisissant de procéder à une analyse combinée des deux opérations, l'APC se détache en outre de la pratique d'autres autorités de concurrence et, en particulier, de la Commission européenne. Peuvent être mentionnées à titre illustratif les décisions relatives aux acquisitions concomitantes des sociétés Fels (décision M.2495 du 21 février 2002) et Ytong (décision M.2568 du 9 avril 2002) par la société Haniel, notifiées respectivement le 4 septembre 2001 et le 16 octobre 2001 – affaire dans laquelle la Commission a appliqué la règle de priorité en analysant la première opération sans tenir compte de la seconde, puis la seconde en intégrant dans l'analyse l'incrément de parts de marché lié à la première.

marché acquises par l'acquéreur sur les marchés aval mais au principe même de l'intégration verticale, dans un secteur où beaucoup d'acteurs sont d'ores et déjà verticalement intégrés).

29. La seconde raison susceptible de justifier le recours à une approche combinée dans l'affaire *Brasserie de Tahiti* tient à *l'unité économique manifeste* des deux opérations notifiées ; unité qui s'est notamment traduite par le choix de l'acquéreur de signer les différents compromis de cession puis de notifier les opérations à chaque fois le même jour – ce que les décisions relèvent expressément.

30. Si en l'espèce le choix de l'APC apparaît donc pleinement cohérent et justifié, il serait toutefois intéressant de savoir si cette dernière suivrait une même approche dans le cas où le choix de la méthode aurait davantage d'incidence sur le résultat de son analyse.

III. L'analyse d'opérations de concentrations en territoire ultramarin

31. Les caractéristiques spécifiques des territoires ultramarins, relevées à de multiples reprises par les autorités de concurrence (A.), expliquent en grande partie l'analyse menée par l'APC dans ses décisions du 24 octobre 2023 (B.).

A. *Les spécificités de la concurrence dans les territoires ultramarins*

32. Les autorités de la concurrence ont depuis longtemps relevé les caractéristiques singulières des économies ultramarines, que ce soit à l'occasion d'opérations de concentrations[18] ou dans le cadre de leur activité consultative.

33. Dans son premier avis relatif aux mécanismes d'importation et de distribution des produits de grande consommation dans les départements d'outre-mer de 2009, puis à nouveau dans son avis sur le fonctionnement de la concurrence en outre-mer de 2019,[19] l'Autorité de la concurrence métropolitaine (ci-après « l'ADLC ») a ainsi dressé un état des lieux détaillé du fonctionnement de la concurrence en outre-mer.

34. Dans ces avis, l'ADLC a fait le constat que les prix demeuraient, aujourd'hui encore, significativement plus élevés dans les territoires d'outre-mer qu'en France métropolitaine (entre 7 et 12,5 % selon les chiffres de l'INSEE de 2015).[20]

35. Selon l'ADLC, ces écarts de prix, particulièrement élevés pour les produits de grande consommation (entre +28 % et +38 % en moyenne, en 2015), s'expliquent

---

[18] Voir par exemple Aut. conc. métropolitaine, décision n° 20-DCC-72 du 26 mai 2020 relative à la prise de contrôle exclusif de la société Vindémia Group par la société Groupe Bernard Hayot, *voir aussi* French Competition Authority, The French Competition Authority clears merger in food retail sector in La Réunion after in-depth investigation, subject to conditions (Vindémia / Groupe Bernard Hayot), 26 mai 2020, e-Competitions May 2020, Art. www.concurrences.com/95118

[19] Aut. conc. métropolitaine, avis n° 19-A-12 du 4 juillet 2019 concernant le fonctionnement de la concurrence en outre-mer.

[20] *Ibid.*, p. 16 et s.

par différentes caractéristiques propres aux économies ultramarines, parmi lesquelles :

- le caractère isolé et étroit de la plupart de ces économies, ayant pour conséquence des frais d'approche et des coûts d'approvisionnement très élevés ;
- l'existence de nombreux dispositifs fiscaux visant à protéger la production locale[21] et ayant pour effet de renchérir les prix pour le consommateur ;
- la forte concentration des acteurs sur le marché de la vente au détail à dominante alimentaire ; ainsi que
- la présence d'acteurs verticalement intégrés au sein de la chaîne d'approvisionnement dont beaucoup disposent en outre d'accords d'importation exclusive.

B. *La prise en compte de ces caractéristiques dans l'affaire* Brasserie de Tahiti

36. Les deux décisions rendues par l'APC le 24 octobre 2023 s'inscrivent dans le contexte décrit ci-dessus. Elles illustrent l'attention particulière portée par les autorités de concurrence aux problématiques de la lutte contre la « vie chère » et, à ce titre, aux problèmes de concurrence liés à l'intégration verticale des principaux acteurs de la distribution de détail à dominante alimentaire.

37. Dans ces décisions, l'APC se livre, sur un plan vertical, à une analyse classique du point de vue méthodologique. Après avoir rappelé le triptyque d'analyse capacité-incitations-effets, elle examine ainsi les risques de verrouillage des intrants (d'une part) et de verrouillage de la clientèle (d'autre part).

38. L'analyse concrète de chacun de ces risques montre cependant la grande vigilance dont a entendu faire preuve l'APC dans le contexte évoqué ci-dessus.

39. *S'agissant du risque de verrouillage des intrants*, l'APC relève ainsi que Brasserie de Tahiti détient une position très forte sur les marchés amont, notamment sur le marché de l'approvisionnement en boissons. Elle constate en outre que cette position est protégée par un certain nombre de spécificités du territoire insulaire comme les avantages réglementaires, les taxes sur le développement local ou les différentes interdictions d'importation.[22]

40. Compte tenu du faible nombre de points de vente dont disposera l'acquéreur après la réalisation des deux opérations, une analyse classique dans un autre contexte aurait toutefois conduit l'APC, probablement, à exclure (ou fortement relativiser) le risque de verrouillage des intrants par Brasserie de Tahiti – une telle stratégie ne pouvant être profitable compte tenu de la part de marché extrêmement limitée que détiendra celui-ci à l'aval.

---

21 La Polynésie française a instauré différents types de mesures visant à protéger la production industrielle et agricole locale. Ces mesures sont à la fois de nature tarifaire (perception de droits et taxes à l'importation, telles que la taxe de développement local ou la taxe de consommation pour la prévention) et de nature non tarifaire (interdictions d'importation ou quotas, notamment en matière agricole).

22 Décisions n° 2023-CC-02, § 58 et 59 et n° 2023-CC-03, § 62 et 63.

41. Dans un contexte de forte vigilance, l'APC identifie au contraire, en l'espèce, un risque de verrouillage lié à l'intérêt que pourrait avoir la nouvelle entité à renchérir le prix de ses produits et/ou à dégrader les conditions de vente de ses produits vis-à-vis de ses concurrents à l'aval,[23] ce qui conduirait in fine à un renchérissement des prix dans les magasins concurrents pour le consommateur.

42. *S'agissant du risque de verrouillage de la clientèle*, l'APC semble là encore redoubler de vigilance. Malgré la position limitée de l'acquéreur sur le marché aval après l'opération,[24] l'APC confirme l'existence d'un risque de verrouillage de la clientèle au motif, notamment, que l'un des magasins cibles (l'Hyper U de Pirae) figure parmi les 10 plus gros clients des grossistes importateurs concurrents de Brasserie de Tahiti.

43. Nonobstant l'asymétrie extrêmement forte entre les parts de marché détenues par le nouvel ensemble sur le marché amont et sur le marché aval,[25] l'APC conclut donc à l'existence d'un risque d'effet vertical anticoncurrentiel justifiant des engagements – s'inspirant sur ce point de la pratique décisionnelle de l'ADLC, dans le secteur de la distribution alimentaire à la Réunion.[26]

IV. Limites des engagements comportementaux et importance des instruments complémentaires au contrôle des concentrations

44. Tirant les conséquences de son analyse résumée ci-dessus, l'APC conditionne l'autorisation des deux opérations à la mise en œuvre d'engagements comportementaux (A.). Les limites propres à ce type d'engagements illustrent la nécessité, pour l'APC, de disposer d'outils complémentaires dépassant le strict cadre du contrôle des concentrations (B.).

A. *Les engagements acceptés par l'APC dans le cadre des décisions commentées*

45. En l'espèce, ces engagements proposés par Brasserie de Tahiti et acceptés par l'APC[27] couvrent notamment :

- un engagement de séparation entre les activités de distribution de détail à dominante alimentaire du groupe Brasserie de Tahiti et ses autres activités (*engagement n° 1*) ;

---

[23] Décisions n° 2023-CC-02, § 66 et 67 et n° 2023-CC-03, § 69 et 70.

[24] En outre, l'analyse des effets horizontaux révèle qu'à l'aval, la part de marché du groupe Brasserie de Tahiti restera modérée car inférieure à 25 %. Or, traditionnellement, un risque de verrouillage de la clientèle s'analyse lorsque la nouvelle entité dispose d'une part de marché supérieure à 30 % sur le marché aval.

[25] Brasserie de Tahiti est un nouvel opérateur sur le marché aval et ne détiendra que trois magasins de commerce de détail à l'issue des opérations, dont un qui n'est pas encore en exploitation.

[26] Voir notamment Aut. conc. métropolitaine, décisions n° 20-DCC-72, précitée ; n° 18-DCC-142 du 23 août 2018 relative à la prise de contrôle exclusif des sociétés SDRO et Robert II par la société Groupe Bernard Hayot ; n° 11-DCC-134 du 2 septembre 2011 relative à la prise de contrôle exclusif d'actifs du groupe Louis Delhaize par la société Groupe Bernard Hayot.

[27] Décisions n° 2023-CC-02, § 89 et n° 2023-CC-03, § 92.

- un engagement de Brasserie de Tahiti de maintenir sur le marché amont (sur lequel sa position est particulièrement forte) les mêmes conditions à l'égard des commerces de détail concurrents à l'aval qu'à l'égard des magasins cibles, assorti d'une garantie (plus générale) d'accès non discriminatoire aux boissons produites par le groupe acquéreur (*engagement n° 2*) ; et
- un engagement de Brasserie de Tahiti de garantir que les magasins cibles acquis et actifs à l'aval réservent une part minimum de leurs linéaires fond de rayons de boissons concernées aux fournisseurs concurrents du groupe à l'amont, assorti (là encore) d'une garantie générale d'accès non discriminatoire aux magasins cibles pour les concurrents du groupe à l'amont (*engagement n° 3*).

46. Prévus pour une durée de 5 ans renouvelable une fois, ces engagements s'accompagnent de la nomination d'un mandataire ayant pour mission d'en assurer le suivi.

47. Au vu de l'importance que revêtent les problématiques d'intégration verticale en outre-mer, particulièrement dans le secteur de la distribution de produits de grande consommation, et compte tenu – par ailleurs – des faibles parts de marché acquises par Brasserie de Tahiti à l'aval (rendant inenvisageable tout engagement structurel de cession), le recours à de tels engagements comportementaux se comprend aisément.

48. En pratique, la capacité de ces engagements à régler (sur le long terme) les risques identifiés par l'APC dans sa décision semble cependant limitée.

B. *Les limites inhérentes à de tels engagements*

49. D'une manière générale, les engagements comportementaux suscitent en effet de nombreux débats quant à leur efficacité, notamment du point de vue de leur exécution et de leur suivi par les autorités de concurrence.[28] Ces dernières n'y sont d'ailleurs généralement pas favorables et estiment que leur utilisation doit être exceptionnelle.[29]

50. Classiquement, les engagements comportementaux visent ainsi à préserver *momentanément* la structure concurrentielle des marchés, notamment sur des marchés dynamiques et évolutifs, afin (*i*) de laisser le temps aux différents opérateurs concernés (concurrents, clients, fournisseurs) de s'engager dans des stratégies permettant, à terme, de concurrencer efficacement la nouvelle entité, voire (*ii*) de faciliter l'entrée de nouveaux opérateurs sur le marché. Cette fonction temporaire, qui distingue les engagements comportementaux des engagements structurels, est notamment lié au fait que les engagements comportementaux sont par définition toujours adoptés pour une durée déterminée.[30]

51. Compte tenu des caractéristiques structurelles des économies ultramarines, les engagements comportementaux rendus obligatoires par les décisions commentées ne suffiront donc sans doute pas à régler à eux seuls les problématiques de concurrence identifiées *supra*.

---

[28] Voir l'étude de l'Autorité de la concurrence de 2019 sur les engagements comportementaux.

[29] Communication de la Commission concernant les mesures correctives recevables conformément au règlement (CE) n° 139/2004 du Conseil et au règlement (CE) n° 802/2004 de la Commission, § 17.

[30] *Ibid.*

52. D'autres instruments devront donc être mobilisés, y compris par l'APC, pour traiter ces problématiques. Au-delà des compétences classiques dont l'APC dispose au même titre que la plupart des autorités de concurrence (contrôle des pratiques anticoncurrentielles et compétence consultative notamment), l'APC sera probablement conduite, à ce titre, à mobiliser les compétences dont elle dispose au titre du contrôle des aménagements commerciaux, compétences qui lui permettent notamment de se prononcer *ex ante* sur toutes les nouvelles implantations commerciales ou extensions de magasins dont la surface dépasse 300 m².[31]

53. L'activité de l'APC en la matière est d'ores et déjà exponentielle, avec 13 décisions rendues en 2024 (contre seulement trois en 2023).

54. Nul doute que cette dynamique se poursuivra dans les prochaines années, en complément du rôle actif joué par l'APC en matière de contrôle des concentrations.

---

[31] *Code de la concurrence*, art. LP 320-1-1.

La mission de contrôle des aménagements commerciaux en Polynésie française : Une spécificité analysée à travers le cas *Carrefour Moorea*

Matthieu Pujuguet*
Autorité belge de la concurrence

I. Présentation de la mission de contrôle des aménagements commerciaux

A. *Cadre légal et objectifs*

55. Introduit en 2015 par le *code de la concurrence polynésien*, lui-même pleinement entré en vigueur en février 2016, le contrôle des aménagements commerciaux est encadré par les articles LP 320 à LP 320-5 de ce code. Ce dispositif introduit le principe de l'autorisation préalable pour toute ouverture ou extension de commerce de détail dont la surface de vente dépasse 300 m². L'objectif est de s'assurer que les projets ne viennent pas créer ou renforcer sensiblement une position dominante. Nous le verrons, ce contrôle *a priori* des structures, quoiqu'original pour ce qui concerne les opérations de croissance interne que sont les ouvertures ou extensions de surfaces commerciales, s'avère utile dans le contexte d'un territoire insulaire présentant des

* Matthieu Pujuguet est Senior Advisor auprès de la Présidence, en charge des affaires internationales et de la coordination des enquêtes sectorielles pour l'Autorité belge de la concurrence. Auparavant, il a occupé le poste de Rapporteur général par intérim à l'Autorité polynésienne de la concurrence.

caractéristiques spécifiques. Il s'agit toutefois de respecter certaines conditions, afin de donner à ce contrôle *a priori* toute la portée qu'il mérite – et pas davantage. Nous développerons également ce dernier point dans les lignes qui suivent.

56. Trois objectifs principaux ont présidé à l'instauration du contrôle des aménagements commerciaux et à son incorporation au sein des missions de l'Autorité, aux côtés d'outils plus habituels (contrôle a priori des concentrations, sanction des pratiques anticoncurrentielles et rôle consultatif) :

– *Préserver le dynamisme concurrentiel local*

L'un des enjeux majeurs est d'empêcher la formation de monopoles ou d'oligopoles trop puissants, qui pourraient nuire à la diversité commerciale et imposer des pratiques restrictives sur les consommateurs et les fournisseurs locaux. In fine, la question se pose de savoir si cette mission vise également à protéger directement les petits opérateurs, souvent fragiles face à des groupes économiques puissants, y compris lorsqu'ils sont peu efficaces. Le cas échéant, elle s'éloignerait alors sensiblement des missions fondamentales du droit de la concurrence – même si l'adaptation de ce dernier aux spécificités insulaires doit conduire à prendre au sérieux la légitimité de telles entorses à la *doxa.*[1]

– *Maintenir un équilibre territorial de l'activité économique*

En Polynésie française, et spécifiquement à Tahiti où le foncier commercial est rare, le risque de concentration des commerces dans les zones les plus accessibles ou les plus rentables est élevé. Ce phénomène peut entraîner une désertification commerciale dans d'autres zones, aggravant les inégalités territoriales. Le contrôle a priori peut permettre de répartir équitablement les infrastructures commerciales, dans la mesure où l'Autorité est invitée par la loi à tenir compte de considérations d'aménagement commercial dans ses décisions[2] – ce que le commissaire du Gouvernement ne manque pas de rappeler en cas d'oubli.

– *Protéger les consommateurs*

En garantissant une multiplicité d'opérateurs sur le marché, ce contrôle *ex ante* des aménagements commerciaux est censé permettre des prix compétitifs, une meilleure qualité de service et une offre commerciale adaptée aux besoins des populations locales.

---

1 À tout le moins, il est important de ne s'interdire aucun questionnement a priori, y compris lorsque les réponses semblent évidentes pour un praticien du droit de la concurrence habitué au contexte des grandes économies continentales.

2 Sans pour autant en avoir la compétence technique, ou l'expertise – ce qui constitue une faiblesse importante du dispositif. S'il s'agit pour l'Autorité de tenir compte de l'aménagement du territoire polynésien dans ses décisions de contrôle des aménagements commerciaux, rien n'indique comment procéder ni quel critère mobiliser. À cet égard, l'Autorité pourrait songer à établir des lignes directrices en la matière, qui introduiraient de la prévisibilité pour les parties ou les tiers, tout en facilitant le travail des agents du service d'instruction de l'Autorité, qui sauraient alors comment remplir cette mission qui leur est assignée *ex officio* par le *Code de la concurrence*. Notons toutefois, pour nuancer le propos, que cette prise en compte des impératifs d'aménagement du territoire est présentée comme une possibilité pour l'Autorité. Celle-ci peut tout à fait, au risque certes de se le voir reprocher par le commissaire du Gouvernement, décider d'ignorer cette invitation, précisément pour ces raisons d'incompétence technique. C'est d'ailleurs plutôt la ligne qu'elle a suivie jusqu'alors.

57. Ce dispositif est original, parce qu'il vient contrôler des opérations de croissance interne, qui ne relèvent pas habituellement du droit de la concurrence.[3] Il est partagé uniquement avec la Nouvelle-Calédonie, et peut trouver sa légitimation dans certaines caractéristiques spécifiques à ces territoires insulaires.

B. *Spécificités de l'économie polynésienne*

58. L'économie polynésienne est marquée par des caractéristiques qui la différencient des marchés métropolitains ou continentaux. Parmi elles, il est possible de relever :

- *Une insularité exacerbée*

  La Polynésie française est composée de 118 îles réparties sur une superficie océanique équivalente à celle de l'Europe. Chaque île constitue un marché local isolé, où les échanges interinsulaires sont souvent complexes et coûteux. Ces barrières géographiques peuvent exacerber les déséquilibres commerciaux, favorisant la domination d'opérateurs déjà bien implantés. En particulier, la double insularité, que connaissent les îles autres que Tahiti, est un élément particulier et assez singulier. L'expression désigne le fait que la contrainte est double pour ces îles, qui subissent deux fois l'insularité dans la mesure où toutes (ou presque) les marchandises sont débarquées (ou produites) sur l'île de Tahiti, avant d'être ensuite acheminées vers les archipels.
- *Une concentration économique importante*

  Comme d'autres secteurs en Polynésie française, eu égard à l'étroitesse du marché en aval, le secteur de la distribution alimentaire et non alimentaire est dominé par quelques grands groupes, dont le « groupe Wane » (Carrefour, Champion, Carrefour Market, Easy Market...). Ces acteurs contrôlent non seulement la distribution, mais aussi des segments importants de la logistique et de l'approvisionnement, limitant la capacité des nouveaux entrants à concurrencer de manière efficace.
- *Une rareté foncière*

  La disponibilité des terrains à usage commercial est restreinte. Cette contrainte augmente les coûts d'installation pour les nouveaux opérateurs et peut dissuader les initiatives locales. Par ailleurs, les groupes dominants, ayant déjà accès à des emplacements stratégiques, bénéficient d'un avantage concurrentiel décisif.

59. Ces spécificités imposent une vigilance particulière de l'Autorité pour garantir un fonctionnement concurrentiel du marché. En outre, au-delà de cet objectif purement concurrentiel, le contrôle *ex ante* tel qu'il est prévu permet également de prendre en compte les effets socio-économiques des projets, comme la création d'emplois ou les effets sur les infrastructures locales – même si l'analyse de l'Autorité ne porte pas en premier lieu sur ces éléments.[4]

---

3 Ou à tout le moins pas *d'abord*, les autorisations administratives relevant dans la plupart des cas (comme en France hexagonale par exemple – quoique la configuration du marché y soit très différente de la Polynésie française) de considérations relatives à l'urbanisme commercial.

4 Dans le cadre de l'examen des projets par l'Autorité, ceux-ci peuvent a minima être pris en considération comme des gains d'efficacité, venant contrebalancer (au moins en partie) d'éventuels effets structurels anticoncurrentiels.

C. *La procédure d'autorisation*

60. Le contrôle des aménagements commerciaux suit une procédure rigoureuse, organisée en plusieurs étapes, chacune visant à garantir une évaluation complète et impartiale des projets soumis. Comme l'indique l'Autorité elle-même sur son site web :

> *Afin de préserver un climat suffisamment concurrentiel dans le domaine du commerce de détail, l'Autorité polynésienne de la concurrence contrôle les créations et les modifications des surfaces commerciales. À cette fin, toute personne souhaitant créer, étendre ou transformer une surface commerciale supérieure à 300 mètres carrés est soumise aux dispositions du [C]ode de la concurrence et du règlement intérieur de l'Autorité. Les opérations concernées par le contrôle des surfaces commerciales sont définies par l'article LP 320-1 du [C]ode de la concurrence.*[5]

1. Notification du projet

61. Tout porteur de projet souhaitant ouvrir, étendre ou transformer[6] une surface de vente dépassant 300 m² doit donc notifier son projet à l'Autorité polynésienne de la concurrence. Cette notification comprend un dossier détaillé qui doit inclure :

- une description précise du projet, incluant la localisation, la surface de vente et les produits ou services proposés ;
- une analyse d'impact économique, décrivant les effets potentiels sur la concurrence locale, l'emploi et l'aménagement du territoire ;
- les engagements ou remèdes que le porteur de projet est prêt à mettre en œuvre pour limiter les risques concurrentiels éventuellement identifiés.

62. Comme pour le contrôle des opérations de concentration, qui est également un contrôle *ex ante* des structures, et avec lequel la mission de contrôle des aménagements commerciaux a de nombreuses similitudes, cette étape de la notification est essentielle pour permettre à l'Autorité de se préparer à examiner les enjeux spécifiques du projet. Elle s'accompagne par conséquent souvent d'une phase préalable de prénotification, aux contours moins définis réglementairement, et qui permet précisément à la partie notifiante de calibrer et détailler son dossier jusqu'à ce que celui-ci puisse être considéré comme notifiable formellement à l'Autorité. Cette phase consiste en une période d'échanges informels entre le porteur de projet et le rapporteur général (et plus généralement, le service d'instruction) de l'Autorité. Cette phase de prénotification n'est pas sans enjeu, puisqu'une fois le dossier notifié formellement, et déclaré complet par le service de la procédure après vérification par le service d'instruction, les délais (d'instruction et de décision) commencent officiellement à courir, laissant ensuite peu de marges de

---

5 En réalité LP 320-1-1.

6 Il est à noter que la loi a été légèrement réécrite afin de donner la plus grande clarté aux types d'opérations concernées. Un débat existait notamment sur le cas des agrandissements de magasins dont la surface de vente telle que définie par le *Code de la concurrence* était inférieure à 300 m² avant l'opération, et devenait supérieure à ce seuil à la faveur de l'opération. La formulation actuelle est désormais suffisamment explicite pour comprendre que ces projets entrent bien dans le cadre du contrôle a priori.

manœuvre en cas de dossier mal construit. Il serait toutefois possible de déclarer l'incomplétude du dossier, tant qu'il n'est pas conforme aux exigences du *code de la concurrence*, et en particulier de l'annexe idoine. En revanche, le *code de la concurrence* ne prévoit pas explicitement de possibilité de suspendre les délais d'instruction si une demande de renseignements adressée à la partie notifiante occasionne des délais de réponse trop longs de sa part, comme c'est par exemple le cas dans les contrôles approfondis des opérations de concentration.[7]

2. Analyse concurrentielle

63. Une fois le projet notifié, l'Autorité publie un communiqué de presse dans les 5 jours ouvrables (sur son site web et/ou au *Journal officiel*). Les tiers intéressés disposent alors d'un délai de 7 jours pour faire part de leurs observations éventuelles. S'ouvre ensuite la phase de l'analyse concurrentielle ou, pour le dire autrement, de l'examen du dossier tel que notifié. Cet examen peut être simplifié ou approfondi.

64. Dans le premier cas, censé concerner les dossiers les plus simples, la décision de l'Autorité est très rapide puisqu'elle doit intervenir au plus tard 15 jours ouvrés après la date de notification du dossier complet. Le délai d'instruction est réduit, souvent limité à 7-10 jours ouvrés au maximum. En effet, une fois l'instruction achevée, il faut convoquer et tenir une séance du collège, qui statuera sur l'affaire. Ensuite, la décision prise par le collège est notifiée à la partie porteuse du projet, qui dispose de 15 jours calendaires pour faire valoir son droit à la protection des secrets d'affaires. L'Autorité doit également publier le sens de la décision du collège dans les 5 jours ouvrables suivant ladite décision. Enfin, une fois la procédure de protection du secret des affaires achevée, l'Autorité assure la publication de la décision (sur son site web et/ou au *Journal officiel*), ainsi que sa transmission au président de la Polynésie française.

65. Dans le second cas, le délai de décision est allongé à 35 jours ouvrés à compter de la date de notification du dossier complet à l'Autorité. La procédure y est différente dans la mesure où elle est partiellement contradictoire : le service d'instruction, une fois la première phase d'instruction achevée, produit un rapport qu'il adresse à la partie notifiante et au commissaire du Gouvernement. Ceux-ci disposent alors d'un délai de 5 jours ouvrés pour émettre leurs observations en réponse. La suite de la procédure est identique à celle de l'examen simplifié (délais mis à part), avec convocation et tenue d'une séance, publication du sens de la décision, notification de la décision et procédure de protection des secrets d'affaires, et enfin publication de la décision. Une différence de taille toutefois : la séance du collège n'est pas ouverte à la partie notifiante ou à d'éventuels témoins dans le cadre de l'examen notifié, alors qu'elle l'est dans le cadre de l'examen approfondi.

---

[7] L'usage de ce dispositif est toutefois limité et ne peut servir de solution viable pour un dossier mal ficelé. La partie notifiante comme l'Autorité ont donc le plus grand intérêt à utiliser au mieux toutes les possibilités offertes par la phase de prénotification, d'autant que la grande liberté qui y est laissée aux échanges peut la rendre particulièrement efficace et en faire une véritable heuristique.

66. L'annexe relative au formulaire de notification d'une opération d'aménagement commercial renseigne davantage sur les critères permettant de bénéficier de l'examen simplifié. Cela peut être le cas

> *lorsque la partie notifiante peut démontrer qu'elle se trouve dans une situation dans laquelle il n'existe qu'une très faible probabilité d'effet sur la concurrence, sur le ou les marchés concernés [...] La partie notifiante peut alors se dispenser de renseigner la section 4 du formulaire de notification et se limiter à une présentation des motifs pour lesquels l'opération n'est pas susceptible d'avoir un effet[,] sur la concurrence sur le ou les marchés concernés. Une telle situation peut notamment correspondre à :*
>
> *1° Un changement d'enseigne par le même exploitant sans changement d'activité et sans autre changement de structure [...] ;*
>
> *2° Une reprise par un nouvel exploitant n'ayant aucun lien capitalistique avec une société existante en Polynésie française ;*
>
> *3° Une extension de la surface de vente de moins de 10 % de la surface existante, en toute hypothèse limitée à 150 m^2.*

67. L'instruction du dossier par l'Autorité vise à évaluer l'effet du projet sur le marché concerné. Cette évaluation peut comprendre :

- *Des études quantitatives*

  Des modèles économétriques peuvent être utilisés pour simuler les effets du projet sur les parts de marché, les prix et les conditions d'approvisionnement.
- *Des consultations avec les parties prenantes*

  Le service d'instruction de l'Autorité peut recueillir les observations des acteurs concernés, qu'il s'agisse d'opérateurs économiques locaux, de collectivités territoriales ou d'associations de consommateurs.

68. Cette phase peut également inclure des demandes de compléments d'information ou des modifications du projet. Par exemple, le service d'instruction de l'Autorité peut demander au porteur de projet de réduire la surface de vente ou de proposer des engagements pour atténuer les risques concurrentiels identifiés, par exemple au stade du rapport dans le cadre de l'examen approfondi.

3. Décision de l'Autorité

69. À l'issue de la phase d'instruction, une séance du collège de l'Autorité se tient pour statuer sur le projet notifié. À cette occasion, l'Autorité peut prendre l'une des décisions suivantes :

- *Autorisation sans condition*

  Si le projet ne présente aucun risque concurrentiel ou territorial significatif, il est autorisé tel que notifié.
- *Autorisation sous conditions*

  Si des risques modérés sont identifiés, l'Autorité peut accepter les engagements ou les modifications au projet (réduction de la surface de vente, restrictions sur certains produits, etc.) proposés par la partie notifiante durant la procédure. Elle peut aussi enjoindre la partie notifiante à prendre toute mesure nécessaire pour assurer le maintien d'une concurrence suffisante à l'issue de l'opération.

- *Refus d'autorisation*

  Si les risques concurrentiels sont jugés trop élevés et que les remèdes proposés sont insuffisants, le projet est interdit.

70. Pour prendre sa décision, l'Autorité applique l'article LP 320 du *code de la concurrence*, qui dispose que : « Les opérations relatives à un aménagement commercial susceptibles de porter une atteinte substantielle à la concurrence sont prohibées. »

II. Étude de cas : Le dossier *Carrefour Moorea*

A. *Contexte et enjeux*

71. En 2022, la Société commerciale de Moorea, filiale du groupe Wane, a soumis une demande d'autorisation pour implanter un supermarché Carrefour de 1 830 m² à Maharepa, dans la commune de Paopao, sur l'île de Moorea. Ce projet visait à consolider la présence du groupe Wane à Moorea, déjà leader du secteur de la distribution en Polynésie française. Présent à Moorea par le biais de son enseigne Champion, le groupe détenait déjà une part importante du marché local, lui conférant une position potentiellement dominante dans plusieurs zones de l'île.

72. Le projet Carrefour Moorea revêtait des objectifs stratégiques clairs pour le groupe Wane :

- *Renforcer l'offre commerciale du groupe Wane sur l'île*

  Avec un positionnement un peu plus haut de gamme et une offre élargie et plus diversifiée que celle de l'enseigne Champion, Carrefour visait à capter une clientèle variée, incluant les habitants locaux et les touristes.

- *Accroître la présence de la marque Carrefour dans les îles du Pacifique, via la franchise*

  L'implantation de Maharepa devait servir de modèle pour d'autres développements éventuels en Polynésie française ou ailleurs dans le Pacifique.

73. Cependant, plusieurs problématiques ont émergé au cours de l'instruction, remettant en question la viabilité du projet, en raison de son impact économique et concurrentiel.

74. *Les difficultés principales concernaient :*

1. *Un degré de concentration accru*

   Le groupe Wane contrôlait déjà une part significative du marché de la distribution alimentaire à Moorea grâce à son enseigne Champion et ses autres activités commerciales. L'implantation de Carrefour aurait renforcé cette domination, réduisant davantage les marges de manœuvre des petits opérateurs locaux.

2. *L'impact sur les concurrents*

   Deux projets concurrents étaient alors en phase de développement sur l'île (Painapo Market et Happy Market). Ces projets, portés par des opérateurs indépendants, visaient à diversifier l'offre commerciale à Moorea. L'arrivée d'un nouvel acteur aussi puissant que Carrefour aurait probablement conduit à l'abandon de ces initiatives, réduisant la diversité concurrentielle et limitant le choix pour les consommateurs.

3. *Le risque de discrimination dans les approvisionnements*

   Le groupe Wane, opérant également dans la chaîne d'approvisionnement, était susceptible de favoriser ses propres enseignes au détriment des magasins concurrents. Ce risque de discrimination aurait fragilisé encore davantage la position des acteurs indépendants.

4. *Les effets potentiels sur l'économie locale*

   Bien que le projet ait mis en avant des arguments tels que la création d'emplois et une offre élargie pour les consommateurs, ces avantages ont pu être jugés insuffisants pour compenser les risques identifiés. L'Autorité craignait en particulier un effet d'éviction des petites et moyennes entreprises locales, souvent essentielles à l'économie insulaire.

B. *Arguments de l'Autorité tels que développés dans la décision*

75. L'Autorité polynésienne de la concurrence, dans sa décision du 23 juin 2022, a conclu que le projet de Carrefour Moorea présentait des risques importants pour la concurrence et l'économie locale. Cette analyse s'est appuyée sur les éléments suivants :

- *Renforcement de la position dominante*

  Le groupe Wane détenait déjà une part de marché très importante dans le secteur de la distribution alimentaire à Moorea. L'implantation de Carrefour aurait accru cette part de 10 à 20 points supplémentaires, consolidant ainsi une position dominante qui aurait été difficile à contester par d'autres opérateurs.

- *Substitution à des projets concurrents*

  L'Autorité a identifié le risque que l'arrivée de Carrefour se traduise par l'abandon des projets concurrents mentionné *supra*. Painapo Market et Happy Market, qui étaient en phase de développement, auraient eu peu de chances de se maintenir face à un acteur aussi puissant. Cette substitution aurait nui à la diversité de l'offre commerciale, un élément essentiel pour maintenir une concurrence saine sur l'île.

- *Risque pour l'animation concurrentielle*

  Le projet aurait réduit l'intensité concurrentielle à Moorea en éliminant des acteurs potentiels, tout en consolidant la domination du groupe Wane. Cette diminution de la concurrence aurait pu conduire à une hausse des prix et à une baisse de la qualité des services offerts aux consommateurs.

- *Risque de traitement discriminatoire des concurrents en aval par les sociétés du groupe Wane actives sur les marchés amont de l'approvisionnement et de l'importation de produits alimentaires*

  À la faveur du renforcement du groupe Wane à Moorea et sur toute la Polynésie française par le biais de ce projet, le risque s'accroissait de voir les sociétés d'importation et d'approvisionnement du groupe Wane réserver un traitement et un service dégradés aux concurrences de Carrefour sur le marché aval – dont elles sont les fournisseurs essentiels. Il aurait été rationnel d'agir ainsi, les sociétés du groupe en avaient les moyens, et enfin, les conséquences d'une telle stratégie auraient été substantielles.

- *Insuffisance des remèdes proposés*

  La Société commerciale de Moorea, à la suite du rapport du service d'instruction, avait proposé des engagements pour atténuer les risques identifiés. Parmi eux figuraient la réduction de la surface de vente alimentaire et des engagements concernant les conditions de traitement équitables des concurrents en aval. Cependant, l'Autorité a estimé que ces remèdes étaient insuffisants pour remédier aux problèmes structurels identifiés. Ils n'auraient pas permis de garantir une animation concurrentielle suffisante, ni de prévenir les effets d'éviction sur les opérateurs indépendants.
- *Effets cumulatifs*

  Enfin, l'Autorité a pris en compte les effets cumulatifs du projet sur l'ensemble de l'économie locale. Si Carrefour avait été autorisé, le marché aurait été durablement déséquilibré, limitant pour longtemps les opportunités pour de nouveaux entrants et augmentant la dépendance des consommateurs à un nombre restreint d'acteurs.

C. *Portée de la décision*

76. Un peu comme la décision d'autorisation avec injonctions du projet de rachat des navires *Taporo* par la SNP, filiale du groupe Martin (Brasserie de Tahiti) en 2017, l'interdiction du projet Carrefour Moorea faute d'engagements satisfaisants a marqué un tournant dans l'application du contrôle des aménagements commerciaux en Polynésie française. Cette décision a démontré la capacité de l'Autorité à intervenir de manière proactive pour protéger un marché insulaire fragile.

77. *Les enseignements tirés de cette décision sont multiples :*

    1. *Protection du dynamisme concurrentiel*

       En empêchant la concentration excessive du marché, l'Autorité a préservé l'opportunité pour des opérateurs indépendants de développer leurs activités, assurant ainsi une meilleure diversité commerciale. C'est en définitive le jeu concurrentiel, menacé par le projet Carrefour Moorea, qui est préservé, conformément à la mission explicite de l'Autorité.
    2. *Renforcement de la régulation concurrentielle et affirmation de l'indépendance de l'Autorité*

       Cette décision a envoyé un signal clair aux opérateurs : les projets d'aménagements commerciaux sont étudiés avec la plus grande rigueur et avec une attention particulière aux spécificités locales et aux effets potentiels sur la concurrence. Surtout, en s'opposant à un acteur économique majeur comme le groupe Wane, l'Autorité a confirmé sa volonté d'exercer son rôle de manière impartiale, quelles que soient les pressions économiques ou politiques, qui surviennent parfois au cours de l'instruction ou lors de la séance du collège.
    3. *Création d'une pratique décisionnelle locale robuste et cohérente*

       Cette décision constitue une référence importante pour les futures analyses concurrentielles en Polynésie française. Elle fournit un cadre méthodologique et des critères d'évaluation qui pourront être réutilisés pour examiner d'autres projets similaires, notamment pour ce qui concerne l'évaluation des engagements en cas de risque concurrentiel majeur identifié, ou pour les développements relatifs au comportement des filiales d'un groupe intégré actives en amont et des conséquences de ce comportement sur les acteurs concurrents d'autres filiales du groupe intégré actives sur le marché aval. À cet égard, le mode de raisonnement a été très proche de celui qui avait été retenu dans l'affaire des *Taporo* en 2017 (concentration, phase 2), dans laquelle des problématiques similaires avaient émergé.

III. Bilan et perspectives : Quel avenir pour la mission de contrôle préalable des projets d'aménagements commerciaux en Polynésie française ?

A. *Mise en perspective : Le contrôle des aménagements commerciaux dans les outre-mer français (hors Polynésie française et Nouvelle-Calédonie)*

78. Dans les autres outre-mer français, le contrôle des opérations d'aménagements commerciaux est sensiblement différent. Ce n'est pas une compétence de l'Autorité de la concurrence (compétente par ailleurs pour la sanction des pratiques anticoncurrentielles et pour le contrôle des opérations de concentrations ultramarines). En outre, l'objectif poursuivi n'y est pas d'abord de prohiber les opérations « susceptibles de porter une atteinte substantielle à la concurrence ». Il s'agit plutôt d'une régulation relative à l'urbanisme commercial, qui fait intervenir des acteurs comme la Commission départementale d'aménagement commercial (CDAC) ou la Commission nationale d'aménagement commercial (CNAC). Chaque projet de création ou d'extension d'un aménagement commercial doit être préalablement soumis à la CDAC, composée de représentants de l'État, des collectivités locales et de personnalités qualifiées. Un recours contre la décision de la CDAC est possible devant la CNAC.

79. Certes la loi Lurel du 20 novembre 2012 vient réaffirmer l'importance du jeu concurrentiel pour lutter contre la vie chère – thématique très spécifique aux outre-mer. Elle impose également une régulation des marges commerciales dans les secteurs stratégiques (notamment l'alimentaire et le carburant) et favorise l'émergence de nouveaux acteurs pour briser les situations de rente. Pour autant, l'Autorité de la concurrence ne dispose pas de la possibilité de prendre des décisions *ex ante* en matière d'aménagement commercial, de sorte que les préoccupations concurrentielles, si elles existent, ne sont pas les seules guides des décisions d'autorisation ou d'interdiction prises par les Commissions. Les considérations environnementales (normes, effet sur le trafic automobile…), d'aménagement du territoire et relatives à l'emploi sont au moins tout aussi importantes – avec en particulier une attention de très grande portée aux réseaux de distribution alimentaire, vus comme une variable clé pour réduire la cherté de la vie ultramarine.

80. S'agissant des projets d'aménagements commerciaux, l'Autorité de la concurrence ne peut que rendre des avis consultatifs éventuellement assortis de recommandations, ou traiter *ex post* des effets anticoncurrentiels des projets autorisés, ce qu'elle ne manque pas de faire le cas échéant.

B. *Forces et limites du dispositif polynésien*

81. Le contrôle des aménagements commerciaux est un outil essentiel pour préserver l'équilibre économique et concurrentiel dans une économie (doublement) insulaire comme la Polynésie française. Cependant, bien que ce dispositif ait prouvé son utilité dans des affaires emblématiques comme celle de Carrefour Moorea exposée *supra*, il présente des limites structurelles et opérationnelles qui réduisent parfois son efficacité.

1. Forces du dispositif

a) Protection des marchés locaux fragiles

82. La régulation permet de préserver une concurrence effective dans un environnement où les barrières géographiques et économiques favorisent la concentration. En empêchant les grands groupes d'être outrageusement dominants, elle garantit des opportunités pour les opérateurs locaux et in fine c'est la dynamique concurrentielle qui est préservée, au bénéfice du consommateur final qui se voit proposer de meilleurs prix, une offre diversifiée et de meilleure qualité.

b) Réduction des déséquilibres territoriaux

83. Le contrôle des aménagements commerciaux limite la concentration excessive des infrastructures commerciales dans certaines zones, contribuant ainsi à un développement plus harmonieux du territoire, là aussi au bénéfice du consommateur final et de son comportement de consommation.

c) Adaptation aux spécificités insulaires

84. Contrairement aux réglementations continentales, ce dispositif prend en compte les particularités économiques et géographiques des îles, ce qui en fait un outil sur mesure pour la Polynésie française.

2. Limites identifiées

a) Les seuils de contrôle sont peut-être trop bas

85. Actuellement fixé à 300 m², ce seuil engendre une surcharge administrative, obligeant l'Autorité à examiner de nombreux dossiers peu significatifs, malgré l'introduction d'un examen simplifié à l'occasion d'une modification du *code de la concurrence*. Cette situation détourne des ressources précieuses qui pourraient être mieux employées sur des projets à fort impact économique. Après des années de pratique, il est sans doute désormais possible de trouver un consensus sur cette question, ce qui n'avait pas été possible de faire lors des réformes précédentes du *code de la concurrence*, le seuil de 300 m² ayant finalement été laissé inchangé.

b) Un risque de complexité procédurale

86. Bien que la procédure soit claire, les porteurs de projets, notamment les petits opérateurs, peuvent percevoir ce contrôle comme une contrainte administrative excessive, freinant ainsi l'innovation et l'initiative économique. À cet égard, si

l'introduction d'un examen simplifié va dans le bon sens, il serait sans doute possible de réduire la complexité de la procédure pour la partie notifiante, tout comme pour le personnel de l'Autorité polynésienne de la concurrence. En particulier, au risque de devoir modifier à nouveau la loi, il est possible de s'interroger sur la nécessité d'une séance du collège pour ce type de décisions (à tout le moins pour ce qui concerne la procédure simplifiée).

c) *Quelle justification pour un contrôle ex ante des opérations de croissance internes ?*

87. C'est un débat qui agite beaucoup les économistes. Certains s'offusquent en particulier qu'une institution puisse mettre son nez dans des opérations de croissance interne (sans rachat d'un concurrent, donc sans disparition immédiate d'un acteur), celles-ci étant censées être neutres pour le jeu concurrentiel (de leur point de vue). Si le débat peut être pris au sérieux, et peut conduire à assouplir dans une certaine mesure les procédures relatives à ce type d'opérations particulières, il n'en reste pas moins que les dossiers d'envergure traités par l'Autorité ont démontré avec la plus grande clarté que ces opérations ont bel et bien des effets incontestables sur la concurrence actuelle et potentielle. La suppression pure et simple du dispositif au motif qu'il éloignerait l'Autorité du cœur et de l'essence du droit de la concurrence serait une mauvaise décision. La spécificité du territoire et de la dynamique concurrentielle polynésiens (avec des positions déjà très bien ancrées de la part de certains acteurs dans le secteur de la distribution à dominante alimentaire) donne à cet outil toute sa légitimité.

d) *Comment prendre en considération la possibilité offerte à l'Autorité d'analyser les effets des opérations sur l'aménagement du territoire ?*

88. Force est de constater en l'état que le service d'instruction de l'Autorité ne s'est pas considéré compétent pour traiter de cette question. C'est compréhensible, tant ces considérations sont éloignées du droit de la concurrence. Pour importantes qu'elles soient, elles nécessiteraient d'être abordées par des spécialistes.

3. Propositions de réforme

89. Pour maximiser l'efficacité et l'utilité du dispositif, plusieurs réformes peuvent être envisagées. Ces propositions visent à alléger la charge administrative, renforcer la méthodologie et optimiser l'impact de la régulation sur le développement économique local.

a) *Augmenter le seuil de contrôle*

90. Porter le seuil à *500 m²* permettrait de recentrer les efforts de l'Autorité sur des projets ayant un réel impact économique et concurrentiel. Ce relèvement contribuerait à :

- réduire le volume des notifications pour des dossiers mineurs, libérant ainsi des ressources ;

- encourager les petits opérateurs à développer leurs projets sans craindre des obstacles administratifs disproportionnés ;
- renforcer la légitimité des interventions de l'Autorité, en se concentrant sur les projets les plus stratégiques.

b) Accroître la coopération régionale

91. Renforcer le partenariat avec la Nouvelle-Calédonie (qui dispose de la même compétence) pourrait bénéficier aux deux juridictions en partageant les retours d'expérience, en mutualisant certaines ressources (notamment pour la formation des rapporteurs et le développement d'outils économétriques ou de cartographie),[8] en alignant les procédures et les méthodes d'instruction – créant ainsi un cadre harmonisé qui permettrait aux acteurs d'avoir de la visibilité et de la prévisibilité à l'échelle régionale.

c) Renforcer la transparence et la consultation

92. Après de nombreuses années de pratique, il est sans doute temps pour l'Autorité de songer à élaborer et à publier des lignes directrices, qui offriront une visibilité accrue sur la procédure et sur les critères d'évaluation des projets.

d) Proposer de faire analyser les effets sur l'aménagement du territoire en demandant systématiquement l'avis de la DCA (Direction de la construction et de l'aménagement) ou d'une autre autorité compétente

93. Dans ce cas, l'inscription dans la loi est recommandée, et le recours devrait être limité aux dossiers subissant un examen approfondi.

e) Évaluer l'opportunité d'introduire des décisions simplifiées, sans passage devant le collège

94. Pour les dossiers sans enjeu concurrentiel, il serait en effet possible d'alléger et de raccourcir les procédures en donnant la possibilité au rapporteur général de prendre directement la décision d'autorisation, sans convocation d'une séance du collège. Cela se fait dans de nombreuses autorités pour les dossiers simplifiés de contrôle des concentrations, et permet de désengorger le collège. Dans ce cas, la décision est ultra-simplifiée (moins d'une page) et ne contient que peu (voire pas) de motivation. Une telle orientation semble cohérente avec le principe de la bonne utilisation des ressources, en ce qu'il permet d'affecter plus de ressources pour les dossiers qui le nécessitent. À cet égard, le cas de l'Autorité polynésienne est frappant, avec de nombreuses décisions de contrôle *ex ante* et d'avis (tous d'origine externe), mais peu de décisions de pratiques anticoncurrentielles (essentiellement faute de temps).

---

8 L'assistance technique de l'Autorité de la concurrence hexagonale pourrait être sollicitée ici, celle-ci ayant développé une grande compétence en matière de cartographie commerciale et d'analyse des zones de chalandises (pour des projets de concentrations).

f) Évaluer régulièrement l'efficacité du dispositif

95. Il s'agit de mettre en place un mécanisme d'évaluation périodique (tous les 3 ou 5 ans par exemple). Cela permettrait d'adapter, si besoin, le dispositif aux évolutions économiques et sociales de la Polynésie française. Une telle évaluation périodique pourrait inclure, outre le suivi des effets des décisions (2 ans après par exemple) sur la concurrence et l'économie locale, une consultation élargie des acteurs du secteur pour identifier les ajustements nécessaires.

IV. Conclusion

96. L'affaire *Carrefour Moorea* illustre parfaitement l'importance du contrôle des aménagements commerciaux en Polynésie française pour préserver la dynamique concurrentielle, parfois menacée par des projets de grande envergure susceptibles d'affecter durablement le fonctionnement du marché et les incitations à entrer sur ce marché. Ce dispositif est unique. Il est issu d'une volonté politique claire, et l'Autorité polynésienne de la concurrence s'efforce de l'appliquer aussi bien que possible. Cet outil est efficace la plupart du temps, et il ne saurait être remis frontalement en question, étant donné les spécificités territoriales et concurrentielles de la Polynésie française, et en particulier les positions bien ancrées de certains grands acteurs dans le secteur de la distribution à dominante alimentaire. Toutefois, il nécessite des ajustements pour répondre aux défis actuels et futurs.

97. **Pourquoi réformer ?**

- Pour réduire la charge administrative et concentrer les efforts sur les projets ayant un impact significatif, l'Autorité étant submergée par des projets revêtant de faibles enjeux concurrentiels.
- Pour améliorer la qualité des analyses concurrentielles, garantissant des décisions toujours plus robustes et transparentes.
- Pour renforcer la coopération régionale et consolider les meilleures pratiques dans le Pacifique.

Makalio Folituu

Président de l'Association de défense des consommateurs polynésiens Te Tia Ara

« Nous partions de tellement loin, et les attentes sont fortes »[*]

Depuis maintenant 10 ans, la Polynésie française s'est dotée d'un *code de la concurrence*. En votre qualité de représentant des intérêts des consommateurs polynésiens, quel bilan dressez-vous de cette première décennie ?

L'introduction de règles de concurrence ne peut qu'être saluée par une association telle que la nôtre car cela peut concourir à améliorer la défense des consommateurs en régulant les comportements des entreprises. Sur l'objectif initial, je salue donc cette innovation.

Dans les faits, puisque nous sommes à l'heure du bilan, force est de constater que le compte n'y est pas. À ce jour, l'Autorité de la concurrence peine à instruire les dossiers présentant un intérêt pour le consommateur. J'en veux pour preuve notre saisine sur une suspicion de vente liée en matière de télécommunications. Nous l'avons déposée en 2021 et elle est, à ce jour, restée sans réponse ! Même si je peux entendre l'argument du besoin de temps pour conduire une procédure minutieuse, je ne peux en revanche pas accepter que rien ne bouge après 40 mois. Lorsque j'ai saisi la présidente de l'Autorité sur ce retard, elle m'a répondu qu'elle n'avait pas de pouvoir sur les services de l'instruction. J'entends la nécessité de maintenir une séparation entre l'instruction et le collège pour garantir l'indépendance des instructeurs, mais il faut absolument que ce service soit managé et que les objectifs soient tenus.

Vu de l'extérieur, cela donne l'impression d'une administration qui travaille avec les outils et méthodes du 19e siècle alors que nous entrons bientôt dans le second quart du 19e siècle. Peut-être est-il temps de renforcer les moyens, humains et organisationnels, de cette Autorité pour l'adapter à son époque. En ce sens, j'ai d'ores et déjà proposé l'introduction dans la réglementation d'un délai opposable pour instruire une saisine. Sans cela, il sera impossible de répondre aux attentes des consommateurs, et elles sont nombreuses.

Mais l'APC a tout de même rendu des décisions allant dans le sens du consommateur…

Fort heureusement. Les décisions sur les pratiques mises en œuvre dans le secteur des pompes funèbres, dossier ouvert à notre initiative, et dans le secteur de la téléphonie mobile à destination de la clientèle résidentielle constituent des avancées réelles pour tous les Polynésiens. De même, le travail de l'APC dans le contrôle des concentrations dans la santé, le tourisme et l'importation a permis d'éviter les dérives du passé. Plus

---

[*] Propos recueillis par Yannick Lecornu.

récemment, lorsque CMA CGM a souhaité racheter Bolloré Logistics, l'APC a conditionné cette transaction à la revente des activités maritimes de Bolloré Logistics en Polynésie française. C'était une décision courageuse, nous connaissons tous la force de frappe de ces grands groupes internationaux, et stratégique pour l'avenir de l'approvisionnement du territoire. Grâce à cette décision, la structure concurrentielle du marché a été préservée, au bénéfice du consommateur. Pour une économie insulaire comme la nôtre, et considérant le poids de nos importations, c'est essentiel.

Vous le voyez, je sais reconnaître les avancées des dernières années. Je sais que le droit de la concurrence et l'APC ont participé à assainir la vie économique. Mais nous partions de tellement loin, et les attentes sont fortes. À titre d'exemple, si je reviens un instant sur le dossier des pompes funèbres, l'APC a sanctionné les entreprises. Elles ont donc été reconnues coupables de s'être entendues sur le dos des consommateurs polynésiens. Or, pour obtenir réparation, les consommateurs lésés doivent désormais saisir une autre juridiction. Mettez-vous à la place de la victime de cette entente anticoncurrentielle, c'est kafkaïen ! J'espère que l'Assemblée de la Polynésie française prendra les textes nécessaires permettant de faciliter l'indemnisation des victimes, et que l'APC va se muscler rapidement pour répondre aux défis à venir.

Le rôle de l'APC demeure flou aux yeux du grand public. Connaissez-vous les raisons de ce constat ? Est-ce parce que les intérêts des consommateurs ne sont pas suffisamment pris en compte par l'APC ?

C'est normal que la population ne connaisse pas encore très bien le rôle de l'APC. Vous savez, si vous demandez au grand public le rôle de l'Institut d'émission d'outre-mer (IEOM) ou de la Chambre territoriale des comptes (CTC), vous risquez fort d'obtenir des réponses similaires. Pourtant, comme l'APC, ces organisations répondent à des besoins très concrets et, dans une certaine mesure, impactent la vie des gens par leurs actions.

Tout le monde n'a pas la chance d'avoir fait des études, d'avoir accès à l'information et de comprendre le fonctionnement de toutes ces instances. C'est d'ailleurs pour ces personnes que nous nous engageons au quotidien au sein de Te Tia Ara.

Si l'APC souffre d'un déficit de notoriété, c'est d'abord à cause de la nature des dossiers traités. Quand l'APC se prononce sur la concentration des hôtels 5 étoiles, ça ne passionne pas les foules car très peu de Polynésiens fréquentent ce type d'établissement. Pour l'importation, c'est très technique et c'est une partie de l'économie invisible aux yeux du grand public. En revanche, si vous commencez à parler des boîtes postales, de l'abonnement téléphonique, du prix du médicament, de la TDL ou des courses dans les grandes surfaces, vous allez tout de suite attirer l'attention des consommateurs car ils vont se sentir directement concernés.

C'est ensuite un problème de communication. La langue de l'APC n'est pas accessible au commun des mortels. Quand vous employez des termes tels que « injonctions structurelles » ou « droits exclusifs d'importation », vous avez déjà perdu la majorité des gens. Il faut que l'APC apprenne à exprimer simplement ses positions sans sacrifier à la rigueur juridique. C'est faisable. En qualité de membre du Conseil économique, social, environnemental et culturel (CESEC), je peux vous dire qu'il existe des techniciens rompus à cet exercice de vulgarisation. Comme le disait Boileau, « ce que l'on conçoit bien s'énonce clairement, et les mots pour le dire arrivent aisément ».

N'est-ce pas aussi le rôle de l'association Te Tia Ara de faciliter cette transmission vers le grand public ?

Vous avez raison. C'est aussi notre responsabilité vis-à-vis des consommateurs polynésiens. Pour ce faire, il est essentiel que l'APC nous intègre davantage dans sa stratégie de communication, qu'elle nous donne les clés de lecture du sens de ses décisions afin que nous puissions les relayer auprès de la population.

Au cours des dernières années, quelques pas ont été faits en vue d'un partenariat durable. En 2021, j'ai par exemple participé au jury de recrutement de la présidente de l'APC. Ce jury était essentiellement composé de personnalités extérieures au Gouvernement, ce qui nous a permis de statuer en toute indépendance. Ce fut également l'occasion d'en apprendre davantage sur le droit de la concurrence et le rôle de l'APC. Bref, de mutualiser nos connaissances.

Depuis, nous avons eu d'autres temps d'échange, mais selon un calendrier trop aléatoire. Pour l'APC, il est essentiel de maintenir le dialogue avec Te Tia Ara mais aussi toute la société civile. Comme précisé précédemment, je suis aussi très investi au sein du CESEC. Dans cette instance aussi, nous avons besoin de parler plus souvent de concurrence. L'APC doit remplir cette mission.

Les récents succès de Te Tia Ara, notamment devant le tribunal administratif, attestent d'une montée en puissance de la reconnaissance jurisprudentielle du droit du consommateur. Est-ce que votre démarche vis-à-vis de l'APC poursuit le même objectif ?

Avec de très petits moyens, notre association se préoccupe de tous les sujets de consommation. De l'introduction et l'extension du solde bancaire insaisissable, à la lutte contre les prélèvements de commissions indues sur les comptes bancaires, en passant par l'annulation de redevances supplémentaires d'abonnement au service public postal, nous avons enregistré quelques succès au bénéfice de tous les Polynésiens. Par ailleurs, notre association est membre de la Commission de surendettement des particuliers depuis sa mise en place en 2012. Le suivi de tous ces dossiers requiert une implication constante pour notre équipe de bénévoles.

C'est aussi l'une des raisons pour laquelle j'aspire à développer un lien plus étroit avec les équipes de l'APC. Nous pourrions même envisager de disposer d'un bureau dans leurs locaux afin de travailler en transversalité et bénéficier de l'expertise des rapporteurs.

En introduisant une première requête auprès de l'APC en 2021, j'ai aussi souhaité faire un premier pas en faveur de cette coopération et j'attends désormais, avec une patience certaine, les fruits de cette démarche. Je suis convaincu que c'est en travaillant de concert que nous pourrons demain améliorer l'efficacité économique de notre territoire et la protection de nos consommateurs.

Silence, on concurrence !

Dans cet ouvrage retraçant les dix premières années du code de la concurrence polynésien, nous avons souhaité donner la parole à tous les acteurs concernés, notamment aux représentants des forces économiques. Toutefois, par une remarquable discipline collective digne d'un parfait équilibre concurrentiel, ces derniers ont préféré éviter toute prise de parole pouvant altérer l'harmonie du marché ou toute position dominante… sur le débat. Plutôt que d'y voir un risque d'entente, le lecteur est invité à interpréter ce silence unanime comme la marque éclatante d'une grande satisfaction et d'un profond contentement. Après tout, en sus de constituer un compliment des plus élogieux, une absence de commentaire est aussi une forme d'éloquence en soi.

PARTIE III

Contribution à la régulation des principaux secteurs d'activités

L'ouverture à la concurrence du secteur des télécommunications polynésien

Antoine Callot*
Tribunal administratif de Grenoble**

1. L'Autorité polynésienne de la concurrence (APC) n'a pas été à l'initiative de l'ouverture à la concurrence du secteur des télécommunications, qui relève d'une décision politique antérieure à sa création par la loi du pays n° 2015-2 du 23 février 2015. En revanche, son déploiement a coïncidé avec l'arrivée sur le marché des premiers concurrents de l'opérateur historique au début des années 2010 et l'APC en a rapidement fait un de ses domaines d'intervention privilégiés. À une période cruciale pour leur pérennité, il s'agissait en effet d'éviter que l'opérateur historique soit en mesure, par ses comportements commerciaux ou ses stratégies d'influence, de freiner la réforme et le développement de ses concurrents. L'APC a donc joué pleinement son double rôle de gendarme de la concurrence et de conseil au Gouvernement, et les télécommunications ont déjà donné lieu à trois décisions contentieuses et à neuf avis.[1]

2. Cet article revient sur ce mouvement, en rappelant les modalités d'une ouverture à la concurrence réussie mais sous surveillance (I), le rôle joué par l'APC, dans une dynamique vertueuse avec le juge administratif qui s'est également saisi de la question de la concurrence (II), et enfin les enjeux à venir pour assurer la pérennité de cette réforme (III).

---

* Antoine Callot est magistrat administratif et rapporteur public au Tribunal administratif de Grenoble. Il a occupé auparavant le poste de rapporteur général adjoint de l'Autorité polynésienne de la concurrence.

** Les propos tenus sont personnels et n'engagent pas ces institutions.

1 Voir les annexes 1 et 2 pour le détail.

I. Une ouverture à la concurrence réussie mais sous surveillance

A. *Une industrie de réseau longtemps régie par un monopole public*

3. Comme l'énergie ou les transports, le secteur des télécommunications est une industrie dite « de réseau », qui nécessite des investissements lourds dans les infrastructures (câbles sous-marins, pylônes et antennes, réseau filaire de cuivre ou fibre optique), donc des coûts fixes importants. Pour cette raison, la plupart des pays ont fait le choix de créer des monopoles pour déployer ce réseau, les opérateurs historiques, qui ont souvent pris la forme d'entreprises publiques comme l'Office des postes et télécommunications (OPT) en Polynésie française. Très intégrés verticalement, ils étaient actifs dans les différents segments, des infrastructures à la prestation de service aux consommateurs finaux (particuliers et entreprises).

4. L'investissement était d'autant plus important en Polynésie française que, comme nombre de ses homologues du Pacifique, il s'agit d'un territoire à la fois très isolé et très étendu (76 îles habitées sur 2,5 millions de km²). Cette « double insularité » a nécessité et nécessite toujours un soutien public très important du pays et de ses partenaires financiers, notamment pour déployer des câbles sous-marins vers les archipels éloignés, mais a longtemps conduit à des tarifs très élevés pour le consommateur.

5. Progressivement toutefois, certains segments de ces marchés ont été ouverts à la concurrence. En effet, s'il est économiquement rationnel que certaines « infrastructures essentielles »[2] telles que les liaisons filaires ou par câbles sous-marins, lorsqu'elles présentent le caractère de monopole naturel, demeurent en monopole et ne soient pas dupliquées, d'autres segments tels que la fourniture de prestations aux consommateurs ont tout intérêt à l'être.

6. Aussi, à partir des années 1990, les économies de marché ont progressivement mis fin à la situation de monopole des opérateurs historiques, en distinguant activité en monopole, faisant l'objet d'une régulation, et activité de marché.

B. *Une ouverture à la concurrence tardive mais un succès remarquable pour le consommateur*

7. L'ouverture à la concurrence du secteur des télécommunications en Polynésie française a été à la fois plus récente et seulement partielle, davantage en tout cas que dans l'Union européenne, qu'aux États-Unis, mais également que dans la plupart des États insulaires du Pacifique (Australie, Nouvelle-Zélande, Samoa, Tonga, Fidji, Papouasie-Nouvelle-Guinée, Salomon, Vanuatu, par exemple). Une situation régulièrement dénoncée, notamment par trois rapports de la chambre territoriale des comptes de 2008 sur l'OPT et ses filiales, et ayant donné lieu à une

---

[2] Une infrastructure dont l'accès est indispensable pour exercer une activité concurrente sur un marché amont, aval ou complémentaire, mais qui ne peut être reproduite dans des conditions économiques raisonnables par les concurrents.

censure du Conseil d'État.[3] Les premiers textes datent de 2003 mais l'ouverture concrète, c'est-à-dire l'arrivée de concurrents à l'OPT, date de 2011 pour Internet et de 2013 pour la téléphonie.

8. Mais cette ouverture est rapidement devenue synonyme d'une baisse des prix spectaculaire, tant en matière de téléphonie mobile que d'accès à Internet, ce qui a favorisé une véritable explosion des usages, dans une période stratégique où l'accès aux nouvelles technologies, telles que le haut débit, est indispensable, tant pour les usages privés que pour disposer d'une économie compétitive. D'après les données de l'Institut de la statistique de la Polynésie française (ISPF), alors qu'entre 2014 et 2024, l'indice général des prix a crû de 11,5 %, celui des services de téléphonie et d'accès à Internet a spectaculairement diminué de 62,7 %.[4]

9. Aujourd'hui coexistent ainsi trois acteurs :

- la société Onati, filiale de l'OPT, qui exploite la marque commerciale Vini et est en situation de monopole légal sur les télécommunications extérieures (câbles sous-marins) et les réseaux filaires (cuivre et fibre optique), et en monopole de fait sur les réseaux intérieurs sur la plupart des îles autres que Tahiti, Moorea et Bora-Bora ;
- la société Pacific Mobile Telecom (PMT), qui a débuté son activité commerciale en 2013 sous l'enseigne Vodafone et dispose de son propre réseau sur les îles principales mais a recours à l'itinérance sur le réseau d'Onati dans les autres îles ;
- la société Viti, qui a d'abord opéré en tant que fournisseur d'accès à Internet en position fixe à compter de juillet 2011 et offre depuis début 2020 des services mobiles de voix, SMS et données.

10. L'enjeu pour l'Autorité de concurrence a été d'accompagner ce mouvement, sans pour autant oublier les objectifs de service public de garantie d'un service à un prix raisonnable à tous les utilisateurs, quelle que soit leur localisation.

C. *Un processus sous surveillance*

11. Le secteur des télécommunications est une activité dite « de club », dans laquelle chaque opérateur dispose de son propre réseau d'abonnés. C'est également un marché mature dont le taux d'équipement de la clientèle avoisine les 100 %. Or, alors que l'opérateur public historique a bâti son réseau grâce à des fonds publics et a construit sa clientèle en l'absence de toute concurrence, les nouveaux entrants doivent financer leur réseau sur des fonds privés et conquérir leurs clients parmi ceux de l'opérateur historique. Il s'ensuit un très fort désavantage dans la concurrence au moment de l'entrée sur le marché, qui explique notamment qu'après avoir bénéficié d'un monopole légal jusqu'en 2003, l'opérateur historique a continué de bénéficier d'un monopole de fait, malgré l'ouverture du marché à la concurrence,

---

[3] Dans sa décision n° 343991 du 2 février 2011, *Haut-commissaire de la République et société Digicel*, le Conseil d'État a censuré une disposition d'une loi de pays qui limitait les investissements étrangers dans des opérateurs de téléphonie mobile.

[4] Source : site ISPF. Voir également l'article « Le coût de la vie sauvé par la téléphonie », *Tahiti Infos*, 27 décembre 2021.

pendant encore près de 10 ans. Alors que par nature, il ne va pas être incité à favoriser l'entrée de concurrents sur le marché, il est donc essentiel de veiller à ce que l'opérateur historique n'abuse pas de sa position dominante pour limiter la mobilité entre opérateurs et la constitution par ses concurrents de leur propre clientèle, selon leurs seuls mérites.

12. Lorsqu'il demeure actif à la fois sur la gestion du réseau et le marché de détail, l'opérateur historique a également une responsabilité particulière, celle de proposer à un tarif qui ne soit pas discriminatoire ses prestations de gros à ses concurrents sur le marché aval, ce qui relève de la réglementation des tarifs.

13. Pour cette raison, au-delà des intentions, les modalités de l'ouverture réglementaire à la concurrence et la surveillance des pratiques anticoncurrentielles conditionnent sa réussite. Le droit de la concurrence vise précisément à garantir que les règles du jeu soient respectées. L'autorité de concurrence agit dans ce cadre ex post, pour condamner et corriger les entorses aux règles grâce à des injonctions, des sanctions pécuniaires ou la négociation d'engagements structurels et comportementaux. La pratique décisionnelle des autorités de concurrence montre d'ailleurs que la plupart des opérateurs historiques ont été sanctionnés pour une large gamme de pratiques anticoncurrentielles lors de l'ouverture à la concurrence[5] et le secteur a donné lieu à des amendes record dans l'Hexagone, de plus de 350 millions d'euros (40 milliards F CFP) par exemple pour France Télécom en 2015 à propos de ses offres à destination des entreprises. L'autorité a également un rôle de conseil ex ante au régulateur, qui est d'autant plus crucial que les choix techniques et technologiques, même en apparence anodins, ont un impact concurrentiel. C'est le cas en matière de tarification, mais également par exemple sur la nécessité ou non de dupliquer les infrastructures ou le choix de recourir ou non aux constellations de satellites pour l'accès à Internet dans les zones éloignées.

14. Ces différents enjeux ont tous, à diverses occasions, été abordés par les décisions contentieuses et avis rendus par l'APC.

II. Un secteur d'intervention privilégié pour l'APC naissante

A. *Plusieurs décisions contentieuses relatives à des suspicions de pratiques anticoncurrentielles*

1. La défense par l'opérateur historique de sa clientèle et la décision d'engagements n° 2018-PAC-01

15. À l'occasion de sa première décision contentieuse, le 6 juin 2018, l'APC s'est intéressée à des pratiques mises en œuvre dans le secteur de la téléphonie mobile à destination de la clientèle résidentielle.

---

[5] Par exemple : exploitation abusive des fichiers clients, discrimination tarifaire entre appels sur son réseau et hors réseau, ciseaux tarifaires, refus d'accès aux infrastructures, entrave à l'installation d'équipements par un opérateur alternatif sur des lignes dégroupées, absence de transparence entre les activités de gestionnaire de réseau et d'opérateur, etc.

16. Malgré l'entrée sur le marché d'un nouvel opérateur, l'opérateur historique Vini – alors filiale de l'OPT – représentait encore en 2017 environ 85 % de part de marché en volume sur le marché de détail des services de téléphonie mobile. PMT a alors saisi l'APC de pratiques jugées anticoncurrentielles, notamment une différenciation tarifaire sur le marché de détail des services de téléphonie mobile entre les appels *on-net* (interne au réseau Vini) et *off-net* (entre opérateurs), sans justification par les coûts sous-jacents de ces prestations, et un verrouillage de la clientèle de détail par des durées d'engagement excessives et certaines clauses du programme de fidélité de Vini. Le risque concurrentiel combiné de ces pratiques était de dissuader les consommateurs d'opter pour les offres du nouvel entrant, renforçant l'effet « club » sur le réseau de l'opérateur historique.

17. Compte tenu de l'urgence de cette situation, qui pouvait se traduire par la sortie pure et simple du marché du nouvel entrant, l'Autorité a obtenu de Vini des engagements de se comporter de manière non discriminatoire à l'égard de ses concurrents, et de ne pas profiter de sa position dominante sur le marché, par exemple en limitant les périodes d'engagements d'une durée excessive ou différenciant ses tarifs entre les appels vers son propre réseau et vers ceux des concurrents.[6]

2. La question des prestations d'itinérance et de l'accès au réseau de l'opérateur historique par les nouveaux entrants

18. En Polynésie française, l'itinérance locale est dite « asymétrique ». Onati est en effet le seul opérateur à avoir déployé un réseau sur l'ensemble du territoire. Il est donc également le seul à pouvoir offrir à ses concurrents (PMT et Viti) l'accès à son réseau sur les îles qu'ils n'ont pas ou pas encore couvertes. Cette position suppose d'en ouvrir l'accès, à des conditions tarifaires équitables et non discriminatoires.

19. Compte tenu de l'importance stratégique des premières années d'activité pour les nouveaux entrants, ils ont sollicité devant l'APC le prononcé de mesures d'urgence pour obtenir un tel accès.

20. En matière de mesures conservatoires, qui, en Polynésie française comme en France hexagonale, se rapprochent de la procédure du référé devant le juge administratif, les conditions prévues par l'article LP 641-1 du *code de la concurrence* supposent d'établir un lien de causalité entre les pratiques dénoncées et une atteinte grave et immédiate aux intérêts de l'entreprise, à l'économie générale, au secteur intéressé ou à l'intérêt des consommateurs.

a) La décision de mesures conservatoires 2021-PAC-01

21. L'APC a été saisie en 2021 par la société PMT à propos des prestations d'itinérance en matière d'accès aux données mobiles dans sept îles des archipels des Tuamotu et des Marquises, récemment reliées à Tahiti par le câble sous-marin Natitua. En monopole sur l'accès aux données extérieures provenant du câble,

---

6 Pour une analyse détaillée de la décision, voir « L'application du droit de la concurrence par les trois autorités françaises de concurrence en outre-mer (Nouméa, 27 juillet 2022), Les contributions de l'Autorité polynésienne de la concurrence », *Concurrences*, n° 4-2022, art. n° 109478, novembre 2022. Disponible sur : *www.concurrences.com/109478*.

l'opérateur historique y a déployé des sites 4G, et PMT lui reprochait d'avoir mis en œuvre une stratégie visant à l'évincer du marché des données mobiles sur ces îles, dans un premier temps par le refus pur et simple de lui proposer l'itinérance, puis dans un second temps pour l'avoir fait mais à des conditions d'accès abusives.

22. L'APC a considéré qu'en l'état des éléments produits aux débats, le refus initial puis les conditions tarifaires proposées par Onati pour cette prestation apparaissaient susceptibles de constituer une pratique contraire à l'article LP 200-2 du *code de la concurrence*, qui sanctionne l'exploitation abusive d'une situation dominante par une entreprise, et risquaient de porter une atteinte grave aux consommateurs et au fonctionnement de la concurrence dans ce secteur. En effet, Onati a été jusqu'à ce jour seule en mesure de commercialiser des forfaits intégrant l'accès aux données mobiles dans les îles concernées.

23. Toutefois, elle a rejeté la demande en raison de l'absence d'immédiateté et d'irréversibilité de l'atteinte aux intérêts de PMT, du secteur et des consommateurs. L'examen du dossier se poursuit donc au fond.

b) La décision de mesures conservatoires 2023-PAC-01

24. Fin 2022, l'APC a été saisie par la société Viti qui considérait que les conditions tarifaires proposées par Onati en matière de prestations d'itinérance dans les archipels éloignés étaient excessives, ce qui l'avait conduit à renoncer à offrir ses services de téléphonie mobile dans ces îles à compter du 1er novembre 2022.

25. L'APC a effectivement considéré que les tarifs proposés, qui imposaient à Viti de couvrir le tiers du coût de couverture de ces îles par un réseau téléphonique, malgré des parts de marché très réduites, d'environ 1 %, tendaient à protéger le parc de clientèle de l'opérateur dominant et de son principal concurrent (PMT) de la pression concurrentielle du dernier entrant, et conduisaient à limiter l'animation concurrentielle du marché de détail des services de téléphonie mobile, et ce, indépendamment de l'efficacité des opérateurs, à un moment critique pour le développement de Viti. De telles pratiques étaient dès lors susceptibles de constituer un abus de position dominante.

26. Les conditions nécessaires au prononcé de mesures conservatoires ont dans ce dossier été considérées comme réunies, car en privant les habitants des archipels éloignés, mais également tous ceux qui souhaitent s'y rendre, de bénéficier d'un forfait de Viti permettant d'y accéder à des prestations de téléphonie mobile, elles étaient susceptibles de conduire à son éviction du marché à court terme et ne permettaient pas aux consommateurs de de bénéficier pleinement de l'ouverture à la concurrence du secteur.

27. L'APC a enjoint à Onati de proposer à Viti, dans un délai maximum de 10 semaines, une offre tarifaire pour l'accès à l'itinérance dans les îles des « archipels éloignés » lui permettant l'exercice d'une concurrence effective.

28. Cette décision contestée en appel a été confirmée par la Cour d'appel de Paris par un arrêt du 6 juillet 2023, n° 23/06177, à l'exception d'une modification marginale de l'injonction prévue à l'article 1er de la décision, la Cour considérant qu'elle ne devait concerner que la part fixe de la tarification de la prestation d'itinérance et pas sa part variable.

*
* *

29. Outre ce rôle de « gendarme » des marchés, qui a donc connu des développements fructueux, l'APC a été très active également dans son rôle consultatif.

B. *La mise en œuvre effective de la nouvelle réglementation a été favorisée par les actions conjuguées de l'APC et du juge administratif*

30. Dans le cadre de sa mission consultative, il n'appartient pas à l'APC d'effectuer un contrôle de la légalité des projets de textes normatifs qui lui sont soumis, mais de leur incidence concurrentielle. À l'occasion de ses neuf avis, et en s'inspirant notamment de pays ayant engagé plus tôt la libéralisation du secteur (France hexagonale, États-Unis, pays de la zone Pacifique), l'APC a avec constance rappelé au gouvernement polynésien les grands principes permettant la réussite de l'ouverture à la concurrence, sur la base de recommandations adaptées au contexte polynésien.

31. Pour sa part, le juge administratif[7] exerce un contrôle de légalité et a la capacité de censurer certains des textes ou décisions adoptés par le pays, y compris sur le fondement d'une analyse concurrentielle[8], dès lors que la promotion de la concurrence est prévue par un texte, ce qui est explicitement le cas du *Code des postes et télécommunications* (*CPT*) polynésien.[9] Les juridictions administratives ont été saisies à près de 20 reprises des conditions de mise en œuvre de ce processus, notamment par les nouveaux entrants sur le marché.[10]

32. Ainsi, si l'Autorité de concurrence et juge administratif sont donc deux entités indépendantes et autonomes, d'une part ce dernier s'est à plusieurs reprises inspiré des analyses et recommandations concurrentielles de l'APC, parfois pour censurer des décisions ou des carences du Gouvernement, et d'autre part, afin de ne pas encourir à nouveau la censure du juge, le Gouvernement a saisi l'APC des textes mis en œuvre suite à ces annulations. On peut ainsi parler d'une dynamique vertueuse engagée entre les deux institutions dans leurs fonctions respectives, au profit du consommateur.

33. Sans revenir sur le contenu détaillé de chacun de ces jugements et avis, il peut être utile de donner un aperçu de la diversité des domaines dans lesquels s'est concrétisée cette approche.

---

7 Tribunal administratif de la Polynésie française (TAPF) en première instance, cour administrative d'appel de Paris en appel, Conseil d'État en cassation et au titre de l'examen des projets de loi du pays.

8 Conseil d'État, 3 nov. 1997, n° 169907, *Société Million et Marais*

9 *CPT*, art. D. 212-2 : « Les autorités compétentes de la Polynésie française veillent : [...] 2° [à] l'exercice d'une concurrence effective et loyale entre les opérateurs de service de télécommunication mobile de fournisseur d'accès à Internet ou de fournisseur de procédure de rappel, au bénéfice des utilisateurs ; 3° [à] la définition de conditions d'accès aux réseaux ouverts au public et d'interconnexion des réseaux notamment de service de télécommunication mobile qui garantissent la possibilité pour tous les utilisateurs de communiquer librement entre eux, ainsi qu'à l'égalité des conditions de la concurrence dans le domaine du service de télécommunication mobile [...]. »

10 Voir l'annexe 3 : Décisions des juridictions administratives relatives à l'ouverture à la concurrence du secteur des télécommunications polynésien.

1. La question de l'octroi de licences supplémentaires

34. En 2017, le président de la Polynésie française a saisi pour avis l'APC des demandes d'autorisations administratives préalables, sollicitées par Viti pour devenir opérateur de téléphonie mobile et par PMT pour devenir fournisseur d'accès à internet.

35. L'avis n° 2017-A-02[11] recommandait au Gouvernement d'accorder les autorisations demandées sans délai eu égard aux bénéfices attendus pour les entreprises et les consommateurs (bas prix, qualité et diversité des services offerts). Elle en a profité pour rappeler que l'effectivité de ces bénéfices était néanmoins conditionnée à l'exercice d'une concurrence effective et loyale, avec des opérateurs en position de se concurrencer à armes égales, et a proposé une amélioration profonde de la réglementation en vigueur, par une série de propositions.

36. Le pays s'étant dans un premier temps abstenu de délivrer ces autorisations, en juin 2018, le TAPF l'a sanctionné.[12] Après avoir rappelé l'avis favorable des services administratifs (la direction générale de l'économie numérique ou DGEN) et de l'APC, il s'est pleinement saisi de ses prérogatives et sur la base d'une analyse de la situation concurrentielle du secteur et des plans d'affaires des candidats à l'installation, il a considéré que « la Polynésie française a un devoir de veiller au développement d'une concurrence effective et loyale » puis que « la Polynésie française ne peut raisonnablement soutenir que le marché des opérateurs de téléphonie mobile est déjà suffisamment animé et que l'entrée d'un troisième opérateur porterait atteinte à la situation de concurrence effective et loyale existante ».

2. La question de la tarification équitable des tarifs d'interconnexion et des prestations amont de l'opérateur historique

a) Les enjeux d'une tarification équitable et orientée vers les coûts

37. L'APC a rendu plusieurs avis sur les tarifs s'appliquant à l'accès aux infrastructures sur lesquels l'OPT a encore un monopole et aux tarifs d'interconnexion, c'est-à-dire les prix des prestations que les différents opérateurs se facturent entre eux et dont le *Code des postes et télécommunications* prévoit, à la différence des tarifs d'itinérance qui résultent d'une négociation commerciale, qu'ils sont régulés et déterminés par le Gouvernement.

38. Ce sujet est fondamental car le succès de l'entrée sur le marché de nouveaux opérateurs suppose la levée des barrières à l'entrée qui protègent l'opérateur historique. Pour cela, l'accès à son réseau et aux infrastructures dont il a conservé le monopole doit être garanti dans des conditions transparentes, équitables et non discriminatoires. Or, un opérateur intégré verticalement et également actif sur le marché de détail a intérêt, pour maximiser son profit, à surenchérir le prix de ses

---

[11] APC, avis n° 2017-A-02 du 22 septembre 2017 relatif à l'octroi par le Gouvernement d'autorisations de fournir des services de télécommunications aux sociétés Viti et Pacific Mobile Telecom.

[12] TAPF, jugements n° 1700414 du 12 juin 2018 et n° 180002 du 26 juin 2018.

prestations, ce qui est neutre pour lui, mais discriminatoire pour ses concurrents, parfois jusqu'au « ciseau tarifaire », quand le prix facturé ne permet pas aux concurrents d'être compétitifs sur le marché aval. Inversement, il importe également d'éviter que les nouveaux entrants se concentrent uniquement sur les activités les plus rentables et laissent au seul opérateur historique la charge du réseau.

39. C'est la raison pour laquelle, au moins durant la phase d'ouverture du marché, les tarifs que se facturent respectivement les opérateurs doivent être orientés vers les coûts de chaque opérateur, et sont par suite souvent asymétriques lors des premières années d'ouverture des marchés, ce qui permet de faire bénéficier les opérateurs entrants des économies d'échelle de l'opérateur historique, bien qu'ils n'aient pas encore atteint une taille critique.

b) Les propositions initiales de l'APC sur les modalités de la fixation des tarifs

40. Dès son avis n° 2017-A-02, l'Autorité a pointé la forte dépendance des opérateurs alternatifs à l'égard de l'OPT. Elle a ainsi recommandé d'élargir le périmètre des prestations de gros relevant du régime d'interconnexion et de séparer juridiquement et comptablement les activités en monopole de l'OPT de celles exercées dans le cadre concurrentiel, afin de placer tous les opérateurs sur un pied d'égalité.

41. Par la suite, saisie sur l'adoption d'un nouveau cadre réglementaire pour la détermination des tarifs d'interconnexion des terminaisons d'appels mobiles, l'APC a dans son avis n° 2020-A-02 fait des recommandations sur les principes de la tarification. Rappelant l'équilibre à trouver entre la nécessité d'orienter les tarifs vers les coûts, d'avoir des tarifs suffisamment bas pour développer les usages et la possibilité de recourir à des tarifs asymétriques, elle a considéré que le modèle du coût moyen incrémental de long terme (CMILT) proposé par le texte avait l'avantage d'homogénéiser les conditions de calcul des tarifs, était cohérent avec la maturité du marché polynésien, mais était porteur du risque de ne pas pousser les tarifs à la baisse et plaidait pour déterminer une trajectoire à moyen terme d'évolution des tarifs.

42. Toutefois, certaines de ses propositions n'ont pas été suivies et les tarifs ont dès lors donné lieu à un abondant contentieux administratif.

c) Une action résolue du juge administratif pour assurer des tarifs équitables

La prise en compte des frais d'itinérance dans le tarif

43. Les deux nouveaux entrants sur le marché, PMT et Viti, s'acquittent de prestations d'itinérance auprès d'Onati dans toutes les îles qui ne sont pas couvertes par leur propre réseau mobile. Pourtant, dans le projet d'arrêté détaillant la méthodologie de détermination des coûts des tarifs des terminaisons d'appels mobiles, cette dépense avait été exclue de l'assiette des coûts alors qu'Onati pouvait, pour sa part, intégrer le coût de déploiement de son réseau. Dans son avis n° 2020-A-02, l'APC a recommandé au Gouvernement de les réintégrer à l'assiette des coûts, mais cette recommandation n'a pas été suivie dans l'arrêté adopté.

44. Saisi d'un recours en annulation, le TAPF[13] s'est fondé sur cette recommandation pour annuler l'arrêté et retirer cette prestation des exclusions de l'assiette réglementaire des coûts afin que « la concurrence soit effective et loyale entre, d'une part, l'opérateur qui a la maîtrise de l'infrastructure essentielle qu'est le réseau, et d'autre part, l'opérateur de service qui ne l'a pas ».

45. Ce jugement a toutefois été annulé par la CAA de Paris[14], qui a notamment repris dans son arrêt un autre pan de l'analyse conduite par l'APC, en considérant que dès lors que le Gouvernement dispose de marges de manœuvre pour déterminer un prix s'écartant du tarif issu de ce modèle, les modalités de sa détermination sont par elles-mêmes sans incidence sur l'exercice d'une concurrence effective et loyale entre les opérateurs.[15]

L'annulation des tarifs d'interconnexion

46. Par plusieurs jugements intervenus en 2021 et 2022, le TAPF a annulé les arrêtés tarifaires pris par le Conseil des ministres polynésien au motif qu'ils s'étaient contentés de reconduire les tarifs d'interconnexion précédemment en vigueur et n'étaient pas strictement orientés vers les coûts. Il a ainsi annulé les tarifs de 2021[16] puis ceux de 2022-2023 des SMS.[17]

d) L'APC, garant de la sécurité de juridique des nouveaux arrêtés tarifaires

47. Tirant les conséquences des différents jugements du tribunal administratif, le pays a été contraint d'abroger plusieurs arrêtés tarifaires et de proposer de nouveaux tarifs. Ceux-ci ont alors été soumis pour avis à l'APC et ont fait l'objet d'avis favorables les 17 octobre 2022[18] et 17 mai 2023,[19] dès lors qu'ils ont été jugés de nature à répondre aux objections du tribunal administratif et à permettre le rétablissement d'une concurrence libre et non faussée entre opérateurs.

3. La question de la séparation des activités en monopole et en concurrence de l'opérateur historique

48. Dès son avis n° 2017-A-02, l'APC abordait la question de la place de l'OPT. La réglementation actuelle lui réserve un monopole très étendu, notamment sur les réseaux pour lesquels il continue par ailleurs de bénéficier de financements

---

13 TAPF, jugement n° 2100234 du 29 mars 2022.

14 CAA de Paris, arrêt n° 22PA02955 du 7 août 2024

15 Le motif de la censure du jugement par la Cour pose tout de même question, dans la mesure où les charges d'itinérance venant rémunérer, par des tarifs fixes et variables, le recours au réseau d'un tiers, elles apparaissent bien comme une charge pour l'opérateur offrant une prestation d'interconnexion depuis ou vers une zone en itinérance, au même titre que s'il y avait déployé son propre réseau. Or, le modèle de coût retenu par le régulateur, le CMILT +, bien qu'incrémental, est supposé intégrer les coûts le déploiement et la gestion du réseau des opérateurs. Pourtant, sous réserve de bonne interprétation, la solution retenue par la Cour semble conduire *de facto* à permettre au seul opérateur historique d'imputer ses coûts de réseau dans ces zones.

16 TAPF, jugements nos 2100101 et 2100108 du 14 décembre 2021.

17 TAPF, jugement n° 2200067 du 22 novembre 2022.

18 APC, avis n° 2022-A-03 pour l'intégration des prestations d'itinérance.

19 APC, avis n° 2023-A-01 pour les tarifs des SMS.

publics. Or, permettre que les nouveaux entrants aient accès librement et dans des conditions équitables aux infrastructures en monopole, sans sacrifier pour autant le développement et l'entretien du réseau, nécessite d'avoir une connaissance très fine des coûts. À cet égard, l'entreprise gérant l'infrastructure est bien mieux informée que le régulateur ou que les entrants potentiels du coût de son propre réseau. Ces asymétries d'information peuvent conduire à une estimation incorrecte des coûts, générer des barrières significatives au développement de nouvelles offres et distordre l'efficacité de la régulation.

49. La solution habituelle est d'assurer une séparation stricte entre les entités de l'opérateur historique exerçant des activités en monopole et celles opérant dans le domaine concurrentiel, au mieux par la création de structures juridiquement distinctes, sinon, fonctionnellement, par exemple en créant des filiales au sein du groupe, qui ont leur budget, leurs personnels et leurs ressources, et *a minima*, comptablement, avec des procédures internes de distinction des activités.

50. Toutefois, c'est l'inverse qui s'est produit en Polynésie française. Alors que dans une autre industrie de réseau, l'électricité, la société d'économie mixte Transport d'énergie électrique en Polynésie (connue sous l'acronyme TEP), transporteur, est clairement séparée de la société anonyme Electricité de Tahiti (EDT), producteur et distributeur, en matière de télécommunications, Onati, créé en 2019, est devenu l'opérateur unique pour l'OPT, renforçant l'opacité sur les coûts, y compris pour le régulateur.

51. Dans un même mouvement, le pays a par la loi du pays n° 2018-42 du 27 décembre 2018 modifié le régime réglementaire des délégations de service public, afin d'en soustraire celles attribuées par les établissements publics à leurs filiales. L'objectif affiché était de permettre à l'OPT de continuer à confier à sa filiale Onati la gestion des réseaux de téléphonie mobile et d'accès à Internet sans mise en concurrence. À la suite d'un contentieux engagé par PMT, le Conseil d'État, sur renvoi du TAPF, a, par une décision du 29 décembre 2023, n° 488288, jugé que ces dispositions méconnaissaient, en raison de leur généralité, les principes constitutionnels de liberté d'accès à la commande publique et d'égalité de traitement des candidats. Tirant les conclusions de cette décision, le TAPF a, par un jugement du 25 juin 2024, enjoint au président de la Polynésie française de convoquer le Conseil des ministres pour abroger ces dispositions dans un délai de deux mois à compter de la notification du jugement.

52. Saisie du projet de modification de cette procédure et de la création d'un régime de quasi-régie adapté, dispensant là encore l'OPT de réaliser une mise en concurrence pour déléguer les services publics dont il a la charge à l'une de ses filiales, l'APC a rendu un avis le 1er octobre 2024.[20] Elle y considère notamment qu'il n'existe – hors des situations de carence de l'initiative privée – aucun élément justifiant une dérogation à la procédure par appel d'offres qui doit rester la solution à privilégier en matière de délégation de service public, et rappelle la nécessité de séparer, au moins fonctionnellement et pas seulement comptablement, les entités

[20] APC, avis n° 2024-a-07 du 1er octobre 2024 relatif à trois projets de loi du pays portant modification de la loi du pays n° 2009-21 du 7 décembre 2009 relative au cadre réglementaire des délégations de service public de la Polynésie française et de ses établissements publics et du *Code des postes et télécommunications*.

investies d'une mission de service public et les entités actives sur les marchés en concurrence d'Onati.

53. L'APC a également rendu un avis le 29 avril 2024 sur les télécommunications extérieures par câbles sous-marins et liaisons satellitaires,[21] suite au projet de Google de déployer un réseau câblé passant par Tahiti et à au développement des constellations de satellites pour l'accès à internet. Si cette ouverture du marché amont apparaît favorable, en permettant une meilleure couverture du territoire polynésien à un coût plus bas, cet avis a été l'occasion de rappeler une nouvelle fois la nécessité de réglementer les prestations de gros de l'OPT, afin d'offrir un accès non discriminatoire aux infrastructures à ses concurrents.

4. La question de l'universalité du déploiement du réseau des nouveaux opérateurs

54. Dès son avis de 2017, puis dans un avis spécifiquement rendu sur ce sujet le 24 juillet 2023,[22] l'APC indiquait que, alors que le cadre réglementaire polynésien impose le déploiement de tous les opérateurs sur tous les archipels, une telle exigence génère des inefficacités et fausse le jeu normal de la concurrence. En ne permettant pas d'assurer l'équilibre économique des acteurs, sauf au prix de tarifs très élevés pour les consommateurs, elle se fait au détriment de l'objectif de réduction de la fracture numérique et d'un accès aux différents services pour tous les Polynésiens.

55. L'APC a ainsi préconisé de distinguer des zones denses, dans lesquelles serait possible une concurrence par les infrastructures entre les opérateurs, et des zones peu denses, où serait privilégiée une concurrence limitée aux services mais avec une mutualisation de l'infrastructure. Or, si plusieurs modalités de mutualisation étaient en théorie possibles, Onati a déployé unilatéralement son propre réseau 4G dans l'ensemble des îles desservies par le nouveau câble sous-marin Natitua, bénéficiant pour ce déploiement d'une importante subvention du pays de près de 250 millions F CFP. L'enjeu est donc désormais, d'une part, de reconsidérer les modalités de déploiement par les autres opérateurs de leur propre réseau, en excluant les îles où dupliquer les réseaux n'a pas de logique économique et, d'autre part, d'encadrer les tarifs proposés par Onati pour l'accès à son réseau 4G.

56. Faute d'être mise en œuvre suffisamment vite par le Gouvernement, cette distinction a également connu une évolution contentieuse récente. Ainsi, reprenant sur ce point l'analyse concurrentielle conduite par l'APC et précisant que le principe opposé en défense de développement d'une « concurrence par les infrastructures » ne procédait d'aucune disposition réglementaire, le TAPF[23] a, le 2 novembre 2024, censuré comme entachées d'une erreur manifeste d'appréciation les stipulations du cahier des charges de PMT, lui fixant un calendrier de déploiement universel pour la période 2027-2036.

---

21 APC, avis n° 2024-AO-03 du 29 avril 2024 portant sur un projet de loi du pays portant modification *du Code des postes et télécommunications.*

22 APC, avis n° 2023-A-02 du 24 juillet 2023 relatif à la détermination des conditions de déploiement et de financement des réseaux de télécommunications dans les îles peu denses de la Polynésie française.

23 TAPF, 12 nov. 2024, jugement n° 2400179, *Société Pacific Mobile Télécom.*

5. La question de la portabilité des numéros

57. L'APC a régulièrement fait valoir que la fluidité de la mobilité entre opérateurs était essentielle, car elle permettait de limiter les effets « club » au profit de l'opérateur historique. Si certaines pratiques relatives aux périodes de réengagement ou à l'homogénéité des taris entre appels *off-net* et *on-net* ont déjà été abordées par la décision n° 2018-PAC-01, examinée *infra*, une autre question relève par sa nature non des opérateurs eux-mêmes, mais du seul pouvoir réglementaire, celle de la portabilité du numéro, qui permet de changer d'opérateur sans changer de numéro de téléphone.

58. Cette faculté est essentielle car elle renforce le pouvoir du consommateur, qui peut opter pour les offres les plus compétitives sans subir la contrainte de changer de numéro de téléphone, et facilite donc l'acquisition de parts de marché par les opérateurs les plus innovants. Or, alors que le *Code des postes et des télécommunications* prévoit depuis 2013 une telle mise en œuvre,[24] celle-ci n'était toujours pas effective en 2023, nécessitant l'intervention du juge administratif saisi par l'opérateur Viti.

59. Ainsi, dans un jugement du 12 septembre 2023, le TAPF[25] a fait injonction à la Polynésie française d'édicter les mesures réglementaires permettant cette portabilité du numéro entre opérateurs.

60. La Polynésie française a alors introduit ces dispositions dans le *Code des postes et télécommunications* par un arrêté[26] du 13 décembre 2023.[27] Toutefois, ce texte renvoyait à un nouvel arrêté le soin de préciser ses modalités d'application et notamment « l'information de l'abonné, les obligations de qualité de service en matière de portage et le délai maximum d'interruption du service, les délais de transmission entre les opérateurs des informations nécessaires au traitement de la demande de l'abonné, les autres spécifications nécessaires à la mise en œuvre de la portabilité » pour une entrée fixée au 1er décembre 2024 seulement. Aussi, faute d'une mise en œuvre effective, le TAPF a dans un jugement d'exécution du 30 avril 2024[28] prononcé une astreinte de 11,8 M F CFP à l'encontre du pays.

*

* *

61. L'intervention combinée du juge – afin de faire appliquer le volet concurrentiel de la réforme des télécommunications – et de l'autorité de concurrence – dont l'analyse concurrentielle permet d'éclairer la motivation du juge et de renforcer la sécurité juridique des nouveaux textes – a ainsi fait ses preuves. Il est d'ailleurs notable que

---

24 *CPT*, art. LP 212-20, introduit par la loi du pays n° 2013-4 du 14 janvier 2013.

25 TAPF, 12 septembre. 2023, jugement n° 2200830.

26 Arrêté n° 2376 CM du 13 décembre 2023 relatif à la mise en œuvre de la portabilité des numéros mobiles en Polynésie française.

27 *CPT*, art. A. 212-20-17, relatif à la conservation du numéro mobile par l'abonné souhaitant changer d'opérateur et art. A. 212-20-18, fixant les obligations des opérateurs lorsqu'un abonné indique souhaiter conserver le numéro mobile qui lui a été attribué par l'opérateur sortant.

28 TAPF, 30 avril 2024, jugement n° 2400039.

les conditions de marché plus ouvertes suscitées par ces différentes décisions se sont traduites par une augmentation importante de la part de marché du nouvel entrant, par l'arrivée d'un troisième acteur, mais également par l'émergence d'offres plus avantageuses. Ainsi, les volumes d'appels vocaux, de SMS et de données mobiles n'ont cessé d'augmenter et 2022 a vu l'arrivée des premières offres illimitées.

62. Toutefois, la nécessité et la fréquence de ces interventions des autorités de contrôle sont également révélatrices d'un problème plus structurel, lié à l'absence d'une régulation indépendante du secteur, qui fera l'objet des développements qui suivent.

III. Un processus encore fragile et inachevé

A. *La nécessité d'un régulateur sectoriel indépendant*

63. Malgré l'isolement et la complexité du territoire polynésien, l'ouverture à la concurrence du secteur des télécommunications a donc été une réussite. En parallèle d'une couverture en haut débit croissante, les prix se sont fortement réduits, rendant ces prestations plus accessibles aux consommateurs.

64. Ce succès a néanmoins été obtenu au prix d'une surveillance étroite et continue de l'ouverture du marché, par l'APC et par les juridictions administratives. Malgré l'existence de certains outils, tels que le référé devant le juge ou les mesures conservatoires devant l'APC, le risque d'un tel *modus operandi* est d'intervenir a posteriori, de manière répressive plutôt que préventive. Or, en matière d'ouverture à la concurrence, les premières années sont cruciales pour les nouveaux opérateurs et les barrières réglementaires ou comportementales peuvent rapidement s'avérer désastreuses, même sur une très courte période.

65. En réalité, l'abondance des avis – souvent redondants – de l'APC et les censures répétées par la justice administrative sont le symptôme d'une réforme structurellement inaboutie, du fait du maintien de liens fonctionnels et organiques entre le Gouvernement et l'opérateur historique – l'OPT et sa filiale Onati – dont le rôle stratégique a été maintenu, voire renforcé, depuis l'ouverture à la concurrence du secteur des télécommunications. Actuellement, la fonction de régulation du secteur est exercée par le seul Conseil des ministres, ministres qui représentent la moitié du conseil d'administration de l'OPT, établissement public industriel et commercial de la Polynésie française.

66. La pérennité de la réforme exige aujourd'hui d'aller plus loin et de dépolitiser la gestion du secteur, en dotant la Polynésie française d'un régulateur indépendant du Gouvernement, comme cela est le cas dans tous les pays développés ayant ouvert à la concurrence leurs industries de réseau (c'est le rôle de l'Autorité de régulation des communications électroniques, des postes et de la distribution de la presse, ARCEP, dans l'Hexagone). Un tel régulateur permet en effet de garantir l'efficacité et l'efficience de la réglementation pour apporter, tant aux autorités politiques qu'aux acteurs du secteur, des voies de conciliation impartiale d'intérêts divers et souvent contradictoires, ainsi qu'une stabilité et une prévisibilité de la règle de droit, propices à l'investissement privé.

67. Le régulateur pourrait avoir en charge l'attribution des autorisations individuelles d'exercer, la détermination des tarifs réglementés, la rédaction des cahiers des

charges des opérateurs, la détermination des zones de carence et des modalités de mutualisation des infrastructures. Il aurait par ailleurs un rôle en matière d'arbitrage des litiges entre opérateurs, sur les tarifs ou les conditions commerciales, qui n'ont pas été abordés par le présent article mais sont parfois virulents. Le Gouvernement pour sa part conserverait son rôle régalien en matière d'attributions de fréquences (après avis conforme du régulateur) et la fixation des grands objectifs de service public. Ainsi, une telle réforme ne le priverait en rien le pays de la possibilité d'exiger que des objectifs politiques tels que l'accessibilité et le service universel soient pris en compte, mais il aurait une marge de manœuvre plus réduite sur la détermination des meilleurs moyens pour y parvenir.

68. Les avantages d'une telle évolution sont connus et documentés : limitation des conflits d'intérêts et des phénomènes de capture du régulateur ; limitation de l'opportunisme politique et des alternances politiques sur les choix de régulation ; limitation des asymétries d'information si elle s'accompagne d'une large obligation de transparence, de communications de données et de séparation fonctionnelle et comptable entre activités en monopole et concurrence. Il existe aussi un avantage politique à déléguer à une autorité indépendante la responsabilité de prendre certaines mesures favorables à l'intérêt de long terme du pays, mais se heurtant à des intérêts particuliers de court terme. De telles réformes permettent ainsi de restaurer la confiance et la visibilité des opérateurs, de mettre en place un environnement propice aux investissements dans le secteur et donc à l'emploi, et au développement des offres, dans l'intérêt des consommateurs et plus largement de l'ensemble de l'économie.

69. Le même raisonnement vaut d'ailleurs pour d'autres secteurs où les infrastructures sont prédominantes et peuvent créer des goulets d'étranglement, tels que l'énergie ou l'activité portuaire, également stratégiques car ils ont un effet sur l'ensemble de l'économie.

B. *Un rôle nouveau pour l'autorité de concurrence ?*

70. Dans cette perspective, la solution habituellement préconisée est de créer des agences de régulation sectorielle indépendantes dotées de moyens, de garanties d'indépendance et d'expertise, et de pouvoirs de décisions, notamment en matière de tarifs ou d'autorisations.

71. L'APC a mis à profit sa situation géographique et la création du réseau régional des autorités de concurrence du Pacifique (Pacific Island Network of Competition Consumer and Economic Regulators ou PINCCER) pour aborder cette question avec plusieurs de ses homologues de la région, dont les autorités australiennes, néo-zélandaises et fidjiennes. À la différence des plus grands États (France, Royaume-Uni, Allemagne), et à l'image de l'Espagne et des Pays-Bas, ils ont tous trois fait le choix de confier l'essentiel des missions de régulation des industries de réseau à la même autorité indépendante que celle qui est compétente en matière de concurrence. Ainsi, l'Australian Competition and Consumer Commission (ACCC) et la Commerce Commission (ComCom) de Nouvelle-Zélande ont par exemple une triple mission : i) la lutte contre les pratiques anticoncurrentielles (rôle dévolu à l'APC en Polynésie française) ; ii) la protection des consommateurs (rôle dévolu au Gouvernement à travers la DGAE en Polynésie française) ; et iii) la régulation

des industries de réseau (rôle dévolu au Gouvernement à travers la DGEN et le SDE). Elles justifient cette pluralité de missions par leur objectif commun, qui est la protection des intérêts à long terme des consommateurs.

72. Dans une note pour l'OCDE, MM. Ergas et Fels ont souligné les capacités de synergie existant entre régulation et concurrence au sein d'une même autorité administrative indépendante :

> *[l]'avantage de [cette] approche, du moins en théorie, est qu'elle élargit la gamme d'instruments que l'autorité peut utiliser. Par exemple, il se peut que la solution la plus efficace à un problème réglementaire particulier soit de restructurer le marché de manière à promouvoir la concurrence, puis à appliquer vigoureusement les règles de la concurrence. En « internalisant » dans une même autorité les instruments du droit de la concurrence et des instruments réglementaires, l'autorité peut être plus encline à mélanger et assortir efficacement les problèmes et les instruments, évitant ainsi la « mentalité de cloisonnement » qui peut compromettre une bonne prise de décision. Dans le même temps, il peut y avoir des cas où l'identification d'une solution réglementaire efficace nécessite une analyse des impacts sur la concurrence, qu'une telle autorité intégrée peut trouver plus facile de réaliser*[29].

73. La seule autorité administrative indépendante polynésienne, l'APC, pourrait ainsi se voir confier les missions de régulation des réseaux dans les secteurs caractérisés par des monopoles naturels (énergie, télécommunications, le cas échéant transports). Si une telle réforme devra faire l'objet d'arbitrages, notamment sur la composition et les conditions de nomination du collège ou la polyvalence des services d'instruction, elle conduirait à limiter le risque d'une capture du régulateur, moins lié à des intérêts particuliers, tout en offrant dans une économie de petite taille de substantielles économies d'échelles dans un domaine qui requiert des compétences rares, et offrirait une plus grande visibilité aux acteurs institutionnels et économiques.

74. Cette réflexion a connu en 2024 une avancée significative, non pas dans le domaine des télécommunications, mais dans celui de l'énergie. En effet, le président de la Polynésie française a saisi l'APC d'une demande d'avis sur un projet de loi du pays par lequel il souhaite transférer la mission de régulation sectorielle de l'énergie vers l'APC, qui a donné lieu à un avis du 30 mai 2024.[30]

IV. Conclusion

75. Le secteur des télécommunications a été par excellence, dans ses premières années, un terrain de jeu privilégié pour l'APC. Sa création a en effet été concomitante à l'ouverture effective du secteur et plus que dans tout autre domaine, elle a été en mesure de jouer de ses différentes prérogatives. Par ses compétences contentieuses,

---

[29] Traduction libre d'un extrait de la note de FELS Allan et ERGAS Henry, *Changes in Institutional Design of Competition Authorities (OECD Roundtables on Competition Policy)*, 17-18 décembre 2014, cité par APC, avis n° 2024-A-04 portant sur un projet de loi du pays relatif à la régulation sectorielle en matière d'énergie.

[30] APC, avis n° 2024-A-04 du 30 mai 2024 portant sur un projet de loi du pays relatif à la régulation sectorielle en matière d'énergie.

d'arbitre du jeu concurrentiel, elle a pu, notamment à travers des procédures d'urgence, empêcher l'opérateur historique de freiner l'émergence de ses nouveaux concurrents. Par ses compétences consultatives, elle a conseillé le Gouvernement sur les principes permettant une concurrence efficace et les mesures concrètes à mettre en œuvre pour limiter les barrières à l'entrée, notamment face au risque de censure de ses textes par le juge administratif.

76. Malgré ses succès initiaux, qui ont permis et accompagné l'explosion des usages, cette réforme est cependant incomplète et fragile, faute d'une régulation indépendante du secteur, d'une rupture des liens entre l'opérateur historique et le gouvernement polynésien et d'une vraie séparation fonctionnelle entre les différentes activités de l'OPT-Onati. L'heure est donc à la mise en place d'une autorité de régulation indépendante, dont les fonctions pourraient être cumulées à celle d'Autorité de concurrence. Le gouvernement polynésien demeurant pour sa part le seul décideur en matière d'objectifs sociaux et politiques, tels que l'aménagement du territoire, l'égalité d'accès des usagers ou la promotion du développement des usages.

ANNEXE 1 : Décisions contentieuses de l'APC en matière de télécommunications

Décisions contentieuses de l'APC en matière de télécommunications
2023-PAC-01 : Demande de mesures conservatoires présentée par la société Viti pour des pratiques mises en œuvre dans le secteur des télécommunications
2021-PAC-01 : Demande de mesures conservatoires présentée par la société Pacific Mobile Telecom dans le secteur des télécommunications en matière de prestation d'itinérance pour l'accès aux données mobiles
2018-PAC-01 : Pratiques mises en œuvre dans le secteur de la téléphonie mobile à destination de la clientèle résidentielle

ANNEXE 2 : Avis consultatifs de l'APC en matière de télécommunications

Avis consultatifs de l'APC en matière de télécommunications
2024-AO-03 : Avis sur un projet de loi du pays portant modification du *Code des postes et télécommunications* en Polynésie française
2024-A-07 : Avis relatif à trois projets de loi du pays portant modification de la loi du pays n° 2009-21 du 7 décembre 2009 relative au cadre réglementaire des délégations de service public de la Polynésie française et de ses établissements publics et du *Code des postes et télécommunications*
2023-A-06 : Avis relatif à la fixation des tarifs de référence d'interconnexion (TRI) des terminaisons d'appels mobiles (TAM) des opérateurs de téléphonie mobile Onati, PMT et Viti pour 2024 et 2025
2023-A-03 : Avis sur un projet d'arrêté portant réglementation temporaire des tarifs et conditions des offres fixes d'accès à Internet dans les zones peu denses
2023-A-02 : Avis sur la détermination des conditions de déploiement et de financement des réseaux de télécommunications dans les îles peu denses de la Polynésie française
2023-A-01 : Avis sur la fixation des tarifs de référence d'interconnexion des terminaisons d'appels mobiles SMS des opérateurs de téléphonie mobile Onati, PMT et Viti pour 2022 et 2023
2022-A-03 : Avis sur la fixation des tarifs de référence d'interconnexion des terminaisons d'appels mobiles des opérateurs de téléphonie mobile PMT/VODAFONE et ORA/Viti pour 2022 et 2023

Avis consultatifs de l'APC en matière de télécommunications
2020-A-02 : Avis sur un projet de loi du pays portant modification du *Code des postes et télécommunications* (tarifs de référence d'interconnexion)
2017-A-02 : Avis relatif à l'octroi par le Gouvernement d'autorisations de fournir des services de télécommunications aux sociétés Viti et Pacific Mobile Telecom

ANNEXE 3 : Décisions des juridictions administratives relatives à l'ouverture à la concurrence du secteur des télécommunications polynésien

Juridiction	Numéro du jugement	Requérant	Date du jugement	Sens de la décision
TAPF	1300592	PMT	7 octobre 2014	Annulation des prestations de gros de l'OPT à PMT (défaut de négociation)
TAPF	1700414	Viti	12 juin 2018	Annulation du rejet de la demande d'agrément de Viti comme opérateur téléphonique
TAPF	1800002	PMT	26 juin 2018	Annulation du rejet de la demande d'agrément de PMT comme fournisseur d'accès à Internet
TAPF	2100101-2100108	PMT-Viti	14 décembre 2021	Annulation des tarifs de référence d'interconnexion pour 2021
TAPF	2100234	PMT	29 mars 2022	Annulation de l'exclusion des achats de prestations d'itinérance de l'assiette réglementaire des coûts des tarifs de référence d'interconnexion
TAPF	2200067	PMT	22 novembre 2022	Annulation des tarifs de référence d'interconnexion SMS pour 2022-2023
TAPF	2200350	Viti	25 avril 2023	Rejet de la contestation de Viti relative à la subvention versée à Onati pour le déploiement de la 4G dans les archipels éloignés
TAPF	2200387	PMT	25 avril 2023	Rejet de la contestation de PMT relative à la subvention versée à Onati pour le déploiement de la 4G dans les archipels éloignés
TAPF	2200359	PMT	6 juin 2023	Injonction à OPT de communiquer la convention de délégation de service public avec Onati
TAPF	2200830	Viti	12 septembre 2023	Injonction à la Polynésie française d'édicter les mesures réglementaires prévues à l'article LP 212-20 du CPT (portabilité du numéro entre opérateurs)
TAPF	2200941	PMT	12 septembre 2023	Rejet du recours contre la convention de délégation de service public entre OPT et Onati (tardiveté de la requête)
TAPF	2300126	PMT	12 septembre 2023	Transmission au Conseil d'État de la contestation de l'article LP 28 de la loi du pays n° 2009-21 (délégation de service public sans mise en concurrence)

Juridiction	Numéro du jugement	Requérant	Date du jugement	Sens de la décision
TAPF	2300053	PMT	26 septembre 2023	Rejet de la requête visant l'annulation des tarifs de référence d'interconnexion pour 2022-2023
Conseil d'État	488288	PMT	29 décembre 2023	Les alinéas 2 à 5 de l'article LP 28 de la loi du pays n° 2018-42 méconnaissent les exigences constitutionnelles de liberté d'accès à la commande publique et d'égalité de traitement des candidats
TAPF	2300182	Viti	30 janvier 2024	Rejet de la requête visant l'annulation de son calendrier de déploiement pour la période 2018-2030
CAÀ de Paris	22PA00799-22PA01197	Polynésie française-Onati	5 février 2024	Confirmation des jugements nos 2100101 et 2100108 (annulation des tarifs de référence d'interconnexion pour 2021)
TAPF	2400039	Viti	30 avril 2024	Liquidation de l'astreinte prévue par le jugement n° 2200830 (absence de mise en œuvre de la portabilité du numéro entre opérateurs) à hauteur de 11 800 000 F CFP
TAPF	2300126	PMT	25 juin 2024	Injonction au président de la Polynésie française d'abroger les alinéas 2 à 5 de l'article LP 28 de la loi du pays n° 2009-21 (délégation de service public sans mise en concurrence en matière de télécommunications)
CAA de Paris	22PA02955	Polynésie française – PMT	7 août 2024	Annulation du jugement du TAPF n°2100234 du 29 mars 2022
TAPF	2400179	PMT	12 novembre 2024	Annulation du calendrier de déploiement de PMT pour la période 2027-2036

18 décembre 2024

Transports : Analyse des infrastructures, barrières et régulations dans les marchés insulaires

Henri Piffaut*
Commission Européenne
Autorité polynésienne de la concurrence
Autorité de la concurrence de la Nouvelle-Calédonie

1. Le secteur des transports est un domaine clé dans toute économie en permettant les échanges à la fois de personnes et de biens. Dans les économies îliennes du Pacifique, son importance devient encore plus centrale, le bien-être des habitants dans de nombreuses îles dépend largement de leur interconnexion avec les autres îles, voire avec les continents. Ce chapitre se concentre sur la politique de concurrence en matière de transport dans les économies des îles du Pacifique, en se basant surtout sur les pratiques respectives des autorités de la concurrence de la Nouvelle-Calédonie (ACNC) et en Polynésie française (APC) et en piochant dans des exemples pertinents issus des pratiques française et européenne. La politique de concurrence ne concerne pas seulement des affaires contentieuses ou de contrôle des concentrations, mais aussi le rôle de conseil des puissances publiques, sous la forme d'avis notamment. Ce rôle est d'autant plus important

* Henri Piffaut est conseiller auprès de la Commission européenne – DG COMP à Bruxelles, spécialisé dans les subventions étrangères. Il est également membre du Conseil de l'Autorité polynésienne de la concurrence et membre du comité de prospective de l'Autorité de la concurrence de la Nouvelle-Calédonie (ACNC). Auparavant, il a été Vice-Président de l'Autorité de la concurrence en France et conseiller auprès du Directeur général adjoint chargé des concentrations à la DG COMP. Les propos tenus sont personnels et n'engagent pas ces institutions.

et légitime que ce type de secteur, en raison des externalités qu'il emporte, est le plus souvent soumis à des régulations économiques qui influencent la rentabilité des activités, les incitations à investir dans les infrastructures, voire le nombre d'acteurs qui y opèrent.

2. De par l'éloignement géographique de ces économies et leur dépendance en approvisionnements de l'Europe, le secteur des transports joue un rôle important dans la formation des prix : ainsi l'APC a estimé qu'en moyenne, le coût d'approche, qui comprend le fret mais également la manutention des biens et le transport sur place, représentait environ 8 % du prix TTC d'un bien.[1]

I. Introduction

A. *Définitions du transport et caractéristiques*

1. Définitions

3. Les infrastructures de transport sur une île sont essentielles pour sa connectivité, son développement économique et son attractivité touristique. Étant donné les contraintes géographiques et environnementales, elles incluent généralement une combinaison de routes, de ports, d'aéroports et, dans le cas d'archipels, de systèmes de transport maritime locaux. Certaines îles mettent en place un réseau de transport public pour faciliter les déplacements. Il est à noter que la géographie des îles peut contraindre très fortement les possibilités d'accroissement des capacités des réseaux routiers. La quasi-totalité des îles habitées inclut une ou des infrastructures portuaires pour assurer soit un trafic local ou touristique, soit le transport inter-îles de personnes et de marchandises, soit enfin l'importation de conteneurs transportés sur de longues distances par des navires de marchandises. Il est à noter que comme les réseaux routiers, les ports sont le plus souvent le fruit d'investissements par la puissance publique et sont contraints par la géographie physique et les connexions routières. Même si beaucoup de ces infrastructures font payer leur usage, pour la plupart, elles ne pourraient demeurer viables ou faire l'objet d'investissements sans l'aide de la puissance publique.

4. Au sein des infrastructures aéroportuaires, on distingue les aéroports internationaux et les aéroports locaux selon l'origine, le nombre et l'ampleur des vols accueillis. Les aéroports locaux connaissent une intensité variable d'utilisation. Dans tous les cas, un aéroport est fortement contraint par la géographie physique et l'ampleur des investissements et dépenses qu'il nécessite. Les aéroports sont souvent gérés par des sociétés privées sur la base de concessions, ou sous la forme de régies. Pour les mêmes raisons que celles exposées pour les infrastructures portuaires, les aéroports peuvent dépendre financièrement de l'intervention de la puissance publique.

5. Les infrastructures portuaires et aéroportuaires sont à la base d'une chaîne de valeur qui comporte de nombreux échelons. Celle-ci inclut des activités allant de l'organisation des transports, de l'accueil et de l'entretien des navires ou avions

---

1 Avis n° 2019-A-02 du 19 septembre 2019 relatif aux mécanismes d'importation et de distribution en Polynésie française.

et du déchargement des marchandises jusqu'à la distribution finale, en passant par des processus de manutention, de stockage, de transport et de transformation. Comme beaucoup de ces activités comportent d'importants coûts fixes, le volume du trafic demandé par une île, voire un archipel, peut ne pas être suffisant pour assurer la masse critique minimum pour une rentabilité suffisante, en prenant en compte la capacité à payer de la demande. Ici encore, l'intervention de la puissance publique peut s'avérer nécessaire pour satisfaire la demande.

2. Défaillances de marché

6. Les marchés liés aux infrastructures de transport connaissent souvent des défaillances en ne parvenant pas à allouer efficacement les ressources ou à répondre aux besoins de manière optimale. Cela peut conduire à des externalités négatives et des coûts sociaux élevés, et nécessiter une intervention de la puissance publique par des subsides ou par des régulations pour corriger les distorsions.

7. Tout d'abord, ces marchés présentent des externalités négatives dont l'impact sur l'environnement, les accidents (essentiellement sur la route) dont les conséquences sont souvent supportées par la société (sous la forme de dépenses publiques de santé et de réduction de productivité), ou encore l'entretien des infrastructures, pas pleinement reflété dans les éventuels prix d'usage payés par les usagers.

8. La deuxième défaillance qui affecte les marchés de transport est l'existence de situations de pouvoir de marché substantiel sous la forme de monopoles naturels, de forte concentration de marché due à la taille de ce dernier, aux contraintes géographiques ou à des régulations qui limitent le nombre d'acteurs. Ainsi, dans les îles ou archipels, il peut être économiquement inefficace de dupliquer les infrastructures de transport, comme les aéroports ou les ports. Si le comportement de l'opérateur d'une telle infrastructure n'est pas régulé, cela peut conduire à des prix excessifs, une moindre qualité des services et des inefficacités. Le problème est encore accru quand le propriétaire de cette infrastructure est également intégré verticalement dans d'autres activités connexes où plusieurs acteurs peuvent être en concurrence.

9. La troisième défaillance souvent rencontrée a trait à des problématiques d'accès. Certains types d'infrastructures de transport, comme les routes, les ponts et les services de transport public, sont des biens publics, c'est-à-dire que leur utilisation par un individu n'empêche pas leur utilisation par d'autres (non-rivalité) et qu'il est difficile d'exclure les utilisateurs, même en cas de congestion. Cela peut nécessiter l'intervention publique sous la forme de subsides ou de régulation. De même, la contrainte de rentabilité peut conduire à ne pas desservir des routes, ce qui conduit à des situations d'exclusion économique et sociale. L'intervention publique est alors nécessaire pour garantir l'accessibilité et l'équité territoriale.

10. Quatrième catégorie de défaillance de marché, il existe des asymétries d'information notamment entre fournisseurs de services et clients. Les clients de services de transport peuvent avoir un manque d'information sur la qualité, la sécurité ou l'impact environnemental des services qu'ils utilisent (par exemple, le choix d'une compagnie aérienne ou d'une société de transport de marchandises). Cela peut mener à une demande pour des services de moindre qualité ou à des décisions basées sur

des informations incomplètes. De même, dans certains marchés, comme le transport aérien, les structures tarifaires sont complexes et parfois peu transparentes. Cela rend difficile pour les clients de comparer les offres et de choisir la meilleure option, et peut causer des inefficacités dans la prise de décision des utilisateurs.

11. Cinquièmement, les contraintes d'appréciation du temps peuvent conduire à de mauvaises décisions d'allocation de ressources. Les projets d'infrastructures de transport nécessitent souvent de gros investissements initiaux et des périodes longues de retour sur investissement. Il peut alors y avoir une incompatibilité entre les perspectives temporelles de rentabilité des investisseurs privés (et de leurs financements) et les caractéristiques du projet en cause. Cette myopie temporelle peut conduire à des sous-investissements.

12. Enfin, les services et les infrastructures de transport s'intègrent dans des chaînes de valeur complexes et souvent doivent être coordonnés avec d'autres modes de transport. Le manque de coordination peut conduire à une utilisation moindre ou moins efficace des moyens de transport au détriment des usagers ou de certaines catégories de clients.

3. Barrières à l'entrée et à la sortie sur les marchés de transport

13. Les marchés de transport connaissent également souvent des barrières à l'entrée et à la sortie conséquentes. Cela joue un rôle important dans la dynamique concurrentielle.

14. La construction d'infrastructures comme des aéroports, des routes, des ports, ou encore la constitution de flottes de véhicules (bateaux, bus, avions), exigent des investissements initiaux très élevés, limitant ainsi l'entrée de nouveaux acteurs. De plus, l'accès à des ressources essentielles (comme les terrains ou les droits d'utilisation) est souvent réglementé ou monopolisé, créant une barrière importante pour les nouveaux entrants. Par ailleurs, le secteur des transports est fortement réglementé pour garantir sécurité, durabilité et fiabilité. Ces exigences réglementaires (licences, certifications de sécurité, normes environnementales, etc.) sont certes justifiées, mais aussi complexes et coûteuses à respecter. Il existe également des économies d'échelle et d'envergure souvent importantes. Par exemple, le transport aérien est sujet à des économies d'échelle et de gamme importantes. Les coûts fixes y sont matériels avec l'acquisition d'avions et chaque avion présente une capacité à remplir. De plus, la gestion des flottes d'avions et de leurs trajets permet d'optimiser leur utilisation et conduit à des économies substantielles. Les compagnies aériennes font face à de fortes barrières d'entrée, en raison des coûts d'achat ou de location d'avions, des droits d'accès aux aéroports et de la concurrence des grands groupes. Il existe également des barrières à la sortie, la revente de flottes d'avion ou la fermeture des infrastructures pouvant être onéreuses. Les compagnies aériennes réduisent leurs coûts grâce à l'exploitation d'une flotte pour plusieurs lignes. Cela rend difficile pour de nouveaux entrants de concurrencer sur la base des coûts les acteurs déjà établis.

15. Les barrières à la sortie dans le secteur des transports sont souvent élevées également. Les entreprises possèdent généralement des actifs coûteux et spécifiques

(avions, infrastructures portuaires, etc.) qui ne peuvent pas être facilement réutilisés ou revendus pour d'autres activités. De plus, la vente ou le démantèlement des infrastructures peut s'avérer coûteux en termes de main-d'œuvre, de réglementation environnementale et de contraintes liées à la restauration des terrains. Par ailleurs, les entreprises de transport, en particulier dans le domaine des services publics, sont souvent liées par des contrats de longue durée. Ces contrats comportent des clauses de sortie coûteuses ou restrictives. Les investissements initiaux dans les infrastructures et les véhicules de transport engendrent des dettes élevées. En cas de sortie, il est souvent difficile de couvrir ces dettes sans un flux de trésorerie constant.

4. Externalités positives

16. Les transports et infrastructures de transport génèrent des effets bénéfiques pour la société qui ne sont pas directement inclus dans le prix des services. Ces externalités positives profitent à l'économie, à l'environnement et à la cohésion sociale bien au-delà de l'utilité de la demande des utilisateurs.

17. Ainsi, les transports et infrastructures de transport bénéficient au développement économique et social en favorisant l'accès aux marchés pour les entreprises locales et extérieures, stimulant de ce fait croissance économique et investissement. De plus, des infrastructures de transport bien conçues peuvent réduire le temps de trajet des travailleurs, ce qui améliore la productivité globale en leur permettant d'arriver plus rapidement à leur lieu de travail. Les entreprises bénéficient aussi d'une logistique plus rapide et fiable.

18. Le développement de ce secteur peut aussi bénéficier à la cohésion sociale et à la réduction des inégalités en améliorant l'accès aux services publics (éducation, santé) pour les populations éloignées et en offrant à tous un accès plus équitable aux ressources et opportunités. Enfin, la connectivité autorise une meilleure inclusion sociale notamment avec la disponibilité des transports en commun qui permettent aux personnes sans véhicule de se déplacer plus facilement.

19. Il ressort de ce qui précède que le secteur des transports repose sur des coûts fixes et des barrières à l'entrée et à la sortie importantes (à l'exception des moyens de transport de petits volumes, comme le camion). L'ampleur de ces coûts fixes et des barrières aboutit souvent à des marchés très concentrés, voire à des monopoles naturels. Cela peut rendre nécessaire une régulation économique de l'accès. Ainsi, la chaîne de valeur peut comprendre plusieurs maillons où la concentration est très forte, et des situations de pouvoir de marché existent. Une autre caractéristique est que leur disponibilité est le plus souvent d'importance vitale pour les zones économiques desservies, notamment pour les îles. Cela entraîne que lorsque leur prestation n'est pas économiquement viable ou pourrait se heurter à des monopoles naturels, une intervention publique est souvent nécessaire.

B. *Application graduelle du droit de la concurrence aux transports*

20. Comme illustration des particularités et du rôle central du secteur des transports pour les économies, ce secteur a longtemps bénéficié de mesures spécifiques pour l'application du droit de la concurrence dans l'UE.

21. Par exemple, alors que le règlement n° 17[2] avait donné les pouvoirs à la Commission de mettre en œuvre les articles 85 et 86 (aujourd'hui 101 et 102) du Traité, le règlement n° 141[3] a exclu du champ d'application du règlement n° 17 « les accords, décisions et pratiques concertées dans le secteur des transports qui ont pour objet ou pour effet de fixer les prix et conditions de transport, de limiter ou de contrôler l'offre de transport ou de répartir les marchés de transport » et « l'exploitation abusive d'une position dominante, au sens de l'article 86 du traité, sur le marché des transports ». Petit à petit les règles spécifiques au secteur des transports ont disparu au profit de l'application du droit commun de la concurrence. Ce processus s'est achevé avec l'adoption du règlement n° 1/2003. Des règles spécifiques quant aux possibles exemptions d'accords au regard de l'article 101(3) ont encore perduré jusqu'en 2024, le dernier vestige, le règlement d'exemption par catégorie en faveur des consortiums maritimes, n'a pas été prolongé après le 25 avril 2024. Il demeure néanmoins un encadrement spécifique dans le domaine du contrôle des aides d'État.

22. Ce lent mouvement est non seulement le produit des difficultés d'intégrer les différents marchés nationaux et les politiques qui les accompagnaient, mais il est aussi expliqué par les spécificités des marchés de transport. L'abandon progressif d'un encadrement régulatoire dédié montre pourtant que ces spécificités peuvent être prises en compte dans le cadre du droit commun de la concurrence pour les pratiques anticoncurrentielles. Il faut néanmoins noter que le secteur des transports est un grand pourvoyeur d'affaires de concurrence en Europe que ce soit au titre des pratiques anticoncurrentielles, du contrôle des concentrations ou du contrôle des aides d'État.[4]

II. Politique de concurrence et action de la puissance publique

23. En raison de sa spécificité et de son importance pour l'économie en général, le secteur des transports fait l'objet de politiques dédiées. Se pose alors la question de l'articulation des politiques de transport et de concurrence. Au niveau de l'UE, la réponse se décline à la fois dans le contrôle des aides d'État (qui s'intéresse à l'intervention de la puissance publique dans le jeu concurrentiel) et dans la collégialité de l'action de la Commission européenne qui fait que tout projet de politique de transport prend en compte son impact concurrentiel, et inversement. Au niveau français hexagonal, le même contrôle des aides d'État s'applique alors que l'Autorité de la concurrence (ADLC) hexagonale peut (et parfois doit) émettre des avis sur l'impact concurrentiel des régulations économiques. Au niveau de la Nouvelle-Calédonie et de la Polynésie française, les autorités de concurrence peuvent émettre des avis de leur propre chef ou en réponse à une saisine de la

---

2 Règlement n° 17/62 du Conseil, *JO*, n° 013/204, 1962.

3 Règlement n° 141/62 du Conseil, *JO*, n° 124/2751, 1962.

4 Voir BROCA Hubert de, MIELECKA RIGA Marta et SUBOES Anatoly, « Transport », *in* FAULL Jonathan, NIKPAY Ali et TAYLOR Deirdre (dir.), *Faull & Nikpay: The EU Law of Competition* [en ligne], 3e éd., Oxford Academic, 2014.

puissance publique, mais il n'existe pas de contrôle des aides d'État même si la pratique européenne vient informer les avis de l'APC et de l'ACNC.

A. *Les avis en matière de transport en Nouvelle-Calédonie et en Polynésie française*

24. Il n'existe pas de régime de contrôle des aides d'État dans les îles du Pacifique. Le concept existe par capillarité en Polynésie française et en Nouvelle-Calédonie où les autorités de concurrence peuvent s'inspirer du cadre juridique européen dans le contexte d'avis qu'elles sont amenées à rendre, portant sur des projets de réforme gouvernementaux concernant des secteurs à fortes externalités comme le transport. Les thèmes abordés dans les avis rendus touchaient notamment à l'articulation entre marchés concurrentiels et obligations de service public. Une obligation de service public (OSP) emporte des coûts qui peuvent être supportés par la demande, par des fonds publics ou par d'autres activités. La première option peut être socialement régressive puisque cela conduit à une augmentation des coûts et donc des prix plus élevés qui peuvent écarter la partie la plus vulnérable de la demande. La deuxième s'expose à la contrainte budgétaire, la puissance publique ne disposant pas de fonds illimités. La puissance publique peut alors prendre en charge elle-même l'activité ou laisser un tiers le faire tout en compensant les surcoûts. Il importe alors de ne pas surcompenser ces derniers pour éviter des rentes d'origine publique qui viendraient distordre la concurrence sur d'autres marchés. Enfin, la troisième impose de laisser les entreprises gagner des surprofits sur d'autres marchés pour compenser les coûts supplémentaires engendrés par les obligations de service public, ce qui soulève des questions en termes de distorsions de concurrence.

25. Cette problématique s'est posée notamment pour les liaisons inter-îles, qu'elles soient maritimes ou aériennes. En effet, en raison de la part importante des coûts fixes, de telles liaisons ne sont pas toujours rentables avec une fréquence suffisamment importante.

B. *Impact des aides d'État*

26. Dans son avis (n° 2016-A-01) relatif à la concurrence sur la desserte maritime entre Tahiti et Moorea, l'APC a examiné si des mesures de défiscalisation existantes pouvaient distordre la concurrence. Elle a constaté que la réduction d'impôt ne s'appliquait qu'aux contribuables qui apportent des capitaux à des investissements productifs en Polynésie française, et incluait ainsi, au sens du droit européen des aides d'État, un avantage sélectif car elle s'appliquait à des investissements spécifiquement définis. Même si le droit européen ne s'applique pas, le dispositif français de défiscalisation en Polynésie française était identique à un dispositif que la Commission européenne avait considéré comme aide compatible pour d'autres territoires français. L'APC a néanmoins recommandé l'introduction d'un critère d'effet sur le fonctionnement concurrentiel d'un marché dans le cadre d'analyse d'un projet de défiscalisation. Il pourrait ainsi analyser l'impact d'un projet sur la concurrence et la création d'éventuelles distorsions, notamment au regard des agréments dont ont bénéficié antérieurement les opérateurs sur le marché concerné.

C. *Obligations de service public*

27. Une loi de pays de 2016 en Polynésie française avait prévu que l'activité de transport s'exercerait dans un cadre concurrentiel, par l'attribution d'une licence d'exploitation qui fixerait individuellement les obligations de service public et leur modalité de fourniture, pour une durée déterminée. L'APC, dans un avis du 7 février 2017, a examiné la détermination des conditions d'octroi et de retrait de la licence d'exploitation.[5]

28. La délibération en question tendait à faciliter les conditions d'accès aux marchés en distinguant les zones où la concurrence peut s'appliquer librement de celles où des obligations supplémentaires devraient s'appliquer. Pour le transport maritime, les îles qui ne présentaient pas de problème particulier de desserte incluaient Moorea, Bora-Bora, Raiatea, Huahine ou Tahaa. Les îles isolées ou mal desservies qui pouvaient faire l'objet de dispositions particulières d'exploitation ou de restriction d'octroi de licences comportaient des îles telles que Rapa, Maupiti, Fatu Hiva, les îles des Tuamotu du Nord-Est, les îles des Tuamotu de l'Est, les îles Gambier, etc. Dans le secteur aérien, le projet de délibération prévoyait un seuil de mille mouvements commerciaux par an au-delà duquel la libre concurrence pouvait jouer, alors qu'en deçà des obligations particulières pouvaient être imposées. Par ailleurs, ce projet favorisait l'implantation d'opérateurs étrangers dans le secteur aérien et créait la possibilité d'octroyer des autorisations exceptionnelles dans le secteur maritime. L'APC a noté que les zones de concurrence couvraient la grande majorité des flux (pour le maritime plus de 99 % du flux de passagers et plus des 2/3 des tonnages de marchandises transportées ; pour le secteur aérien, environ 50 % du flux aérien de passagers et près de 20 % du fret transporté par voie aérienne). Il était prévu que les exploitants des entreprises de transport public interinsulaire réguliers soient rémunérés par les recettes perçues sur les usagers selon des tarifs homologués qui devaient « correspondre à des conditions normales d'exploitation compte tenu des aides et participations de la Polynésie française au financement des obligations de service public ».

29. Dans son avis, l'APC a constaté que les contraintes prévues pour les activités de transport apparaissaient justifiées par un objectif d'intérêt général, tenant à l'effectivité et à l'efficacité du système de transport ainsi organisé. L'APC a validé les critères basés sur la demande pour déterminer la nature concurrentielle d'une liaison et a noté que la mise en place d'un système de licence d'exploitation assurait la lisibilité aux usagers, permettait un pilotage par les données et de suivre les contraintes imposées aux opérateurs.

30. L'APC a souligné, en premier lieu, que le nouveau régime contribuait à abaisser les barrières à l'entrée sur les marchés en facilitant l'accès aux licences sur les zones de libre concurrence, en permettant à des opérateurs étrangers d'entrer sur le marché du transport aérien interinsulaire, et en clarifiant et en assouplissant le régime des dérogations sur les marchés du transport maritime.

---

[5] Avis n° 2017-AO-01 du 7 février 2017 relatif au projet de délibération relative à la licence d'exploitation et aux obligations de service public dans le transport interinsulaire maritime et aérien.

31. En second lieu, le projet augmentait la transparence et l'objectivité sur les marchés en définissant clairement les obligations de service public et en organisant la collecte d'informations à des fins statistiques et de suivi du secteur, et en détachant l'organe de concertation (l'observatoire du transport interinsulaire) de l'organe chargé de l'attribution des licences et du contrôle de leur respect.

32. Enfin, l'APC considérait que le projet posait les bases d'une régulation sectorielle en introduisant des procédures claires d'octroi des licences d'exploitation et de sanction, ainsi que le suivi général du secteur et individuel des opérateurs.

33. Il faut souligner qu'à propos du risque de subventions croisées, l'APC a rejeté une interdiction de principe et a déclaré que leur effet doit être apprécié au cas par cas, selon les marchés concernés, les tarifs et les services et produits qu'ils permettent de soutenir, et selon la position des concurrents en présence. Elle a ajouté que ces subventions pouvaient permettre de réaliser des gains d'efficacité car un mécanisme de compensation publique serait plus lourd et lent que des compensations entre navires et sociétés en prise directe avec l'évolution du marché et des charges et recettes de l'entreprise.

D. *Aides au secteur aérien*

34. Dans un avis du 13 décembre 2022,[6] l'ACNC relevait que le secteur aérien domestique et international était largement subventionné tant du côté de la demande que de celui de l'offre. Les compagnies locales étaient quasi exclusivement à capitaux publics et en position dominante sur les marchés concernés. La puissance publique soutenait notamment l'investissement des transporteurs publics locaux par la voie du dispositif de défiscalisation outre-mer, tandis que les puissances publiques néo-calédoniennes procuraient également des soutiens tels que des garanties d'emprunts, le subventionnement, sans mise en concurrence, de lignes déficitaires ou de lignes internationales, ou encore le comblement de pertes financières des transporteurs. Du côté de la demande, les puissances publiques octroyaient également des aides liées à la continuité territoriale avec la France ou au sein de la Nouvelle-Calédonie. L'ACNC relevait que ces dispositifs étaient insuffisamment contrôlés et, qu'en l'état, ils seraient par principe interdits ou soumis à autorisations dans un cadre national. De plus, l'ACNC soulignait l'identité de fait entre l'organisateur, le régulateur et l'actionnaire des compagnies aériennes calédoniennes.

35. Aux côtés des mesures structurelles concernant les opérateurs, leurs liens, les aéroports et une régulation du secteur, l'ACNC prônait d'assurer l'efficience des aides publiques au secteur en s'inspirant de la politique européenne du contrôle des aides d'État par des régimes adaptés de subventionnement et de tarification à travers l'identification des lignes faisant l'objet de soutiens publics et celles devant être exploitées sous un régime inspiré de l'obligation de service public (OSP) en vigueur dans l'UE et la suppression de l'obligation de validation des grilles tarifaires pour les lignes hors OSP. Enfin, elle suggérait d'introduire un

---

6 ACNC, avis n° 2022-A-04 du 13 décembre 2022 sur le fonctionnement concurrentiel du secteur aérien en Nouvelle-Calédonie.

régime d'aide aux passagers indépendant des transporteurs. Plus généralement, elle proposait d'élaborer un cadre réglementaire pour l'attribution des aides publiques aux entreprises, dont le contrôle pourrait lui être confié, afin de veiller à l'existence d'une saine concurrence sur les marchés néo-calédoniens de biens et services, y compris aériens.

E. *Avis sur des régulations économiques*

36. L'APC a examiné dans son avis du 19 juin 2017 un projet de loi du pays qui réformait la réglementation de l'accès aux professions d'entrepreneur de taxi et de véhicule de remise et leur exercice.[7]

37. L'APC s'y félicitait de ce que le projet supprimait un certain nombre de barrières à l'entrée en facilitant l'accès de nouveaux entrants au secteur des taxis et des véhicules de remise. Cependant, elle a aussi suggéré d'aller plus loin avec la suppression d'autres barrières comme le maintien d'un *numerus clausus* et la possibilité de refuser une autorisation d'exercer sur le fondement d'une adéquation de l'offre à la demande.

38. Par ailleurs, l'APC notait que le projet – avec des licences multitransports, la pratique de la maraude et les réservations préalables – permettait la diversification de l'offre de transports terrestres, en autorisant la satisfaction de nouvelles demandes des consommateurs, le développement du secteur et la stimulation de la concurrence. L'APC recommandait néanmoins d'accompagner ces réformes de meilleurs outils de suivi du marché et d'information des consommateurs.

39. Enfin, l'APC constatait que le projet contribuait à une meilleure protection des consommateurs et, in fine, une demande plus importante par la mise en place obligatoire de compteurs horokilométriques dans les taxis et par l'affichage obligatoire des tarifs réglementés dans les véhicules.

40. Dans un avis du 14 mai 2018, l'APC a examiné le fonctionnement concurrentiel du transport aérien international desservant la Polynésie française.[8] Elle a d'abord constaté que le prix moyen pondéré n'a cessé d'augmenter entre 2013 et 2016 sur la ligne Papeete-Los Angeles dans un contexte de rareté de l'offre alors que sur la même période les prix avaient baissé sur la liaison Londres-Australie. En examinant les causes possibles de cette divergence, l'APC a tout d'abord noté que la réglementation, même si elle pouvait être rendue plus ouverte, n'a pas été un frein majeur au développement de la concurrence ou n'a pas eu, en soi, une influence négative sur l'évolution du prix d'un billet. Ensuite, les coûts supportés par les compagnies aériennes (notamment les charges de carburant ou d'assistance en escale, les taxes et redevances) n'expliquaient pas l'évolution du prix du billet. En revanche, l'optimisation des revenus des compagnies aériennes (*yield management*) dans un contexte d'exploitation de la rareté de l'offre de sièges semblait un facteur d'explication plus pertinent. Enfin, l'APC a constaté que les accords de partage de codes pourraient être susceptibles de conduire,

---

7 APC, avis n° 2017-A0-02 du 19 juin 2017 sur le projet de loi du pays portant réglementation de l'activité de transport routier particulier avec chauffeur, au moyen de véhicules de moins de 10 places assises.

8 APC, avis n° 2018-A-01 du 14 mai 2018 relatif au transport aérien international.

dans certains cas, à des restrictions de concurrence. En l'absence de mécanisme de contrôle préalable de ce type d'accord en Polynésie française, l'APC invitait les compagnies aériennes à effectuer une autoévaluation des risques concurrentiels de leurs accords ou conventions afin d'en corriger les éventuels aspects anticoncurrentiels. Elle recommandait également à la Polynésie française de modifier le régime d'approbation indirect des accords en saisissant l'Autorité polynésienne de la concurrence sur le fondement de l'article LP 620-1 I du *code de la concurrence.*

F. *Conclusion*

41. Les avis présentent les caractéristiques suivantes :
    - Premièrement, pour ce qui concerne les services publics, ils sont agnostiques quant au choix du mode de leur mise en œuvre.
    - Deuxièmement, quel que soit le modèle retenu par la puissance publique, il peut exister des problématiques de concurrence (et de contrôle de la dépense publique). Tout d'abord, en empruntant à la pratique du contrôle des aides d'État, les autorités ont cherché à alerter sur la nécessité de mettre en place un mécanisme qui limite les subventions accordées à leur minimum. Cette limitation a deux dimensions : réduire la charge pour la collectivité et aussi éviter que la concurrence soit distordue au-delà du nécessaire. Ensuite, les autorités de concurrence sont particulièrement attentives aux risques de subventions croisées. D'une part, des subsides excessifs pourraient servir à financer des atteintes à la concurrence sur d'autres marchés. D'autre part, la puissance publique pourrait favoriser la création de rentes sur d'autres marchés pour financer de façon privée les OSP.
    - Troisièmement, pour éviter la survenance de ces problématiques, ces avis mettent en avant la nécessité de disposer d'informations pertinentes et de séparer comptablement les activités soumises à des OSP et celles libres sur le marché. Par ailleurs, l'autorité publique devrait s'assurer de bénéficier d'un flux continuel d'informations pour éviter la réalisation des risques concurrentiels. Une conséquence de cette position est la suggestion d'avoir un régulateur qui dispose des pouvoirs et moyens nécessaires pour s'assurer que l'OSP est respectée et que les risques concurrentiels sont minimisés.

42. Les avis cités dans la présente section ont trait essentiellement à des moyens de transport. Même si aucune affaire ni aucun avis n'ont porté sur des infrastructures portuaires ou aéroportuaires, il faut souligner que les problématiques que pourraient soulever d'éventuelles OSP seraient similaires et que des mesures d'aides à l'investissement seraient évaluées à l'aune des critères mis en place par le contrôle européen des aides d'État : identification d'une défaillance de marché, proportionnalité de l'aide et effet incitatif pour l'investissement.

43. Pour ce qui concerne le contrôlé par la puissance publique de l'accès à des secteurs économiques, les avis plaident pour des critères objectifs et l'abandon de limitations sur le nombre d'acteurs quand la demande est suffisante.

III. Pratiques anticoncurrentielles et contrôle des concentrations

A. *Marchés pertinents*

1. Transport de passagers

44. En règle générale, les autorités de concurrence suivent une approche point à point pour la définition des marchés de transport de passagers. La substituabilité entre les modes de transport aérien et maritime est appréciée au cas par cas et dépend notamment du type de passagers, de la distance et de la durée des voyages, des fréquences disponibles et des prix des voyages.[9] Dans son avis sur la desserte maritime entre Tahiti et Moorea, suivant une approche point à point, l'APC a estimé que sur cette desserte plusieurs types de clientèles pourraient être distingués : le trafic journalier et le trafic touristique qui opère plutôt le week-end. La substituabilité du transport maritime avec l'avion apparaissait limitée dès lors que le prix d'un billet d'avion représentait environ quatre à cinq fois celui d'un passage par voie maritime sur cette ligne, que les horaires étaient distincts et les situations géographiques également. De même, alors que la partie notifiante indiquait que le marché du transport maritime de passagers en Nouvelle-Calédonie était soumis à une forte pression concurrentielle de la part du secteur aérien, l'ACNC avait conclu à un marché maritime notamment, compte tenu des différences en termes de fréquences de rotation, de la durée de trajets et de la demande de passagers.[10] L'APC notait à ce titre dans un avis que la ventilation du trafic de passagers par mode de transport pour 2015 mettait en évidence l'importance de la voie aérienne pour la desserte des archipels hors îles du Vent. Pour ces dernières, le transport interinsulaire est assuré essentiellement par ferrys pour les résidents, seuls les touristes ont recours à la voie aérienne.[11] Pour les autres îles, le trafic passager était essentiellement assuré par avion. Enfin, notons que l'ADLC a considéré que le marché du transport maritime de passagers « inclut le transport de passagers et des véhicules de tourisme ».[12]

2. Transport de marchandises

45. Dans le secteur du transport de marchandises, la pratique décisionnelle distingue traditionnellement selon le mode de transport : (i) le transport aérien ;

---

9 APC, décision n° 2017-CC-01 du 9 mars 2017 relative à la prise de contrôle exclusif des sociétés Compagnie française maritime maritime de Tahiti (CFMT) et Vaipihaa par la SCP Emar ; et voir avis sur la desserte maritime entre Tahiti et Moorea.

10 ACNC, décision n° 2023-DCC-09 du 11 décembre 2023 relative à l'acquisition du contrôle exclusif des sociétés Transiles SARL, Marifret SARL et Compagnie maritime des îles SARL par la Société d'exploitation financière SARL, *voir aussi, Enguerrand Simminger, New Caledonia: The New Caledonian Competition Authority clears proposed acquisition in shipping sector (CMI), 11 December 2023, Concurrences N° 2-2024, Art. N° 118769.*

11 APC, avis n° 2017-AO-01 sur un projet de délibération relative à la licence d'exploitation et aux obligations de service public dans le transport interinsulaire maritime et aérien.

12 ADLC, décision n° 06-MC-03 du 11 décembre 2006 concernant le transport maritime en Corse, *Anne Wachsmann, Interim measures: The French Competition Council orders the SNCM to clarify the terms of its global offer in response to a tender procedure for the maritime routes between Corsica and Marseilles (SNCM/Corsica Ferries), 11 December 2006, Concurrences N° 1-2007, Art. N° 13055, pp. 97-99.*

(ii) le transport maritime ; (iii) le transport terrestre.[13] Le choix d'un mode de transport de marchandises serait contraint par certains facteurs tels que l'emplacement géographique du client ou la nature des biens transportés. Ainsi, l'APC a retenu une approche « origine-destination » et a estimé que les différents modes de transport de marchandises ne sont généralement pas substituables entre eux. Au sein du transport maritime de marchandises, l'APC a laissé ouverte la question de subdivisions selon le type de bateaux et le type de marchandises. Elle a néanmoins noté que les données statistiques distinguaient de manière traditionnelle le transport de véhicules du transport de fret, et segmentent le transport de marchandises en produits alimentaires, matériaux de construction, hydrocarbures et divers.

46. S'agissant de segmentations plus fines, les autorités de concurrence opèrent une distinction entre le transport régulier et le transport non régulier de marchandises.[14] La pratique décisionnelle a également pu retenir une distinction entre le transport conteneurisé et le transport non conteneurisé (en vrac).[15] Enfin, les autorités de concurrence métropolitaine et européenne ont pu s'interroger sur la possibilité d'une segmentation en fonction des services associés au transport (par exemple : conteneurs réfrigérés ou non), mais la question de la pertinence de cette segmentation a été laissée ouverte.

47. L'affaire *CMA CGM/Bolloré* revue en parallèle par l'APC, l'ACNC et la Commission européenne (pour la desserte des îles des Caraïbes et de la Guyane) a fourni une définition affinée pour ce qui concerne le transport de marchandises en conteneur.[16] La pratique décisionnelle traditionnelle de l'ADLC[17] et de la Commission européenne,[18] examinait les segments de marché de transport maritime

---

[13] Voir notamment APC, décision n° 2017-CC-01 du 9 mars 2017 relative à la prise de contrôle exclusif des sociétés Compagnie maritime de Tahiti (CFMT) et Vaipihaa par la SCP Emar, précitée ; décision n° 2020-CC-02 du 10 décembre 2020 relative à la prise de contrôle conjoint du groupe Dubreuil Aéro par CMA CGM et le groupe Dubreuil.

[14] Voir par exemple ADLC, décision n° 19-D-03 du 16 janvier 2019 relative à des pratiques mises en œuvre dans le secteur du transport transmanche de poussins d'un jour ; décision n° 12-DCC-154 du 7 novembre 2012 relative à la prise de contrôle exclusif d'actifs de la société SeaFrance par la société Groupe Eurotunnel.

[15] Voir notamment ADLC, décision n° 13-D-15 du 25 juin 2013 relative à des pratiques mises en œuvre dans le secteur du transport maritime de fret entre l'Europe du Nord et les Antilles françaises ; avis n° 2018-A-06 du 29 août 2018 relatif au projet de délibération visant à modifier la délibération n° 173 du 29 mars 2006 relative à la structure des prix de l'essence et du gazole, voir aussi *Alain Ronzano, 439.Behavioral remedies: The French Competition Authority orders the four companies that operate on the cargo transport by ship between Europe and the Antilles to modify their behavior in order to restore a certain competition on the market (CMA-CGM/Maersk/Marfret/WEC), 25 June 2013, Concurrences N° 3-2013, Art. N° 55938.*

[16] APC, décision n° 2024-CC-01 du 31 janvier 2024 relative au contrôle de concentration sur la prise de contrôle exclusif de la société Bolloré Logistics et ses filiales par la société CMA CGM SA ; ACNC, décision n° 2023-DCC-11 du 27 décembre 2023 relative à l'acquisition du contrôle exclusif de la SE Bolloré Logistics par la SA CMA CGM ; Commission européenne, décision du 23 février 2024 dans l'affaire M.11143, *CMA CGM/Bolloré Logistics présentée dans : One-way trade to structural remedies in vertical shipping mergers? – Competition Merger Brief No 2/2024.*

[17] ADLC, décision n° 19-DCC-170 du 17 septembre 2019 relative à la prise de contrôle exclusif de la Société de manutention et de consignation maritime par la société Terminal Investment Limited ; décision n° 13-D-15 du 25 juin 2013 relative à des pratiques mises en œuvre dans le secteur du transport maritime du fret entre l'Europe et les Antilles françaises, précitée.

[18] Commission européenne, décision du 25 juillet 2022 dans l'affaire M.10733, *CMA CGM/GEFCO* ; décision du 29 avril 2022 dans l'affaire M.10522, *HapagLloyd/Eurogate/Eurogate Container Terminal Wilhelmshaven* ; et décision du 6 février 2019 dans l'affaire M.9221, *CMA CGM/CEVA.*

deep sea de marchandises sur la base de routes associant deux zones géographiques définies par un large éventail de ports desservis aux deux extrémités. Les enquêtes de marché menées par ces trois autorités de concurrence ont montré que cette approche n'était pas applicable à de petites économies îliennes isolées. L'enquête de la Commission a révélé un manque de substituabilité entre, d'une part, chacun des ports de la Martinique, de la Guadeloupe et de la Guyane française et, d'autre part, d'autres ports de la région Amérique centrale et Caraïbes. De même, l'APC a rejeté la possibilité de considérer la zone Océanie/Pacifique comme une seule zone géographique de destination. Cela tenait à l'insularité et à l'isolement géographique de la Polynésie française, y compris à l'égard de ses voisins de l'Océanie (à plus de 4 000 km des premières métropoles de la zone pacifique : Auckland, Honolulu ou Sydney). De plus, la région Océanie est majoritairement maritime et en conséquence dépourvue d'autres infrastructures, y compris des liens *short-sea*, qui permettraient une continuité à partir du port de déchargement. Par ailleurs, l'APC a noté que la Polynésie française a développé des liens privilégiés avec la métropole et l'UE, et reste peu intégrée dans les principaux flux commerciaux en Océanie. Étant donné les volumes importés, une seule ligne la dessert directement, à partir de l'Europe. Pour les mêmes raisons, l'ACNC a aussi conclu à un marché du transport de marchandises par conteneurs *deep sea*, selon le binôme zone géographique de départ-port d'arrivée.

48. Pour ce qui est du marché géographique, de manière constante, dans le secteur du transport maritime de passagers ou de marchandises, la pratique décisionnelle retient le principe « origine-destination » selon lequel toute combinaison de deux villes ou zones est considérée comme un marché pertinent : les marchandises devant être transportées d'un point d'origine à un point de destination sans qu'une autre destination ne soit substituable.[19] En réalité, il s'agit essentiellement de la nature du service rendu (je veux me déplacer du point A au point B) et qui ne comporte pas d'information sur la nature géographique de la demande. Les décisions ne font en général pas de distinction selon l'origine des passagers ou du client en fret.

3. Marchés connexes

49. Dans l'affaire *CMA CGM/Bolloré Logistics*, les autorités de concurrence ont laissé ouverte la question de la définition du marché de commissionnement de transport. Cependant, il ressort de la pratique décisionnelle que l'activité de commissionnement de transport peut inclure, outre le transport lui-même, divers autres services tels que le dédouanement ou le magasinage, pour le compte de clients en fonction de leurs besoins. La pratique décisionnelle a envisagé une segmentation du marché de l'organisation du transport de marchandises selon (i) le caractère national ou international du transport et selon (ii) le mode de transport utilisé (soit par voie aérienne, maritime ou terrestre). En termes géographiques, les autorités de concurrence ont conclu que la demande était de nature locale.

---

19 Voir ADLC, décision n° 13-D-15, précitée ; décision n° 2017-CC-01 ; APC, décision n° 2020-CC-02, précitée ; ou encore ACNC, décision n° 2023-DCC-09, précitée.

B. *Pratiques anticoncurrentielles*

50. Pour ce qui concerne les affaires « classiques » de concurrence, même s'il y a une pratique relativement fournie d'application de l'interdiction d'ententes ou d'abus de position dominante dans le domaine des transports en droits européen ou français, il y a assez peu d'affaires de ce type dans les îles du Pacifique. Les descriptions qui suivent reprennent des affaires océaniennes et d'autres, européennes avec des circonstances relativement semblables.

1. Secteur aérien

a) Ententes

51. L'ADLC avait constaté une augmentation importante et simultanée du prix des billets d'avion à l'automne 2017 sur la liaison Pointe-à-Pitre-Fort-de-France par deux compagnies aériennes, Air Antilles et Air Caraïbes, et avait ouvert une enquête sur le comportement de ces entreprises.[20] Cette affaire s'est conclue par une décision de sanction du 4 décembre 2024 constatant l'existence d'ententes. Selon la décision, les entreprises avaient fixé les prix notamment en concluant un « accord de non-agression » dont le volet tarifaire interdisait à chacune des deux compagnies d'être moins disante en termes de tarifs. Elles visaient à diminuer l'offre et à se répartir les créneaux horaires des liaisons aériennes inter-îles au sein des Caraïbes françaises et internationales et une fois un équilibre atteint à pérenniser le niveau d'offre.

52. Dans une décision de 2017, *Fret aérien*, la Commission européenne a constaté qu'un certain nombre de compagnies aériennes avaient coordonné leurs politiques tarifaires en matière de services de fret aérien au départ de, vers et au sein de l'Espace économique européen pour que la même surtaxe et ses variations soient transmises intégralement et de manière coordonnée aux clients.[21] Certains transporteurs avaient en outre étendu leur coopération au refus de payer une commission à leurs clients (transitaires de fret) sur les surtaxes. Ce faisant, ils faisaient en sorte que les surtaxes ne soient pas soumises à la concurrence au moyen de remises négociées avec leurs clients.

b) Abus et concentrations

53. Il n'y a pas eu d'affaires d'abus ou de concentration en Polynésie française ou en Nouvelle-Calédonie.

54. Les affaires d'abus concernant les aéroports décidées par la Commission européenne portaient sur des redevances discriminatoires. Ainsi, dans plusieurs affaires,

---

20 ADLC, décision n° 24-D-10 du 4 décembre 2024 relative à des pratiques mises en œuvre dans le secteur du transport aérien de passagers inter-îles, voir aussi, *Alain Ronzano, Aviation sector : The French Competition Authority sanctions four particularly serious cartels in inter-island air transport in the Caribbean (Air Antilles ; Air Caraïbes ; Miles Plus), 4 December 2024, Concurrences N° 1-2025, Art. N° 122503.*

21 Commission européenne, décision du 17 mars 2017 relative à une procédure d'application de l'article 101 du Traité sur le fonctionnement de l'Union européenne, de l'article 53 de l'accord EEE et de l'article 8 de l'accord entre la Communauté européenne et la Confédération suisse sur le transport aérien (affaire AT.39258, *Fret aérien*), voir aussi, *European Commission, The EU Commission adopts a new decision and fines air cargo carriers (Airfreight cartel), 17 March 2017, e-Competitions March 2017, Art. N° 8362.*

des aéroports ont été condamnés car leurs systèmes de redevances favorisaient un opérateur aérien au détriment de ses concurrents. De même, la Commission avait considéré que l'exploitant de l'aéroport de Francfort-sur-le-Main avait abusé de sa position de fournisseur exclusif d'installations aéroportuaires pour l'atterrissage et le décollage des avions en n'accordant pas aux compagnies aériennes le droit de fournir elles-mêmes des services d'assistance en escale et en n'accordant pas à d'autres compagnies l'accès à ces services.[22] Enfin, dans une autre affaire,[23] la Commission a conclu que Aéroports de Paris avait abusé de sa position dominante en discriminant par ses redevances la fourniture de services d'assistance en escale.

55. Dans les affaires européennes de concentration qui ont donné lieu à des remèdes, les problèmes de concurrence ressortaient d'une réduction du nombre d'acteurs sur des routes. Les remèdes consistaient alors en la libération de créneaux horaires.

56. Dans l'affaire *Olympic/Aegean Airlines* qui concernait un projet de fusion entre les deux seules compagnies aériennes régulières actives en Grèce, la Commission européenne a adopté une décision d'interdiction.[24] Olympic Air et Aegean Airlines avaient toutes les deux leur base principale dans le même aéroport (en l'occurrence, l'aéroport international d'Athènes). Les liaisons internationales au départ et à destination d'Athènes ont été jugées suffisamment concurrentielles après la fusion. En revanche, sur neuf liaisons intérieures, la fusion aurait abouti à un quasi-monopole. Les services de ferry, présents sur certaines des liaisons concernées, n'ont généralement pas été considérés comme exerçant une pression concurrentielle suffisante sur les services aériens des parties, notamment en raison de la durée plus longue des trajets et des fréquences plus faibles. Les barrières à l'entrée ne se présentaient pas tant sous la forme de contraintes de créneaux horaires (les *slots*) que sous la forme d'une difficulté générale pour les concurrents à établir une base à Athènes en raison des redevances aéroportuaires et de l'importance de la reconnaissance de la marque. Dans ce contexte, les engagements proposés, qui portaient essentiellement sur la libération de créneaux horaires, n'ont pas été considérés comme suffisants pour inciter un concurrent à créer une base à l'aéroport d'Athènes et à exercer une pression concurrentielle suffisante sur les liaisons concernées. En conséquence, la Commission a interdit la fusion. Néanmoins, en 2013, celle-ci a autorisé la deuxième tentative de combinaison entre Aegean Airlines et Olympic Air, en se fondant sur les circonstances particulières d'Olympic Air, une compagnie aérienne défaillante qui quitterait de toute façon le marché si elle n'était pas rachetée par Aegean Airlines.[25]

---

22 Commission européenne, décision du 14 janvier 1998 dans l'affaire 34.801, *Flughafen Frankfurt AG*, voir aussi, *Enrico Maria Armani, The EU Commission finds that a German airport abused its dominant position by refusing to grant access to facilities to some airline carriers (Frankfurt airport) , 14 January 1998, e-Competitions January 1998, Art. N° 39318.*

23 Commission européenne, décision du 11 juin 1998 dans l'affaire 35.613, *Alpha Flight Services/Aéroports de Paris.*

24 Commission européenne, décision du 26 janvier 2011 dans l'affaire M.5830, *Olympic/Aegean Airlines*, voir aussi, *David Tayar, Merger control: The European Commission publishes the full text of a decision prohibiting the merger project of two airline companies (Olympic/Aegean Airlines), 26 January 2011, Concurrences N° 4-2012, Art. N° 49529, pp. 111-113.*

25 Décision du 9 octobre 2013 dans l'affaire M.6796, *Aegean/Olympic II.*

2. Secteur maritime

a) Ententes

57. S'il n'y a pas eu de constatation d'ententes dans ce secteur par l'APC ou l'ACNC, un résumé des affaires françaises et européennes peut donner des informations utiles sur des affaires éventuelles.

58. Dans sa décision n° 13-D-15 du 25 juin 2013, l'ADLC a constaté que le transport maritime de marchandises entre l'Europe du Nord, notamment les ports français, et les Antilles est la principale route utilisée pour importer et exporter. Sur cette ligne, 90 % des échanges (hors carburants) étaient assurés par les services de CMA CGM qui partageait ses capacités de transport avec ses concurrents. CMA CGM louait de l'espace sur ses navires à Maersk, Marfret et WEC Lines pour transporter leurs conteneurs. Selon l'ADLC, les contrats de location d'espace contenaient des clauses qui limitaient l'intensité de la concurrence et la possibilité pour de nouveaux entrants d'animer le marché. Elles incluaient des exclusivités qui interdisaient de charger leurs conteneurs sur un bateau concurrent de CMA CGM, un mécanisme d'allocation des capacités opaque, l'absence de possibilité pour Maersk, Marfret et WEC Lines de revendre à des tiers la capacité réservée non utilisée et une durée indéterminée des contrats. Ces clauses réduisaient la possibilité pour les compagnies de s'adapter à la demande et ont pu freiner l'entrée de nouveaux opérateurs sur le marché. Selon l'ADLC, le jeu cumulé de l'ensemble des clauses restrictives pouvait se traduire par des prix supérieurs à 10 à 25 % de la moyenne des tarifs pratiqués par les compagnies opérant sur des routes similaires.

59. Dans sa décision du 15 avril 2010,[26] l'ADLC a sanctionné 40 entreprises de manutention portuaire pour s'être coordonnées, en ce qui concerne 3 d'entre elles, afin de se partager des postes à quai en construction dans le cadre de l'extension en cours de la capacité du port du Havre et s'être réparties, pour 2 d'entre elles, la clientèle de la manutention portuaire.

60. Dans une décision du 27 février 2009,[27] le Conseil de la concurrence (le prédécesseur de l'ADLC) a estimé que la SNCM avait abusé de sa position dominante pour la desserte de la Corse en présentant une offre globale indivisible et en refusant de s'engager de manière ferme sur le montant des subventions demandées ligne par ligne en réponse à un appel d'offres de la puissance publique. En effet, compte tenu des contraintes imposées par l'appel d'offres en termes de desserte et de flotte requise, les autres concurrents n'étaient pas en mesure de déposer une offre globale

---

26 Décision n° 10-D-13 du 15 avril 2010 relative à des pratiques mises en œuvre dans le secteur de la manutention pour le transport de conteneurs au port du Havre, voir aussi, *Jean-Philippe Kovar, Public domain – Jurisdiction of the NCA: The French Competition Authority holds that it has jurisdiction to sanction anticompetitive practices in the allocation of permission to occupy the public domain (Harbour handling – Port of Le Havre), 15 April 2010, Concurrences N° 3-2010, Art. N° 32110, pp. 177-178.*

27 Décision n° 09-D-10 du 27 février 2009 relative à des pratiques mises en œuvre dans le secteur du transport maritime entre la Corse et le continent, voir aussi, *Michele Giannino, The French Competition Authority condemns a maritime transport operator for abusive conducts perpetrated in a tender procedure regarding the assignation of the Marseille/Corsica maritime links to be provided under a public service obligation (SNCM), 27 February 2009, e-Competitions February 2009, Art. N° 28425.*

dans les délais impartis et la SNCM était par conséquent incontournable, au moins pour une partie de la desserte de la Corse. En présentant une offre indivisible, elle était assurée de remporter la totalité des lignes, la collectivité corse ne pouvant l'écarter au profit des offres concurrentes pour pouvoir préserver la continuité de la desserte maritime complète entre Marseille et la Corse.

61. Enfin, dans une décision du 21 décembre 2004,[28] le Conseil de la concurrence avait constaté que les trois entreprises assurant la liaison France-îles Anglo-normandes s'étaient entendues pour éviter une guerre des prix après une période de prix bas proposés par le troisième acteur récemment entré sur le marché.

b) Abus : avis de l'APC sur la desserte maritime entre Tahiti et Moorea

62. Dans son avis (n° 2016-A-01) relatif à la concurrence sur la desserte maritime entre Tahiti et Moorea, l'APC a examiné si une position dominante sur les marchés de fret et de transport de véhicules pouvait conduire à des subventions croisées vers le marché de transport de passagers et éventuellement une pratique de prix prédateurs.

63. L'APC constatait tout d'abord que le groupe Degage était en position dominante respectivement sur le marché du transport de fret (monopole) et celui du transport de véhicules entre Tahiti et Moorea. L'APC a souligné que le fait pour une entreprise titulaire d'un monopole d'utiliser les ressources de ce dernier pour subventionner une nouvelle activité ne constitue pas en soi un abus de position dominante. Elle a ajouté que cela ne peut être sanctionné au titre des abus de position dominante que lorsqu'elle est utilisée pour pratiquer des prix prédateurs ou lorsqu'elle a conditionné une pratique commerciale qui, sans être prédatrice, a entraîné une perturbation durable du marché qui n'aurait pas eu lieu sans elle.

64. L'APC a souligné que, selon elle, la recherche des subventions croisées, comme celle des prix prédateurs, ne peut donc être fondée que sur l'analyse d'une comptabilité analytique permettant d'établir de façon économiquement correcte une répartition des recettes et des coûts de l'entreprise sur les différentes activités. Dans le cas d'espèce, l'APC a conclu qu'il était peu probable que les excédents dégagés par cette activité suffisaient à subventionner l'activité de passagers.

65. Le Conseil de la concurrence, dans une décision du 23 décembre 2004,[29] a conclu que la régie du port autonome du Havre avait abusé de sa position dominante en pratiquant des prix prédateurs. Le port autonome mettait en œuvre des tarifs différents pour l'utilisation de son outillage public de déchargement au terminal multivrac, selon que la manutention était confiée au concessionnaire du terminal pour le

---

[28] Décision n° 04-D-74 du 21 décembre 2004 relative à des pratiques mises en œuvre sur le marché des liaisons maritimes entre la France et les îles Anglo-normandes, voir aussi *Jean-Patrice de La Laurencie, The French Competition Authority catches a defensive cartel of maritime transport carrier companies for abusive pricing on the basis of both national and EC competition laws (Channel Islands), 21 December 2004, e-Competitions December 2004, Art. N° 176.*

[29] Décision n° 07-D-28 du 13 septembre 2007 relative à des pratiques mises en œuvre par le port autonome du Havre, la Compagnie industrielle des pondéreux du Havre, la Société havraise de gestion et de transport et la société Havre Manutention.

stockage et à ses sous-traitants ou, au contraire, aux concurrents de ces entreprises. De même, le concessionnaire avait abusé de sa position dominante en proposant à ses clients des offres couplées liant le stockage et la manutention, ce qui avait un effet de forclusion à l'égard des concurrents sur le marché de la manutention. Des affaires similaires avaient été traitées par la Commission européenne dans des cas où des exploitants de ferrys étaient également propriétaires et exploitants des installations portuaires. Cela leur donnait la possibilité d'accorder un traitement favorable à leurs propres services de ferrys, soit en refusant l'accès aux installations portuaires aux opérateurs concurrents, soit en leur accordant un accès à des conditions moins favorables que celles accordées à leurs propres services.[30]

3. Conclusion

66. De par ses caractéristiques économiques, le secteur des transports est relativement propice à des pratiques anticoncurrentielles. Il s'agit en général de marchés très concentrés où les barrières à l'entrée et à la sortie peuvent être importantes. Les affaires passées en revue appartiennent à des grandes catégories de problématiques comme lutter contre un nouvel entrant (par des prix prédateurs alimentés par des subventions publiques comme prétendu dans l'affaire des vedettes vendéennes, en s'appuyant sur des droits exclusifs comme dans l'affaire de la desserte de la Corse, ou en s'appuyant sur une position dominante dans un marché connexe comme dans l'affaire du port du Havre). Une autre grande catégorie d'affaires reprend les pratiques concertées face à des chocs économiques comme une hausse des prix d'un intrant (dans le maritime comme dans l'aérien) ou les suites d'une guerre des prix qui menaçait la rentabilité des uns et des autres (desserte des îles Anglo-normandes et transport aérien dans les Caraïbes).

C. *Contrôle des concentrations*

1. Transport maritime en Nouvelle-Calédonie

67. Dans l'affaire *Transiles*,[31] l'opération envisagée consistait en une acquisition par une société privée, cependant l'acquisition ultérieure d'une participation minoritaire par la province des îles Loyauté au sein d'une des sociétés cibles était susceptible de porter atteinte à la concurrence. Cette prise de participation entraînait des avantages financiers en ce que toute forme d'aide financière perçue de la province des îles Loyauté par cette société au titre de son activité de transport maritime de passagers pouvait être répercutée sur l'activité, concurrentielle, de transport maritime de marchandises. Les distorsions de concurrence ainsi créées pourraient, à terme, aboutir à l'éviction des concurrents actuels et/ou dissuader

---

30 Voir décisions de mesures conservatoires du 16 mai 1995 dans l'affaire *CCI de Morlaix (port de Roscoff)* et du 11 juin 1992 dans l'affaire *Sealink/B&I*.

31 ACNC, décision n° 2023-DCC-09 du 11 décembre 2023 relative à l'acquisition du contrôle exclusif des sociétés Transiles SARL, Marifret SARL et Compagnie maritime des îles SARL par la Société d'exploitation financière SARL, précitée, voir aussi, *Enguerrand Simminger, New Caledonia: The New Caledonian Competition Authority clears proposed acquisition in shipping sector (CMI), 11 December 2023, Concurrences N° 2-2024, Art. N° 118769, pp. 200-202.*

l'arrivée de nouveaux entrants sur le marché du transport maritime de marchandises. S'agissant des avantages non financiers, les risques examinés concernent l'accès facilité de CMI aux infrastructures portuaires et aux marchés publics de la province des îles Loyauté.

68. L'ACNC a autorisé la transaction sur la base d'engagements. Tout d'abord, toute aide financière ou avantage au profit de cette société sera soumis à l'agrément préalable de l'Autorité. De plus, la partie notifiante s'est engagée à ne pas bénéficier de la part de la province des îles Loyauté, au titre de l'activité de transport maritime de marchandises exercée par la société CMI, d'un traitement plus favorable que celui dont ses concurrents bénéficient pour l'accès aux infrastructures portuaires.

2. CMA CGM/Bolloré Logistics

69. Dans l'affaire *CMA CGM/Bolloré Logistics*,[32] les autorités de concurrence européenne, de la Nouvelle-Calédonie et de la Polynésie française ont eu à prendre position sur des problématiques similaires pour la desserte des économies îliennes. Cette transaction soulevait essentiellement des problématiques d'intégration verticale entre le marché amont du transport maritime de marchandises par conteneurs et le marché aval de l'organisation du transport de marchandises. Les transitaires organisent le transport de marchandises pour le compte de leurs clients, en se chargeant éventuellement des services de dédouanement et d'entreposage. En tant qu'intermédiaires, les transitaires maritimes sont la principale source de revenus des transporteurs maritimes.

70. Sur chacun des marchés Europe-territoire pertinent, CMA CGM disposait d'une part de marché supérieure à 60 % et faisait face à une faible contrainte concurrentielle. L'un de ses rares concurrents, Marfret, avait signé un accord de partage de navires et pour cette raison n'était pas considéré comme une force concurrentielle indépendante. Les parts de marché additionnées de CMA CGM et de Marfret dépassaient les 90 % pour la Polynésie française et pour les Caraïbes et la Guyane. Elles étaient en revanche inférieures à 70 % pour ce qui concerne la Nouvelle-Calédonie. Les trois autorités ont conclu à une position dominante de CMA CGM, notamment en raison de l'ampleur des barrières à l'entrée. Tout d'abord, en raison de l'asymétrie des échanges commerciaux, une compagnie maritime souhaitant desservir ces territoires ne pourrait optimiser ses capacités de remplissage, au vu des faibles volumes destinés à l'exportation vers l'Europe. Ensuite, ces marchés ont connu une concentration croissante ces dernières années avec des acquisitions et des sorties du marché au profit de CMA CGM.

71. Les trois autorités de concurrence ont conclu que la nouvelle entité aurait la capacité et l'incitation de procéder à un verrouillage partiel des intrants par une augmentation des tarifs pratiqués à l'égard des transitaires concurrents de Bolloré

---

32 APC, décision n° 2024-CC-01 du 31 janvier 2024 relative au contrôle de concentration sur la prise de contrôle exclusif de la société Bolloré Logistics et ses filiales par la société CMA CGM SA, précitée ; ACNC, décision de l'ACNC n° 2023-DCC-11 du 27 décembre 2023 relative à l'acquisition du contrôle exclusif de la SE Bolloré Logistics par la SA CMA CGM, précitée ; et Commission européenne, décision dans l'affaire M.11143, *CMA CGM/Bolloré Logistics telle que résumée dans : One-way trade to structural remedies in vertical shipping mergers? – Competition Merger Brief No 2/2024*, précitée.

Logistics ou bien par une réduction des volumes attribués aux transitaires concurrents sur le trajet Europe-territoire pertinent. En effet, CMA CGM n'était confrontée qu'à une faible pression concurrentielle sur ces trajets avec des substituts imparfaits (par exemple pour la Nouvelle-Calédonie, route Europe-Australie suivie par un transbordement bien plus longue que la route directe) et des barrières à l'entrée importantes. En l'absence de substituts immédiats, la demande ne serait pas en mesure de contrecarrer une telle stratégie. Les incitations à mettre en œuvre ce verrouillage partiel seraient importantes car la demande des transitaires locaux connaît une faible élasticité-prix, les transitaires éventuellement évincés ne seraient pas en mesure d'exercer des représailles, les pertes de profits en amont seraient inférieures aux gains en aval et enfin la demande finale n'aurait pas d'alternative crédible.

72. Face à ces risques de forclusion partielle, les autorités de concurrence ont finalement autorisé la transaction sur la base de remèdes. L'ACNC a opté pour un remède comportemental alors que la Commission et l'APC ont accepté le désinvestissement des activités de commissionnaire. Il est à noter que les ventes respectives ont été réalisées auprès d'un même acheteur. Les remèdes acceptés par l'ACNC ont une durée maximale de 15 années et prévoient que CMA CGM s'engage à : (i) garantir que, sur une base semestrielle, au moins 65 % de ses volumes de transport maritime de marchandises par conteneur en provenance d'Europe et déchargés en Nouvelle-Calédonie soient réservés à des chargeurs et des transitaires qu'elle ne contrôle pas ; (ii) appliquer une tarification transparente et non discriminatoire ; et (iii) mettre en œuvre des mesures internes pour assurer l'effectivité de ces engagements.

Une régulation économique efficace nécessite des moyens d'indépendance par rapport aux entreprises du secteur et au pouvoir politique

Vincent Jaunet*
Magenta

1. Les industries de réseaux (télécommunications, transports, médias et énergie) et le droit de la concurrence entretiennent des relations étroites.

2. Une partie de l'explication tient naturellement au fait que sur ces secteurs existe un monopole naturel et que leur libéralisation suppose, précisément, de mobiliser les principes issus du droit de la concurrence. Du fait de leur histoire, ils se caractérisent habituellement par la présence d'un opérateur historique qui était, avant l'ouverture à la concurrence, en situation de monopole, également susceptible d'être détenteur d'infrastructures essentielles. À cela s'ajoute une ouverture organisée, le plus souvent, par étapes avec la coexistence de marchés en monopole et de marchés en situation de concurrence.

3. Il en résulte une multitude de problématiques concurrentielles telles que la question de l'accès aux infrastructures, d'éventuelles barrières à l'entrée, d'éventuelles pratiques de couplage ou de subventions croisées entre secteurs concurrentiels et secteurs en monopole, d'éventuelles pratiques de ciseaux tarifaires…

---

* Vincent Jaunet est avocat associé et cofondateur de Magenta – Société d'Avocats.

4. Aussi, bien que généralement soumis au contrôle d'une autorité de régulation sectorielle dédiée, ces secteurs donnent également lieu à une importante pratique décisionnelle (qu'il s'agisse de décisions de sanction ou d'avis) des autorités de la concurrence.

5. Les acteurs du jeu concurrentiel (en particulier les nouveaux entrants) sollicitent souvent une action concomitante des régulateurs sectoriels (au travers d'intervention *ex ante*) et des autorités de concurrence, dont les importants pouvoirs de sanction et d'injonction peuvent permettre d'obtenir une évolution rapide et satisfaisante des conditions de concurrence sur les marchés.

6. À cela s'ajoutent les différents avis sur le fonctionnement de la concurrence dans ces secteurs pouvant être sollicités par les pouvoirs publics, les autorités de régulation concernées ou certains acteurs du marché. Ces avis permettent notamment d'évaluer les potentielles modifications du cadre législatif ou réglementaire nécessaires à l'évolution de tel ou tel secteur.

7. La consultation des décisions de l'Autorité polynésienne de la concurrence montre que la Polynésie ne déroge pas à la règle.

8. Ainsi, la première décision de l'Autorité polynésienne de la concurrence rendue en matière de pratiques anticoncurrentielles avait trait au secteur des télécommunications.[1] Plus largement, depuis sa mise en place, sur les six décisions sanctionnant des pratiques anticoncurrentielles rendues par l'Autorité polynésienne de la concurrence, trois d'entre elles concernent les secteurs régulés (en l'espèce, celui des télécommunications). La situation est identique en matière d'avis : sur les 48 avis rendus par l'Autorité polynésienne de la concurrence depuis sa création, 20 concernent les industries de réseaux.

9. Le secteur de l'énergie (par énergie, nous entendons hydrocarbures, gaz et électricité) n'échappe pas à ces observations même si, à date, il n'a fait l'objet d'aucune décision de pratiques anticoncurrentielles. L'Autorité polynésienne de la concurrence a ainsi rendu huit avis sur la question :[2]

   - avis n° 2016-A-02 du 7 novembre 2016 relatif à la situation de la concurrence dans le secteur du transport des hydrocarbures à destination de la Polynésie française ;
   - avis n° 2018-AO-03 du 10 août 2018 sur un projet de loi du pays instituant un *Code de l'énergie* de la Polynésie française ;
   - avis n° 2020-AO-02 du 3 septembre 2020 sur un projet de loi du pays précisant le contenu des titres III et IV du *Code de l'énergie* de la Polynésie française ;

---

1 APC, décision n° 2018-PAC-01 du 6 juin 2018 relative à des pratiques mises en œuvre dans le secteur de la téléphonie mobile à destination de la clientèle résidentielle, voir aussi RONZANO Alain, « Telecoms : L'Autorité polynésienne de la concurrence rend sa première décision contentieuse et accepte les engagements de l'opérateur historique des télécoms polynésien mettant fin à des pratiques identiques à celles déjà sanctionnées par l'Autorité de la concurrence métropolitaine (OPT) », *Concurrences* [en ligne], 6 juin 2018, n° 3-2018, art. n° 87221. Disponible sur : www.concurrences.com.

2 Le lecteur attentif du site internet de l'Autorité polynésienne de la concurrence relèvera que sur la page du site dédié au secteur de l'énergie est également référencé l'avis n° 2019-AO-01 sur un projet de loi du pays relatif à l'organisation de la filière vanille.

- avis n° 2020-AO-03 du 24 septembre 2020 sur un projet de loi du pays instituant un dispositif de solidarité dans le domaine de l'électricité ;
- avis n° 2021-A-01 du 15 octobre 2021 sur un projet de loi du pays relatif aux procédures d'instruction des demandes de concessions et d'autorisations hydroélectriques ;
- avis n° 2022-A-01 du 21 avril 2022 relatif à la situation de la concurrence dans le secteur de l'approvisionnement en hydrocarbures de la Polynésie française ;
- avis n° 2023-AO-05 du 7 novembre 2023 sur un projet de loi du pays relatif au déploiement des infrastructures de recharge de véhicules électriques (IRVE) ;
- avis n° 2024-A-04 du 30 mai 2024 sur un projet de loi du pays sur la régulation sectorielle en matière d'énergie.

10. Si les hydrocarbures (gaz et pétrole) sont essentiels pour l'approvisionnement énergétique polynésien (en 2022, à l'échelle de la Polynésie, 64 % de l'électricité est générée à partir d'hydrocarbures ; en 2020, le taux de dépendance énergétique de la Polynésie est de 93 % quand celui de la France est de 45 %)[3] et ont déjà suscité l'adoption de deux avis par l'Autorité polynésienne de la concurrence (dont le dernier, émis à la suite d'une saisine d'office de l'Autorité polynésienne de la concurrence, a permis l'identification de pratiques tarifaires non efficientes de la part des opérateurs et l'émission des recommandations susceptibles de permettre des économies substantielles pour la Polynésie en général et le consommateur final en particulier), c'est dans le domaine de l'électricité que se concentre l'essentiel de l'action consultative de l'Autorité polynésienne de la concurrence. C'est pour cette raison que le présent article se concentrera plus particulièrement sur l'évolution des marchés de l'électricité en Polynésie.

11. Notons néanmoins que l'actualité la plus marquante et récente pour l'Autorité polynésienne de la concurrence, en matière d'énergie, touche à la fois le gaz et l'électricité puisqu'est actuellement en discussion un projet de loi du pays visant à faire de l'Autorité polynésienne de la concurrence le régulateur des marchés du gaz et de l'électricité.

12. Enjeu stratégique pour tout pays, plus encore à l'heure de la transition énergétique, le marché de l'électricité polynésien se caractérise par certaines spécificités organisationnelles par rapport au découpage observé classiquement dans d'autres pays. Ces particularismes trouvent leur origine, tout à la fois, dans l'histoire, mais également dans la géographie du territoire polynésien (isolement des autres territoires, multiplicités d'îles rendant plus onéreuse la création d'infrastructures de production, de transport ou de distribution, absence de ressources d'hydrocarbures propres, taille de marché limité tout en ayant certains atouts pour certaines énergies renouvelables, notamment hydraulique, photovoltaïque, géothermique et marine).

---

3 Voir Chambre territoriale des comptes, *Rapport d'observations définitives sur la gestion de la Polynésie française au titre de la politique de l'énergie*, 4 juillet 2023.

13. Dans la chaîne de valeur de l'électricité, il est d'usage de distinguer les activités suivantes (en allant de l'amont vers l'aval) :
    - la production d'énergie électrique (en Polynésie, cette production peut être assurée à partir de sources d'énergies fossiles ou renouvelables) ;
    - le transport qui consiste à acheminer, au travers de lignes haute tension, l'électricité produite depuis les sites de production vers les grands sites de consommation ou le réseau de distribution ;
    - la distribution qui couvre l'acheminement final de l'électricité apportée via le réseau de transport ou les unités de production directement connectées au réseau de distribution jusqu'aux consommateurs. Cette activité inclut également le raccordement des sites, la fourniture et la relève des compteurs ;
    - la fourniture/commercialisation qui porte sur la vente de l'électricité au consommateur.
14. Dans la majorité des systèmes électriques (notamment en France métropolitaine), les activités de transport et de distribution, compte tenu des importants investissements qu'elles nécessitent et de l'absence de pertinence économique de dupliquer les réseaux qui les supportent, font l'objet d'un monopole légal (qui peut être organisé au travers de systèmes de concessions).
15. La concurrence, quant à elle, s'exerce sur les activités de production et de fourniture/commercialisation.
16. La Polynésie connaît quelques spécificités par rapport à ce schéma :
    - l'activité de transport n'est pas présente sur toutes les îles. En effet, il n'existe un réseau de transport que sur l'île de Tahiti. Sur les autres îles, les sites de production sont directement connectés au réseau de distribution local ;
    - les activités de distribution et de fourniture ne sont pas dissociées : si les activités de distribution sont exercées dans le cadre de différentes concessions, cette organisation entraîne, une fois la concession attribuée, l'absence de concurrence sur le segment de la fourniture/commercialisation.
17. Parmi les acteurs clés de la chaîne de valeur figurent :
    - le groupe Electricité de Tahiti (EDT)-Engie qui contrôle, directement ou via ses filiales, l'essentiel des activités de production et est titulaire d'une importante partie des concessions de distribution (et, via ces dernières, la fourniture aux clients finals) ;[4]et
    - la société Transport d'énergie électrique en Polynésie (la TEP), société majoritairement détenue par le pays.
18. Face aux problématiques soulevés par le réchauffement climatique, les pouvoirs publics polynésiens ont établi en 2015 un Plan de transition énergétique 2015-2030.[5]

---

[4] Jusqu'à récemment, elle était titulaire de l'intégralité des concessions de distribution, mais en 2022, plusieurs communes ont choisi de reprendre directement la gestion de leur réseau électrique en régie, notamment Moorea-Maiao.

[5] Le Plan de transition énergétique 2015-2030 a finalement été clôturé en 2022 et lui a succédé la Programmation pluriannuelle de l'énergie.

19. Ce Plan, remplacé depuis par la Programmation pluriannuelle de l'énergie, poursuivait trois grands objectifs (changer de modèle énergétique, changer de comportements, changer de modèles économiques) pour in fine parvenir en 2030 à un mix énergétique composé à 75 % de sources d'énergies renouvelables. Pour parvenir à l'atteinte de ces objectifs, un certain nombre de moyens ont également été identifiés par le plan. Parmi ces derniers, outre une clarification du cadre juridique applicable, le plan vise la promotion de la concurrence et décline ce levier autour de trois thématiques : (i) accès au réseau public facilité ; (ii) arrivée de nouveaux concurrents ; et (iii) instauration d'un arbitre indépendant.

20. Il s'agit notamment de favoriser, tout à la fois, l'apparition de prix plus compétitifs et d'inciter des investisseurs à développer la production d'électricité à partir de sources d'énergies renouvelables, le développement de tels moyens de production nécessitant d'importants investissements.

21. Pour réaliser ces différents objectifs, plusieurs textes de loi ont été adoptés depuis 2018, textes qui ont été soumis à l'Autorité polynésienne de la concurrence pour avis (4 des 8 avis précités).

22. Compte tenu de la technicité du sujet, les pouvoirs publics ont, en effet, fait le choix d'une codification par étapes.

23. Dès le premier avis rendu en 2018, à l'occasion de l'examen du projet de loi du pays instituant un *Code de l'énergie* de la Polynésie française, l'Autorité polynésienne de la concurrence pointait les principaux freins au développement de la concurrence sur le marché de l'électricité :

- le statut du gestionnaire de transport ;
- le cadre applicable en matière de production, notamment en ce qui concerne les concessions hydroélectriques ;
- la régulation.

24. Malgré les progrès réalisés au sujet du statut du gestionnaire (I), les évolutions apportées aux activités de production paraissent incomplètes et pourraient mettre un certain temps avant de produire leurs effets (II). L'organisation de la régulation est, quant à elle, susceptible d'évoluer d'un moment à l'autre, même si une certaine incertitude demeure au regard des derniers débats parlementaires mouvementés sur le sujet (III).

25. Incidemment, si le lecteur veut facilement se rendre compte des avancées réalisées sur le marché de l'électricité au cours des 7 dernières années, la lecture comparée de la présentation du secteur de l'électricité qui figure, tout à la fois, au début de l'avis n° 2018-AO-03 et de l'avis n° 2024-A-04 constitue, sur ce point, un outil fort utile.

I. La réforme de la TEP

26. La TEP occupe un rôle clé sur le marché électrique polynésien puisqu'elle détient le réseau de transport.

27. Société à majorité de capitaux publics, elle a longtemps vu une partie substantielle (39 %) de son capital être détenue par EDT, situation posant de légitimes questions sur son indépendance.

28. En outre, l'activité de la TEP a longtemps été limitée à la seule détention des infrastructures de réseau de transport : la TEP n'avait aucune responsabilité opérationnelle en matière de maintenance, d'exploitation ou d'équilibrage du réseau et, en réalité, sous-traitait ces prestations à EDT.

29. Cette situation était d'autant plus problématique que la mission d'équilibrage est clé pour le système électrique : il s'agit d'assurer l'équilibre entre l'offre et la demande d'électricité (fonction également appelée aussi *dispatching*). Pour ce faire, le gestionnaire peut être amené à mobiliser des moyens de production supplémentaire ou au contraire les interrompre, de même qu'il peut être amené à délester certains consommateurs en cas de consommations trop importantes par rapport à la production disponible.

30. Rappelons d'ailleurs que selon le *Code de l'énergie* polynésien, l'activité de transport d'électricité est un service public.

31. Au regard du rôle qui pèse sur le gestionnaire de transport et ainsi que l'a souligné l'Autorité polynésienne de la concurrence (et reprenant ici des conclusions déjà posées par les experts de la Commission de régulation de l'énergie [CRE] qui avaient été sollicités par la Polynésie au début des années 2010), il est indispensable que le gestionnaire de transport soit un acteur indépendant de tout autre opérateur de la chaîne de valeur afin de garantir un traitement transparent et non discriminatoire, d'une part, des producteurs à l'amont et, d'autre part, des distributeurs et des fournisseurs à l'aval.[6]

32. A ce titre, en 2022, après deux avis de l'Autorité polynésienne de la concurrence soulignant l'importance de l'indépendance de la TEP à l'égard de tout autre acteur de la chaîne de valeur, EDT a cédé sa participation au sein de la TEP. À date, le capital de la TEP est détenu à 75 % par le pays et les 25 % restant sont détenus par RTEi, filiale à l'international du gestionnaire du réseau de transport d'électricité dans l'Hexagone (RTE). L'indépendance capitalistique est donc aujourd'hui réelle.

33. Parallèlement, la TEP a acquis progressivement son indépendance fonctionnelle. Si elle a longtemps été dépendante d'EDT pour ses opérations, la TEP a internalisé les opérations de maintenance en 2019, celles d'exploitation en juin 2020, les fonctions relatives à la conduite du réseau en décembre 2020 et le *dispatching*/responsabilité d'équilibre le 1er janvier 2022.

34. L'essentiel du chemin a donc été fait au regard des appréciations initiales de l'Autorité polynésienne de la concurrence.

35. La seule préconisation majeure de l'Autorité polynésienne de la concurrence sur le sujet du gestionnaire de transport à n'avoir pas encore été reprise est celle visant à faire de la TEP l'acheteur unique.

---

6 « Un acteur central ainsi renforcé doit ainsi parfaire la séparation des activités et unifier le traitement des producteurs à l'amont et des distributeurs à l'aval, dans leurs relations d'injection et de soutirage des flux électriques, notamment sans passer par l'opérateur historique intégré, présent et concurrent à ces deux niveaux. Ainsi renforcé, un tel opérateur de transport semble en mesure de remplir un rôle bénéfique pour l'ensemble des acteurs de la chaîne, en apportant neutralité et égalité de traitement, prévisibilité et confiance dans le secteur » (APC, avis n° 2018-AO-03, pt 120).

36. Pour mémoire, dans un système d'acheteur unique, un acteur du système électrique (souvent le gestionnaire de transport) est chargé d'acheter l'intégralité de l'électricité produite pour, ensuite, la vendre aux distributeurs/fournisseurs. Ce système a l'avantage de la simplicité et de garantir un égal accès à la production électrique (évitant les biais pouvant résulter de la présence sur le marché de groupes intégrés face à des *pure players* de la fourniture).

37. Pour qu'ils fonctionnent efficacement, la question des tarifs et leur durée d'application sont essentielles. S'ils sont mal fixés, les tarifs peuvent conduire à une désincitation en termes d'investissements ou à des rentes de production, ainsi qu'à des inefficacités économiques sur les marchés avals. Ils sont, en outre, susceptibles d'être soumis à une forte influence politique.

38. Au cas d'espèce, les autorités polynésiennes ont avancé d'autres raisons pour ne pas privilégier ce schéma d'organisation, en particulier la nécessité de modifier les statuts de la TEP et sa délégation de service, mais également l'absence de ressources suffisantes pour permettre à la TEP de disposer de la trésorerie nécessaire pour acquérir l'électricité produite sur le marché polynésien.

39. Indépendamment d'une éventuelle mise en place d'un schéma de type acheteur unique, à l'heure actuelle, à la suite des réformes opérées, le stade visant à faire émerger sur le marché polynésien un gestionnaire de réseau de transport indépendant peut être considéré comme franchi.

II. L'organisation de la production

40. Alors qu'une organisation satisfaisante sur le plan concurrentiel existe désormais sur l'activité de transport, la situation est plus complexe sur les autres segments.

41. À titre liminaire, relevons que si le *Code de l'énergie* pose le principe selon lequel les producteurs d'électricité sur l'île de Tahiti et les gestionnaires de réseaux publics sont tenus d'assurer la gestion de ces deux activités dans le cadre d'entités distinctes,[7] ce principe, à l'exclusion de la boucle SECOSUD, n'est pour l'heure que théorique puisqu'il ne vaut pas pour les contrats en cours. Or, le contrat de concession relatif à la boucle Tahiti Nord n'arrivera à échéance qu'en 2030. C'est un point d'attention sur le plan concurrentiel.

42. Par ailleurs, l'introduction de la concurrence sur l'activité de commercialisation de fournitures n'interviendra pas avant plusieurs années, à supposer même qu'elle intervienne un jour.

43. Dès lors, la production d'électricité est le principal champ sur lequel la concurrence est susceptible de s'exercer.[8] Sur ce segment, le principe est celui de la libre concurrence. Toutefois, les encadrements et exceptions sont nombreux de sorte que la production d'électricité demeure une activité très contrôlée.

44. Ainsi, pour les installations d'une puissance supérieure à 500 kW, une autorisation est requise. En deçà, elles font uniquement l'objet d'une déclaration.

---

7 Voir *Code de l'énergie*, art. LP 111-8.

8 L'article LP 311-1 du *Code de l'énergie* prévoit en son deuxième alinéa : « Chacun est libre de produire de l'électricité, notamment destinée à sa consommation personnelle ».

45. Plus encore, les installations de production qui concourent à la puissance garantie sont attribuées dans le cadre de délégation de service public ou d'une gestion en régie. Le terme de puissance garantie ne vise pas une énergie en particulier puisqu'elle représente selon le *Code de l'énergie* polynésien

> *l'obligation de répondre, dans toutes les situations et à chaque instant, hors cas de force majeure, à la demande en électricité des consommateurs raccordés au réseau public de distribution d'électricité, tant en puissance qu'en énergie. Elle contribue à assurer la sécurité d'approvisionnement en électricité.*[9]

46. Au vu de cette définition, dont on peut déplorer comme l'Autorité polynésienne de la concurrence ou le Conseil économique, social, environnemental et culturel de la Polynésie française (CESEC) qu'elle ne soit pas plus précise, il paraît rationnel de considérer que cette formule désigne, *a minima*, les installations les plus importantes aptes à garantir la sécurité d'approvisionnement du territoire. Il est, en tout état de cause, acquis que les installations hydroélectriques les plus puissantes entrent effectivement dans le champ de ce dispositif puisque, pour ces dernières (puissance de plus de 2 MW), le *Code de l'énergie* prévoit expressément leur attribution au travers de concessions.

47. Ce régime de la concession se retrouve également en matière de distribution.

48. Selon un avis de 2018 de l'Autorité polynésienne de la concurrence, le régime de la concession garantit normalement un égal accès des opérateurs pour exploiter le bien ou le service concédé. Néanmoins, pour que le système soit concurrentiellement vertueux, la durée de la concession doit être justement déterminée (il faut une durée suffisamment longue pour permettre l'amortissement des investissements tout en donnant des perspectives de renouvellements réguliers afin que les acteurs puissent maintenir effectives leurs activités et postuler le moment venu). En outre, la mise en place du dispositif ne doit pas créer de prime à l'opérateur en place/sortant en raison, par exemple, d'asymétrie d'informations.

49. Sur ce dernier point, au travers de son avis n° 2021-A-01 sur les conditions d'octroi des concessions hydroélectriques, l'Autorité polynésienne de la concurrence a considéré que les mécanismes d'informations en place permettaient tant la bonne information des opérateurs intéressés sur les projets potentiels ou en cours (dossiers d'intention) que sur le potentiel hydrologique des bassins et leur exploitation actuelle, sans qu'il existe un risque de captation d'informations.

50. L'Autorité est, en revanche, plus critique sur l'articulation entre procédures de concession et procédures d'autorisation et sur les durées qui peuvent être prévues dans ce cadre.

51. Le point est d'autant plus important que les unités de production hydroélectrique constituent l'un des segments sur lequel la concurrence pourrait se développer et où de nouvelles unités de production pourraient voir le jour.

52. Or, le cadre juridique choisi pose, du point de vue de l'Autorité polynésienne de la concurrence, certaines questions.

---

[9] Voir *Code de l'énergie*, art. LP 311-2, al. 2.

53. D'une part, la durée maximale des autorisations a été revue à la hausse. Alors que la précédente durée maximale fixée à 30 ans était déjà jugée longue par l'Autorité polynésienne de la concurrence,[10] elle a été portée à 45 ans avec la possibilité de la porter à 60 ans (à titre de comparaison en métropole, la durée maximale est de 75 ans, mais la plupart des autorisations délivrées aujourd'hui ont une durée ramenée à 30 ans).

54. Cette question de durée se pose également dans le cadre des concessions qu'il s'agisse de concessions hydroélectriques ou de concessions de distribution.

55. D'autre part, la procédure d'autorisation suppose l'accord des gestionnaires de réseau de transport et de distribution concernés, sans que cette problématique ne soit propre aux installations hydroélectriques, l'ensemble des installations de production soumises à procédure d'autorisation.

56. Or, comme exposé précédemment, il n'y a pas nécessairement, à date, de séparation entre gestionnaire de réseau de distribution et activité de production. Partant, cette procédure d'accord préalable soulève deux risques concurrentiels : un risque de discrimination au bénéfice des projets de production portés par le gestionnaire de distribution concerné (ou l'entité de son groupe active dans le domaine de la production) et un risque de captation par ce même gestionnaire au profit de ses activités de production des informations privilégiées (notamment techniques) des concurrents.[11]

57. Pour l'heure, les pouvoirs publics polynésiens n'ont pas jugé utile de corriger ces deux points.[12]

58. Ces éléments ne sont certainement pas les seuls facteurs explicatifs. Les problématiques financières et foncières – notamment avec une forte opposition des riverains au développement de nouveaux projets de concessions hydrauliques – en sont plus vraisemblablement les raisons principales. Pour autant, ils participent certainement à la relative atonie du développement de la concurrence dans le domaine de la production.

59. Cette situation risque de peser in fine sur les objectifs de mix énergétique ou de compétitivité des prix. A cet égard, si tous les producteurs d'électricité, pour les installations dont la puissance est supérieure ou égale à 200 kW, doivent à tout moment être en mesure de justifier du coût de l'énergie produite en faisant apparaître l'ensemble des composantes y concourant (sur ce point, ils adressent chaque année un état détaillé comportant ces éléments à l'autorité administrative compétente), la pression concurrentielle est certainement un meilleur aiguillon qu'une simple obligation de communication.

---

10 Voir APC, avis n° 2020-AO-02, pt YY.

11 La Chambre territoriale des comptes, dans son rapport d'observations définitives du 4 juillet 2023 sur la gestion de la Polynésie française au titre de la politique de l'énergie, intègre de longs développements sur les manquements au principe d'égalité de traitement et de liberté d'accès constaté dans le cadre de la procédure d'appel à projets sur la réalisation et l'exploitation d'installations photovoltaïques avec stockage sur l'île de Tahiti.

12 Aux Marquises en 2021-2022, alors qu'une procédure de renouvellement des délégations de service public était envisagée, EDT a obtenu la prolongation de cette dernière pour 2 ans, provoquant l'ire des concurrents potentiels.

III. La future organisation de la régulation

60. Dès son premier avis rendu en 2018, l'Autorité polynésienne de la concurrence rappelait combien la régulation et l'office du régulateur étaient clés dans les industries de réseaux, de sorte qu'il était essentiel de pouvoir garantir l'indépendance et l'expertise des organes amenés à jouer la fonction de régulation. En particulier, l'Autorité a souligné qu'« une régulation économique efficace nécessite des moyens d'indépendance par rapport aux entreprises du secteur et au pouvoir politique, de manière notamment à garantir l'impartialité et le bien-fondé de son action ».[13]

61. Or, jusqu'à maintenant, sur ce terrain et malgré les rappels répétés de l'Autorité polynésienne de la concurrence, la situation a peu évolué.

62. Ainsi, les missions régulatoires sont partagées entre la Direction polynésienne de l'énergie (DPE) qui est un service de l'administration polynésienne et la Commission de l'énergie qui est un organe politique (elle est composée de cinq membres dont quatre ministres et un député de l'Assemblée polynésienne). Il n'y a donc pas d'indépendance.

63. La situation est d'autant plus préjudiciable que, parallèlement, le pays conserve des participations dans certains opérateurs de la chaîne de valeur (TEP mais également dans des entreprises de production, et notamment 35 % de Marama Nui, qui gère cinq des six installations hydroélectriques de Tahiti). Le pays est alors en situation de juge et partie, notamment dans les procédures intéressant les concessions hydrauliques et pouvant le conduire à adopter des décisions partiales à l'égard d'éventuels acteurs concurrents.

64. Sur ce point, l'Autorité polynésienne de la concurrence a, à plusieurs reprises, invité les pouvoirs publics, s'ils entendent conserver la fonction de régulation au niveau du Pays, à envisager la cession par ce dernier de ses participations économiques et opérationnelles dans le secteur de l'énergie.[14]

65. Cette recommandation n'a pas été suivie. L'on ne saurait toutefois nécessairement blâmer le pays d'autres facteurs que la seule organisation de la régulation sectorielle étant susceptible d'entrer en ligne de compte dans la décision de cession d'une participation dans des actifs de production d'électricité.

66. En tout état de cause, les pouvoirs publics semblent avoir conscience de la nécessité d'organiser différemment la régulation du secteur de l'énergie. Aussi, une réforme d'ampleur visant à faire de l'Autorité polynésienne de la concurrence le régulateur du marché de l'énergie est désormais envisagée mais son sort demeure incertain.

67. Le cœur de la réforme, qui prend la forme d'un projet de loi du pays, relative à la régulation sectorielle en matière d'énergie, vise à transférer une partie des missions de régulation à l'Autorité polynésienne de la concurrence.

---

[13] APC, avis n° 2024-A-04, pt 91.

[14] « Néanmoins, si le gouvernement souhaite lever toute ambiguïté quant à son rôle en la matière, la solution consiste incontestablement à sortir du capital des producteurs d'électricité et notamment à céder ses parts de la société Marama Nui », APC, avis n° 2021-A-01, pt 55.

68. Cette mesure ne saurait être vue comme véritablement nouvelle puisqu'elle figurait déjà dans le Plan de transition énergétique 2015-2030 adopté en 2015.[15] Le Plan prévoyait même un objectif de mise en place d'ici la fin du 2e semestre 2016.

69. Dans son avis de 2018, l'Autorité polynésienne de la concurrence a, par ailleurs, pointé la nécessité d'instaurer un régulateur, sans pour autant avoir expressément envisagé que cette fonction lui soit dévolue.

70. Consciente dans le cas de l'économie polynésienne de la nécessité de mutualiser les ressources, l'Autorité polynésienne de la concurrence, dans son avis n° 2018-AO-03, recommandait la création d'un régulateur multisectoriel. Sans doute, l'Autorité avait-elle également en tête que d'autres secteurs (notamment les télécommunications) pourraient eux aussi gagner la mise en place d'un régulateur sectoriel dédié.

71. Ce n'est donc pas cette voie qui est pour l'heure envisagée.

72. Une même autorité cumulant, tout à la fois, les fonctions d'autorité de la concurrence et de régulateur sectoriel suscite cependant quelques questions. Certes, il ne s'agit pas d'un modèle original. Il a déjà été mis en œuvre à plusieurs reprises dans d'autres pays du globe.

73. Parmi les exemples les plus notables, on peut notamment citer l'Autorité néerlandaise des consommateurs et des marchés (ACM) qui combine des fonctions de régulation sectorielle pour l'énergie, les télécommunications, les transports et les services postaux avec des missions de contrôle des pratiques anticoncurrentielles et de contrôle des concentrations. L'ACM est également en charge de l'application des lois relatives à la protection des consommateurs. La même organisation existe également en Espagne. Plus près de la Polynésie, en Australie, d'une part, et en Nouvelle-Zélande, d'autre part, l'Australian Competition and Consumer Commission (ACCC – Commission australienne de la concurrence et de la consommation) et la Commerce Commission (COMCOM) de Nouvelle-Zélande cumulent les fonctions d'autorité de la concurrence et de régulateur sectoriel pour de nombreuses industries de réseaux (télécommunications, énergie et secteur de l'eau pour l'Australie, aéroport, restructuration du secteur laitier, épicerie, télécommunications, gaz, électricité et hydrocarbures pour la Nouvelle-Zélande).

74. S'agissant de la Polynésie, le fait d'opter pour un regroupement d'un certain nombre de compétences au sein d'une seule et même institution fait parfaitement sens, notamment dans une optique de mutualisation des moyens. En outre, elle permettrait à l'Autorité polynésienne de la concurrence d'intervenir de manière plus efficace puisque son intervention serait continue (et non pas facultative et sporadique si l'on s'en tient à son action sur le seul fondement du droit de la concurrence) et serait réalisée *ex ante*. Nombreux sont ceux qui soulignent les synergies qui peuvent exister à abriter sous une même autorité les fonctions de régulation et de concurrence.

---

15 Précisément, le plan indiquait : « L'ensemble des acteurs du système énergétique (acteurs déjà installés et nouveaux entrants) devront pouvoir s'appuyer sur un "arbitre" indépendant en cas de litiges. *Le traitement de ces derniers pourrait être confié à la nouvelle Autorité de la Concurrence de Polynésie française dont l'expertise énergétique serait assise sur les partenariats établis avec les régulateurs nationaux (dans le cas présent avec la Commission de Régulation de l'Energie)* » (italique ajouté par nos soins).

75. Pour autant, le transfert de la mission de régulation des marchés de l'énergie à l'Autorité polynésienne de la concurrence, comme dans les autres pays précités, ne va pas sans soulever certaines questions. Il faudra en tenir compte pour que la réforme envisagée puisse véritablement atteindre ses objectifs.

76. En premier lieu et comme l'a relevé l'Autorité polynésienne de la concurrence dans son avis, le transfert de compétences envisagé par les pouvoirs publics est pour l'heure incomplet.

77. Tout d'abord, sur le plan matériel, il faut relever que si le projet de loi fait mention d'un transfert de la compétence régulatoire en matière d'électricité et de gaz, le pays conserve sa compétence en matière d'hydrocarbure. Bien que ce découpage puisse faire débat compte tenu de l'importance des hydrocarbures dans la chaîne de valeur de l'énergie en Polynésie, en toute hypothèse, les textes paraissent devoir être modifiés pour bien préciser le périmètre de chacun, le gaz en tant que tel constituant également un hydrocarbure. Il semble, en outre, nécessaire, dans un deuxième temps, d'envisager, à terme, le transfert de la compétence en matière d'hydrocarbure à l'Autorité polynésienne de la concurrence.

78. Les avis déjà rendus par l'Autorité polynésienne de la concurrence sur le sujet des hydrocarbures sont certainement la meilleure illustration de la pertinence que pourrait avoir une intervention permanente de l'Autorité dans ce domaine.

79. Ensuite, dans le domaine de l'électricité, le transfert de compétence depuis l'administration vers l'Autorité polynésienne de la concurrence n'est que partiel : s'il est bien envisagé de transférer la fonction de règlements des différends ou le contrôle des délégataires de service public et concessionnaire à l'Autorité polynésienne de la concurrence, l'administration et le Gouvernement conserveront notamment la compétence réglementaire, s'agissant des règles de raccordement ou de la fixation des tarifs, pour aboutir à un système de régulation partagée.

80. En deuxième lieu, le cumul des fonctions de régulateur sectoriel et d'autorité de concurrence peut être générateur de quelques difficultés, telles que :

   – *Des approches parfois contradictoires :* les régulateurs sectoriels ont, certes, un pouvoir de règlement des différends, mais beaucoup de leur pouvoir de régulation se traduit par l'adoption de mesures *ex ante*. Cette démarche peut entrer en conflit avec les principes d'une autorité de concurrence, qui privilégie généralement une approche *ex post* laissant davantage de place aux forces du marché.

     Le point n'est pourtant pas purement hypothétique. Très récemment, l'Autorité de la concurrence et la Commission de régulation de l'énergie, appelées à réaliser une évaluation sur le devenir des tarifs réglementés de vente d'électricité, sont parvenues à des conclusions divergentes, la première plaidant pour leur suppression quand la seconde était favorable à leur maintien pour 5 années de plus.[16]

---

[16] Voir Autorité de la concurrence, *Rapport d'évaluation sur le dispositif des tarifs réglementés de vente d'électricité*, 12 novembre 2024 et le CRE, *Rapport relatif à l'évaluation des tarifs réglementés de vente d'électricité*, 7 novembre 2024.

- *Des difficultés liées à la gestion de la multicompétence :* risque de dilution des priorités ou surcharge administrative avec à la clé un risque de réduction de l'efficacité globale de l'institution.
- *Des difficultés en termes de ressources et d'organisation* et, in fine, d'éventuelles problématiques pour assurer le plein respect des principes applicables dans le cadre de leur action de règlement des différends et/ou de sanction : la jurisprudence, notamment du Conseil constitutionnel, rappelle que les autorités de régulation et de concurrence sont tenues de respecter certains principes essentiels en termes procéduraux et notamment la séparation des fonctions d'instruction et de jugement. En cas de double casquette, ce principe vaudra tant pour la fonction de règlement de différends que pour le pouvoir de sanction en matière de régulation que celui existant au titre d'autorité de concurrence. Dans ces conditions, il n'est pas certain que les nouvelles ressources prévues par le projet de loi du pays permettent de traiter pleinement cette exigence sur le long terme (un vice-président et deux nouveaux rapporteurs, l'Autorité polynésienne de la concurrence appelant pour sa part à la mise en place d'un rapporteur additionnel en plus des deux prévus). Si une coopération renforcée avec la CRE est certainement à encourager, celle-ci ne palliera pas la nécessité de disposer de ressources humaines en nombre suffisant pour permettre le strict respect des principes précités.

81. Au niveau polynésien, les critiques se font également jour. Ainsi, le CESEC consulté pour avis sur ce projet de loi du pays s'est montré particulièrement critique à tel point qu'il a adopté à l'unanimité un avis défavorable sur ce dernier. Outre la réserve partagée avec l'Autorité polynésienne de la concurrence sur le champ des compétences transférées, le CESEC estime également que le transfert ne devrait pas être réalisé au bénéfice de l'Autorité mais d'une autre institution pour éviter notamment les risques d'interférence entre les fonctions d'autorité de concurrence et d'autorité de régulation.

82. Aujourd'hui, nul ne sait le devenir de cette réforme. En effet, alors que le projet de loi devait faire l'objet d'un examen devant l'Assemblée du pays, le projet a été retiré par le Gouvernement sous la pression de certains députés qui considèrent que la régulation n'a pas à être transférée vers une autorité indépendante mais doit rester entre les mains des pouvoirs publics. Selon les médias, le projet devrait être amendé et soumis à nouveau lors de la prochaine session parlementaire.

83. Alors qu'il y avait un certain consensus depuis une dizaine d'années sur le fait qu'il était nécessaire de transférer les fonctions de régulation à un organe indépendant, le récent retrait du projet de loi porteur de cette réforme interpelle.

84. A ce titre, l'Autorité polynésienne de concurrence souligne dans l'avis n° 2024-A-04 qu'« une régulation économique efficace nécessite des moyens d'indépendance par rapport aux entreprises du secteur et au pouvoir politique, de manière notamment à garantir l'impartialité et le bien-fondé de son action ». Cet objectif ne peut être atteint si la fonction de régulation est maintenue auprès de l'administration et du Gouvernement. Sur ce point, il est révélateur d'observer, alors que la DPE est investie de la fonction de règlement des différends depuis plusieurs années, qu'aucune procédure n'a encore été initiée.

85. Dès lors, un retour en arrière des pouvoirs publics marquerait un important coup d'arrêt à la dynamique d'ouverture du secteur énergétique observée depuis près de 10 ans.

86. Bien qu'elle n'ait pas encore porté tous ces fruits, sans doute pour partie en raison des évolutions restant à mener, il n'en demeure pas moins que l'ouverture à la concurrence du secteur de l'énergie paraît indispensable pour permettre le développement des énergies renouvelables et, plus largement, pour atteindre les objectifs de transition énergétique de la Polynésie.

87. Quant à l'Autorité polynésienne, à travers ses différents avis, elle a pleinement participé à ces évolutions. Le projet du gouvernement polynésien d'en faire également une autorité de régulation, indépendamment des débats que cette réforme suscite, est une preuve supplémentaire de sa légitimité et du fait qu'elle est aujourd'hui un acteur majeur et à part entière de l'économie polynésienne.

Les défis du droit de la concurrence dans le secteur de l'énergie en Polynésie française

Elisabeth Moreau*
Avocate au barreau de Paris

1. L'énergie, secteur économique de première importance, comprend la production, la transformation, le stockage, le transport, la distribution d'électricité, de chaleur, de froid et de carburant (liquide ou gazeux). Par définition, comme pour les télécommunications ou le transport, le secteur de l'énergie suppose l'existence de réseaux qui se caractérisent par l'interconnexion d'infrastructures impliquant une forte interdépendance entre utilisateurs et fournisseurs.

2. L'enjeu principal des industries de réseaux se situe dans l'équilibre entre les investissements qu'ils engendrent, notamment pour les infrastructures, et le caractère d'intérêt général des biens ou services fournis. Dès lors, la puissance publique intervient naturellement pour la mise en œuvre de ces industries. Néanmoins, sous l'impulsion des politiques de concurrence, la libéralisation de ces activités leur a permis de devenir plus concurrentielles au bénéfice d'un développement économique favorable au consommateur.

3. Toutefois, le fonctionnement de la concurrence pour ces industries n'est pas évident notamment dans les petites économies insulaires dont les particularités

---

* Avocat inscrit au barreau de Paris (2025), Elisabeth Moreau allie expertise juridique et vision stratégique des affaires. Elle a précédemment occupé des postes de direction juridique au sein au sein de Vodafone Polynésie (télécom), du groupe AMP VISUAL TV (audiovisuel), et du groupe Mobilitas (transport international). Elle a également exercé la fonction de conseillère de la présidente et des membres du collège de l'Autorité Polynésienne de la Concurrence (APC).

géographiques imposent parfois de limiter la libéralisation de ces activités à certains segments de la chaîne de valeur uniquement.

4. Force est de constater que la Polynésie ne fait pas exception et que l'évolution de ses politiques publiques est empreinte du tiraillement permanent entre développement économique, favorisé par la concurrence, et maintien de l'unité territoriale par des missions d'intérêt général.

5. En effet, la Polynésie française se caractérise par sa double insularité, du fait de son isolement et de son éclatement géographique. Ce territoire, situé au cœur de l'océan Pacifique Sud, comprend 118 îles et atolls dispersés sur une surface maritime de plus de 4 millions de kilomètres carrés, soit une superficie équivalente à celle de l'Europe, avec 80 % de sa population concentrée sur l'île de Tahiti.

6. L'unité territoriale est donc naturellement un enjeu permanent pour le Pays qui a le devoir d'assurer un accès équitable à ses habitants aux biens et services fournis par les industries de réseaux. Ainsi, en matière d'énergie, le pays a choisi dans un premier temps une intervention étendue pour ensuite évoluer vers une libéralisation du marché qui n'est pas encore totalement acquise en 2024.

7. Au cours des 10 dernières années, l'Autorité polynésienne de la concurrence (APC) a rappelé presque systématiquement que le droit de la concurrence « est un outil au service de l'efficacité économique » capable de s'adapter aux particularités des petites économies insulaires.

8. Le secteur de l'énergie en Polynésie française est caractérisé par un mix énergétique largement dominé par les énergies fossiles. En 2022, encore 92,5 % des énergies consommées provenaient de l'importation des différents dérivés du pétrole.[1] Cette dépendance aux énergies fossiles expose le territoire aux fluctuations des prix mondiaux et accentue sa vulnérabilité économique. Pour limiter l'impact de la tendance inflationniste des cours internationaux du pétrole sur les consommateurs polynésiens, le pays intervient par différents mécanismes de réglementation des prix.

9. Face à ces enjeux, la Polynésie française a adopté un Plan de transition énergétique 2015-2030 visant à atteindre un mix électrique composé à 75 % d'énergies renouvelables (EnR) d'ici 2030. Toutefois, en 2022, les EnR représentaient seulement 7,3 % de la consommation primaire,[2] témoignant des difficultés à réaliser cette transition.

10. Malgré ces chiffres modestes, des progrès notables ont été enregistrés. La production hydroélectrique, stimulée par des conditions météorologiques favorables, couvre un tiers des besoins électriques de Tahiti. Le photovoltaïque progresse au rythme de 6 % par an depuis 2017, porté par l'autoconsommation et les injections sur le réseau depuis l'arrivée de nouvelles fermes solaires développées par des entrepreneurs locaux. Des technologies innovantes comme le Sea Water Air Conditioning (SWAC), système de refroidissement par les eaux marines profondes, contribuent également à cette diversification.

---

[1] Observatoire polynésien de l'énergie, *Bilan énergétique de la Polynésie française*, 2022.

[2] IEOM Polynésie française, *Rapport annuel économique*, 2023.

11. Cependant, en 2023, la production électrique a augmenté de 2,1 % pour atteindre 501 GWh, mais cette hausse repose encore en grande partie sur la production thermique au gazole.

12. L'organisation économique du marché de l'énergie en Polynésie française repose sur une structure centralisée dominée par un nombre limité d'acteurs historiques.

13. Dans le domaine électrique, ceux-ci bénéficient de délégation de service public (DSP) ou de régie qui leur confère des droits exclusifs dans des zones spécifiques. Concrètement, la Polynésie française compte 65 réseaux de distribution électrique publics répartis sur 58 îles. Les îles faiblement peuplées ou dont la population est non permanente ne disposent pas de service public d'électricité, les moyens de production se résument à des groupes électrogènes ou à des installations photovoltaïques isolées.

14. Cependant, la structure du marché limite la concurrence. La faible séparation des activités de production, de transport et de distribution électrique complique l'entrée de nouveaux acteurs. Cette situation est particulièrement prégnante dans les îles éloignées, où les coûts logistiques élevés nécessitent une péréquation tarifaire financée par la contribution de solidarité sur l'électricité (CSE), introduite en 2022.

15. Depuis sa création par la loi du pays n° 2015-2 du 23 février 2015, l'APC a multiplié les recommandations afin d'accompagner au mieux l'efficacité économique du secteur de l'énergie en Polynésie. Pour cause, le droit de la concurrence joue un rôle crucial dans l'équilibre entre efficacité économique et service public.

16. L'APC a ainsi rendu huit avis portant sur le secteur de l'énergie encourageant sans relâche le renforcement de la concurrence et le développement durable. Bon nombre de recommandations qu'elle a pu formuler au cours de cette décennie ont d'ailleurs été suivies par le pays soucieux de garantir aux opérateurs l'environnement concurrentiel le plus adapté.

17. La Polynésie française doit relever plusieurs défis pour atteindre ses objectifs énergétiques. La diversification des moyens de production et l'intégration des EnR sont essentielles pour réduire la dépendance aux énergies fossiles. Toutefois, cela requiert des investissements accrus, une simplification des procédures réglementaires et une attractivité renforcée pour les acteurs privés.

18. Pour atteindre ses objectifs énergétiques, la Polynésie devra surmonter des défis structurels liés à son éloignement, ses coûts logistiques élevés et la fragmentation de son marché. La diversification des moyens de production, combinée à une meilleure intégration des énergies renouvelables, est essentielle pour renforcer la résilience énergétique du territoire.

19. L'APC continue de jouer un rôle déterminant pour assurer une concurrence saine et adaptée aux particularités locales permettant à ses acteurs d'optimiser les coûts et d'améliorer la qualité du service au bénéfice du consommateur polynésien.

I. Le secteur de l'énergie en Polynésie française

20. Les textes normatifs répondent ainsi très fréquemment à des préoccupations d'intérêt général plus larges que la concurrence et dessinent une intervention des pouvoirs publics qui impacte le fonctionnement de l'économie. Depuis une décennie, l'APC a rempli sa mission d'information du Gouvernement et de l'Assemblée

de la Polynésie française des effets sur la concurrence de l'intervention publique. Dans ses huit avis rendus sur le secteur de l'énergie, l'APC a proposé diverses mesures à prendre pour parvenir à concilier les objectifs d'intérêt général et d'efficacité économique liés à ce secteur.

21. Nombreuses de ses recommandations ont été suivies par le gouvernement polynésien, notamment pour l'adoption du *Code de l'énergie* en 2019 et les précisions qui y ont été apportées en 2020 et 2021.

22. Toutefois, le pays cumulant des fonctions de régulateur et de propriétaire de l'opérateur historique électrique, l'APC n'a eu de cesse d'alerter sur la nécessité d'une régulation indépendante du secteur. Un projet de loi du pays a d'ailleurs été soumis aux instances compétentes en 2024 pour finalement reporter ce sujet à l'année 2025.

A. *Cadre législatif et réglementaire*

23. La Polynésie française est une collectivité d'outre-mer dont l'autonomie, proclamée en 1984, est régie par la loi organique n° 2004-192 du 27 février 2004. La principale modalité de fonctionnement du statut d'autonomie est de confier une compétence de droit commun à la Polynésie française, l'État français conservant une compétence d'attribution.

24. En application de ce principe, la Polynésie française est compétente dans toutes les matières, à l'exception de celles expressément attribuées à l'État. Elle peut, à travers les actes de l'Assemblée de la Polynésie française, définir ses propres règles dans la plupart des domaines sous réserves du respect des principes généraux inscrits dans les textes formant le bloc constitutionnel ou ceux dégagés par la jurisprudence.

25. Le secteur de l'énergie relève de la compétence de la Polynésie française et a connu une évolution réglementaire majeure par la loi du pays n° 2019-27 du 26 août 2019 adoptant un *Code de l'énergie*.

26. Le *Code de l'énergie*, texte fondamental pour le secteur, a structuré la réglementation en définissant les principes directeurs pour la production, la distribution et la consommation, tout en inscrivant les objectifs de durabilité et de transition énergétique dans un cadre légal clair.

27. Reprenant à son compte les orientations du Plan de transition énergétique 2015-2030, le *Code de l'énergie* prévoit un objectif de 75 % d'énergies renouvelables dans le mix énergétique en 2030.[3]

28. L'APC, consultée pour avis sur le projet de *Code de l'énergie*, reconnaissait qu'il constituait « une avancée promouvant l'efficacité économique, l'ouverture des marchés au bénéfice des entreprises et des consommateurs, et une intervention publique plus efficace, claire et proportionnée ».[4]

29. En effet, ce texte impose la séparation des activités de production, de transport et de distribution d'électricité, ce qui devait avoir comme conséquence vertueuse de faciliter la transparence des coûts et l'ouverture du marché à d'autres acteurs. Le *Code de l'énergie* confie également la responsabilité de l'équilibre du réseau,

---

[3] *Code de l'énergie*, art. LP 111-2.

[4] APC, communiqué de presse du 16 août 2018 relatif l'avis rendu sur le *Code de l'énergie*.

précédemment confié à l'opérateur historique EDT, à la société Transport d'énergie électrique en Polynésie (TEP) favorisant ainsi la concurrence en retirant ce rôle à l'opérateur historique EDT.[5]

30. En outre, le code confie la régulation du secteur au ministre de l'Energie. À ce titre, l'APC recommandait de clarifier le contenu existant sur la régulation en affirmant sa nature juridique et de la renforcer. Elle soulignait également le besoin d'indépendance du régulateur tout en recommandant la mise en place d'une autorité indépendante pour assumer cette fonction.

31. Elle émet un avis favorable, tout en soulignant des améliorations potentielles pour une meilleure transparence et une régulation plus efficace.[6]

32. Un an après, le pays faisait évoluer son *Code de l'énergie* en adoptant un nouveau texte dont l'objectif est de préciser les modalités de fonctionnement des secteurs de la production, du transport et de la distribution d'électricité en Polynésie française, afin notamment de réaliser les objectifs du Plan de transition énergétique 2015-2030, qui visent à développer les énergies renouvelables, à réduire la consommation énergétique et à développer l'émergence de nouveaux acteurs au profit des consommateurs.

33. L'APC émettra un avis favorable sur ce projet de loi du Pays qui confirme une meilleure séparation et une plus grande indépendance entre les fonctions de production et de distribution d'électricité. Elle précisera : « L'Autorité approuve notamment que soient explicitement prévues les modalités de la sortie du capital du gestionnaire du réseau de transports d'actionnaires également présents dans les segments de la distribution et de la production électrique ».[7]

34. L'Autorité polynésienne de la concurrence recommande des ajustements pour assurer une véritable séparation des fonctions et éviter « de susciter des captations d'information ou un pouvoir de blocage au profit de certains acteurs historiques, par un renforcement du rôle de contrôle du régulateur ». Elle souligne également la nécessité de clarifications pour garantir un cadre stable aux investisseurs et faciliter l'accès au marché pour de nouveaux acteurs.

35. En conclusion, l'Autorité émet un avis favorable au projet, tout en conseillant des mesures pour améliorer la régulation et encourager les initiatives dans les énergies renouvelables. La loi du pays n° 2021-6 du 28 janvier 2021 viendra modifier le *Code de l'énergie* et intègre cinq recommandations de l'APC sur les quatorze formulées.

36. Le *Code de l'énergie* a donc permis de consolider et de mettre à jour le cadre réglementaire de l'énergie en son entier, le rendant plus clair, lisible et prévisible pour les acteurs concernés. Il reprend et adapte des principes d'organisation et des modalités d'intervention publique éprouvés pour les industries de réseaux dans un contexte de monopole historique ou naturel et d'intégration verticale de l'opérateur historique. Il tend à concilier une ouverture des marchés sur les segments propices de la chaîne de valeur avec la poursuite d'objectifs d'intérêt général.

---

5 *Ibid.*

6 APC, avis n° 2018-AO-03 du 10 août 2018 sur le projet de loi du pays instituant un *Code de l'énergie* de la Polynésie française.

7 APC, avis n° 2020-AO-02 du 3 septembre 2020 sur le projet de loi du Pays précisant le contenu des titres III et IV du *Code de l'énergie* de la Polynésie française.

B. *Régulation sectorielle par le pays*

37. Le besoin de régulation apparaît dans les secteurs d'activité où les conditions de marché favorisent la formation de monopoles. Elle est souvent confiée à une autorité dite « de régulation », à la fois indépendante des autorités publiques et des acteurs économiques afin de lui garantir une approche objective. Elle aura pour mission de veiller à l'exercice effectif, loyal et durable de la concurrence, et disposera d'un pouvoir de sanction pour ce faire.

38. En outre, le droit de la régulation sectorielle de l'énergie, droit souple mieux adapté au secteur régulé,[8] apporte des outils complémentaires par rapport à ceux du droit de la concurrence pour garantir le fonctionnement efficace des marchés. En l'état actuel du droit, l'APC exerce un contrôle restreint sur le secteur de l'énergie se limitant à un contrôle *ex post* pour sanctionner une pratique anticoncurrentielle et préserver les conditions de concurrence effective entre les opérateurs. Dans le cadre de ses fonctions consultatives, l'Autorité examine l'impact qu'une réglementation est susceptible de générer sur la concurrence et les marchés dans le secteur de l'énergie.

39. Pour le secteur de l'énergie en Polynésie, le constat est clair. En 2024, le pays est compétent pour la définition des politiques publiques, la compétence normative, la fixation des tarifs, la gestion du FRPH et de la péréquation tarifaire, la délivrance des autorisations d'exploitation des unités de production, le transport et la distribution de l'électricité avec la TEP ou encore la distribution d'électricité via une concession à EDT.

40. Dès lors, la régulation du secteur énergétique sous le contrôle des autorités locales pourrait entrer en contradiction et impacter le bon fonctionnement du secteur de l'énergie.

41. Dès 2018, l'APC indique que

> *la diversité des fonctions des pouvoirs publics, à la fois réglementateur, régulateur et opérateur, conduit à faire apparaître des situations génératrices de conflits d'intérêts potentiels. Elles peuvent faire douter les concurrents et les consommateurs du bien-fondé des décisions réglementaires et de régulation prises, ainsi que du comportement de l'opérateur responsable du transport et de la responsabilité d'équilibre à Tahiti, central dans la chaîne de valeur, vis-à-vis d'acteurs présents à l'amont ou à l'aval.*[9]

42. Ainsi, dès l'adoption du *Code de l'énergie* en Polynésie, l'APC préconisait une régulation économique efficace et indépendante par rapport aux entreprises du secteur et au pouvoir politique, de manière à garantir l'impartialité et le bien-fondé de son action. Elle a reformulé cette préconisation dans tous ses avis portant sur le secteur de l'énergie.[10]

---

8 Beatrix Olivier et COIN Rémy, *Droit de la régulation de l'énergie*, décembre 2023.

9 APC, avis n° 2018-AO-03 du 10 août 2018 sur le projet de loi du pays instituant un *Code de l'énergie* de la Polynésie française, précité.

10 APC, avis n° 2016-A-02 du 7 novembre 2016 relatif à la situation de la concurrence dans le secteur du transport des hydrocarbures à destination de la Polynésie française ; APC, avis n° 2018-AO-03 du 10 août 2018 sur le projet de loi du pays instituant un code de l'énergie de la Polynésie française, précité ; APC, avis n° 2020-AO-02

43. Récemment, le secteur de l'énergie aurait pu s'illustrer par une nouvelle évolution majeure incarnée par l'arrivée d'un régulateur sectoriel indépendant. En effet, un projet de loi du pays de juin 2024 prévoyait la transmission d'une partie de la régulation du secteur de l'énergie (électricité et gaz), relevant actuellement de la direction polynésienne de l'énergie, à l'APC, et a été soumis aux instances locales.

44. L'exposé des motifs de ce projet de loi du pays permet de constater que la Polynésie a une vision claire des limites de son modèle actuel. En effet, ce document rappelle que les pouvoirs publics doivent composer avec leurs différentes missions et ladite mission de régulateur du secteur de l'énergie. Or, la contradiction possible de ces rôles peut impacter le fonctionnement concurrentiel et les incitations à investir dans le secteur de l'énergie.

45. Dans son avis sur ce projet de loi du pays, l'APC précisera que : « Le choix d'une autorité administrative indépendante constitue la forme d'intervention publique présentant les meilleures garanties d'expertise et d'indépendance, pour l'organisation et la régulation des industries de réseaux, au bénéfice des entreprises et des consommateurs ».[11]

46. Le 12 décembre 2024, le texte qui devait consacrer ce transfert de la régulation de l'énergie à l'APC a été retiré et fera l'objet d'une nouvelle proposition en septembre 2025.

II. Les défis du droit de la concurrence dans le secteur énergétique

47. L'APC a contribué aux évolutions majeures du secteur de l'énergie par le biais de propositions d'ajustement sur les réformes importantes qu'il a pu connaître au cours des 10 dernières années. Elle s'est notamment félicitée des mesures permettant la libéralisation progressive du monopole de la puissance publique en matière électrique.

48. Néanmoins, la crise actuelle de l'énergie et la transition vers la neutralité des émissions de carbone pourraient dicter la réponse peu adaptée d'un renforcement de l'intervention des pouvoirs publics. Or, dans la perspective d'une transition énergétique impérative, la régulation sectorielle par une autorité indépendante semble plus vertueuse.

---

du 3 septembre 2020 sur le projet de loi du pays précisant le contenu des titres III et IV du *Code de l'énergie* de la Polynésie française, précité ; APC, avis n° 2020-AO-03 du 24 septembre 2020 sur un projet de loi du pays instituant un dispositif de solidarité dans le domaine de l'électricité ; APC, avis n° 2021-A-01 du 15 octobre 2021 sur un projet de loi du pays relative aux procédures d'instruction des demandes de concessions et d'autorisations hydroélectriques ; APC, avis n° 2022-A-01 du 21 avril 2022 relatif à la situation de la concurrence dans le secteur de l'approvisionnement en hydrocarbures de la Polynésie française ; APC, avis n° 2023-AO-05 du 7 novembre 2023 sur un projet de loi du pays relatif au déploiement des infrastructures de recharge de véhicules électriques ; APC, avis n° 2024-A-04 du 30 mai 2024 portant sur un projet de loi du pays relatif à la régulation sectorielle en matière d'énergie.

[11] APC, avis n° 2024-A-04 du 30 mai 2024 portant sur un projet de loi du pays relatif à la régulation sectorielle en matière d'énergie, précité.

A. *Dynamiques de concurrence*

49. Force est de constater que le secteur de l'énergie en Polynésie française est marqué par des dynamiques de concurrence limitées et des besoins croissants en matière de régulation.

50. Les intégrations verticales sont un phénomène courant dans la production et la distribution de produits de base telle que l'énergie. Dès ses premiers avis, l'APC rappelle qu'une « intégration verticale peut parfois favoriser la concurrence, notamment aux premiers stades de développement d'un secteur ».[12] Cependant, des garde-fous doivent être instaurés pour prévenir les abus de position dominante et permettre une concurrence saine notamment sur les segments de la chaîne de valeur progressivement ouverts à la concurrence.

51. Le marché de l'énergie en Polynésie française est marqué par la domination d'acteurs historiques. Toutefois, sous l'impulsion de politique de concurrence, on constate une libéralisation des activités notamment pour la distribution électrique, qui constitue un service public, pouvant être délégué à un opérateur privé, sous forme de concession ou d'affermage. Ces contrats de délégation de service public (DSP), faisant obligatoirement l'objet d'appel d'offres, confèrent aux délégataires des droits exclusifs sur la production, le transport et la distribution dans des zones géographiques spécifiques. L'exécution d'une mission de service public leur impose également de se soumettre à des obligations comptables spécifiques permettant un contrôle opérant de la gestion qu'ils réalisent du service délégué.

52. Ainsi, pour le cas particulier de l'électricité, les infrastructures nécessitent des investissements conséquents et bénéficient d'économies d'échelle, ce qui crée un monopole naturel. Il est donc difficile pour d'autres acteurs d'entrer sur le marché, ce qui limite la concurrence. Ainsi, pour pallier cette difficulté, l'APC préconise le renforcement de la séparation des fonctions de production, de transport et d'équilibrage du réseau et de distribution et la mise en concurrence à échéance régulière des réseaux de transport et de distribution sont des objectifs.[13]

53. Cependant, ces préconisations pourtant anciennes se heurtent encore à la faible séparation des fonctions de production, de transport et de distribution qui complique l'introduction de nouveaux acteurs et la diversification des offres, freinant ainsi l'émergence d'une vraie dynamique concurrentielle.

54. En raison des faibles volumes de consommation et des coûts logistiques élevés liés à l'insularité, les investissements privés restent limités, renforçant la dépendance aux monopoles naturels. De plus, les opérateurs doivent adapter leurs modèles économiques à des contraintes géographiques marquées, où les zones peu peuplées nécessitent une péréquation tarifaire pour garantir un accès équitable à l'énergie.[14] Cette structure engendre des tensions entre la nécessité de maintenir un service public de qualité et les objectifs de rentabilité économique.

---

[12] APC, avis n° 2018-AO-03 du 10 août 2018 sur le projet de loi du pays instituant un *Code de l'énergie* de la Polynésie française, précité.

[13] *Ibid.*

[14] APC, avis n° 2020-AO-03 du 24 septembre 2020 sur un projet de loi du pays instituant un dispositif de solidarité dans le domaine de l'électricité, précité.

55. Ainsi, dans le secteur de l'énergie électrique, la production peut être ouverte à la concurrence, mais les activités de transport et de distribution sont des monopoles naturels sur un territoire donné, c'est-à-dire des structures au sein desquelles l'importance des coûts fixes par rapport à la demande fait qu'il est plus efficace de n'avoir qu'un seul offreur. L'existence d'un monopole naturel n'empêche cependant pas d'organiser une concurrence « pour le marché » entre les entreprises candidates éventuelles à l'exercice de cette activité en monopole pour une date limitée dans le temps, à l'issue de laquelle la détention du monopole se trouve à nouveau remise en compétition.

56. Concrètement, la production d'électricité hydroélectrique constitue un cas d'école. Dans un avis de 2021,[15] l'APC a souligné le besoin d'un cadre réglementaire clair des installations hydroélectriques compte tenu de la taille et du coût des installations nécessaires à la production électrique locale, de leur impact sur l'environnement et sur les populations locales en aval, de leur durée d'exploitation fixée pour des dizaines d'années.

57. Le droit de la concurrence polynésien mis en œuvre par l'APC invitait le pays à porter une attention particulière à l'attribution des concessions hydroélectriques afin qu'elle ne se fasse pas au détriment de la concurrence entre les différents porteurs de projets, et que cela ne soit pas susceptible d'aboutir à la mise en place de barrières à l'entrée de nouveaux acteurs et de projets innovants.

58. Ainsi, toujours en matière hydroélectrique, si une procédure d'appel d'offres est bien réalisée pour chaque délégation de service public, il est essentiel que les projets soient examinés de manière objective et indépendante. Ainsi, l'APC identifie la problématique majeure du secteur à savoir que le pays possède des participations dans des entreprises de production, et notamment 35 % de Marama Nui, qui exploite l'intégralité des concessions hydroélectriques de Tahiti. Cette particularité étant « susceptible d'interférer dans l'appréciation de la qualité et de la pertinence du projet hydraulique d'un acteur concurrent », l'APC recommande la création d'un régulateur indépendant prenant la forme d'une autorité administrative indépendante afin de limiter toute potentielle barrière à l'entrée au marché.

59. Afin de préserver une concurrence saine sur un marché où les pouvoirs publics interviennent régulièrement pour encadrer les prix lui permettant d'imposer une obligation de transparence de tous les acteurs économiques concernés.

60. Ainsi, l'APC a pu se pencher sur différents aspects de l'encadrement des importations d'hydrocarbures et apporter des avancées significatives dans ce domaine. En Polynésie, les produits pétroliers importés sont distribués par les trois compagnies importatrices selon quatre principaux canaux de distribution à savoir la vente au détail sur les réseaux de stations-service pour l'essence et via les réseaux de distributeurs pour le gaz, la vente au gros à destination de l'aviation, la vente au gros à destination de la marine et la vente au gros à destination de grands comptes : industries, BTP, pêcheurs, administrations et armées, communes et EDT.

---

15 APC, avis n° 2021-A-01 du 15 octobre 2021 sur un projet de loi du pays relative aux procédures d'instruction des demandes de concessions et d'autorisations hydroélectriques, précité.

61. Ces dernières années auront été marquées par la tendance inflationniste du cours du pétrole et de la valeur du fret maritime qui, malgré l'amortissement opéré par les finances publiques, a eu un impact significatif sur l'économie polynésienne avec une hausse des prix de l'énergie puisque le prix des hydrocarbures y est réglementé.

62. La Direction générale des affaires économiques (DGAE) est chargée du calcul de la valeur CAF (coût, assurance, fret) barème et, plus largement, du calcul et de l'évaluation de chacune des variables de la structure de prix des hydrocarbures qui se décompose comme suit : la CAF barème, les droits et taxes, les prestations locales, les marges de détail, la stabilisation.

63. Pour accomplir cette mission, et notamment pour déterminer régulièrement la valeur CAF barème, la DGAE doit avoir accès à un certain nombre d'informations détenues par les transporteurs et compagnies pétrolières importatrices imposant un besoin évident de transparence de ces derniers.

64. Les importations d'hydrocarbures reposent également sur la conclusion de conventions entre le pays et les importateurs prévoyant notamment les conditions de rémunération de ces derniers. Intervenant dans le contexte de la négociation d'une nouvelle convention, un avis de l'APC du 22 avril 2022 soulignait que les sociétés importatrices ont pratiqué pendant 5 ans, en accord avec le Pays, un tarif uniforme à 57,37 dollars la tonne, correspondant au plancher de la convention signée en 2006. Or, l'application de ce tarif s'est avérée défavorable au pays.[16]

65. Depuis lors, les négociations avec les importateurs ont abouti à l'arrêté n° 2638 CM du 8 décembre 2022, qui prend partiellement en compte certaines observations de l'APC sur des projets de convention dont elle avait eu connaissance.[17] Cet arrêté supprime la fourchette encadrant les tarifs du fret. La formule repose sur des indices de marché, ce qui constitue un fondement objectif aux facturations et constitue a priori un net progrès par rapport à la situation antérieure.

66. Par ailleurs, dans le domaine de l'électricité, la péréquation tarifaire prévue par le Plan de transition énergétique 2015-2030 et adoptée en 2022 a permis d'harmoniser les coûts pour les consommateurs, mais elle a généré des tensions sur la viabilité économique des opérateurs. L'analyse de l'APC recommande de réviser les mécanismes de calcul des tarifs, elle est essentielle pour garantir un équilibre entre équité et compétitivité.[18]

67. Afin de garantir une égalité d'accès au service public d'électricité sur l'ensemble de la Polynésie française, le pays a mis en place une péréquation tarifaire permettant de compenser l'hétérogénéité des coûts de production de l'ensemble des

---

16 Chambre territoriale des comptes, *Rapport d'observations définitives de la collectivité de la Polynésie française – Politique de l'énergie*, 4 septembre 2023.

17 APC, avis n° 2016-A-02 du 7 novembre 2016 relatif à la situation de la concurrence dans le secteur du transport des hydrocarbures à destination de la Polynésie française, précité ; APC, avis n° 2022-A-01 du 21 avril 2022 relatif à la situation de la concurrence dans le secteur de l'approvisionnement en hydrocarbures de la Polynésie française, précité.

18 APC, avis n° 2020-AO-03 du 24 septembre 2020 sur un projet de loi du pays instituant un dispositif de solidarité dans le domaine de l'électricité, précité.

gestionnaires de réseaux, la production électrique dans les îles les moins peuplées étant structurellement plus coûteuse qu'à Tahiti.

68. En pratique, pour garantir à la fois l'équilibre financier de chacune des concessions hors Tahiti Nord et la tarification unique de l'électricité dans tout son périmètre, EDT opère des flux financiers entre Tahiti Nord, concession dont l'exploitation est excédentaire, et les concessions communales déficitaires.

69. À cette organisation propre à EDT est venu s'ajouter un élément réglementaire à vocation générale permettant aux gestionnaires de réseaux de bénéficier d'une détaxe sur les hydrocarbures utilisés dans le cadre de l'activité de production/distribution d'électricité. Cette exonération étant assujettie à la pratique du prix unique de l'électricité, les régies communales d'archipels éloignés ont donc la même grille tarifaire que Tahiti Nord, sans pour autant bénéficier de quelque dispositif de péréquation susceptible de compenser leurs coûts de production/distribution plus élevés.

70. Pour pallier cette inégalité, la loi du pays sur la péréquation pour les tarifs de l'électricité entrés en vigueur à compter du 1er janvier 2022.

71. L'APC dans son avis sur ce projet de loi constatera que l'objectif poursuivi par ce texte est d'

> *assurer directement, grâce à un fonds de solidarité financé par une taxe, le versement par le pays d'une compensation forfaitaire des surcoûts à chaque concessionnaire, sans mutualisation entre les différentes concessions. Il a pour objectif affirmé de mettre tous les candidats à la gestion d'un réseau de distribution sur un pied d'égalité (level playing field), condition sine qua non d'une concurrence effective.*[19]

72. Concrètement, la compensation versée aux gestionnaires de réseaux de distribution électrique doit permettre de compenser les surcoûts induits par l'existence de réseaux de petite taille, afin que tous les usagers bénéficient d'un tarif du kWh d'électricité proche de celui pratiqué à Tahiti, qui est très inférieur au coût de revient des plus petits réseaux.

73. Un cadre réglementaire clair et proactif est essentiel pour encourager l'innovation, faciliter l'entrée de nouveaux acteurs et garantir un équilibre entre équité tarifaire et efficacité économique. En outre, des mécanismes de soutien ciblés pour les énergies renouvelables et une transparence accrue dans la fixation des tarifs sont indispensables pour accélérer la transition énergétique tout en favorisant une concurrence saine.

B. *Opportunités de renforcement de la concurrence*

74. Les États insulaires et les territoires ultramarins français présentent dans le domaine énergétique de nombreuses caractéristiques communes propres aux systèmes isolés : absence de ressources fossiles locales, coût de l'approvisionnement en combustibles élevé, capacité de production électrique reposant principalement sur des centrales thermiques, des réseaux électriques de petites tailles, et absence d'interconnexions.

---

[19] *Ibid.*

75. Ces contraintes se traduisent par un prix de l'énergie élevé qui pénalise le développement économique des petites économies insulaires. Une alternative est cependant possible : le développement des énergies renouvelables et l'optimisation des usages de l'énergie. L'APC précise dans son rapport annuel de 2021 que

> *si plusieurs territoires du Pacifique à la population et aux contraintes géographiques similaires à la Polynésie [f]rançaise ont su développer la part de l'énergie photovoltaïque dans le mix énergétique (Guam en Micronésie, de Kauia'i à Hawaii, ou de Tonga tapu aux Tonga), c'est en libérant efficacement la production.*

76. Elle ajoute qu'en Polynésie le contexte est précisément celui de l'ouverture progressive à la concurrence d'un secteur auparavant intégré et dominé par un opérateur historique.

77. Si le projet de loi du pays confiant à l'APC la régulation du secteur de l'énergie n'a pas abouti, il n'en demeure pas moins que cette régulation par l'autorité administrative indépendante est essentielle pour surmonter ces défis et créer les conditions favorables à l'essor des EnR en assurant un accès équitable aux infrastructures, en prévenant les abus de position dominante et en favorisant l'accès des nouveaux entrants.

78. Les régulateurs du secteur énergétique peuvent intervenir de manière *ex ante*, par des normes et des licences conditionnées à des obligations précises, tandis que les autorités de la concurrence agissent *ex post*, en sanctionnant les ententes ou abus de position dominante. Cette approche préventive des régulateurs inclut des outils pour limiter les obstacles structurels à la concurrence et peut être un soutien déterminant à des objectifs de transition énergétique.

79. À titre d'exemple, l'APC rappelle dans son avis sur le sujet

> *que l'Australian Competition and Consumer Commission (ci-après « ACCC ») et la Commerce Commission de Nouvelle-Zélande (ci-après « ComCom ») poursuivent déjà[,] sous une structure commune, une pluralité de missions. Elles ont en particulier une triple mission : la lutte contre les pratiques anticoncurrentielles [;] la protection des consommateurs ; et la régulation des industries de réseau.*

80. L'APC a un rôle déterminant à jouer dans la régulation énergétique. Chargée de garantir un accès non discriminatoire aux infrastructures et de superviser les délégataires de service public, elle pourra veiller à l'équilibre du marché en poursuivant quatre objectifs :

- renforcement de la concurrence : en facilitant l'entrée de nouveaux acteurs, elle stimule l'innovation et réduit les coûts pour les consommateurs ;
- stabilité du marché : une supervision rigoureuse prévient les abus et assure un cadre équilibré pour les investisseurs ;
- doutien à la durabilité : en favorisant les projets EnR, elle contribue à atteindre les objectifs climatiques tout en réduisant la dépendance aux combustibles fossiles ;
- protection des consommateurs : la transparence des prix et des mécanismes de tarification garantit un accès équitable à l'énergie.

81. Enfin, les régulateurs sectoriels jouent un rôle complémentaire aux autorités de la concurrence en proposant des mécanismes comme la régulation des prix dans des situations spécifiques, ce qui illustre l'équilibre entre leurs objectifs distincts mais interconnectés.

82. Une régulation proactive peut prévenir les distorsions de marché et créer un cadre stable pour attirer les investissements dans les EnR.

83. Pour ce faire, l'APC a recommandé des mesures supplémentaires lui permettant de renforcer son efficacité en qualité de régulateur du secteur de l'énergie à savoir :
   - élargir les compétences de l'APC au secteur des hydrocarbures ;
   - assurer une transparence accrue dans les mécanismes de tarification ;
   - collaborer avec l'Observatoire polynésien de l'énergie pour un suivi rigoureux des indicateurs énergétiques.

84. En Polynésie, le développement des EnR repose principalement sur l'hydroélectricité et le photovoltaïque. Tahiti produit un tiers de son électricité grâce à l'hydroélectricité, tandis que le solaire affiche une progression annuelle de 6 %. Cependant, l'absence de stockage centralisé et le manque d'interconnexions freinent cette transition. Une régulation renforcée pourrait encourager des investissements dans le stockage solaire et l'extension des réseaux qui commencent à voir le jour.

85. Pour la Polynésie française, renforcer la régulation énergétique est une étape cruciale vers une transition durable. En dotant l'APC ou toute autre autorité administrative indépendante des moyens nécessaires, le pays peut créer un environnement propice au développement des EnR et répondre aux défis énergétiques tout en stimulant l'économie locale.

86. Dix ans de pratique du droit de la concurrence en Polynésie auront démontré qu'il est un levier indispensable pour moderniser et transformer l'économie et plus particulièrement le secteur de l'énergie. Il existe encore une marge de progression quant à la mise en œuvre d'une régulation adaptée, soutenue par une autorité indépendante. Celle-ci aura nécessairement des effets vertueux tels que la stimulation de la concurrence, l'amélioration de la qualité des services et l'accélération de la transition vers un mix énergétique plus durable. En relevant ces défis, la Polynésie française pourrait devenir un modèle régional d'équilibre entre efficacité économique et responsabilité environnementale.

Concurrence et tourisme : Bilan d'une décennie de décisions

Nathalie Jalabert-Doury* et Sarah Vidal**
Mayer Brown

1. La pratique décisionnelle de l'Autorité polynésienne de concurrence (APC) en matière de tourisme est riche et son analyse conduit à examiner une quinzaine de décisions de contrôle des concentrations, qui ont toutes concerné des cibles dans le secteur hôtelier. Mais le secteur du tourisme est évidemment plus vaste et englobe aussi les agences de voyage, le transport (aérien, terrestre, maritime), la restauration, ainsi que les activités culturelles, sportives et de divertissement.[1] Certaines de ces activités ont également été examinées à l'occasion de ces décisions, compte tenu de l'exercice par les parties concernées d'activités sur ces marchés voisins.

2. Le nombre de décisions de l'Autorité polynésienne dans ce secteur n'est pas une surprise, le tourisme étant la première activité économique du pays, représentant en moyenne 9 à 10 % du PIB annuel.[2] Si le secteur a connu un arrêt quasi complet pendant de nombreux mois en 2020 et 2021 du fait de l'épidémie de Covid-19, il connaît depuis un retour progressif à la normale, jusqu'à atteindre un nombre de touristes accueillis en 2023 supérieur à ce qu'il était avant la pandémie.[3]

3. Les opérations de concentration dans le secteur du tourisme ont également aussi baissé à partir du début de la pandémie et ne semblent pas avoir encore

---

* Nathalie Jalabert-Doury est responsable du département Antitrust et concurrence de Mayer Brown en France et co-dirige le département Antitrust européen du cabinet.

** Sarah Vidal est avocate chez Mayer Brown.

[1] Voir, par exemple, OCDE, *Tendances et politiques du tourisme*, étude, 2014.

[2] Institut d'émission d'outre-mer, *Rapport annuel économique*, 2023, p. 100.

[3] Institut de la statistique de la Polynésie française, *Le bilan de tourisme de l'année 2023*, n° 1447.

repris à un niveau comparable à la période antérieure. Quoi qu'il en soit, la pratique décisionnelle constituée sur cette base offre une base solide de références (I), détaillant l'appréciation des enjeux concurrentiels des opérations de changement de contrôle dans ce secteur (II), y compris en matière d'engagements puisque deux de ces décisions ont été conditionnées au respect d'engagement (III).

I. Un secteur d'activité occupant une place significative dans la pratique décisionnelle de l'Autorité polynésienne

4. Les opérations de concentration examinées par l'Autorité polynésienne de la concurrence dans le secteur du tourisme ont été nombreuses et elles ont dûment tenu compte de l'analyse du contrôle qui s'impose en matière d'établissements hôteliers, généralement couverts par des contrats de gestion hôtelière.

A. *Panorama des opérations soumises à l'appréciation de l'Autorité*

5. La pratique décisionnelle de l'Autorité polynésienne dans le secteur du tourisme représente près de la moitié des décisions de concentration rendues par l'Autorité (48 %) entre 2016 et 2024, pour une moyenne variant entre une et deux décisions par an.

6. S'il est notable que le rythme des décisions s'est ralenti sur la période la plus récente (aucune décision publiée en 2024, et une moyenne inférieure à 2 décisions par an entre 2021 et 2023, contre 5 publiées en 2016 et 2017), ce niveau de décisions reste important. Par comparaison, en métropole, sur la même période, seulement 36 décisions ont concerné ce secteur d'activité sur un total de près de 2 250 décisions publiées, soit moins de 2 % des décisions de contrôle des concentrations.

7. Les affaires instruites dans cette période (listées en annexe) ont toutes donné lieu à des décisions dites « de phase 1 », adoptées à l'issue d'une phase d'analyse préliminaire d'une durée de principe de 5 semaines après notification. Treize des 15 concentrations ont été approuvées sans réserve, tandis que dans deux cas, les opérations ont été autorisées sous réserve de la réalisation d'engagements comportementaux (décisions *Louis Wane/Tahiti Nui Travel* et *Grey/Tahiti Nui Travel*).[4]

8. Toutes les décisions portent sur un scénario similaire de projet d'acquisition d'un complexe hôtelier polynésien par un investisseur local (i.e., groupe Grey ou groupe Louis Wane), ou international (i.e., groupe chinois Dazhong ou le fonds d'investissement hongkongais HNA), réalisé par le biais d'une prise de participation majoritaire au capital de l'hôtel cible. Les hôtels en question étaient tous des hôtels

[4] APC, décision n° 2016-CC-04 du 5 décembre 2016 relative à la prise de contrôle exclusif du groupe Tahiti Nui Travel par le groupe Grey ; et APC, décision n° 2022-CC-02 du 8 juin 2022 relative à la prise de contrôle exclusif du groupe Tahiti Nui Travel (TNT) par M. Louis Wane.

de tourisme de luxe (4 ou 5 étoiles) situés sur les îles de Bora-Bora, Moorea et Tahiti (archipel de la Société), Rangiroa (archipel des Tuamotu), ou encore Nuku Hiva (archipel des Marquises).

9. Bien que ciblant le secteur hôtelier, ces différentes opérations ont permis à l'Autorité d'examiner d'autres niveaux de la chaîne de valeur touristique en Polynésie, compte tenu des activités préexistantes de l'acquéreur sur tout ou partie de ces marchés liés.

Niveaux de la chaîne de valeur touristique (secteur hôtelier) examinés par l'APC, 2015-2024

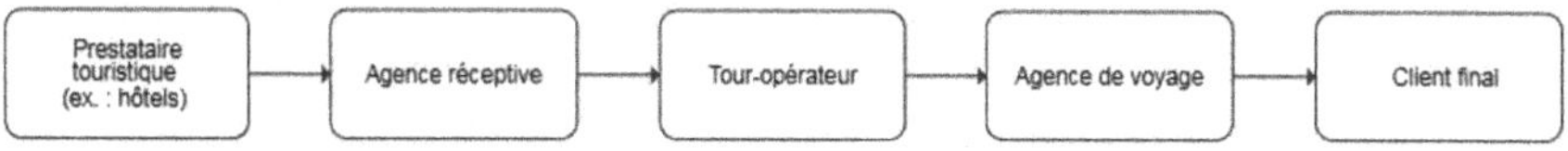

B. *Spécificités du secteur s'agissant des conditions du contrôle*

10. Le régime de contrôle des concentrations[5] s'applique aux opérations de « concentration » – notion appréhendée par l'article LP 310-1-1 du *code polynésien de la concurrence* à travers trois principaux scenarii : une fusion de deux entreprises antérieurement indépendantes, la création d'une entreprise commune accomplissant de manière durable toutes les fonctions d'une entité économique autonome et/ou une prise de contrôle (exclusive ou conjointe).

11. Chaque scénario suppose un « changement de contrôle », défini par les Lignes directrices polynésiennes relatives au champ d'application et à la procédure de contrôle des concentrations (« Lignes directrices ») comme consistant en « la possibilité d'exercer, seule, une influence déterminante sur l'activité d'une autre entreprise ».[6]

12. La plupart des opérations de concentration se réalisent par le biais d'une prise de participation au capital de l'entreprise cible. Si une prise de participation majoritaire permet en principe d'exercer une influence déterminante sur l'entreprise acquise, une participation minoritaire peut également suffire à octroyer le contrôle exclusif ou conjoint, à la condition d'être assortie de droits excédant ce qui est normalement consenti à un actionnaire minoritaire pour protéger ses intérêts financiers. Ces droits doivent être de nature à démontrer l'existence d'une influence déterminante sur l'entreprise cible (par exemple, via la détention d'un droit de veto portant sur le plan stratégique, la possibilité de nommer les principaux dirigeants, les investissements, le budget…).[7]

---

5 *Code polynésien de la concurrence*, art. LP 310-1 à LP 310-10.

6 APC, *Lignes directrices relatives au champ d'application et à la procédure de contrôle des concentrations*, janvier 2019, pt 23.

7 *Ibid.*, pt 37.

13. À l'image des régimes français[8] et européen,[9] le régime polynésien prévoit également qu'un changement de contrôle peut résulter de certains contrats commerciaux. L'hypothèse est toutefois rare. Comme l'exposent les Lignes directrices polynésiennes, pour qu'un contrat puisse provoquer un changement de contrôle sur une entreprise, il faut en effet que ce contrat :

- confère à l'une des parties le contrôle de la gestion et des ressources de l'entreprise équivalant à celui obtenu par l'acquisition d'actions ou d'éléments d'actifs ; et
- se caractérise par une durée extrêmement longue (sans possibilité de dénonciation anticipée par la partie octroyant les droits contractuels).[10]

14. Un exemple de ce type de contrat est le contrat de location-gérance[11] ou, appliqué au secteur hôtelier, le contrat de gestion hôtelière par lequel un propriétaire confie la gestion de l'hôtel qu'il détient à un opérateur hôtelier qui en accepte la gestion, en dépit du fait que les droits de propriété ou les actions ne lui ont pas été transférés.

15. Dans ce cas de figure, et selon une pratique décisionnelle constante,[12] la Commission européenne comme l'Autorité française considèrent que la fourniture de ce service de gestion sur une base contractuelle est à même de conduire à une situation de contrôle conjoint, au profit du gestionnaire. Parmi les critères retenus, la Commission relève le fait que le contrat de gestion hôtelière investit l'opérateur d'un large pouvoir de contrôle en matière managériale et budgétaire, et ce, pour une durée longue (contrat conclu pour des périodes d'au minimum 10 ans).[13]

16. En pratique, les opérations de concentration examinées par l'Autorité polynésienne ont pour l'essentiel été « classiques » en ce qu'elles portaient sur une acquisition du contrôle obtenue grâce à l'obtention de la totalité du capital de l'entreprise hôtelière cible.

---

8 Aut. conc., *Lignes directrices révisées relatives au contrôle des concentrations*, 23 janvier 2020, pt 31.

9 Commission européenne, février 2009, Communication consolidée sur la compétence de la Commission européenne, pt 16.

10 APC, *Lignes directrices relatives au champ d'application et à la procédure de contrôle des concentrations*, *op. cit.*, pt 41 ; Commission européenne, février 2009, Communication consolidée sur la compétence de la Commission européenne, précitée, pts 18 et s.

11 Aut. conc., décision n° 09-DCC-46 du 28 septembre 2009 relative à la prise en location-gérance par la société Distribution Casino France d'un hypermarché détenu par la société Dorémi ; Commission européenne, décision du 5 décembre 2003 dans l'affaire M.3136, *GE/AGFA NDT* ; voir aussi, RONZANO Alain, « Retail and Consumer Goods Sectors: The French Competition Authority Considers that the Control of a Supermarket Acquired on a Contractual Basis Leads to a Merger (Casino) », *Concurrences* [en ligne], 28 septembre 2009, n° 1-2010, art. n° 65013.

12 Commission européenne, décision du 31 octobre 2018 dans l'affaire M.9099, *Jin Jian/Radisson*, pts 63 et s. ; Commission européenne, décision du 27 juin 2016 dans l'affaire M.7902, *Marriott International/Starwood Hotels & Resorts Worldwide*, pts 192 et s. ; Commission européenne, décision du 4 janvier 2018 dans l'affaire M.8718, *Starwood Capital Group/Accor/Sofitel Budapest Chain Bridge Hotel* ; et Commission européenne, décision du 26 août 2008 dans l'affaire M.5164, *MSREF/IHG/Crowne Plaza Wiesbaden*.

13 Commission européenne, décision du 31 octobre 2018 dans l'affaire M.9099, précitée : « The Commission notes that, under the standardized management agreements of both Jin Jiang and Radisson, 85 the Parties in their function as hotel managers are granted a broad authority by the hotel owner to control all major aspects of the operation of the hotel, in particular setting rates, collecting revenues, preparing books and financial reporting, and performing repairs and maintenance. Furthermore, the Parties' management fees consist of a percentage of the hotel's gross annual revenues and a percentage of the hotel's annual operating profit » (pt 65).

17. Cela étant, certaines des situations de contrôle examinées intégraient un contrat de gestion, dont l'Autorité a tenu pleinement compte pour déterminer l'existence d'un changement de contrôle. L'Autorité a ainsi eu à connaître d'opération portant sur le capital d'hôtels contrôlés conjointement par le propriétaire sortant et le gestionnaire de l'hôtel.[14] L'hôtel passait donc d'un contrôle conjoint avec l'ancien propriétaire à un contrôle conjoint avec le nouveau.

18. L'Autorité a analysé les contrats de gestion en question à la lumière de ses Lignes directrices et, comme la Commission européenne ou l'Autorité française, elle a considéré que le caractère conjoint du contrôle était établi du fait de la durée particulièrement longue du contrat de gestion (entre 10 et 15 ans), ainsi que de l'existence de clauses permettant au gestionnaire de bénéficier d'un pouvoir d'influence déterminant. Dans chaque décision examinée, ce dernier disposait d'un droit de veto sur le business plan de l'hôtel cible, et était l'opérateur exclusif de l'hôtel (lui permettant d'établir le prix des chambres, gérer les ressources humaines, et fournir des services centralisés pour l'ensemble des hôtels du groupe). Il bénéficiait également d'un droit de préemption en cas de vente de l'hôtel.

II. Des opérations donnant lieu à l'examen de possibles effets horizontaux, verticaux et/ou congloméraux

19. Classiquement, les opérations de concentration dans le secteur hôtelier donnent lieu à l'examen d'effets dits *horizontaux* de renforcement de l'acquéreur lorsque les parties à l'opération sont des concurrents actuels ou potentiels (A). Mais, en Polynésie, il est fréquent que les acteurs du secteur développent aussi des activités en amont ou en aval, ce qui conduit à examiner de possibles effets *verticaux* (B) ou encore sur des marchés voisins, ce qui conduit à examiner d'éventuels effets *congloméraux* (C).

20. Dans la plupart des opérations examinées, le risque de tels effets a pu être écarté.

A. *Analyse des effets horizontaux*

21. Selon les Lignes directrices de l'Autorité polynésienne, lorsqu'un projet d'acquisition est susceptible de conférer un pouvoir de marché significatif à la nouvelle entité, ou est en mesure de renforcer le pouvoir de marché détenu par l'acquéreur avant la prise de contrôle de l'hôtel cible, l'opération notifiée est susceptible de générer des effets horizontaux qu'il convient d'examiner.

22. Dans ce scénario, les parties sont des concurrents directs actifs sur le marché de l'hôtellerie, que l'Autorité polynésienne s'attache d'abord à définir (1), avant d'évacuer les principaux risques de concurrence identifiés (2).

---

14 APC, décision n° 2016-CC-01 du 6 juillet 2016 relative à la prise de contrôle exclusif de la société South Seas Resort Limited (groupe Louis Wane) par HNA Tourism (groupe HNA) ; APC, décision n° 2016-CC-02 du 29 août 2016 relative à la prise de contrôle conjoint des trois hôtels Sofitel de Polynésie française par la société Lupesina Tahiti Investments (groupe Grey) aux côtés du groupe AccorHotels ; APC, décision n° 2016-CC-05 du 13 décembre 2016 relative à la prise de contrôle conjoint de la Société des Nouveaux Hôtels par M. Louis Wane aux côtés du Groupe Starwood ; et APC, décision n° 2017-CC-02 du 23 mars 2017 relative à la prise de contrôle exclusif de la Société d'Investissement de Polynésie (Four Seasons Hôtel & Resort Bora-Bora) par Swansea King Limited (fonds d'investissement Gaw Hospitality).

1. Les marchés de l'hôtellerie

23. L'Autorité considère que le secteur de l'hôtellerie englobe en Polynésie française trois offres principales d'hébergement : les hôtels et résidences de tourisme international, les hébergements de tourisme chez l'habitant et les meublés de tourisme. Seule la première catégorie (hôtels et résidences de tourisme international) a fait l'objet d'un examen par l'Autorité qui envisage, pour ce mode d'hébergement, plusieurs types de segmentation :

- une distinction selon le degré de confort de l'hôtel : regroupement par paires d'étoiles (1-2 étoiles ; 2-3 étoiles ; 3-4 étoiles) ; regroupement tenant compte de la catégorie immédiatement inférieure et de la catégorie immédiate supérieure (1-3 étoiles ; 2-4 étoiles) ; distinction entre catégorie économique (1-3 étoiles) et catégorie d'hôtellerie de luxe (4 étoiles et plus) ; et
- une distinction selon le mode d'exploitation des établissements, en fonction de leur appartenance ou non à une chaîne d'hôtels.

24. Cette approche est alignée avec la pratique décisionnelle française hexagonale et européenne qui envisage de façon constante[15] une segmentation en fonction du prix et du niveau de confort de l'hôtel sur la base de son classement, ce que souligne la décision française *LFPI/LSF6* du 23 juin 2015 :

> *s'agissant de la distinction des établissements hôteliers en fonction du niveau de confort, la pratique décisionnelle a envisagé plusieurs méthodes de segmentation [...] : regroupement par paires d'étoiles (1-2 étoiles ; 2-3 étoiles ; 3-4 étoiles) ou en tenant compte de la catégorie immédiatement inférieure et de la catégorie immédiate supérieure (1-3 étoiles, 2-4 étoiles).*[16]

25. S'agissant de sa délimitation géographique, bien que reconnaissant que « les autorités de concurrence considèrent que le marché de l'hôtellerie peut être analysé à la fois au niveau national [...] et au niveau local [...] »,[17] l'Autorité polynésienne laisse ouverte la question de savoir s'il convient de limiter les marchés de l'hôtellerie à la Polynésie française, à chaque archipel ou à chaque île.[18]

26. En pratique, elle examine toutefois systématiquement les différents niveaux d'appréciation jusqu'au maillon le plus fin (i.e., niveau insulaire), comme l'illustre son examen du projet d'acquisition de l'hôtel *Saint Regis Bora-Bora* par le groupe HNA Tourism, fonds d'investissement hongkongais qui détenait déjà trois hôtels en Polynésie française.[19]

---

15 Aut. conc., décision n° 15-DCC-77 du 23 juin 2015 relative à la prise de contrôle exclusif par la société LFPI de la société LSF6/Alliance Holding SAS ; Aut. conc., décision n° 14-DCC-82 du 12 juin 2014 relative à la prise de contrôle conjoint du groupe Park&Suites et du groupe GMI par le groupe M Finance et le fonds d'investissement Equistone, pt 16 ; Commission européenne, décision du 31 octobre 2018 dans l'affaire M.9099, *Jin Jian/Radisson*, pt 30 ; Commission européenne, décision du 16 février 2001 dans l'affaire M.2197, *Hilton/Accor/Forte/Travel Service JV*, pt 26.

16 Aut. conc., décision n° 15-DCC-77, précitée, pt 11.

17 APC, décision n° 2016-CC-01 du 6 juillet 2016 relative à la prise de contrôle exclusif par HNA Tourism (groupe HNA) de la société South Seas Resort Limited (groupe Louis Wane), pt 17.

18 *Ibid.*, pt 22.

19 *Ibid.*

Parts de marché cumulées des parties Décision *HNA/Saint Regis Bora-Bora* (Affaire n° 2016-CC-01)

	Tous Hotels		4 & 5 étoiles		5 étoiles	
	Nb Chambres	Nb Hôtels	Nb Chambres	Nb Hôtels	Nb Chambres	Nb Hôtels
Polynésie française	7,2 %	4,5 %	10,2 %	9,1 %	28,1 %	25 %
Archipel de la Société	7,6 %	5,1 %	10,7 %	10 %	28,1 %	25 %
Îles-du-Vent	6,8 %	4,8 %	10,8 %	25 %	75,2 %	50 %
Îles Sous-le-Vent	9,8 %	5,6 %	107, %	8,3 %	16,3 %	16 %
Île de Moorea	17,5 %	10 %	23,1 %	25 %	100 %	100 %
Île de Bora Bora	11 %	9,1 %	12,3 %	11,1 %	18,2 %	20 %

27. L'Autorité a d'abord cherché à évaluer les effets du projet d'acquisition au niveau de la Polynésie, puis au niveau de l'archipel, et enfin au niveau de chaque île affectée en relevant, par exemple, que « dans les [î]les du Vent, la nouvelle entité représentera[it] 6,8 % de l'offre de chambres et 4,8 % du nombre d'hôtels ».[20]

28. De ce point de vue également, la pratique de l'Autorité polynésienne est alignée avec la pratique française hexagonale qui s'attache à analyser les opérations affectant le secteur du tourisme au niveau national, régional puis local – généralement analysé au niveau de l'agglomération (ex. : Paris, Nice ou Toulouse, ce qui apparaît cohérent à défaut de précédent insulaire comparable).[21] Dans le cas du tourisme tel qu'il se pratique en Polynésie, la pression concurrentielle exercée par les hôtels existant dans des régions développant un tourisme reposant sur les mêmes fondamentaux pourrait également s'avérer pertinente, mais elle n'a à ce stade pas été examinée par l'Autorité.

2. L'absence d'effets restrictifs de concurrence

29. À ce jour, aucune opération notifiée n'a été considérée comme susceptible de porter atteinte à la concurrence par le biais d'effets horizontaux – et ce, y compris dans le cadre de scénarios d'acquisition présentant des chevauchements sur les mêmes zones, avec des parts de marché substantielles, ce qu'illustre la décision *HNA/Manava Beach Resort & Spa* du 31 mai 2017.[22]

30. L'Autorité polynésienne devait se prononcer sur le projet de rachat du *Manava Beach Resort & Spa* (hôtel situé à Moorea, détenu par le fonds d'investissement Mahana Investment et géré par le groupe hôtelier South Pacific Management) par le fonds hongkongais HNA Tourism (détenant en Polynésie deux autres hôtels, le *Moorea Lagoon Resort & Spa* et le *Saint Regis Bora-Bora Resort*).

31. Les services d'instruction ont d'abord estimé le niveau de concentration des parties à l'issue de l'opération, de façon à évaluer si le groupe intégré ferait ou non face à une concurrence suffisante sur le marché affecté, afin de garantir une pression concurrentielle satisfaisante.

---

[20] *Ibid.*, pt 32.

[21] Aut. conc., décision n° 24-DCC-191 du 27 août 2024 relative à la prise de contrôle exclusif de plusieurs fonds de commerce hôteliers par la société Covivio Hotels.

[22] APC, décision n° 2017-CC-04 du 31 mai 2017 relative à la prise de contrôle exclusif de Compagnie touristique polynésienne par South Seas Resort Limited (Groupe HNA).

Parts de marché cumulées des parties
Décision HNA/Manava Beach Resort & Spa (décision n° 2017-CC-04)

2017	Tous Hotels		4 & 5 étoiles	
	Nb Chambres	Nb Hôtels	Nb Chambres	Nb Hôtels
Polynésie française	10,6 %	6,8 %	15,2 %	13,6 %
Archipel de la Société	11,3 %	7,7 %	16,0 %	15,0 %
Îles-du-Vent	12,8 %	9,5 %	20,3 %	25,0 %
Île de Moorea	33,1 %	20,0 %	43,8 %	50,0 %

32. L'Autorité a considéré que l'opération ne suscitait pas de préoccupation sérieuse de concurrence à ces différents niveaux, y compris le plus local, dans la mesure où le groupe continuerait à faire « face à la concurrence des groupes Pacific Beachcomber et Grey,[23] qui représentent respectivement 31,5 % et 24,7 % de l'offre de chambres »[24] sur le marché de l'hôtellerie à Moorea.

33. À ce constat s'ajoutait le fait que le contrôle d'HNA Tourism sur la cible ne serait que conjoint, limitant ainsi son pouvoir d'influence : « la constitution de la nouvelle entité n'a pour effet que de diminuer faiblement la pression concurrentielle puisque l'hôtel demeure soumis à un contrôle conjoint de South Pacific Management », gestionnaire de l'hôtel cible et restant en place après l'opération.[25]

B. *Analyse des effets verticaux*

34. Les éventuels effets verticaux de projets d'acquisition d'hôtels ont également été examinés par l'Autorité polynésienne lorsque l'opération notifiée impliquait des acteurs présents à différents niveaux de la chaîne de valeur touristique (agence réceptive, agence de voyage, complexe hôtelier…).

35. La décision *Grey/Tahiti Nui Travel* du 5 décembre 2016[26] portant sur le projet d'acquisition de l'entreprise Tahiti Nui Travel par le groupe Grey exemplifie ce second risque d'effets anticoncurrentiels.

1. La spécificité de l'organisation de l'activité d'agence de voyage en Polynésie

36. Dans cette décision, l'Autorité polynésienne a été amenée à adapter l'analyse du marché des agences de voyage aux spécificités polynésiennes pour distinguer (a) l'activité amont de conception-vente de séjours touristiques/approvisionnement en prestations touristiques, portée par les agences réceptives et (b) l'activité avale classique d'agence de voyage.

---

23 Le groupe Grey détenait en 2017 le *Sofitel Ia Ora Beach Resort* à Moorea (aujourd'hui détenu exclusivement par le groupe Louis Wane, depuis mai 2020). L'hôtel *Pacific Beachcomber* est quant à lui fermé depuis mai 2020.

24 APC, décision n° 2016-CC-01 du 6 juillet 2016 relative à la prise de contrôle exclusif par HNA Tourism (groupe HNA) de la société South Seas Resort Limited (groupe Louis Wane), précitée, pt 32.

25 *Ibid.*

26 APC, décision n° 2016-CC-04 du 5 décembre 2016 relative à la prise de contrôle exclusif du groupe Tahiti Nui Travel par le groupe Grey, précitée.

Délimitation des marchés des services de voyage en Polynésie, APC 2015-2024

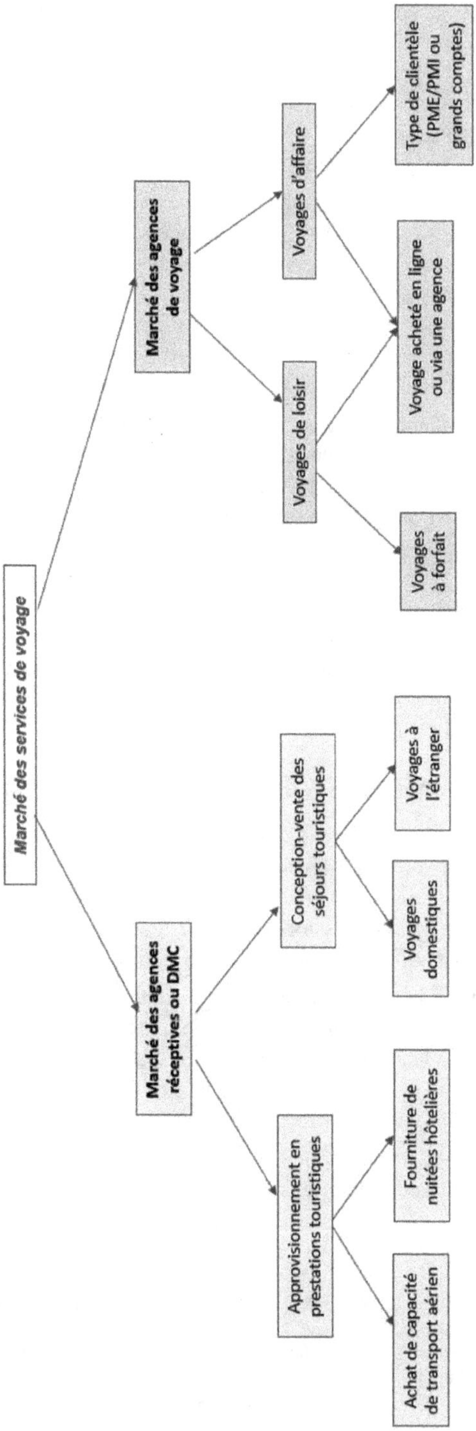

37. Les agences réceptives sont les agences de voyage locales, voire très locales, spécialisées dans l'organisation de séjours en Polynésie française. Elles collectent et centralisent l'ensemble des services proposés par les prestataires polynésiens (hôtels, restaurants, transporteurs, guides touristiques, etc.) qu'elles revendent ensuite aux tour-opérateurs et/ou agences de voyage des pays d'origine des voyageurs (par le biais de catalogues).

38. La décision de l'Autorité polynésienne énonce qu'elles constituent des acteurs incontournables en Polynésie pour au moins deux raisons : (i) la complexité de l'offre touristique en Polynésie française, liée au caractère insulaire du territoire (réparti sur cinq archipels) implique l'organisation de séjours sur plusieurs îles et rend nécessaire la coopération de nombreux prestataires touristiques ; (ii) le positionnement haut de gamme de l'industrie touristique en Polynésie française justifie d'avoir recours au savoir-faire et expertise d'une agence réceptive.

39. À l'image de l'analyse menée pour le marché de l'hôtellerie, et bien qu'elle laisse en théorie ouvert le champ de sa délimitation géographique, l'Autorité polynésienne analyse le marché des agences réceptives au niveau local, en examinant les effets que l'opération examinée est susceptible d'engendrer sur chaque île affectée. C'est le cas de la décision précitée, où l'Autorité s'est d'abord attachée à évaluer les effets du projet d'acquisition (de Tahiti Nui Travel) sur le marché des agences réceptives au niveau de la Polynésie, puis au niveau de l'archipel de la Société, et enfin au niveau des îles du Vent et Sous-le-Vent (Bora-Bora, Tahiti et Moorea), en relevant par exemple que « selon la délimitation de marché retenu, les hôtels du groupe Grey [auront] une part de marché comprise entre 10 et 50 % pour le nombre d'hôtels »[27] à Tahiti et Moorea.

2. Une analyse classique des risques de verrouillage du marché

40. L'acquisition d'un complexe hôtelier par une agence réceptive pose une double problématique verticale classique de verrouillage des intrants et de l'accès à la clientèle, mais l'analyse que ferait l'Autorité polynésienne en la matière pouvait susciter des questions dès lors que ses Lignes directrices ne portent que sur le champ d'application du régime et la procédure.

41. La décision rendue sur le projet d'acquisition par le groupe Grey[28] – présent sur le marché amont de l'hôtellerie et sur le marché aval des agences réceptives[29] – du contrôle exclusif de Tahiti Nui Travel – actif sur le marché aval des agences réceptives et des agences de voyage, a permis de confirmer que l'analyse des effets verticaux en Polynésie s'effectue de manière tout à fait classique.

42. Selon les Lignes directrices de l'Autorité française de la concurrence,[30] une concentration verticale peut en effet restreindre la concurrence en rendant plus difficile

---

[27] *Ibid.*, pt 79.

[28] APC, décision n° 2016-CC-04 du 5 décembre 2016 relative à la prise de contrôle exclusif du groupe Tahiti Nui Travel par le groupe Grey, précitée.

[29] Le groupe Grey est propriétaire de cinq hôtels en Polynésie (le *Méridien*, le *Sofitel Moorea Ia Ora Beach Resort*, le *Sofitel Bora-Bora Marara Beach Resort*, le *Sofitel Bora-Bora Motu Private Island* et le *Manava Beach Resort & Spa Moorea*) et d'une agence réceptive (Samoa Scenic Tours & Inbounds Services).

[30] Aut. conc., *Lignes directrices révisées relatives au contrôle des concentrations*, *op. cit.*, pts 668 et s.

l'accès aux marchés sur lesquels la nouvelle entité sera active, voire en évinçant potentiellement les concurrents ou en les pénalisant par une augmentation de leurs coûts. On parle alors de « verrouillage » des marchés. Une telle situation accroît le pouvoir de marché de la nouvelle entité et lui permet d'augmenter ses prix et/ou de réduire les quantités offertes.

43. Deux types de verrouillage sont distingués :

- dans le premier cas, l'entreprise intégrée refuse de vendre un intrant à ses concurrents en aval, ou le lui fournit dans des conditions défavorables ou à un niveau de qualité dégradé (on parle de *verrouillage des intrants*). Cette forclusion peut être totale, lorsque les concurrents ne sont plus du tout approvisionnés, ou partielle, lorsque le durcissement des conditions tarifaires entraîne une augmentation des coûts des concurrents ;
- dans le second cas, la branche en aval de l'entreprise intégrée refuse d'acheter ou de distribuer les produits des fournisseurs actifs en amont et réduit ainsi leurs débouchés commerciaux (*verrouillage de l'accès à la clientèle*).

44. Ces deux risques de concurrence ont très précisément été examinés par l'Autorité polynésienne dans le cadre de l'affaire précitée.

a) Hypothèse d'un verrouillage par les intrants

45. L'Autorité s'est d'abord attachée à vérifier si, à l'issue du rachat de Tahiti Nui Travel par le groupe Grey, ce dernier pouvait envisager de verrouiller le marché aval des agences réceptives en refusant de commercialiser les nuitées d'hôtels du groupe Grey auprès des agences réceptives concurrentes.

46. Ce risque – estimé faible par les services d'instruction – a été rapidement évacué pour les raisons suivantes : le groupe intégré ne détenait qu'un contrôle conjoint sur les hôtels acquis. Il ne pouvait en conséquence pas décider seul d'opérer un boycott des agences réceptives concurrentes. Il semblait en outre peu probable que les chaînes hôtelières internationales détenant le contrôle aux côtés du groupe Grey admettent ce boycott comme stratégie commerciale viable – leur intérêt étant au contraire de démultiplier leurs canaux de distribution. Enfin, et quand bien même cela aurait été le cas, la stratégie ne pouvait s'avérer que perdante puisqu'elle serait revenue à priver ces hôtels de près de 70 % du marché des agences réceptives compte tenu de la part de marché limitée du groupe Tahiti Nui Travel.

b) Hypothèse d'un verrouillage de l'accès à la clientèle

47. Les services d'instruction ont ensuite examiné si le groupe intégré pouvait également décider d'opérer un boycott des hôtels concurrents (au profit des hôtels du groupe Grey) de manière à ce que ses agences (réceptives et de voyage) ne les commercialisent plus auprès de leurs clients (risque de forclusion totale).

48. À nouveau, le risque de verrouillage a été considéré comme faible.

49. Selon l'Autorité, une telle stratégie ne ferait pas sens d'un point de vue économique et n'aurait qu'un effet très limité sur le marché dans la mesure où elle conduirait les agences réceptives/de voyage de l'entité fusionnée à se priver de l'accès à une partie importante du marché de la fourniture de nuitées hôtelières

en Polynésie française (les hôtels du groupe Grey ne représentant que 20 % des chambres disponibles). En outre, une telle stratégie n'empêcherait pas les hôtels concurrents de trouver des débouchés alternatifs, en conservant un accès à 65-75 % du marché affecté.

50. En revanche, les services d'instruction ont estimé plus probable le scénario selon lequel les agences réceptives/de voyage du groupe intégré décideraient de privilégier les hôtels du groupe au détriment des hôtels concurrents, en vendant en priorité leurs nuitées.

51. Ce risque a été jugé plus important du fait de la présence d'un contexte marqué par une forte variation des taux d'occupation (baisse importante en basse saison) ; de la capacité à établir cette stratégie d'éviction (hausse de publicités ciblées, incitations tarifaires pour les agences de voyage et tour-opérateurs de vendre en priorité les nuitées des hôtels du groupe Grey…) ; et du profit potentiel généré par cette dernière (l'acquisition de nouvelles agences réceptives était en mesure de procurer au groupe intégré des informations/avantages concurrentiels clés sur les prix pratiqués par les concurrents, leurs taux de remplissage, leur politique promotionnelle…).

52. Par conséquent, l'Autorité polynésienne n'a autorisé la prise de contrôle de Tahiti Nui Travel par le groupe Grey que sous condition d'une prise d'engagements comportementaux permettant de réduire le risque ainsi identifié (voir 3 ci-dessous). Ces engagements ont par ailleurs dû être réitérés lorsque le groupe a été de nouveau cédé au groupe Louis Wane, avec lui aussi des activités hôtelières.[31]

C. *Analyse des effets conglomeraux*

53. Un troisième et dernier niveau de risque peut devoir être analysé lorsque l'opération notifiée est susceptible de produire des effets de nature conglomérale. Ces derniers peuvent surgir lorsque la nouvelle entité détiendra des positions significatives sur des marchés étroitement liés, avec une capacité d'utiliser sa position importante sur l'un de ces marchés pour renforcer sa position sur l'autre.

54. À ce jour, aucune décision soumise à l'examen de l'Autorité polynésienne dans le secteur du tourisme n'a été jugée susceptible de présenter un tel risque sur les marchés examinés (hôtellerie ou services de voyage), du fait de la présence de l'acquéreur sur d'autres marchés connexes (en l'occurrence marché aérien ou marché de l'approvisionnement en denrées alimentaires/boissons).

55. Pour mener cette analyse, l'Autorité s'est systématiquement attachée à vérifier si : (i) l'acquéreur avait la possibilité de lier, techniquement ou commercialement, le produit du marché affecté par l'opération de concentration et celui du marché connexe ; (ii) s'il était incité à le faire ; et (iii) si une stratégie de verrouillage aurait eu un effet significatif sur les marchés en cause.

56. En plus d'illustrer ce raisonnement, le projet de rachat de la société South Seas Resort par le groupe hongkongais HNA (décision *South Seas Resort Limited/*

[31] APC, décision n° 2022-CC-02 du 8 juin 2022 relative à la prise de contrôle exclusif du groupe Tahiti Nui Travel (TNT) par M. Louis Wane, précitée.

Compagnie touristique polynésienne)[32] fait qu'en matière d'effets congloméraux comme en matière d'effets verticaux, l'Autorité polynésienne applique une grille d'analyse tout à fait classique telle que définie par exemple dans les Lignes directrices de l'Autorité de la concurrence française.[33]

57. Pour rappel, le groupe HNA, en plus du rachat des actifs détenus par la cible (*Moorea Lagoon Resort & Spa*, Motu Ome'e et la société Bora-Bora Eden Cruise), avait pour projet d'ouvrir une nouvelle ligne aérienne Pékin-Papeete. Cette ligne était un entrant potentiel sur le marché du transport de passagers entre la Chine et la Polynésie française – lequel présentait des liens de connexité avec le marché de l'hôtellerie sur lequel était présente la cible.

58. Aucun risque congloméral n'a en définitive été retenu par l'Autorité polynésienne pour les raisons suivantes. D'abord, la nature du contrôle (conjoint) de la cible (partagé avec le groupe South Pacific Management) ne pouvait octroyer à l'acquéreur qu'une faculté réduite de réserver des capacités hôtelières aux passagers de ses vols Chine-Polynésie française.[34] Ensuite, et surtout, les touristes chinois ne représentaient que 5 202 des 129 746 touristes séjournant en Polynésie française, soit moins de 5 % du volume total. Les effets d'une stratégie de verrouillage ne pouvaient dès lors être que très limités.[35]

III. Les engagements comportementaux mis à l'honneur par l'Autorité polynésienne

59. Lorsque l'Autorité polynésienne examine une opération de concentration de nature à créer des effets anticoncurrentiels, elle ne peut autoriser cette opération que si celle-ci est accompagnée de « mesures correctives permettant de remédier aux atteintes à la concurrence qu'elle a identifiées ».[36]

60. Le choix du type de mesure corrective le plus adapté est fonction des effets de l'opération.

61. Selon ses Lignes directrices, l'Autorité polynésienne estime ainsi que : « lorsque l'opération porte atteinte à la concurrence essentiellement en raison du chevauchement horizontal des activités des parties, les remèdes structurels sont les plus efficaces ».[37] Ces derniers permettent de rééquilibrer les droits de propriété de l'entreprise cible par le biais d'une cession/rétrocession d'actifs appartenant aux entreprises notifiantes, afin de renforcer un concurrent ou de permettre à de nouveaux arrivants de concurrencer la nouvelle entité issue de la concentration.

62. En revanche, lorsqu'il faut remédier à des risques de verrouillage de marchés amont ou aval, « des remèdes comportementaux visant à garantir l'accès des

---

32 APC, décision n° 2017-CC-04 du 31 mai 2017 relative à la prise de contrôle exclusif de Compagnie touristique polynésienne par South Seas Resort Limited (groupe HNA), précité.

33 Aut. conc., *Lignes directrices révisées relatives au contrôle des concentrations*, *op. cit.*, pts 718 et s.

34 *Ibid.*, pt 39.

35 *Ibid.*, pt 42.

36 APC, *Lignes directrices relatives au champ d'application et à la procédure de contrôle des concentrations*, *op. cit.*, pt 240.

37 *Ibid.*, pt 259.

concurrents aux intrants ou à la clientèle peuvent s'avérer suffisants tout en préservant les gains d'efficacité liés à l'intégration verticale. Il en de même [*sic*] pour les concentrations conglomérales ».[38]

63. Ces derniers ont pour objectif de préserver ou de favoriser l'accès des concurrents au marché, lorsque celui-ci est menacé par des risques de verrouillage des marchés amont ou aval, générés par les effets verticaux de l'opération. Parmi les mesures variées citées par les Lignes directrices, figurent l'octroi de l'accès à des réseaux ou des infrastructures de manière non discriminatoire et transparente, l'octroi de l'accès à des licences, brevets, marques ou technologies, la résiliation ou la modification de contrats d'exclusivité, et/ou la divulgation d'informations sur une base non exclusive.[39]

64. L'Autorité de la concurrence française utilise elle-même de manière régulière des engagements comportementaux dans un tel contexte.[40] Il est par ailleurs permis d'ajouter que de telles mesures paraissent en outre tout à fait adaptées sur des marchés insulaires où, par nature, les mêmes investisseurs se retrouvent à différents niveaux de la chaîne de valeur et à différents niveaux de l'économie, et où des désinvestissements pourraient se révéler particulièrement pénalisants sans, pour autant, garantie de trouver des repreneurs.

65. Entre 2016 et 2024, sur les cinq décisions d'engagements adoptées par l'Autorité polynésienne, quatre ont reposé sur ce type d'engagements, dont les deux décisions d'engagements qui ont concerné le secteur du tourisme.[41]

66. Plus précisément, à chaque nouvelle prise de contrôle du groupe Tahiti Nui Travel par un groupe exerçant des activités significatives dans le secteur de l'hôtellerie, l'acquéreur (le groupe Grey en décembre 2016, puis le groupe Louis Wane en juin 2022) a accepté de s'engager, pour une durée de 5 années à :

- renouveler annuellement tous les contrats conclus entre les agences réceptives détenus par la cible (Tahiti Nui Travel) et ses fournisseurs (les hôtels concurrents) dans des conditions commerciales objectives, transparentes et non discriminatoires ;
- ne pas faire circuler des informations stratégiques concernant les hôtels concurrents (portant par exemple sur les prix pratiqués par ces derniers) aux hôtels du groupe intégré et à leurs organes dirigeants. À cette fin, l'acquéreur s'est engagé à assurer un fonctionnement autonome de ses activités d'agence réceptive par rapport à celle de ses activités hôtelières, en interdisant à ses dirigeants ou gérants d'hôtels d'exercer une fonction relative à l'activité d'agence réceptive dans l'année précédant et suivant leur prise de fonction ; et
- mettre en place un programme de sensibilisation et de formation du personnel des activités d'agence réceptive et hôtelières aux engagements souscrits dans le cadre de l'opération.

---

38 *Ibid.*, pt 260.

39 *Ibid.*, pt 287.

40 Autorité de la concurrence, *Les engagements comportementaux*, La Documentation française, coll. Les Essentiels, 2020, p. 64.

41 APC, décision n° 2016-CC-04 du 5 décembre 2016 relative à la prise de contrôle exclusif du groupe Tahiti Nui Travel par le groupe Grey, précitée ; et APC, décision n° 2022-CC-02 du 8 juin 2022 relative à la prise de contrôle exclusif du groupe Tahiti Nui Travel (TNT) par M. Louis Wane, précitée.

67. Selon l'Autorité polynésienne, ces engagements étaient de nature à permettre d'empêcher l'acquéreur d'utiliser sa position nouvellement acquise sur le marché des agences réceptives pour évincer ou réserver un traitement discriminatoire aux concurrents présents sur le marché de l'hôtellerie.

68. En renouvelant à l'identique une autorisation sous réserve des mêmes engagements lors de l'acquisition ultérieure du groupe par un autre acteur, l'Autorité a par ailleurs confirmé que son analyse de 2016 demeurait totalement pertinente après plusieurs années d'existence des engagements.

N°	Date	Libellé
1.	2 novembre 2023	Décision 2023-CC-04 du 2 novembre 2023 relative à la prise de contrôle conjoint de l'hôtel Hilton Moorea Lagoon Resort & Spa par Louis Wane aux côtés du Groupe Hilton
2.	8 juin 2022	Décision n° 2022-CC-02 du 8 juin 2022 relative à la prise de contrôle exclusif du groupe Tahiti Nui Travel (TNT) par M. Louis Wane
3.	19 janvier 2022	Décision n° 2022-CC-01 du 19 janvier 2022 relative à la prise de contrôle exclusif des sociétés Moorea Lagoon Resort et Bora-Bora Eden Cruise par Dazhong Transportation (groupe Dazhong) et à la prise de contrôle conjoint de la Société hôtelière Motu Ome'e par Dazhong Transportation (groupe Dazhong) aux côtés du groupe Marriott
4.	15 novembre 2021	Décision n° 2021-DREC-01 du 15 novembre 2021 relative au respect des engagements pris dans la décision n° 2016-CC-04 du 5 décembre 2016 relative à la prise de contrôle exclusif du groupe Tahiti Nui Travel par le groupe Grey
5.	6 mai 2021	Décision n° 2021-CC-01 du 6 mai 2021 relative à la prise de contrôle conjoint de l'hôtel Tahiti par la société Hilton World-wide Manage Limited (groupe Hilton) aux côtés de la SAS Hôtel Tahiti (groupe Wane)
6.	25 mai 2020	Décision n° 2020-CC-01 du 25 mai 2020 relative à la prise de contrôle conjoint de l'hôtel Sofitel Moorea Ia Ora Beach Resort par M. Louis Wane, auquel se substituera la société Eimeo Holding SAS (en cours de constitution) aux côtés de la société AAPC-NZ Pty. Ltd. (groupe Accor)
7.	16 avril 2019	Décision n° 2019-CC-01 du 16 avril 2019 relative à la prise de contrôle conjoint de l'hôtel Le Méridien Tahiti par la société AAPC-NZ Pty. Ltd. (groupe Accor) aux côtés de la SAS Société hôtelière Rivnac (groupe Grey)
8.	18 décembre 2018	Décision n° 2018-CC-01 du 18 décembre 2018 relative à la prise de contrôle exclusif de l'hôtel Kia Ora SA par la SAS Ranginui
9.	31 mai 2017	Décision n° 2017-CC-04 du 31 mai 2017 relative à la prise de contrôle exclusif de Compagnie touristique polynésienne par South Seas Resort Limited (groupe HNA)
10.	27 avril 2017	Décision n° 2017-CC-03 du 27 avril 2017 relative à la prise de contrôle exclusif de la Société financière hôtelière polynésienne par la Société Brasserie de Tahiti

N°	Date	Libellé
11.	23 mars 2017	Décision n° 2017-CC-02 du 23 mars 2017 relative à la prise de contrôle exclusif de la Société d'investissement de Polynésie (Four Seasons Hôtel & Resort Bora-Bora) par Swansea King Limited (fonds d'investissement Gaw Hospitality)
12.	13 décembre 2016	Décision n° 2016-CC-05 du 13 décembre 2016 relative à la prise de contrôle conjoint de la Société des Nouveaux Hôtels par M. Louis Wane aux côtés du groupe Starwood
13.	5 décembre 2016	Décision n° 2016-CC-04 du 5 décembre 2016 relative à la prise de contrôle exclusif du groupe Tahiti Nui Travel par le groupe Grey
14.	6 octobre 2016	Décision n° 2016-CC-03 du 6 octobre 2016 relative à la prise de contrôle conjoint de l'hôtel Manava Beach Resort & Spa (Compagnie touristique polynésienne) par la société Lupesina Tahiti Investments (groupe Grey) aux côtés du groupe SPM
15.	29 août 2016	Décision n° 2016-CC-02 du 29 août 2016 relative à la prise de contrôle conjoint des trois hôtels Sofitel de Polynésie française par la société Lupesina Tahiti Investments (groupe Grey) aux côtés du groupe AccorHotels
16.	6 juillet 2016	Décision n° 2016-CC-01 du 6 juillet 2016 relative à la prise de contrôle exclusif par HNA Tourism (groupe HNA) de la société South Seas Resort Limited (groupe Louis Wane)

Tout nuage n'enfante pas une tempête : Quand le vent de la concurrence souffle sur le secteur touristique polynésien

Yannick Lecornu* et Hironui Johnston**

1. Lors de l'examen préalable du futur *code de la concurrence* par l'Assemblée de la Polynésie française en 2015, le Gouvernement porteur du texte s'efforça de faire montre de pédagogie pour exposer les attendus d'une œuvre sur laquelle chacun projetterait vite ses espoirs et ses fantasmes. Ainsi, l'un des représentants de l'organe délibérant déclara approuver ce projet au motif qu'il mettrait fin à une « relation incestueuse entre les entreprises privées et le public ».

2. Considérant cet objectif, il était naturel pour d'anciens serviteurs de l'action publique, dont le penchant masochiste n'est plus à prouver, de participer à la célébration des 10 ans de l'entrée en vigueur du *code de la concurrence* en Polynésie française.

3. Même après une décennie, il demeure amusant de constater que les élus sont toujours plus prompts à pointer du doigt les relations entre le privé et le public, oubliant au passage que, dans le système économique polynésien, le poids des entreprises publiques dans les secteurs stratégiques s'avère prépondérant… et leur positionnement bien plus incestueux que celui de leurs homologues privées. Comme disait Confucius : « Quand le sage montre la Lune… »

---

* Yannick Lecornu est fonctionnaire, ancien directeur de cabinet du ministère de l'Économie et des Finances, et ancien directeur général de la Chambre de commerce et d'industrie de la Polynésie française.

** Hironui Johnston est consultant, ancien conseiller technique en charge du tourisme et des transports aériens internationaux auprès du gouvernement de la Polynésie française.

4. Cela étant précisé, il est vrai que l'introduction du droit de la concurrence constitua une étape majeure dans la transformation d'un territoire appelé à passer d'une économie administrée à une économie de marché reposant, à terme, sur une régulation indépendante.

5. Celle-ci n'était pas nécessairement attendue par tous et nombre de voix se firent entendre dès la genèse du projet. Après tout, notre territoire n'était-il pas trop petit et trop spécifique pour faire siennes des règles imaginées sous des latitudes où l'unité de mesure de la population est *a minima* le million d'habitants et celle de la richesse le milliard de dollars ? De plus, chez nous, les relations interpersonnelles priment généralement sur les institutions et tout le monde se connaît, de sorte que l'entente apparaît consubstantielle à la vie en commun. Voici en substance les arguments mobilisés jadis pour réfuter l'intérêt de l'introduction d'un droit de la concurrence sous nos latitudes.

6. Dix ans après, on ne trouve plus personne aujourd'hui dans les sphères décisionnelles publiques, à l'exception peut-être de quelques doctrinaires en quête d'une stratégie de différenciation, pour contester la pertinence de l'existence d'un droit de la concurrence polynésien. Tout au plus insiste-t-on sur la nécessaire prise en compte des spécificités liées au contexte insulaire. La majeure partie des acteurs économiques se range à ce double postulat : le droit de la concurrence est bénéfique, nonobstant une primauté légitime donnée au bon sens le plus élémentaire. Cette conviction partagée concerne au plus haut point la communauté de l'économie touristique.

7. Avant d'expliciter notre propos, il nous apparaît essentiel d'exposer quelques considérations sur le secteur du tourisme en Polynésie française, notamment dans l'optique d'accompagner le lecteur, potentiellement non averti, des caractéristiques de notre petite économie insulaire.

I. Entre défis insulaires et opportunités touristiques

8. Il est désormais de coutume de débuter tout propos sur le territoire de cette façon : la Polynésie française est une collectivité d'outre-mer, autonome au sein de la République française, composée de 5 archipels regroupant, sur une superficie aussi vaste que l'Europe, 118 îles dont 76 habitées, pour une population totale de 280 000 habitants.

9. Du fait de son positionnement géographique à l'écart des grands pôles de développement, du caractère contraint de son espace, des problèmes de transports et de rupture de charges, et de la forte dispersion spatiale de sa population, le territoire est généralement qualifié par les économistes de région à handicaps structurels. Notons que le pluriel est ici de rigueur.

10. Ces spécificités géographiques – un territoire extrêmement vaste pour une population peu importante et peu concentrée ; des îles dispersées et éloignées les unes des autres – ont des effets sur la structure de l'économie polynésienne. Parallèlement, la Polynésie française est confrontée au défi d'intégrer la main-d'œuvre, encore très excédentaire par rapport aux besoins du secteur moderne. Cette intégration constitue le seul moyen de redistribuer, sans politique purement assistancielle, les bénéfices de la croissance économique. Voilà pour l'esquisse, à gros traits, du panorama global.

11. Avec un poids de près de 10 % dans l'économie locale, le tourisme constitue l'un des moteurs de la croissance de l'économie polynésienne. À titre d'illustration, en 2023, les exportations, dont le tourisme représente la plus grande part (près de 85 %), contribuent pour un tiers à la croissance annuelle du PIB.

12. Pourtant, les volumes ont de quoi surprendre. En année faste, le nombre total de touristes n'excède guère 260 000 personnes, un nombre plutôt chiche pour une contrée ayant fait du tourisme l'un de ses principaux moteurs de croissance. Toutefois, le niveau de dépenses par touriste permet de composer la faiblesse des bataillons. En effet, chacune de ces personnes consomme bien davantage que sous d'autres latitudes, de sorte que le revenu moyen par chambre sur Bora-Bora s'établissait, en octobre 2024, à 120 000 francs par nuit, soit 1 065 dollars. Des prix à la portée des cadres supérieurs, professionnels libéraux et retraités qui constituent la grande majorité des vacanciers. Sans surprise, ces derniers proviennent des zones à fort pouvoir d'achat que sont l'Amérique du Nord (45 %) et l'Europe (42 %, dont plus de 70 % venant de l'Hexagone).

13. De plus, l'isolement géographique du territoire favorise la durée de séjour, laquelle s'établit entre 11 et 14 jours pour les hébergements marchands (ventilés selon leur nature : 80 % d'hébergements terrestres, contre 20 % d'hébergements flottants). Le tout avec un taux d'occupation annuel supérieur à 80 %.

14. Par ailleurs, l'activité touristique contribue grandement à l'aménagement du territoire et à la répartition spatiale du revenu lié au tourisme. Avec des structures d'hébergement présentes sur 40 îles dont 34 dotées d'un aéroport, le secteur touristique fournit du travail à plus de 4 500 entreprises et emploie 5 500 salariés dans les seules structures d'hébergement.

15. Au cours des dernières années, une intensification de la concentration du tourisme sur les clientèles américaine et française a révélé à la fois la force de l'offre locale vis-à-vis de ces marchés émetteurs, mais aussi la grande fragilité d'un secteur peinant à diversifier sa clientèle, en particulier en provenance d'Asie, et se trouvant ainsi exposé à de potentiels forts aléas de marché.

II. Des règles du jeu qui transforment patiemment le comportement des acteurs

16. Selon l'orthodoxie, la concurrence favorise un environnement économique sain où les entreprises rivalisent pour offrir les meilleurs produits et services aux meilleurs prix, et rester ainsi compétitives et innovantes. A contrario, une politique concurrentielle trop laxiste offre généralement un terreau favorable aux ententes et pratiques abusives, dont la germination débouche vite sur une croissance économique atone, une qualité de service déclinante et une innovation amorphe.

17. Aussi est-il à propos de s'interroger, en cette année d'anniversaire, sur l'impact de l'introduction du droit de la concurrence en Polynésie française quant au secteur du tourisme. En d'autres termes, ce cadre juridique novateur a-t-il stimulé l'innovation, amélioré la qualité des offres et renforcé la compétitivité des entreprises à vocation touristique ?

18. Des esprits chagrins nous faisaient observer il y a peu, avec une fatuité déconcertante, que le droit de la concurrence avait échoué au prétexte que les décisions rendues sur le contrôle des concentrations sur les complexes touristiques avaient toutes été favorables.

19. Ce type de raisonnement n'est guère original. Déjà, les Grecs plaçant l'homme au cœur de l'univers croyaient que le soleil et les étoiles tournaient autour de la Terre. Devant le refus obstiné des planètes à tourner avec une régularité de métronome autour de la Terre, les Grecs baptisèrent ces planètes d'« étoiles errantes ». C'était le contre-exemple du modèle astronomique de Ptolémée, et il fallut attendre une vingtaine de siècles, et le génie de Copernic, pour prendre conscience que ce contre-exemple remettait tout simplement en cause le système explicatif lui-même.

20. De même, concernant le droit de la concurrence, la régularité des opérations de concentrations déclarées depuis 10 ans n'atteste en rien du caractère inutile de la procédure, sauf à considérer qu'une absence d'amende pour excès de vitesse aux abords d'une école primaire constituerait la preuve d'une inutilité de la réglementation de la vitesse sur ce type de zones.

21. L'existence seule d'un corpus normatif visant à prévenir les distorsions concurrentielles a permis aux entreprises locales de densifier leur approche juridique et économique des problématiques de concentration, occasionnant dans les comités exécutifs des réflexions d'un niveau bien supérieur à celles conduites sous l'empire du cadre juridique antérieur. Cette montée en gamme a également produit des externalités positives dans la relation entre acteurs économiques et décideurs publics. L'introduction d'un référentiel objectif et d'un arbitre impartial a permis aux deux parties de disposer d'une base propice à une discussion plus éclairée et exempte de considérations subjectives.

22. Cet impact n'est pas à minimiser. En Polynésie française, les pouvoirs publics jouent un rôle important dans l'économie, notamment dans le secteur touristique où ils définissent les orientations stratégiques, lesquelles se traduisent par des programmes pluriannuels de construction d'infrastructures, des évolutions réglementaires et des soutiens financiers à l'investissement.

23. Sous cet angle, l'apparition d'un arbitre impartial, la formalisation des règles du jeu, et l'appropriation par les parties de ce nouveau cadre constituent des avancées de long terme en faveur d'une objectivation des échanges sur ce secteur majeur.

24. Ainsi, si le droit de la concurrence n'a pas révolutionné au sens propre l'économie du tourisme polynésien, le développement progressif d'une culture de la concurrence a indéniablement produit des effets. Mais pour bien les appréhender, il convient de raccourcir la focale et de considérer le secteur touristique polynésien vis-à-vis de ses concurrents directs et de son terrain de jeu : le monde du tourisme haut de gamme.

25. L'attractivité d'une destination touristique tient à trois facteurs majeurs : le prix, le niveau des prestations et l'identité. Si la Polynésie française parvient aisément à s'imposer vis-à-vis de la concurrence internationale sur le facteur identité, notamment en surfant sur la vague du concept de « mana », force est de constater qu'elle accusait un retard sur les deux autres. Et pour cause. Depuis le

début du 19e siècle, de nouvelles destinations touristiques commercialisent des prestations de type « paradisiaque » proches de celles de la Polynésie : des eaux de baignade turquoises et transparentes, des plages de sable blanc, des bungalows sur pilotis, etc. Le tout à des tarifs inférieurs à ceux pratiqués ici. Ainsi, avec un prix de séjour structurellement très élevé, la Polynésie française manquait de différenciation et donc de compétitivité.

26. Cette concurrence à l'échelle internationale a conduit la Polynésie française à repenser son positionnement en organisant sa montée en gamme. Comme évoqué *supra*, cette trajectoire ne fut pas le fait des seuls acteurs économiques. En définissant une première stratégie sectorielle du tourisme sur la période 2015-2020, les pouvoirs publics ont participé à une nouvelle valorisation de la destination. L'inscription du marae de Taputapuatea, bientôt suivie par celle des îles Marquises, au patrimoine mondial de l'UNESCO constitua un signal fort envoyé aux acteurs de la filière et aux touristes du monde entier. De même, la dernière décennie a vu le développement de nombreuses démarches de certifications et de labellisations visant à structurer cette trajectoire vers la qualité.

27. À côté de la *cash cow* Bora-Bora, positionnée en particulier sur le domaine d'activité stratégique des lunes de miel, la Polynésie française a développé d'autres destinations au sein de la destination, comme Raiatea et les îles Marquises pour la quête d'authenticité, ou les Tuamotu pour les activités de plongée sous-marine ou les expériences de type Robinson Crusoé. Le secteur du tourisme nautique a également bénéficié de nombreux investissements publics permettant aux prestataires de garantir aux voyageurs un haut niveau de qualité et de sécurité.

28. Sur ce segment, les petites entreprises locales ont spécifiquement pu tirer profit de la clarification de l'environnement concurrentiel. En effet, dans une économie de taille restreinte, le risque accru de concentration peut durablement nuire à la capacité de négociation des fournisseurs, des clients et à la liberté d'innover des challengers. Or, depuis l'introduction du droit de la concurrence, les groupes multimétiers locaux, particulièrement impliqués dans l'hébergement touristique, ont intégré la prise en compte des petits acteurs dans leurs stratégies. Certes, l'harmonie n'est pas toujours au rendez-vous, mais les uns et les autres savent aujourd'hui qu'une même matrice s'impose désormais à tous.

29. L'impact du droit de la concurrence sur le dynamisme du secteur mérite d'être à la fois souligné et nuancé ; s'il ne saurait constituer, à lui seul, la solution unique à la problématique du développement pérenne et équilibré du secteur touristique polynésien, il aura permis d'introduire, auprès des acteurs privés et publics, une culture économique rénovée, prenant en compte les effets de bord dans une optique de long terme.

III. Consommateurs locaux et voyageurs du monde : à qui profite la concurrence ?

30. Le droit de la concurrence postule aussi la défense des intérêts du consommateur, cet humble profane ignorant de l'implacable rationalité économique qui devient vite une proie pour l'entreprise vorace mue par son seul intérêt de court terme.

Un double portrait grossier qui ne trouve que peu de matérialisation dans le monde réel.

31. Car si l'objectif ultime de la politique de la concurrence est de protéger les consommateurs, ce terme doit être entendu en un sens plus large : il inclut non seulement les consommateurs finaux mais également les entreprises qui sont clientes d'autres entreprises. Ainsi, les ententes conclues au détriment d'entreprises sur les marchés intermédiaires sont tout autant nuisibles que les ententes ciblant les consommateurs finaux.

32. En ce sens, l'introduction du droit de la concurrence bénéficie à tous les consommateurs, particuliers et professionnels, notamment ceux relevant du secteur touristique. Car, à bien y réfléchir, une structure hôtelière, qu'il s'agisse d'un *resort* cinq étoiles ou d'une pension de famille, est aussi un formidable consommateur intermédiaire susceptible d'être impacté par des ententes sur les marchés dont elle relève pour s'approvisionner. Sa structure de prix peut s'en trouver affectée, sa qualité de service altérée et sa compétitivité compromise.

33. Sous ce prisme, le respect de l'application des règles de concurrence sur des services essentiels au fonctionnement du secteur touristique, activités de réseau en tête, constitue un facteur clé de succès pour l'ensemble de l'écosystème. Nous y reviendrons.

34. Sur le consommateur final, entendu comme le client de services touristiques en Polynésie française, il convient ici d'opérer une scission entre deux segments de marché : la clientèle locale, qui fréquente essentiellement la petite hôtellerie ou les pensions de famille, et la clientèle internationale, présente majoritairement dans les structures hôtelières battant pavillon des grandes enseignes mondiales. Deux segments procédant de capitaux, de clients, de produits et d'approches tellement différents qu'il apparaît difficile de s'entendre sur le profil d'un consommateur.

35. Nous l'avons vu plus haut, notre consommateur non résident est un cadre supérieur, un professionnel libéral ou un retraité aisé venu d'Europe ou d'Amérique du Nord. On pourrait donc se poser la question de la pertinence de l'intervention du droit de la concurrence polynésien pour protéger des consommateurs ne relevant pas de son ressort géographique. De même, le contribuable local pourrait s'indigner de la mobilisation de deniers publics pour protéger des non-ressortissants. Après tout, les évaluations laissées sur les réseaux de toute nature permettent déjà de sanctionner les entreprises faisant peu de cas de leurs clients. Selon cette logique, le droit de la concurrence polynésien devrait, avant tout, assurer la protection du consommateur polynésien, de son pouvoir d'achat et de sa liberté de choix.

36. Mais on peut, en la matière, formuler une objection à l'objection. D'abord parce que notre consommateur international dispose de l'alternative de fréquenter une pension de famille et que notre touriste local peut s'aventurer dans un complexe hôtelier de haut standing. Ensuite parce que nous sommes précisément sur un marché mondial, sur lequel s'appliquent très majoritairement des règles de concurrence analogues aux nôtres. Sur ce point, il est important de souligner que l'hôtellerie haut de gamme relève ici de partenariats entre investisseurs locaux et chaînes hôtelières internationales, lesquelles veillent à l'application des règles concurrentielles, aussi bien par leurs équipes que par celles de leurs concurrents.

L'itinéraire du droit de la concurrence est indissociable de la trajectoire de l'internationalisation des échanges. Enfin, parce que le droit de la concurrence ne se limite pas aux seules frontières du secteur considéré et impacte l'ensemble du tissu économique local. Ainsi, une entreprise qui contrôlerait, par exemple, une part trop importante de l'hébergement touristique haut de gamme disposerait d'un pouvoir de négociation disproportionné sur les autres acteurs économiques de l'écosystème de nature à impacter négativement la prospérité globale.

37. Tout au plus, cette différenciation de deux marchés en fonction de leurs clientèles majoritaires peut justifier une définition différente du marché pertinent, les enseignes internationales étant davantage en concurrence avec les destinations paradisiaques mentionnées *supra* qu'avec les pensions de famille. C'est d'ailleurs la position adoptée par l'Autorité polynésienne de la concurrence dans ses décisions relatives aux opérations de concentration dans le secteur touristique.

38. Une dernière catégorie d'hébergement échappe encore à notre analyse : les meublés de tourisme. En l'espèce, le risque de concentration, d'entente ou de pratique anticoncurrentielle s'avère quasiment nul tant le nombre d'acteurs est élevé. Toutefois, la prompte émergence de cette concurrence vis-à-vis du secteur hôtelier conventionnel questionne les limites d'application du droit de la concurrence. En bénéficiant d'un niveau de contraintes réglementaires bien inférieur et d'une fiscalité avantageuse, les meublés de tourisme introduisent une distorsion de concurrence susceptible de nuire, sur le long terme, à un secteur structuré garantissant des emplois pérennes. Entre défense des intérêts du consommateur, parfois dans une logique court-termiste, et protection d'un écosystème économique qui demeure, sous bien des aspects, cacochyme, la temporalité constitue la grille de lecture la plus appropriée, et une source de discorde entre le décideur public et l'électeur. Hélas, le droit de la concurrence n'a pas à connaître, pour l'heure, de ce paramètre, et le législateur peine encore à le considérer, laissant ainsi la dérégulation produire des effets déjà hautement perceptibles sur plusieurs politiques sectorielles, tourisme et logement en tête.

IV. Ouverture des cieux et turbulences dans l'aérien

39. Dans un système archipélagique, un ultime groupe d'acteurs ne doit pas être oublié dans cette réflexion, à savoir les transporteurs aériens. Pilier essentiel de l'économie polynésienne, le secteur aéronautique opérant sur l'unique aéroport international a pu se caractériser par le passé par une forte concentration. Le développement récent de la concurrence a suscité de vives réactions et alimente encore de nombreux débats. Si l'arrivée de nouvelles compagnies sur la plateforme de Tahiti-Faa'a résulte du *treaty on open skies* et non du droit local de la concurrence, les protestations conduisent généralement à une contestation de l'ensemble de l'édifice.

40. Ainsi, l'installation de la compagnie French Bee a conduit à une baisse des prix et à la diversification de l'offre, donc au développement du tourisme sur le territoire. Elle fut suivie par l'entrée en lice d'autres opérateurs parmi lesquels United et Delta Airlines, ou le renforcement d'acteurs existants tels que Air France. Parallèlement, cette relative hausse de l'intensité concurrentielle a révélé la fragilité

de la compagnie aérienne locale Air Tahiti Nui, dont l'équilibre des comptes annuels ne tient plus désormais qu'à l'intervention publique via des subventions d'équilibre.

41. Sur ce sujet, la rhétorique de défense est souvent plus morale que pratique, opposant aux valeurs liées à la concurrence sur le marché, à savoir la liberté d'action, le pouvoir d'achat du consommateur et l'efficience économique, des valeurs sociales de solidarité sociale et de sécurité, incarnées par ce qui demeure perçu comme un quasi-service public. Cette argumentation est émotionnellement renforcée par le caractère local de la victime, opposée aux prédateurs venus de l'extérieur. Sur ce dernier point, il convient de souligner, s'il en était besoin, que ces dernières compagnies n'ont jamais nourri le secret dessein de nuire à l'étendard aérien local.

42. La même opposition est constatée sur le secteur du transport aérien domestique. Depuis peu, ce monopole est contesté par un nouvel entrant. Là encore, comme à chaque ouverture à la concurrence d'un secteur soumis jusqu'alors à un monopole, des voix se sont élevées sur les risques de déstabilisation du marché – il est amusant sur ce point de noter qu'un secteur avec un acteur unique ne saurait constituer un réel marché – et sur la nécessaire protection d'un monopole naturel. Mieux, certains acteurs, aveuglés par une fatuité commune, s'empressèrent d'instrumentaliser ce cas d'école pour prédire l'apocalypse en cas de généralisation du droit de la concurrence et frapper d'anathèmes les partisans d'un marché raisonnablement ouvert.

V. L'efficacité pour cap et le bon sens pour boussole

43. Comme nous le disions en ouverture de propos, le bon sens demeure le meilleur garant d'une bonne adaptation des principes de la concurrence au contexte polynésien. C'est cette boussole du discernement, de la lucidité et de la tempérance qui a présidé à une juste application des règles concurrentielles, lesquelles ont d'ores et déjà produit des effets, en particulier dans les comportements des entreprises.

44. Certes, l'édifice demeure perfectible, et des nuages s'amoncellent ci et là, occasionnant un stress sur quelques activités économiques, remettant en question des modèles que l'on croyait immuables. Pour autant, le vent de la concurrence, loin d'ébranler le secteur touristique, l'a au contraire dynamisé, l'accompagnant dans une inévitable adaptation aux standards d'un tourisme haut de gamme ayant le monde pour seules frontières. C'est d'ailleurs en raison de cette étendue planétaire de marché que la coopération entre autorités de concurrence doit être encouragée au plus vite. Dans un monde multipolaire confronté au défi du réchauffement climatique et de préservation des ressources naturelles, un droit de la concurrence enrichi de préoccupations environnementales et sociales pourrait, à terme, contribuer à un développement harmonieux de l'activité, contentant le producteur et le consommateur, tout en évitant toute forme de dumping, notamment social.

45. Enfin, si le droit de la concurrence polynésien fut positivement accueilli dans le secteur touristique, c'est probablement du fait que la puissance publique y est absente en qualité d'actionnaire. Si elle avait eu des intérêts directs dans l'hôtellerie ou les croisières, à l'instar de l'aérien, il est fort à parier que le déploiement d'un schéma concurrentiel s'en serait trouvé nettement altéré et assurément vilipendé

comme source de tous les maux de notre temps. Gageons aussi que dans un tel cas de figure, la réglementation se serait montrée accommodante en direction des intérêts détenus, directement ou par personne morale interposée, par la puissance publique. Pour que le droit de la concurrence puisse produire ses pleins effets, il conviendrait donc que les décideurs publics nourrissent l'ambition de s'attaquer à une autre relation incestueuse : celle des entreprises à capitaux publics avec le public.

46. En qualité de conseil du Gouvernement et des juridictions, susceptible d'être consultée sur les textes ou les affaires relevant de sa compétence, l'Autorité polynésienne de la concurrence peut devenir ce levier de transformation progressive de l'économie polynésienne, et participer à la rénovation des cadres conceptuels erronés qui entravent encore le processus décisionnel à de nombreux échelons. Ainsi, pour reprendre l'aphorisme de Confucius, parviendrons-nous peut-être un jour à tourner nos regards vers la Lune.

PARTIE IV

Du bon usage de la coopération pour rompre l'isolement structurel

L’autorité française et polynésienne continueront d’unir leurs efforts pour promouvoir la vitalité des économies hexagonale et polynésienne

Stanislas Martin*
Autorité de la concurrence

1. L’Autorité de la concurrence est compétente pour appliquer le droit de la concurrence sur le territoire national, y compris les outre-mer (la Guadeloupe, la Guyane, la Martinique, la Réunion, Mayotte, Saint-Barthélemy, Saint-Martin, Saint-Pierre-et-Miquelon et les îles Wallis et Futuna), à l’exclusion de la Nouvelle-Calédonie et de la Polynésie française, qui disposent de leur propre corpus juridique et d’autorités de concurrence qui leur sont propres.
2. Pour autant il existe une grande proximité entre les trois autorités de concurrence françaises. Une proximité linguistique, bien sûr, une proximité juridique, les textes applicables étant relativement proches et des problématiques communes, les trois autorités ayant à se confronter aux défis que rencontrent les économies insulaires.
3. Dès la création de l’Autorité polynésienne de la concurrence, cette proximité a été matérialisée par la signature à Papeete le 23 juillet 2015, par les présidents Bruno Lasserre et Jacques Mérot, en présence du président de la Polynésie française Edouard Fritch, d’une convention-cadre d’assistance technique. Cette convention a été renouvelée et enrichie le 4 mai 2022 à Berlin, en marge de la conférence

---

* Stanislas Martin est Rapporteur Général à l’Autorité de la concurrence à Paris.

annuelle du réseau international de concurrence (International Competition Network), par le président Benoît Cœuré et la présidente Johanne Peyre.

4. Le premier volet de ces conventions porte sur la formation. L'Autorité de la concurrence accueille ainsi régulièrement des agents de l'Autorité polynésienne, qui participent aux séminaires de formation initiale au bénéfice des nouveaux agents de l'Autorité de la concurrence. Des formations ad hoc ont également été organisées au profit des cadres de l'Autorité polynésienne, qui ont pu échanger avec leurs homologues parisiens sur différents aspects de leurs missions.

5. Dès l'origine, la convention-cadre a prévu l'assistance de l'Autorité de la concurrence dans le déploiement et la mise à jour de l'application « Pégase » qui est le logiciel de gestion des procédures (numérisation et cotation des documents, gestion du secret des affaires, gestion du contradictoire et accès au dossier pour les parties…).

6. Dans le cadre de ce déploiement, le chef du service de la procédure s'est rendu à Tahiti pour former les agents de l'Autorité polynésienne à l'utilisation et à l'exploitation de ce logiciel, et plus largement à la gestion des procédures. Des agents de procédure polynésiens ont par la suite été accueillis à Paris pour entretenir et compléter leurs compétences.

7. L'accord-cadre de 2022 comprend également un volet « coopération technique en matière de personnel » qui consolide une pratique mise en place antérieurement. Afin de favoriser la mobilité de rapporteurs expérimentés de l'Autorité de la concurrence au profit de son homologue polynésienne, la convention-cadre prévoit qu'un agent en contrat à durée indéterminée effectuant une mobilité auprès de l'Autorité polynésienne bénéficie d'un congé mobilité, pour une durée pouvant aller jusqu'à six ans, lui permettant de retrouver un poste à l'Autorité de la concurrence à l'issue d'une expérience de quelques années auprès de l'Autorité polynésienne de concurrence.

8. Les relations humaines qui lient les deux autorités sont particulièrement étroites, témoignant d'une coopération dont l'intensité n'a que peu d'égal. Sur les trois rapporteures générales qui se sont succédé à l'Autorité polynésienne, deux proviennent de l'Autorité de la concurrence, ainsi que le rapporteur général adjoint et de nombreux rapporteurs. Dans un cadre différent, deux vice-présidents de l'Autorité de la concurrence sont membres suppléants du collège de l'Autorité polynésienne, ce qui vient encore renforcer la proximité entre les deux institutions. Ces liens organiques illustrent la confiance mutuelle entre les deux institutions et renforcent l'échange de bonnes pratiques.

9. La coopération entre les deux autorités ne se limite pas à la formation et aux ressources humaines ou informatiques, et comprend également une dimension opérationnelle.

10. La convention-cadre prévoit la possibilité de « consultations réciproques et échanges d'information » leur permettant de se consulter de manière informelle sur des questions de droit ou de principe. Cette coopération informelle est particulièrement soutenue, dans tous les domaines, et est facilitée par le fait que les rapporteurs des deux institutions se connaissent, soit parce que les rapporteurs polynésiens sont des anciens de l'Autorité, soit qu'ils aient été en formation avec leurs collègues parisiens et ont noué des contacts à cette occasion.

11. En revanche, lorsque les besoins de l'enquête le justifient, et que des éléments doivent être versés à une procédure, cette coopération informelle peut devenir

plus formelle. A cet égard, la convention-cadre précise que les deux autorités peuvent « s'échanger des informations en lien avec une instruction ou une enquête en cours, sous réserve du respect des procédures et des règles de confidentialité auxquelles chaque autorité est soumise ».

12. Cette coopération poussée est encadrée par l'ordonnance n° 2017-157 du 9 février 2017 étendant et adaptant à la Polynésie française certaines dispositions du livre IV du *Code de commerce* relatives aux contrôles et aux sanctions en matière de concurrence qui dispose, à son article 9 bis, que :

> *L'Autorité de la concurrence mentionnée à l'article L. 461-1 du [C]ode de commerce et l'[A]utorité polynésienne de la concurrence peuvent, pour ce qui relève de leurs compétences respectives, se communiquer mutuellement les informations ou les documents qu'elles détiennent ou qu'elles recueillent.*

13. L'ordonnance prévoit également la possibilité pour chacune des autorités de réaliser des enquêtes sur son territoire pour le compte de l'autre autorité :

> *L'Autorité de la concurrence peut, dans les mêmes conditions, selon les mêmes procédures et sous les mêmes sanctions que celles prévues pour l'exécution de sa mission, conduire des enquêtes ou procéder à des actes d'enquête à la demande de l'[A]utorité polynésienne de la concurrence. Le ministre chargé de l'économie peut également conduire des enquêtes ou procéder à des actes d'enquête à la demande de l'[A]utorité polynésienne de la concurrence. Les informations et documents ainsi recueillis sont communiqués à l'autorité polynésienne de la concurrence.*
>
> *L'Autorité de la concurrence et le ministre chargé de l'économie peuvent demander à l'[A]utorité polynésienne de la concurrence de conduire des enquêtes ou de procéder à des actes d'enquête. Les informations et documents ainsi recueillis sont communiqués à l'autorité à l'origine de la demande.*

14. Ces dispositions ne sont pas restées lettre morte et ont été mises en œuvre à deux reprises avec succès.

15. Dans une affaire relative au transport par fret aérien d'animaux de compagnie en Polynésie, qui a donné lieu à la décision n° 22-D-05 du 15 février 2022, sanctionnant pour abus de position dominante l'entreprise exploitant la seule station de quarantaine métropolitaine habilitée par les autorités polynésiennes, à savoir celle construite et exploitée par la société GIP au Grais dans l'Orne, les services d'instruction de l'Autorité de la concurrence ont sollicité en octobre 2020 le concours des services de la rapporteure générale de l'Autorité polynésienne de la concurrence. Ceux-ci ont réalisé divers actes d'enquête et ont communiqué au rapporteur général de l'Autorité de la concurrence des informations et des documents détenus ou recueillis dans le cadre de leurs compétences qui ont été essentielles au bon aboutissement du dossier.

16. A l'inverse, en juin 2021, la rapporteure générale de l'Autorité polynésienne de la concurrence a sollicité les services d'instruction de l'Autorité de la concurrence afin de réaliser des actes d'enquête auprès de grossistes implantés en France hexagonale.

17. Enfin, les deux autorités coopèrent également dans un cadre multilatéral, à l'OCDE, dans le cadre du réseau international de concurrence, et plus récemment dans le cadre du Pacific Island Network of Competition Consumer and Economic Regulators (PINCCER), créé en novembre 2023 à l'initiative de l'Autorité polynésienne de concurrence. Ce réseau réunit les autorités de la Nouvelle-Calédonie, de la Polynésie française, de l'Australie, de la Nouvelle-Zélande, des îles Cook et Kiribati, des îles Salomon et Fidji, de la Papouasie Nouvelle-Guinée, des Samoa, du royaume de Tonga et de Vanuatu. L'Autorité de la concurrence, qui est également une autorité du Pacifique au titre de sa compétence sur Wallis et Futuna, participe à ce réseau.

18. La célébration du 10e anniversaire du régime de concurrence en Polynésie nous offre l'opportunité de revenir, à travers ces quelques pages, sur la qualité des relations qui unissent nos deux autorités, mais également de saluer le travail remarquable accompli par l'Autorité polynésienne de la concurrence et ses agents. Fortes de cette coopération remarquable, nos deux institutions continueront d'unir leurs efforts pour promouvoir la vitalité des économies hexagonale, ultramarine et polynésienne.

Construire la concurrence dans le Pacifique : Sept ans de coopération entre les autorités polynésienne et calédonienne

Stéphane Retterer[*] et Chloé Racine[**]
Autorité de la concurrence de la Nouvelle-Calédonie

1. En l'honneur des 10 ans de l'Autorité polynésienne de la concurrence (APC), l'Autorité de la concurrence de la Nouvelle-Calédonie (ACNC) souhaite revenir sur les 7 années de coopération entre ces deux jeunes institutions.

2. Aux origines, les deux autorités du Pacifique ont émergé dans un contexte historique marqué par des défis économiques importants. En Nouvelle-Calédonie, le rapport de l'Autorité de la concurrence métropolitaine sur les mécanismes d'importation et de distribution des produits de grande consommation[1] a fait prendre conscience des enjeux de la concurrence. Ce rapport, sur fond de manifestations relatives à la « vie chère », a conduit les autorités locales à instaurer un cadre juridique dédié à la concurrence. Ainsi, un an et demi plus tard, la loi du pays n° 2014-7, adoptée le 14 février 2014, a permis de créer un droit de la concurrence

---

* Stéphane Retterer est Président de l'Autorité de la concurrence de la Nouvelle-Calédonie.

** Chloé Racine est juriste au service juridique de l'Autorité de la concurrence de la Nouvelle-Calédonie.

1 Autorité de la concurrence, *Rapport relatif aux structures de contrôle en matière de concurrence en Nouvelle-Calédonie*, 21 septembre 2012.

calédonien, suivi par l'établissement de l'ACNC par la loi n° 2014-12 du 24 avril 2014. De même, l'APC a été instituée par la loi du pays n° 2015-2, adoptée le 23 février 2015, en réponse aux préoccupations croissantes relatives à la protection des consommateurs et à la nécessité d'un marché concurrentiel. Des raisons politiques parfois inavouées ont aussi accéléré ces créations.

3. Avec des trajectoires temporelles pourtant similaires pour le droit polynésien et calédonien de la concurrence, il est à noter que des retards, notamment dans le processus de recrutement de la présidente et de la rapporteure générale, ont différé le démarrage des activités de l'ACNC en mars 2018.

4. À partir de cette date, la coopération entre l'APC et l'ACNC s'est naturellement construite et progressivement intensifiée, tirant parti d'un dialogue continu et d'initiatives conjointes (I).

5. Cet anniversaire survient néanmoins dans un contexte troublé, marqué par la crise économique et sociale que traverse la Nouvelle-Calédonie depuis les émeutes qui ont débuté sur le territoire le 13 mai 2024, qualifiées par certains d'« événements cataclysmiques » pour l'économie locale. Ces troubles ont profondément affecté l'activité de l'ACNC, qui a dû naviguer à travers des incertitudes majeures, mettant en exergue la nécessité d'un droit de la concurrence à la fois robuste et flexible en temps de crise.

6. Tout au long de cette période, la collaboration avec l'APC, ainsi qu'avec d'autres autorités de concurrence, même réduite, a permis à l'ACNC d'ajuster ses réponses face aux besoins émergents et d'envisager un modèle économique plus concurrentiel pour la reconstruction de l'économie calédonienne (II).

I. La coopération durable entre les autorités de concurrence en Nouvelle-Calédonie et en Polynésie française

A. *Cadre et enjeux de la coopération entre la Nouvelle-Calédonie et la Polynésie française*

7. La coopération entre les autorités calédonienne et polynésienne de concurrence s'est développée dès 2018 sur un socle de similitudes institutionnelles et économiques entre les deux territoires. Les deux collectivités, bien que géographiquement distinctes, partagent une population quasi identique (environ 270 000 habitants) et des économies administrées aux caractéristiques proches. Ce contexte a favorisé des échanges d'expertise réguliers, des collaborations étroites, et une construction progressive d'un cadre interinstitutionnel solide.

8. La spécificité de ces deux économies insulaires repose cependant sur des différences marquées en termes de structure économique et de politiques protectionnistes. En Nouvelle-Calédonie, le modèle économique est plus autocentré et administré, renforcé par une industrie locale significative, tandis qu'en Polynésie française, une ouverture relative aux marchés extérieurs, notamment vers les États-Unis, tempère les protections de marché. Ces divergences économiques se reflètent également dans les dispositifs de protection de marché : alors que la taxe de développement local (TDL) et les contingentements d'importation protègent

les entreprises polynésiennes, en Nouvelle-Calédonie, les restrictions quantitatives STOP (ou QTOP) à l'importation de produits concurrents bénéficient principalement aux entreprises industrielles et de transformation calédoniennes. Ces protections, qui concernent environ 400 entreprises locales, visent à préserver et à développer les capacités productives de l'industrie locale face à la concurrence extérieure. Le protectionnisme assumé de la Nouvelle-Calédonie et ses barrières à l'entrée illustrent ainsi une approche plus marquée des marchés insulaires par rapport à la Polynésie française, reflétant des modèles économiques différents.

9. Les écarts économiques entre ces deux territoires insulaires se reflètent également dans l'évolution des prix. Selon les statistiques de l'Institut de la statistique et des études économiques (ISEE),[2] les écarts de prix entre la Métropole, la Polynésie française et la Nouvelle-Calédonie sont particulièrement marquants, et généralement en défaveur de la Nouvelle-Calédonie. Par exemple, dans le secteur des télécommunications, où un monopole légal existe en Nouvelle-Calédonie, les prix sont 77 % plus élevés qu'en Métropole, contre 33 % en Polynésie où le marché est ouvert à la concurrence. Dans le secteur alimentaire, l'écart avec la Métropole atteint 78 % en Nouvelle-Calédonie, bien que le territoire dispose d'une forte production locale, tandis qu'il est de 45 % en Polynésie française, qui produit relativement peu. Ces disparités mettent en évidence le poids des politiques protectionnistes et des structures économiques en place dans ces territoires.

B. *Coopération internationale et réseaux régionaux de concurrence*

10. Malgré ces différences, les deux autorités de concurrence ont réussi à établir un cadre de coopération pérenne, marqué par une série d'initiatives communes. La participation de l'ACNC aux « Journées concurrence » de l'APC, à partir de 2018, a constitué un jalon important dans le développement de cette coopération. Ces rencontres ont permis à des agents des deux autorités de partager leurs expériences respectives, tant sur les mécanismes de régulation que sur les bonnes pratiques de mise en œuvre du droit de la concurrence dans des économies insulaires. À titre d'exemple, lors de l'édition 2023 des « Journées concurrence » à Tahiti, des représentants de l'ACNC ont pris part à des débats sur des sujets clés, tels que la concurrence dans les marchés publics et la distribution, ou encore les concentrations et les aménagements commerciaux, apportant leur expertise sur les spécificités du droit de la concurrence en Nouvelle-Calédonie.

11. Les « Journées concurrence » de l'APC se sont élargies en 2024 et leur objectif central était double : accroître l'expertise régionale et renforcer la coopération entre les autorités du Pacifique, au-delà même des seules entités calédoniennes et polynésiennes. En effet, ces événements ont également récemment vu la participation des membres du réseau Pacific Island Network of Competition Consumer and Economic Regulators (PINCCER), qui réunit des autorités de concurrence ou multisectorielles de pays comme l'Australie, la Nouvelle-Zélande ou encore Fidji.

---

[2] ISEE, « Enquête de comparaison spatiale des prix », Nouvelle-Calédonie, 2022.

12. Le lancement du réseau PINCCER en 2023 a ainsi marqué une nouvelle étape de coopération dans le Pacifique. En collaboration avec des autorités de toute la région, l'ACNC et l'APC mutualisent leurs ressources et expertises afin de répondre aux défis communs liés à la concurrence, à la cherté de la vie et à la protection du consommateur dans les petites économies insulaires. Ce réseau a pour objectif de renforcer les capacités des autorités de concurrence du Pacifique en leur offrant une plateforme dédiée à la promotion de la concurrence sur les marchés régionaux. PINCCER permet ainsi aux autorités de parler d'une seule voix face aux problématiques régionales tout en développant leur expertise collective.

13. En complément, les deux autorités participent régulièrement conjointement aux conférences de l'International Competition Network (ICN), témoignant de leur volonté de s'impliquer à l'échelle mondiale dans les réflexions sur les défis de la régulation concurrentielle, et renforçant ainsi leur coopération au-delà de leurs territoires respectifs.

C. *Echanges d'expertise et de bonnes pratiques*

14. Les agents des deux territoires peuvent par ailleurs se concerter de manière très pratique sur des questions spécifiques, ce qui apporte une dimension concrète à cette coopération. Par exemple, en amont des « Journées concurrence » organisées par l'Autorité polynésienne en 2023, la cheffe du bureau des concentrations et des commerces de détail de l'ACNC avait rencontré ses homologues polynésiens afin d'échanger sur les modalités pratiques de traitement des dossiers et les enjeux de cette activité pour les petits territoires insulaires du Pacifique. Cet échange a permis de partager des bonnes pratiques sur la gestion des concentrations dans des marchés souvent restreints, tout en mettant en lumière les spécificités des économies insulaires.

15. Symétriquement, l'APC a récemment apporté un soutien précieux à l'ACNC concernant la mise en place d'une régulation indépendante dans le secteur des télécommunications en Nouvelle-Calédonie (voir *infra*).

D. *Partage de connaissances juridiques à travers des formations et rencontres techniques*

16. Les rencontres et collaborations se sont multipliées au fil des années, à travers des colloques communs, des articles juridiques corédigés,[3] et des participations conjointes à des forums internationaux. Les formations conjointes illustrent également la richesse des échanges entre les deux autorités. Par exemple, en 2018, en partenariat avec les chambres de commerce et d'industrie des deux territoires, l'APC et l'ACNC ont lancé une formation intitulée « Pratiquer le droit de la concurrence en Nouvelle-Calédonie et en Polynésie française ». Cette initiative visait à rendre les règles du droit de la concurrence accessibles aux entreprises

---

3 Voir par exemple Retterer Stéphane, Merot Jacques, Sims Rod, Zoude-Le Berre Aurélie, Healey Deborah, Marchal Tehono, Simpson Robin, Troianiello Antonino et Raimana Lallemant-Moe Hervé, « Antitrust Regimes in the Pacific Region », *Concurrences*, novembre 2018, n° 4-2018, art. n° 88123, p. 19-54.

locales et à leurs conseillers juridiques, tout en offrant un cadre pratique basé sur des cas concrets. Ce type de coopération pédagogique a permis de familiariser les acteurs économiques locaux avec les subtilités d'un cadre juridique récemment introduit en Nouvelle-Calédonie et en Polynésie française.[4]

17. Par ailleurs, l'APC a toujours occupé une place privilégiée lors des colloques organisés par l'ACNC. Pour le premier colloque de l'ACNC en mars 2019, consacré à la pratique du droit de la concurrence en Nouvelle-Calédonie et dans les autres collectivités d'outre-mer, Jacques Mérot, alors président de l'APC, a par exemple présenté la pratique décisionnelle de l'autorité depuis 2016, ce qui a offert des perspectives comparatives précieuses.[5]

18. En parallèle de ces nombreux échanges directs, les « Rencontres APC + ACNC » constituent un autre espace d'échange essentiel entre les deux autorités. Ces rencontres, organisées régulièrement depuis plusieurs années, permettent aux rapporteurs de dialoguer avec des experts de premier plan du droit de la concurrence. Grâce à ces visioconférences, des personnalités comme Olivier Guersent, directeur général de la Direction générale de la concurrence de la Commission européenne, ou encore des représentants du Département de la justice des États-Unis, ont partagé leurs connaissances et expertises avec l'ACNC et l'APC. Cette initiative, qui permet une immersion dans les pratiques et réflexions internationales, contribue à affiner l'application du droit de la concurrence dans les deux territoires insulaires, ainsi que la coopération bilatérale entre les deux autorités.

E. *Synergies et influence croisée dans la pratique décisionnelle des autorités*

19. Les résultats de cette coopération ne se limitent pas aux rencontres ou aux colloques mais se reflètent également dans les avis rendus par les deux entités, qui s'inspirent souvent des expériences de l'autre territoire. Par exemple, l'avis rendu par l'ACNC sur le marché des pièces détachées en Nouvelle-Calédonie[6] s'est appuyé sur une étude similaire réalisée par l'APC.[7] Inversement, l'APC a fait mention de la note économique de l'ACNC sur la réglementation des prix et des marges[8] dans son avis sur un projet de loi du pays relatif à l'encadrement des prix

---

4 Les deux autorités ont par exemple aussi participé à un atelier avec la revue *Concurrences* en 2020 à Paris portant sur la « Nouvelle-Calédonie et Polynésie française : Nouveaux défis pour le droit de la concurrence ».

5 De même, lors d'un second colloque organisé par l'ACNC en juillet 2022 sur l'application du droit de la concurrence en outre-mer, un rapporteur de l'APC a été convié à intervenir, témoignant de la collaboration étroite continue entre les deux autorités.

6 ACNC, avis n° 2023-A-03 du 31 octobre 2023 sur la demande d'avis concernant le projet de délibération modifiant la partie réglementaire du *Code de commerce* applicable en Nouvelle-Calédonie, relative aux pièces détachées et de rechanges automobiles ; voir aussi *Stéphane Retterer, Enguerrand Simminger, Nouvelle-Calédonie : L'Autorité de la concurrence de la Nouvelle-Calédonie recommande de laisser le jeu de la concurrence s'opérer librement sur le marché des pièces détachées automobiles, 31 octobre 2023, Concurrences N° 1-2024, Art. N° 116988, pp. 18, concurrences.com/116988*

7 APC, avis n° 2021-A-04 du 23 décembre 2021 sur le fonctionnement concurrentiel du secteur de la réparation et du commerce de pièces détachées pour véhicules motorisés.

8 ACNC, *La Réglementation des prix et des marges en Nouvelle-Calédonie : quand et comment réglementer ?*, note économique, n° 2, juin 2024.

de certains produits et services,[9] mettant en lumière des perspectives communes, et témoignant de l'influence réciproque entre les deux autorités.

20. Cette collaboration interinstitutionnelle crée une dynamique d'échange fertile, où certains avis des deux autorités deviennent perméables, voire permutables. Ainsi, l'avis de l'ACNC sur le mécanisme de formation des prix[10] et celui de l'APC sur les importations[11] fournissent une vision globale et précise des mécanismes de production, d'importation et de distribution dans les deux territoires.

21. Dans de telles économies fortement administrées, les autorités de la concurrence de la Nouvelle-Calédonie et de la Polynésie française ont apporté des contributions majeures pour améliorer l'efficacité des cadres réglementaires peu concurrentiels. Principalement à travers la procédure des avis, ces autorités cherchent à introduire des mécanismes concurrentiels afin de stimuler l'innovation et d'améliorer la compétitivité des entreprises locales. Leurs recommandations visent à substituer aux systèmes actuels des solutions plus efficaces et propices à la concurrence.

22. En outre, les échanges d'expertise entre les deux autorités se sont également matérialisés par des collaborations dans le traitement de dossiers concrets. Ainsi, dans le cadre de l'examen de l'opération de concentration relative à la prise de contrôle exclusif de Bolloré Logistics par CMA CGM, les deux autorités ont travaillé en étroite coordination pour garantir une analyse concurrentielle approfondie sur l'impact de cette opération dans le Pacifique.[12]

23. La coopération entre l'ACNC et l'APC ne se limite par conséquent pas à une simple juxtaposition de bonnes pratiques. Elle constitue un levier d'efficacité, permettant aux deux autorités de s'enrichir mutuellement de leurs expériences respectives, tout en contribuant à l'élaboration d'un cadre concurrentiel plus adapté aux réalités des économies insulaires. Cette collaboration, à la fois institutionnelle et pratique, est appelée à se renforcer dans les années à venir, en réponse aux défis économiques et juridiques croissants dans le Pacifique.

---

9 ACNC, avis n° 2024-AO-05 du 29 juillet 2024 sur un projet de loi du pays portant modification du livre Ier du *Code de la concurrence* et relatif à l'encadrement des prix de certains produits et services bénéficiant d'un régime fiscal ou douanier particulier.

10 ACNC, avis n° 2020-A-07 du 28 décembre 2020 relatif au mécanisme de formation des prix des produits de grande consommation en Nouvelle-Calédonie ; voir aussi VITALIS Nils, « Nouvelle-Calédonie : L'Autorité de la concurrence de la Nouvelle-Calédonie rend un avis important relatif au mécanisme de la formation des prix des produits de grande consommation en Nouvelle-Calédonie, ce qui est l'occasion de réaliser une approche comparative entre les avis des autorités de concurrence métropolitaine, polynésienne et calédonienne sur cette question », *Concurrences*, 28 décembre 2020, n° 2-2021, art. n° 100463, p. 219-222, www.concurrences.com/100463

11 APC, avis n° 2019-A-02 du 19 septembre 2019, relatif aux mécanismes d'importation et de distribution en Polynésie française.

12 ACNC, décision n° 2023-DCC-11 du 27 décembre 2023 relative à l'acquisition du contrôle exclusif de la SE Bolloré Logistics par la SA CMA CGM ; APC, décision n° 2024-CC-01 du 31 janvier 2024 relative au contrôle de concentration sur la prise de contrôle exclusif de la société Bolloré Logistics SE et ses filiales par la société CMA CGM SA ; voir aussi Simminger Enguerrand, « Nouvelle-Calédonie : L'Autorité de la concurrence de la Nouvelle-Calédonie éclaire sur sa pratique décisionnelle en matière d'engagements », *Concurrences*, 27 décembre 2023, n° 2-2024, art. n° 118411, www.concurrences.com/118411

II. La coopération en temps de reconstruction économique en Nouvelle-Calédonie

24. L'année 2024 a marqué la Nouvelle-Calédonie de façon durable. À partir du 13 mai, le territoire a été secoué par une crise sociale et économique sans précédent, donnant lieu à des émeutes qui ont ravagé le tissu économique local. Les répercussions économiques sont frappantes : 750 entreprises détruites ou sinistrées, une contraction de 25 % du PIB, une perte de 25 % des recettes fiscales pour l'ensemble des collectivités, et 25 000 emplois impactés (dont environ 10 000 perdus). Le coût estimé de cette crise dépasse les 2 milliards d'euros.

25. Dans ce contexte, l'ACNC a dû adapter ses modalités d'intervention. Cela s'est notamment traduit par une réorganisation des ressources et des priorités au sein du service de l'instruction, avec un recentrage des activités sur l'*advocacy* et la répression ciblée des comportements abusifs. Cette réorganisation a pu s'appuyer sur les enseignements tirés des expériences d'autres autorités de concurrence, qui ont apporté un soutien précieux à l'ACNC en termes d'échanges d'expertise, de partage de bonnes pratiques et de coordination stratégique.

A. *Adaptation des procédures de contrôle des opérations de concentrations et de commerce de détail*

26. Pleinement consciente des difficultés auxquelles de nombreuses entreprises étaient confrontées, l'ACNC a fait preuve d'adaptabilité en matière de contrôle des opérations de concentration et de commerce de détail. En effet, de nombreux magasins ayant été détruits ou endommagés lors des émeutes, l'autorité calédonienne a introduit des dispositifs temporaires visant à faciliter les démarches des entreprises. Elle a ainsi mis en place une procédure simplifiée pour accélérer les notifications de concentration et de commerce de détail, rappelant également la possibilité de dérogations à l'effet suspensif normalement applicable à ces procédures.

27. L'ACNC faisait pourtant face à des pressions de certains acteurs souhaitant supprimer purement et simplement les procédures de notification des opérations de concentration et de commerce de détail en raison de la crise. L'autorité calédonienne a néanmoins fermement réaffirmé la nécessité de maintenir un contrôle rigoureux. Ce contrôle n'entrave en rien la capacité des entreprises à se reconstruire, puisque l'ACNC pouvait rendre des décisions d'autorisation, voire de dérogation, dans des délais restreints. Le président de l'ACNC s'était d'ailleurs publiquement engagé à ce sujet, faisant de la citation de la Conférence des Nations unies sur le commerce et le développement (CNUCED) son crédo vis-à-vis des institutions locales :

> *En temps de crise encore plus qu'en temps normal, il est important de pouvoir compter sur une politique de concurrence saine, qui permette de surmonter les difficultés et d'assurer, au sortir de la crise, une reprise aussi rapide et durable que possible. Le droit de la concurrence contribue à garantir que les entreprises rivalisent sur un pied d'égalité et encourage l'investissement, l'innovation et l'efficacité, afin de favoriser la création*

d'emplois et la reprise économique. Il n'est pas possible de redresser pleinement l'économie sans tenir compte du droit et de la politique de la concurrence.[13]

28. La simplification des formalités a par conséquent permis d'accélérer l'instruction des dossiers, en particulier pour les entreprises souhaitant reconstruire ou réaménager des établissements sinistrés. A titre d'exemple, dans le cadre de la décision relative à l'ouverture d'un magasin Mr. Bricolage[14] à Dumbéa, la partie notifiante a pu bénéficier de cette procédure allégée.

B. *Accompagnement des entreprises et refondation du modèle économique*

29. Parallèlement, l'accompagnement des entreprises s'est aussi traduit par une activité accrue de conseil, tant auprès des acteurs privés que des institutions publiques. Très tôt, l'ACNC a en effet cherché à participer à la réflexion sur la refonte du modèle économique calédonien dans le cadre de sa reconstruction. Elle a ainsi publié plusieurs notes économiques pour contribuer à ces débats, aux côtés du gouvernement de la Nouvelle-Calédonie, des entreprises locales et de l'État.

30. L'ACNC a notamment alerté sur les risques anticoncurrentiels liés à la reconstruction, soulignant la nécessité de revoir certains sujets particulièrement attentatoires à la concurrence, tels que les protections de marché. En effet, la crise a révélé des fragilités inhérentes au système protectionniste calédonien, comme en témoignent les pénuries constatées en mai et juin 2024 sur des produits de grande consommation soumis à des restrictions aux importations comme le riz, les pâtes et la farine. Dans une note économique, l'ACNC remet donc en question ce modèle de développement jusqu'à présent fondé sur les protections de marché.[15] Elle y propose deux scénarios de développement économique, ainsi que les conditions de leur succès.

31. Dans cette perspective, les analyses menées par l'ACNC pourraient servir d'inspiration à d'autres autorités dans le Pacifique, comme la Polynésie française, dont le projet de réforme de la TDL pourrait tirer parti de ces réflexions.

C. *Un comité de prospective pour surmonter les défis économiques et concurrentiels de la crise*

32. En outre, l'Autorité calédonienne a réaffirmé que les dispositifs d'aides aux entreprises, essentiels en période de crise, doivent respecter les principes de concurrence. A travers une note sur les aides aux entreprises,[16] elle a proposé des

---

13 CNUCED, « Redéfinition des modalités d'application du droit de la concurrence : les enseignements tirés de la pandémie, en particulier sur les marchés socialement importants – les mesures efficaces contre la pandémie et la reprise économique après celle-ci : enjeux et perspectives », 11 mai 2022.

14 Décision n° 2024-DEC-03 du 3 septembre 2024 relative à la mise en exploitation d'un magasin sous l'enseigne « Mr. Bricolage » d'une surface de 904 m² au sein du centre commercial « Green Retail » à Dumbéa.

15 ACNC, *Modèles de développement économique et protectionnisme en Nouvelle-Calédonie*, note économique, n° 3, octobre 2024.

16 ACNC, *Note de sensibilisation des pouvoirs publics en matière de soutien aux entreprises en période de crise*, 6 septembre 2024.

mécanismes transparents et efficaces pour éviter toute distorsion de marché en ce qui concerne les aides visant à compenser les dommages subis par les entreprises et les aides à la restructuration. Cette note a été élaborée avec l'aide d'Henri Piffaut, membre du collège de l'APC, et qui a rejoint le Comité de prospective de l'ACNC créé en réponse à la situation de crise économique exceptionnelle que traverse la Nouvelle-Calédonie.

33. C'est un besoin d'ouverture, dans le cadre de la reconstruction du modèle économique et concurrentiel de la Nouvelle-Calédonie, qui a conduit à la création de ce Comité de prospective, bénévole, rattaché au président de l'ACNC. Ce Comité facilite les échanges sur des questions économiques et aide à réfléchir au modèle économique calédonien de demain et aux outils de concurrence et de régulation nécessaires. La participation d'Henri Piffaut et de Vivien Terrien, également membre du collège de l'APC, apporte une expertise précieuse, grâce à leur expérience du Pacifique et des spécificités économiques insulaires, pour accompagner la Nouvelle-Calédonie en cette période critique et permettre à l'ACNC de proposer des solutions adaptées et résilientes.

34. La collaboration entre l'APC et l'ACNC s'est ainsi renforcée avec l'intégration de ces personnalités de l'APC au sein de ce Comité de prospective, en plus de la nomination de Johanne Peyre, présidente de l'APC, comme membre non permanent du collège de l'ACNC en 2023. Ces échanges d'expertise et cette institutionnalisation des relations témoignent de la confiance mutuelle entre ces deux autorités du Pacifique.

D. *Coopération interinstitutionnelle et régulation de secteurs stratégiques*

35. La crise a indéniablement accentué l'importance de la coopération entre les autorités de concurrence. Les relations étroites entretenues par l'ACNC avec d'autres autorités de concurrence, notamment l'autorité polynésienne, constituent un levier essentiel pour faire face aux défis économiques et sociaux engendrés par les crises. Un enjeu clé en est l'instauration d'une régulation indépendante pour les secteurs des télécommunications et de l'énergie.

36. Les trajectoires institutionnelles de l'ACNC et de l'APC témoignent d'un regard partagé sur la nécessité d'établir une telle régulation dans ces secteurs stratégiques, dominés par des opérateurs en situation de monopole, de fait ou de droit. Le besoin impératif d'une régulation indépendante, pour garantir l'accès à des services essentiels à des prix compétitifs, s'est révélé encore plus fondamental pendant la crise.

37. À ce titre, l'APC est en voie d'acquérir un pouvoir partiel de régulation dans le domaine de l'énergie.[17] Cette avancée a nourri des échanges constructifs entre les deux institutions, renforçant les réflexions au sein de l'ACNC et suscitant des discussions avec le gouvernement local sur la nécessité d'introduire, de manière

---

[17] Voir APC, avis n° 2024-A-04 du 30 mai 2024 portant sur un projet de loi du pays relatif à la régulation sectorielle en matière d'énergie.

progressive, une régulation indépendante dans le domaine des télécommunications, en particulier à la lumière de l'avis rendu par l'ACNC sur la connectivité en Nouvelle-Calédonie en 2024,[18] mais aussi dans le domaine de l'électricité.

E. *Vigilance renforcée contre les pratiques anticoncurrentielles en temps de crise*

38. Enfin, si la souplesse a été de mise pour accompagner les entreprises, l'ACNC a également fait preuve d'une vigilance accrue vis-à-vis des « profiteurs » de crise. Dès les premières heures, l'ACNC a rappelé que ses missions de protection de l'ordre public économique restaient pleinement en vigueur et que les pratiques anticoncurrentielles, notamment en matière de partage de marchés, de fixation concertée des prix ou d'abus de pouvoir de marché, ne feraient qu'aggraver la situation économique déjà fragile et se verraient sévèrement sanctionnées.

39. L'ACNC a naturellement dû se confronter à des tentatives de formation de « cartels de crise » et à des tentatives d'organisation sur le plan réglementaire de monopoles d'importation, sur fond de pénurie d'approvisionnement. Or, même pour les économistes les plus ouverts et pragmatiques, le cartel de crise est regardé avec grande méfiance.[19] Les contrôles de l'ACNC ne pouvaient donc être relâchés.

40. En outre, l'Autorité calédonienne a bénéficié d'échanges enrichissants avec d'autres autorités de concurrence au-delà du Pacifique, notamment sur le sujet des pratiques anticoncurrentielles en temps de crise et de l'opportunité de les poursuivre. Des discussions fructueuses ont notamment eu lieu avec des rapporteurs de l'Autorité chilienne de la concurrence, permettant à l'ACNC de tirer des enseignements précieux sur la gestion des crises économiques et des troubles sociaux. Le Chili, confronté à des manifestations massives en 2019, a en effet dû ajuster ses politiques de concurrence pour faire face aux perturbations du marché.

41. L'ACNC a pu encore compter sur le soutien de l'APC et de l'Autorité française de la concurrence à travers une nouvelle coopération tripartite instaurée en juin 2024. Cette réunion annuelle favorise l'échange de bonnes pratiques entre les trois autorités, notamment en matière de gestion des crises, de contrôle des concentrations et de régulation de secteurs stratégiques.

42. En conclusion, l'Autorité polynésienne de la concurrence et l'Autorité de la concurrence de la Nouvelle-Calédonie ont, au cours de ces sept dernières années, écrit leurs histoires de concurrence. Les expériences partagées entre l'ACNC et l'APC font d'elles des partenaires stratégiques dans la promotion de la concurrence au sein de leurs économies respectives, mais également des sources d'inspiration réciproques.

43. Par le biais d'échanges d'expertise et de collaborations régulières, elles œuvrent pour une amélioration continue des cadres réglementaires et des pratiques

---

18 ACNC, avis n° 2024-A-01 du 11 mars 2024 relatif à la saisine de l'Autorité portant sur l'avant-projet de loi du pays pour une meilleure connectivité en Nouvelle-Calédonie.

19 Combe Emmanuel, « Vous avez dit : cartels de crise ? », *Les Echos*, 18 juin 2022.

commerciales dans ces territoires insulaires. Cette approche favorise une meilleure intégration de la concurrence dans ces économies administrées.

44. En outre, en période de crise, la coopération avec l'extérieur a permis à l'ACNC de transcender le quotidien et de s'engager dans des réflexions et constructions économiques plus fines.

45. Grâce à cette coopération, le rôle de l'ACNC est apparu d'autant plus essentiel dans la phase de reconstruction post-crise, avec pour mission première de garantir le respect de la concurrence tout en accompagnant les entreprises dans la reprise de leurs activités. L'ACNC a en effet alimenté le plan du gouvernement local, intitulé « Plan de sauvegarde, de refondation et de reconstruction » (S2R), pour tracer la trajectoire d'un modèle économique différent, en partenariat avec les services de l'État.

46. L'ACNC tient ainsi à exprimer sa gratitude envers l'ensemble des personnes et institutions extérieures à la Calédonie, qu'elles soient connues ou moins connues, qui ont manifesté leur soutien, en particulier les agents de l'APC et les différentes autorités du réseau PINCCER.

47. Souhaitons par conséquent à nos deux autorités de la concurrence du Pacifique une coopération toujours plus riche et fructueuse, au service de la concurrence et de la prospérité économique dans ces deux magnifiques territoires.

PINCCER : Une nouvelle ère de collaboration et de compétitivité commerciale dans le Pacifique Sud

Favoriser l'unité, l'innovation et la croissance dans les îles du Pacifique

Joel Abraham[*] et Vinitesh Kumar[**]
Commission Fidjienne de la Concurrence et de la Consommation

1. Pour de nombreuses personnes vivant en dehors de la région, l'océan Pacifique peut sembler impénétrable dans son immensité. Malgré les kilomètres de bleu qui nous séparent, les nations insulaires du Pacifique partagent des points communs tissés à travers leur histoire, leur culture et leurs défis économiques. En tant que directeur général de la Commission fidjienne de la concurrence et de la consommation (FCCC), j'ai fait l'expérience directe des obstacles uniques auxquels sont confrontées nos petites économies insulaires – des défis qui ne peuvent être relevés efficacement de manière isolée. C'est cette prise de conscience qui a conduit à la création du réseau des îles du Pacifique pour la concurrence, la protection des consommateurs et la réglementation économique (PINCCER).

---

[*] Joel Abraham est Directeur Général de la Commission Fidjienne de la Concurrence et de la Consommation.
[**] Vinitesh Kumar est Directeur Général des Ressources Humaines, de la Culture et des Services Corporatifs à la Commission Fidjienne de la Concurrence et de la Consommation.

2. La création de PINCCER occupe une place particulière dans mon cœur. J'en avais évoqué l'idée avec M. Marcus Bezzi, Chief Advisor to the Competition Taskforce of the Commonwealth Treasury of Australia, qui travaillait alors à l'Australian Competition and Consumer Commission, et c'est à l'initiative de Mme Johanne Peyre, présidente de l'Autorité polynésienne de la concurrence (APC), que l'idée de créer le Réseau des autorités de concurrence du Pacifique a pris corps et a été discutée lors de la première réunion des autorités de concurrence de la région, organisée à Tahiti, les Tahiti Competition Days 2023, au cours d'un panel présidé par moi-même et par M. Bill Kovacic. Et nous étions loin de nous douter que cet événement serait un jalon qui mènerait à la création de PINCCER.

3. Les défis spécifiques auxquels sont confrontées nos nations du Pacifique, tels que le coût élevé de la vie, l'accès limité au marché, les pratiques monopolistiques et la sophistication croissante des systèmes frauduleux, ont constitué l'objectif initial des agences des îles du Pacifique et des pays en développement de la région de l'Océanie. Il ne s'agit pas d'incidents isolés, mais de problèmes systémiques qui touchent plus de *2,7 millions de* personnes sur le site[1] dans le Pacifique Sud. Bien que nos îles soient séparées par de grandes distances, les luttes économiques auxquelles nous sommes confrontés sont remarquablement similaires.

4. Au cours de notre conversation, l'idée d'un réseau unifié a commencé à se cristalliser – une plateforme où les organismes de régulation du Pacifique pourraient collaborer, partager leurs connaissances et développer des stratégies adaptées à nos contextes uniques. Il ne s'agit pas d'un concept abstrait, mais d'une solution *tangible* aux problèmes urgents qui affectent les moyens de subsistance de nos populations. Des organisations telles que l'OCDE ont prouvé qu'une telle entreprise avait du mérite, en démontrant la valeur des collaborations multilatérales entre les nations.

5. Des initiatives similaires dans d'autres régions fournissent également des enseignements précieux, comme la collaboration de l'ANASE en matière de politique de concurrence, qui a favorisé l'intégration du marché, réduit les obstacles à l'entrée et amélioré les résultats pour les consommateurs. En Afrique, la Commission de la concurrence du Marché commun de l'Afrique orientale et australe (COMESA) s'est attaquée avec succès aux pratiques anticoncurrentielles transfrontalières, ce qui a profité à des millions de consommateurs. Ces exemples mettent en évidence le potentiel de la coopération régionale pour démanteler les pratiques monopolistiques et promouvoir la croissance économique. En adaptant ces leçons au contexte unique du Pacifique, PINCCER peut accélérer son impact.

6. Notre objectif a été clarifié par le réseau pacifique, grâce à une discussion plus approfondie lors de l'événement parallèle du réseau international de protection et d'application des droits des consommateurs (ICPEN) à Sydney 2023, organisé par la Commission australienne de la concurrence et de la consommation (ACCC), où les agences et les représentants chargés de la protection des consommateurs, de la régulation économique et de la concurrence des îles du Pacifique se sont réunis pour la première fois.

---

1 https://data.worldbank.org/indicator/SP.POP.TOTL?locations=s2&utm_source

7. Nous avons convenu que le réseau des îles du Pacifique serait créé pour favoriser la coopération, le soutien mutuel et l'apprentissage partagé entre nos nations insulaires du Pacifique, en gardant à l'esprit que nos nations respectives sont comme des fils différents tissés dans la riche tapisserie du Pacifique Sud. Chacune est unique mais contribue à une histoire et une culture communes qui définissent notre belle région. Nos défis sont aussi parfois uniques et résultent de facteurs tels que l'isolement géographique, le développement économique en cours et les incertitudes politiques.

8. Ces défis nous donnent l'occasion de travailler ensemble à la création de solutions adaptées à nos besoins spécifiques. L'économie touche chacun d'entre nous et a un impact profond sur notre qualité de vie.

9. Le coût de la vie, par exemple, est au premier plan des préoccupations de chacun, c'est pourquoi le travail que nous accomplissons est si crucial. Bon nombre des problèmes auxquels nous sommes confrontés ne se limitent pas à une seule frontière. Il s'agit de défis communs qui nécessitent des solutions communes.

10. En collaborant, nous pouvons tirer parti de notre expertise et de nos ressources collectives pour aborder ces questions de manière plus efficace. Notre réseau vise à mettre en place un cadre durable qui permette de relever les défis actuels tout en nous préparant à ceux de l'avenir.

11. De retour à Fidji, la vision du Pacific Network est restée vivante et convaincante. Le FCCC, avec l'engagement inébranlable de l'ACCC, a tendu la main aux autres organismes de réglementation responsables de la concurrence, de la protection des consommateurs et des réglementations économiques dans toute la région du Pacifique. Cette tâche a demandé beaucoup de temps et de ressources, et je voudrais remercier l'équipe de l'ACCC pour le rôle qu'elle a joué dans l'organisation de cette rencontre avec le reste de l'équipe.

12. La réponse a été extrêmement positive. Les autorités réglementaires d'Australie, des îles Cook, de Polynésie française, de Kiribati, de Nouvelle-Calédonie, de Nouvelle-Zélande, de Papouasie-Nouvelle-Guinée, de Samoa, des îles Salomon, de Tonga et de Vanuatu ont accepté de se joindre à nous, unies par un objectif commun et capables de percevoir un potentiel de grande envergure.

13. Notre objectif premier était clairement de renforcer notre expertise collective et de travailler à l'établissement de conditions de marché équitables qui favorisent à la fois les consommateurs et les commerçants dans l'ensemble de la région du Pacifique. Nous avons cherché à synchroniser nos efforts, à favoriser une collaboration accrue, à échanger des informations vitales et à mettre en œuvre les meilleures pratiques parmi les régulateurs. Le voyage n'a pas été sans difficultés : la coordination entre différents fuseaux horaires, langues et cadres réglementaires a exigé du dévouement et du respect mutuel. Pourtant, l'engagement commun d'améliorer la vie de nos concitoyens nous a permis de rester fermes.

14. Après un mélange de brainstorming animé et de délibérations stratégiques, le réseau a fièrement émergé avec le nom « PINCCER » qui reflète à la fois notre vision collective et notre détermination. En tant qu'initiative née de la nécessité et de l'ambition, PINCCER témoigne du pouvoir de la collaboration dans la transformation du paysage économique de notre région.

15. PINCCER a été conçu pour contribuer de manière significative au renforcement des capacités des agences, à la consolidation de la voix collective des autorités chargées de la concurrence et de la protection des consommateurs dans les économies des îles du Pacifique, et à la mise en place d'un forum ciblé pour défendre le bon fonctionnement des marchés, en unifiant nos efforts et en adoptant la richesse des connaissances et de l'expérience de nos voisins du Pacifique.

16. PINCCER est la manifestation de nos aspirations collectives pour la région, et la création de ce réseau signifie un engagement en faveur du soutien mutuel, du partage des connaissances et du développement de meilleures pratiques adaptées à notre contexte unique.

17. « PINCCER n'est pas seulement une question de collaboration ; il s'*agit de façonner l'avenir de nos marchés*. Nous visons à établir de nouvelles normes en matière de concurrence, de protection des consommateurs et de réglementation économique dans l'ensemble du Pacifique, en renforçant les pratiques réglementaires et en promouvant la loyauté des affaires ».

18. Dans les petites économies insulaires comme la nôtre, les défis de la concurrence sont amplifiés par les économies d'échelle limitées, la concentration du marché et les barrières à l'entrée. Seules quelques nations de notre région disposent de lois sur la concurrence pleinement opérationnelles, ce qui laisse des lacunes importantes en matière de protection des consommateurs et d'équité du marché.

19. L'isolement géographique contribue à des coûts d'expédition nettement plus élevés que la moyenne mondiale. Selon les rapports de l'industrie, le coût moyen d'expédition vers les pays insulaires du Pacifique peut être jusqu'à cinq fois plus élevé[2] que dans d'autres régions. Par exemple, l'expédition d'un conteneur standard de 20 pieds vers les pays insulaires du Pacifique peut coûter entre 5 000 et 7 000 dollars, en fonction de la destination et de l'itinéraire d'expédition. En revanche, l'expédition du même conteneur entre les principaux ports asiatiques ou à l'intérieur de l'Europe peut coûter moins de 1 000 dollars en raison de la fréquence plus élevée des expéditions et d'une concurrence plus intense.[3] De tels obstacles exigent des approches réglementaires innovantes et collaboratives pour réduire les inefficacités du marché.

20. En encourageant la collaboration régionale, nous pouvons travailler à la réduction de ces coûts, à l'amélioration de l'accès au marché et à la stimulation de la croissance économique. Des initiatives telles que la passation conjointe de marchés, le partage de routes maritimes et des négociations collaboratives avec les compagnies maritimes sont des stratégies potentielles qui pourraient résulter de nos efforts collectifs.

21. L'absence de lois sur la concurrence pleinement opérationnelles laisse des lacunes importantes dans la protection des consommateurs et la promotion de la concurrence. Plusieurs pays insulaires du Pacifique n'ont pas encore adopté de législation complète en matière de concurrence, ce qui prive les consommateurs et les

---

[2] Banque mondiale. (2022). *Pacifique possible : Opportunités et défis économiques à long terme pour les pays insulaires du Pacifique*. Washington, D.C. : Groupe de la Banque mondiale.

[3] Secrétariat du Forum des îles du Pacifique. (2022). *Défis du transport maritime dans la région du Pacifique*. Suva, Fiji : PIFS.

entreprises de toute protection contre les pratiques commerciales anticoncurrentielles dans leur pays.

22. En l'absence d'une réglementation efficace de la concurrence, les monopoles et les oligopoles persistent, ce qui se traduit par des prix à la consommation supérieurs de 20 à 50 %, selon les estimations, à ce qu'ils seraient sur des marchés concurrentiels. Cette situation affecte de manière disproportionnée les ménages à faibles revenus, exacerbant les inégalités et limitant l'accès aux biens et services essentiels.

23. En unissant nos efforts dans le cadre de PINCCER, nous entendons relever ces défis de front. La collaboration régionale est essentielle pour renforcer la concurrence, car elle nous permet de mettre en commun les ressources, de partager l'expertise et de coordonner les politiques susceptibles de stimuler la dynamique du marché. Le réseau sert de plateforme pour aligner nos approches réglementaires, réduisant ainsi les incohérences qui pourraient entraver le commerce et les investissements transfrontaliers.

24. L'alignement des normes réglementaires essentielles pourrait permettre aux nations du Pacifique d'économiser des millions de dollars par an, libérant ainsi des ressources pour d'autres priorités de développement. Des études suggèrent que l'harmonisation des réglementations peut réduire les coûts de mise en conformité pour les entreprises opérant au-delà des frontières, ce qui non seulement encourage le commerce régional mais attire également les investissements étrangers en offrant un environnement commercial plus prévisible et plus stable.

25. En outre, PINCCER s'aligne sur les objectifs plus larges de promotion de l'intégration économique dans le Pacifique. En harmonisant les lois sur la concurrence et les pratiques réglementaires, nous pouvons créer un environnement de marché plus cohérent.

I. La première conférence PINCCER : Un catalyseur de changement

26. La FCCC est fière d'avoir accueilli la conférence inaugurale PINCCER à Fidji, marquant ainsi une étape importante dans la collaboration régionale. Cet événement historique a rassemblé des autorités de la concurrence, des décideurs politiques et des experts de tout le Pacifique afin de renforcer la protection des consommateurs et l'application des règles de concurrence. Grâce à des discussions dynamiques et à des stratégies partagées, la FCCC a réaffirmé son rôle de chef de file dans la recherche de solutions innovantes pour relever des défis communs, en encourageant une approche unifiée pour garantir des marchés équitables et le bien-être des consommateurs dans toute la région.

27. La conférence PINCCER s'est tenue du 21 au 23 juillet 2024 avec la participation de délégués des treize nations du Pacifique, en personne ou à distance, représentant une riche mosaïque de cultures, de langues et d'expériences. Les pays représentés étaient les suivants : Fidji, Papouasie-Nouvelle-Guinée, Australie, Îles Cook, Kiribati, Nauru, Nouvelle-Calédonie, Nouvelle-Zélande, Samoa, Îles Salomon, Tonga et Vanuatu. Chaque délégation a apporté des perspectives et des idées uniques, reflétant la diversité des paysages économiques et des cadres réglementaires de leurs nations respectives.

28. PINCCER sert de pont, facilitant le dialogue et la compréhension entre ces contextes variés, une plateforme unificatrice pour aligner les stratégies économiques tout en respectant les contextes locaux.

29. La présence de représentants du gouvernement et de législateurs a ajouté une dimension profonde aux discussions, en comblant le fossé entre les organismes de réglementation et les institutions chargées de l'élaboration des politiques. En dehors du soutien financier apporté par le gouvernement fidjien, leur participation a mis en évidence la volonté politique nécessaire pour conduire les réformes et mettre en œuvre des politiques de concurrence efficaces. Elle a mis en évidence la reconnaissance, au plus haut niveau du gouvernement, du fait que la collaboration est essentielle pour relever les défis économiques complexes auxquels nous sommes confrontés.

30. L'énergie et l'enthousiasme déployés lors de la conférence étaient remarquables et gratifiants, car le succès de telles entreprises n'est pas garanti. Dès l'ouverture de la conférence par un message vidéo du vice-premier ministre et ministre du commerce, des coopératives, des petites et moyennes entreprises et des communications des Fidji, M. Manoa Kamikamica, il était évident que le PINCCER représentait plus qu'un simple rassemblement de régulateurs. C'était le début d'un voyage transformateur vers la collaboration régionale et la prospérité partagée.

31. Le vice-premier ministre a longuement parlé des défis et des opportunités communs au Pacifique, décrivant PINCCER comme un « front uni » pour faire face aux réalités économiques uniques de notre région. Il a insisté sur le fait que la collaboration régionale est essentielle pour renforcer la concurrence, qui à son tour est cruciale pour lutter contre le coût élevé de la vie.

32. Il a déclaré : «Notre région du Pacifique est unique, avec son propre ensemble de défis et d'opportunités. PINCCER est notre réponse – un front uni pour aborder ces questions de front, en partageant les connaissances et les stratégies qui sont spécifiquement adaptées à nos contextes locaux ».

33. Son message soulignait qu'en travaillant ensemble, nous pouvons créer des marchés plus vastes et plus compétitifs qui profitent aux consommateurs et aux entreprises. Il a également abordé l'importance du développement durable, notant que nos efforts pour renforcer la concurrence doivent être alignés sur la gestion de l'environnement. La région du Pacifique est particulièrement vulnérable aux effets du changement climatique, et nos cadres réglementaires doivent refléter un engagement en faveur de la durabilité.

34. M. Shaheen Ali, secrétaire permanent des Fidji pour le commerce, les coopératives, les PME et les communications, qui nous a rejoints en personne, a souligné l'importance d'une approche régionale de la concurrence et de la réglementation. Il a expliqué comment les efforts de collaboration peuvent éliminer les barrières à l'entrée, encourager de nouveaux acteurs sur le marché et stimuler l'innovation.

35. Il a déclaré : «Une approche régionale de la concurrence est essentielle pour favoriser un environnement de marché équitable et ouvert dans l'ensemble du Pacifique. En alignant nos politiques et nos réglementations en matière de concurrence, nous pouvons créer des conditions de concurrence équitables pour les entreprises, en veillant à ce qu'aucune entité ne puisse dominer le marché de manière déloyale ».

36. Ses réflexions ont renforcé l'idée que l'amélioration de la concurrence ne se limite pas à l'application des lois, mais qu'elle passe par la création d'un environnement dans lequel les entreprises peuvent prospérer et les consommateurs avoir le choix. M. Ali a également souligné le rôle essentiel des petites et moyennes entreprises (PME) dans nos économies. En favorisant un environnement compétitif, nous permettons aux PME de pénétrer les marchés, d'être compétitives et de contribuer à la diversification économique. Cela peut à son tour conduire à la création d'emplois, à l'innovation et à une plus grande résilience économique.

37. L'ordre du jour de la conférence a été établi de manière à refléter les défis divers et complexes auxquels sont confrontés les régulateurs du Pacifique. Pendant trois jours, nous avons approfondi des questions telles que l'application du droit de la concurrence, la dynamique du marché, la protection des consommateurs et la réglementation économique. Les sessions ont été conçues pour encourager un dialogue ouvert et l'élaboration de stratégies concrètes pouvant être mises en œuvre dans différents contextes nationaux.

38. L'un des moments les plus inspirants a été le lancement du logo PINCCER Fiji, symbole d'une nouvelle ère de coopération régionale. Le logo des Fidji, composé de vagues interconnectées et de motifs insulaires, représente l'unité, la collaboration et une vision commune de l'avenir. Son dévoilement a été un moment de fierté collective, reflétant l'esprit de la conférence et notre conviction commune qu'il est possible de travailler ensemble pour renforcer la concurrence et améliorer le bien-être des consommateurs.

39. Un autre fait marquant a été la signature de deux protocoles d'accord, l'un avec la Commission indépendante de la consommation et de la concurrence (ICCC) de Papouasie-Nouvelle-Guinée et l'autre avec le Bureau de la surveillance des prix et de la consommation (BPMCA) de Vanuatu. Ces accords formalisent notre engagement à collaborer au renforcement de la concurrence, à la conduite d'enquêtes transfrontalières et au développement des capacités réglementaires.

40. Lors de la signature, le président de la FCCC, M. Isikeli Tikoduadua, a déclaré : «En joignant nos forces à celles de nos homologues de Papouasie-Nouvelle-Guinée et de Vanuatu, nous renforçons nos liens bilatéraux et notre engagement commun à créer des marchés équitables et compétitifs qui profitent à tous les consommateurs de nos nations respectives ».

41. Les protocoles d'accord définissent des domaines de coopération spécifiques, notamment le partage d'informations, des programmes de formation conjoints et des mesures d'application coordonnées. En établissant ces partenariats formels, nous avons pris des mesures concrètes pour créer un front réglementaire unifié capable de lutter contre les pratiques anticoncurrentielles qui dépassent les frontières nationales.

42. L'un des aspects les plus intéressants de la conférence a été la possibilité de partager des expériences et d'apprendre les uns des autres. Des représentants de pays comme Samoa et Tonga ont fait part de leur parcours dans l'élaboration de lois sur la concurrence, soulignant l'importance de l'engagement des parties prenantes, les défis posés par les ressources limitées et les idées partagées sur la manière de surmonter la concentration du marché, de réduire les barrières à l'entrée et de promouvoir des pratiques commerciales équitables.

43. Le renforcement de la concurrence est essentiel pour construire des économies résilientes. Les marchés concurrentiels s'adaptent mieux aux chocs économiques et peuvent stimuler l'innovation et l'efficacité.

44. Les petites économies insulaires sont particulièrement vulnérables à la volatilité des prix, ce qui fait que des politiques de concurrence solides sont essentielles à la résilience économique. Nous avons reconnu qu'en encourageant la concurrence, nous pouvons réduire la dépendance à l'égard d'un nombre limité d'industries ou d'entreprises. Cette diversification renforce la résilience économique et offre davantage de possibilités d'emploi et de croissance.

45. Nous avons reconnu que, dans nos contextes, l'amélioration de la concurrence nécessite souvent des approches novatrices adaptées à nos conditions de marché particulières. Par exemple, nous avons discuté des défis posés par l'application des lois sur la concurrence sur des marchés dominés par quelques grands acteurs. Des stratégies telles que la promotion de l'entrée en réduisant les charges réglementaires pour les nouvelles entreprises, en fournissant des incitations aux PME et en mettant en œuvre des réglementations ciblées pour prévenir l'abus de pouvoir de marché ont été explorées.

46. Un autre atelier a examiné le rôle de la défense des consommateurs dans la promotion de la concurrence. Nous avons étudié comment des consommateurs informés peuvent stimuler la concurrence en faisant des choix qui récompensent un comportement compétitif. Cela a mis en évidence la nécessité de programmes d'éducation des consommateurs et d'informations transparentes sur les produits et les services.

47. Nous avons également engagé des discussions sur l'économie numérique et ses implications pour la concurrence. L'essor du commerce électronique et des services numériques offre de nouvelles possibilités et pose de nouveaux défis en matière de réglementation de la concurrence. La croissance significative du commerce électronique offre d'immenses possibilités pour des marchés compétitifs, mais nécessite également des cadres réglementaires actualisés pour faire face aux nouveaux comportements. Selon la Commission économique et sociale des Nations unies pour l'Asie et le Pacifique (CESAP), le commerce électronique dans le Pacifique s'est considérablement développé ces dernières années.

48. L'économie numérique offre un potentiel de transformation pour les petites nations insulaires, mais elle présente également des défis tels que la domination des plateformes et une infrastructure numérique limitée. PINCCER peut diriger les efforts visant à moderniser les cadres réglementaires pour l'ère numérique.

49. Nous avons réfléchi à la manière d'adapter nos lois et nos stratégies d'application pour traiter des questions telles que la domination des plateformes, la confidentialité des données et les transactions numériques transfrontalières. L'adoption d'outils numériques pourrait améliorer l'efficacité de la réglementation, en permettant aux régulateurs d'en faire plus avec des ressources limitées.

50. La technologie et l'innovation ont été des thèmes récurrents tout au long de la conférence. Nous avons examiné comment les outils numériques peuvent renforcer l'efficacité de la réglementation, améliorer la surveillance du marché et faciliter la communication avec les parties prenantes.

51. Nous avons envisagé le développement de plateformes numériques centralisées pour PINCCER afin de faciliter le partage d'informations, la formation et la collaboration. Ces plateformes pourraient héberger des bases de données sur les meilleures pratiques réglementaires, les précédents juridiques et les données du marché, accessibles à toutes les agences membres.

52. En outre, nous avons discuté de l'utilisation de l'analyse des données et de l'intelligence artificielle dans la détection des pratiques anticoncurrentielles. Les outils avancés peuvent aider les régulateurs à identifier des modèles de comportement indiquant une collusion ou un abus de position dominante, ce qui permet une application plus proactive et plus efficace.

53. La protection des consommateurs est également intrinsèquement liée à la promotion de la concurrence. Nous avons étudié des stratégies visant à sensibiliser davantage les consommateurs et à faire respecter leurs droits de manière efficace.

54. La sensibilisation des consommateurs reste un défi important, un pourcentage significatif des consommateurs des îles du Pacifique n'étant pas conscient de leurs droits, ce qui souligne le besoin critique d'initiatives d'éducation des consommateurs. Nous avons discuté de l'importance des campagnes d'éducation des consommateurs pour informer le public de ses droits et des avantages de la concurrence. Des consommateurs responsabilisés peuvent stimuler la demande de meilleurs produits et services, ce qui, à son tour, stimule la concurrence entre les entreprises.

55. Outre la concurrence et la protection des consommateurs, la conférence a également mis en lumière la menace croissante des escroqueries et des activités frauduleuses dans le Pacifique, ainsi que le fait qu'un marché peu concurrentiel constitue un terrain fertile pour ce type d'activités, les comportements anticoncurrentiels jouant un rôle dans les escroqueries telles que la fixation des prix.

56. L'intégration de la durabilité dans les politiques de concurrence offre d'immenses possibilités pour le Pacifique. En encourageant les projets d'énergie renouvelable, tels que les fermes solaires et les éoliennes, PINCCER peut catalyser les investissements verts qui profitent à la fois à l'environnement et à l'économie. La pêche durable, l'écotourisme et les infrastructures résistantes au climat sont d'autres domaines mûrs pour le développement.

57. En favorisant un environnement réglementaire qui encourage les pratiques durables, nous pouvons attirer des investissements verts et stimuler la croissance économique dans des secteurs tels que les énergies renouvelables, l'agriculture durable et l'écotourisme, tout en veillant à ce que la croissance économique ne se fasse pas au détriment des générations futures.

58. Les protocoles d'accord que nous avons signés ne sont qu'un début. Nous prévoyons de lancer des programmes d'échange, des enquêtes conjointes et des initiatives d'apprentissage partagé.

59. Les économies réalisées grâce à la collaboration sont considérables. L'alignement régional des normes de concurrence peut permettre aux nations insulaires du Pacifique d'économiser des millions de dollars par an en réduisant les coûts de mise en conformité commerciale. L'alignement des normes réglementaires clés libère des ressources pour d'autres priorités de développement.

60. Nous avons également discuté du potentiel d'harmonisation de certaines normes et procédures réglementaires. L'augmentation des échanges transfrontaliers crée des marchés plus dynamiques et plus résistants. Des politiques harmonisées pourraient stimuler considérablement le commerce intra-Pacifique, favorisant ainsi une plus grande intégration régionale et la croissance économique.

61. En outre, nous avons l'intention d'établir des canaux de communication réguliers entre les agences membres. Cela comprend des réunions virtuelles trimestrielles, des bulletins d'information communs et des projets de collaboration.

62. La conférence inaugurale PINCCER était plus qu'un événement, c'était une déclaration d'intention. Elle a démontré que le Pacifique est prêt à prendre son destin en main en tirant parti de la collaboration pour renforcer la concurrence et stimuler la croissance économique. Nous avons quitté la conférence avec de nouvelles connaissances, des partenariats renforcés et un sens renouvelé de l'objectif.

63. Je remercie chaleureusement tous ceux qui ont contribué au succès de la conférence – les délégués, les représentants des gouvernements, le comité d'organisation et le personnel de soutien. Votre dévouement et votre enthousiasme ont permis d'atteindre les objectifs de la conférence.

64. En réfléchissant à la conférence, je ressens un profond sentiment d'accomplissement et d'espoir. Le soutien des chefs de gouvernement, l'esprit de collaboration entre les nations membres et la vision commune d'un avenir meilleur ont galvanisé nos efforts.

65. Debout sur les rives de Denarau à la fin de la conférence, regardant le soleil se coucher sur les eaux tranquilles, j'ai ressenti un profond sentiment d'optimisme. Nous avions non seulement jeté les bases de PINCCER, mais aussi déclenché un mouvement qui entraînerait des changements positifs dans tout le Pacifique.

II. Aller de l'avant avec confiance

66. La route qui s'ouvre devant nous est pleine de potentiel et de promesses. Nous devons rester fidèles à notre engagement en faveur de la collaboration, de l'innovation et de l'excellence. Ce faisant, nous améliorerons non seulement nos économies, mais aussi la qualité de vie de nos citoyens.

67. Nous nous réjouissons des possibilités qui s'offrent à nous en participant à des événements tels que les « Journées de la concurrence » organisées par l'Autorité polynésienne de la concurrence, en poursuivant nos partenariats et en construisant sur les fondations que nous avons posées.

68. Notre engagement s'étend au soutien de nos collègues régulateurs par le biais de PINCCER, reconnaissant que notre succès collectif dépend de la force de chaque membre. Nous comprenons que l'excellence n'est pas une destination mais un voyage permanent.

69. Alors que nous traçons la voie à suivre pour PINCCER, la mise en place d'axes de travail spécifiques sera essentielle pour atteindre les objectifs à long terme du réseau. Ces chantiers constituent l'épine dorsale de notre mission, chacun abordant des aspects essentiels de la concurrence, de la protection des consommateurs

et de la réglementation économique. Le volet « concurrence » se concentre sur le démantèlement des structures monopolistiques et la garantie de pratiques de marché équitables. Le volet « protection des consommateurs » vise à donner aux consommateurs les moyens d'agir en s'attaquant aux publicités trompeuses, aux pratiques commerciales déloyales et à la fraude. Enfin, le volet « réglementation économique » aligne les normes réglementaires afin de faciliter les échanges et les investissements transfrontaliers. En donnant la priorité à ces domaines, PINCCER vise à créer un environnement économique plus équitable et plus compétitif pour toutes les nations du Pacifique et à fournir des plateformes ciblées pour la collaboration et le renforcement des capacités, adaptées aux défis uniques auxquels sont confrontées les économies des îles du Pacifique.

70. Afin de garantir la concentration, la capacité et le leadership, les filières suivantes ont été dotées de coordinateurs inauguraux :

Protection des consommateurs

La Papouasie-Nouvelle-Guinée mène actuellement les efforts dans ce domaine critique, en se concentrant sur la protection des droits des consommateurs et la sensibilisation du public.

Concurrence

La Nouvelle-Zélande et la Polynésie française sont les co-responsables de l'harmonisation des lois sur la concurrence, du partage des meilleures pratiques et de la promotion de conditions de concurrence équitables pour les entreprises de la région. Un premier atelier PINCCER sur la concurrence a eu lieu à Tahiti en février 2024, organisé par l'APC.

Réglementation économique

Les Fidji et les Tonga dirigent les activités de ce volet, en abordant des questions telles que les politiques de tarification, la réglementation des monopoles naturels et l'impact des coûts d'infrastructure.

71. Cette collaboration entre les agences membres par le biais du partage des connaissances, de l'action commune et du renforcement des capacités permet de tirer parti de l'expertise collective et de promouvoir l'apprentissage partagé et l'innovation. Des réponses coordonnées aux défis régionaux, tels que les pratiques monopolistiques, la volatilité des prix et les comportements commerciaux déloyaux, garantissent une approche unie des problèmes communs. En outre, les programmes de formation et le partage des ressources dotent les agences membres des outils et des connaissances nécessaires pour naviguer efficacement dans des paysages réglementaires complexes.

72. En choisissant de participer à ces chantiers en fonction de leurs intérêts et de leurs capacités, les économies membres peuvent apporter une contribution significative tout en bénéficiant d'un soutien ciblé. Cette approche flexible garantit l'inclusivité et maximise l'impact du réseau.

73. À l'avenir, PINCCER prévoit de poursuivre sur sa lancée en organisant des conférences de suivi, des ateliers de renforcement des capacités et d'autres protocoles d'accord afin d'approfondir la collaboration. L'accent sera mis sur l'amélioration

des outils réglementaires numériques afin d'accroître l'efficacité et la transparence. En encourageant le partage des connaissances et en renforçant les capacités institutionnelles, PINCCER vise à garantir que les avantages de la concurrence atteignent même les communautés les plus éloignées du Pacifique.

III. Dernières réflexions

74. Le Pacifique Sud représente une mosaïque dynamique de cultures, de langues et de traditions. Plus de 20 langues officielles[4] – et 1 200 dialectes et sous-langues[5] – sont parlées dans nos nations membres, et cette diversité, tout en étant une source de force, a posé des défis en matière d'harmonisation des politiques et d'alignement des réglementations. PINCCER est devenu le pont qui a facilité le dialogue et la compréhension entre ces contextes variés.

75. À toutes les parties prenantes – gouvernements, entreprises, consommateurs et partenaires internationaux – je lance une invitation ouverte à nous rejoindre dans cette aventure. Votre soutien et votre engagement sont essentiels à la réussite de nos efforts collectifs.

76. Ensemble, nous pouvons créer des marchés compétitifs qui stimulent l'innovation, réduisent les coûts et améliorent la qualité de vie de tous nos concitoyens. En misant sur la collaboration et l'innovation, nous pouvons relever les défis auxquels nous sommes confrontés et libérer l'immense potentiel de notre région.

77. À la FCCC, nous restons inébranlables dans notre engagement à respecter les normes les plus élevées en matière d'excellence réglementaire. Nous continuerons à travailler avec diligence pour promouvoir la concurrence, protéger les consommateurs et contribuer au développement durable de notre pays et de la région.

78. Notre attachement au professionnalisme et à l'intégrité nous guidera dans toutes nos entreprises. Nous nous efforcerons d'améliorer nos pratiques, d'adopter l'innovation et de nous adapter à l'évolution des conditions du marché.

79. PINCCER représente un nouveau chapitre dans la promotion de la compétitivité du marché du Pacifique. Plus qu'une organisation, c'est un mouvement, un engagement collectif en faveur de l'unité, de l'innovation et de la croissance.

80. La création de PINCCER témoigne de ce que nous pouvons accomplir lorsque nous nous unissons derrière un objectif commun. Elle symbolise nos aspirations communes et notre détermination à créer un avenir meilleur pour tous les peuples du Pacifique.

81. Alors que nous allons de l'avant, gardons l'esprit du PINCCER vivant dans toutes nos entreprises. Restons ouverts à l'apprentissage mutuel, à l'innovation et aux possibilités offertes par la collaboration.

---

[4] Secrétariat du Forum des îles du Pacifique. (2018). *Stratégie culturelle régionale du Pacifique : Investir dans les cultures du Pacifique 2010-2020*. Suva, Fidji : Secrétariat du Forum des îles du Pacifique. Consulté sur https://www.forumsec.org/wp-content/uploads/2018/10/Pacific-Regional-Cultural-Strategy-2010-2020.pdf

[5] Eberhard, D. M., Simons, G. F., & Fennig, C. D. (Eds.). (2022). *Ethnologue : Languages of the World* (25e éd.). Dallas, Texas : SIL International. Extrait de *https://www.ethnologue.com*

82. Ensemble, nous pouvons créer un héritage de collaboration et de progrès qui profitera aux générations à venir. La région du Pacifique est prête à entrer dans une nouvelle ère de prospérité, et PINCCER est prêt à montrer la voie.

83. « Notre vision est claire : une région du Pacifique où des marchés équitables, des consommateurs informés et des pratiques durables favorisent la prospérité de tous. Ensemble, nous traçons la voie vers un avenir plus radieux et plus inclusif ».

84. Pour conclure, je voudrais remercier Concurrences de nous avoir donné l'occasion de mettre en lumière PINCCER et son travail. Votre engagement à promouvoir la compréhension et le dialogue dans le domaine du droit de la concurrence a constitué une ressource inestimable pour les praticiens et les universitaires. Nous sommes honorés de contribuer à cette publication importante et nous nous réjouissons de poursuivre notre engagement auprès de la communauté mondiale du droit de la concurrence.

Le rôle et les réalisations du Comité de la concurrence de l'OCDE dans la promotion des bonnes pratiques et de la coopération internationale

Frédéric Jenny*
ESSEC Business School
OCDE

1. Au fil des ans, l'Organisation de coopération et de développement économiques (OCDE) a élargi sa composition et sa perspective. Dans le droit fil de cette évolution, le Comité de la concurrence de l'OCDE a évolué, renforçant son dialogue avec les autorités de la concurrence des pays non membres et élargissant son ordre du jour pour y inclure des réflexions sur des questions très importantes pour les nouvelles et jeunes autorités de la concurrence dans les pays en développement. Le dialogue et la coopération internationaux sur la concurrence entrepris dans le contexte de l'OCDE ont contribué à la convergence des principes d'application du droit de la concurrence et à la diffusion de bonnes pratiques dans un domaine d'action qui était nouveau et qui se développait rapidement dans plusieurs pays du monde. L'Autorité de la concurrence de la Polynésie française a participé aux travaux du Comité de la concurrence de l'OCDE, et ces travaux offrent un éclairage pertinent sur un certain nombre de défis auxquels elle est confrontée.

*

* *

* Frédéric Jenny est professeur émérite d'économie à l'ESSEC Business School et président du Forum mondial de la concurrence de l'OCDE.

2. Les origines de l'Organisation de coopération et de développement économiques (OCDE) sont liées au plan Marshall, créé pour reconstruire l'Europe après la Seconde Guerre mondiale. L'Organisation européenne de coopération économique (OECE), qui a précédé l'OCDE, a été créée en 1948 pour administrer l'aide économique du plan Marshall.

3. En 1961, l'OCDE a été créée à la suite d'une transformation de l'OECE. Le champ d'action de l'OCDE a été étendu au-delà de l'Europe et sa composition a été élargie aux pays d'Amérique du Nord et à d'autres pays industrialisés.

4. À l'origine, les objectifs de l'OCDE étaient les suivants : premièrement, favoriser la croissance économique en promouvant des politiques destinées à améliorer les performances économiques de ses États membres, à accroître la productivité et à relever le niveau de vie ; deuxièmement, offrir aux gouvernements un forum leur permettant de coordonner leurs politiques, d'échanger des informations et de convenir de solutions aux défis mondiaux, promouvant ainsi la coopération multilatérale entre les nations européennes pour pacifier le continent européen ; et, troisièmement, promouvoir le développement économique durable, en particulier dans les pays moins développés, par le dialogue politique et le transfert de connaissances et d'expertises.

5. Dans leur article « From the Marshall Plan to Global Governance: Historical Transformations of the OEEC/OECD, 1948 to Present », M. Leimgruber et M. Schmelzer[1] décrivent l'OCDE de la manière suivante :

> *[...] l'OCDE peut être décrite à la fois comme une "organisation-forum", offrant un cadre dans lequel les pays membres échangent leurs points de vue, négocient des initiatives et des accords communs et légitiment collectivement leurs politiques, et comme une "organisation de services", qui fournit elle-même des services importants aux pays membres, tels que la collecte, la normalisation et la diffusion d'informations et de données.*

6. Au cours de ses premières années d'existence, l'OCDE s'est attachée à favoriser la croissance économique dans les États membres, en particulier lorsque le boom de l'après-guerre commençait à s'essouffler. Cela comprenait des activités liées à la libéralisation des échanges, à la promotion des marchés libres et à la coordination des politiques monétaires et fiscales.

7. Au fil du temps, les priorités de l'OCDE ont évolué, passant de la promotion de la libéralisation des marchés et des idées néolibérales dans les années 1970 à la mondialisation de l'économie et à la coopération avec les pays non-membres dans les années 1990-2000 puis à la promotion du développement durable, de la transformation numérique et à la résolution de problèmes mondiaux tels que le changement climatique et les inégalités depuis les années 2010.

---

[1] Leimgruber M. et Schmelzer M. « From the Marshall Plan to Global Governance: Historical Transformations of the OEEC/OECD, 1948 to Present » (Du plan Marshall à la gouvernance mondiale : transformations historiques de l'OECE/OCDE, de 1948 à aujourd'hui), in *The OECD and the International Political Economy Since 1948*, Cham : Palgrave Macmillan, 2017. Disponible sur : https://www.researchgate.net/publication/321727444_From_the_Marshall_Plan_to_Global_Governance_Historical_Transformations_of_the_OEECOECD_1948_to_Present#fullTextFileContent (consulté le 19/01/2025).

8. Simultanément, la portée géographique de l'OCDE s'est élargie. À l'origine, l'OCDE comprenait 20 pays, principalement des pays européens, ainsi que les États-Unis et le Canada. Elle compte aujourd'hui 38 pays membres, qui représentent une part importante de l'économie mondiale. Elle s'est progressivement élargie à des pays non occidentaux, tels que le Japon (qui a adhéré en 1964) et la Corée du Sud (qui a adhéré en 1996), entre autres. En outre, plusieurs pays en développement non européens d'Amérique latine ont rejoint l'OCDE depuis 1994 (le Mexique en 1994, le Chili en 2010, la Colombie en 2020 et le Costa Rica en 2021). Plusieurs pays d'Europe de l'Est, anciens membres du bloc soviétique, ont également rejoint l'OCDE (notamment la République tchèque en 1995, la Hongrie et la Pologne en 1996, la Slovaquie en 2000, l'Estonie et la Slovénie en 2010, la Lettonie en 2016 et la Lituanie en 2018), reflétant à la fois les bouleversements en Europe de l'Est et l'élargissement de l'Union européenne.

9. L'OCDE est donc une organisation très différente de ce qu'elle était il y a trente ans, avec un accent plus marqué sur la diversité économique et le développement. Non seulement la composition de l'OCDE s'est diversifiée, mais alors qu'elle avait été créée à l'origine pour servir ses pays membres, l'OCDE s'est de plus en plus engagée auprès de pays non membres et d'organisations internationales. En particulier, sa coopération avec les non-membres, qui vise à intégrer ces derniers dans le système économique mondial et à promouvoir les meilleures pratiques en matière de gouvernance, de politique économique et de développement, s'est intensifiée dans les années 1990 après la chute du mur de Berlin.

10. Au fil du temps, le nombre de pays non membres avec lesquels l'OCDE coopère a augmenté. L'OCDE travaille aujourd'hui avec plus de 70 pays non-membres, par le biais de la participation à des comités, de l'adhésion aux instruments de l'OCDE et de l'intégration dans des systèmes de déclaration statistique.

11. Cette coopération de l'OCDE avec les non-membres prend diverses formes : les dialogues politiques permettent le partage d'expertise et la promotion des réformes dans les pays non-membres, et les examens par les pairs permettent aux pays membres de l'OCDE d'évaluer les cadres économiques et réglementaires des pays examinés (qui peuvent être membres ou non membres de l'OCDE) et de fournir aux pays examinés un plan d'action pour améliorer leurs politiques ou leur cadre juridique. Enfin, les forums entre membres et non membres de l'OCDE (ou la participation de non-membres aux comités de l'OCDE en tant qu'observateurs) abordent des questions d'intérêt commun pour les membres et les non-membres de l'OCDE.

12. Ces différentes formes de coopération s'inscrivent dans des contextes variés.

13. Les dialogues politiques et le partage d'expériences ont lieu principalement lorsque l'OCDE travaille avec des pays souhaitant devenir membres à part entière. Les candidats à l'adhésion sont soumis à un processus d'adhésion rigoureux, au cours duquel ils doivent aligner leurs politiques sur les normes de l'OCDE en matière de gouvernance, de lutte contre la corruption et de politiques économiques (y compris la politique de la concurrence). Le processus d'adhésion offre une plateforme de dialogue et de partage des meilleures pratiques.

14. L'OCDE s'est également engagée dans des programmes spécifiques visant à approfondir la coopération avec certains pays. Ces programmes d'« engagement renforcé » ont été lancés à l'intention d'importantes économies émergentes telles que la Chine, l'Inde, le Brésil, l'Indonésie et l'Afrique du Sud. Ces partenariats permettent à ces pays non-membres de participer à certaines activités de l'OCDE, d'avoir accès à la recherche et d'adopter les meilleures pratiques de l'OCDE. En retour, l'OCDE peut intégrer les perspectives de ces pays dans ses analyses et ses recommandations politiques.

15. En outre, l'OCDE a lancé quelques programmes régionaux (par exemple, en Amérique latine, en Asie du Sud-Est et au Moyen-Orient). Ces programmes visent à promouvoir des réformes orientées vers le marché, à améliorer la gouvernance économique et à faciliter l'adoption des normes de l'OCDE.

16. Par l'intermédiaire du Comité d'aide au développement (CAD), l'OCDE coordonne les politiques d'aide et de développement des pays membres avec celles des pays non-membres. Le CAD soutient les efforts visant à améliorer l'efficacité de l'aide étrangère, notamment en contrôlant la manière dont l'aide au développement est utilisée et en promouvant des pratiques d'aide transparentes.

17. Enfin, le Centre de développement de l'OCDE a été créé en 1961 en tant que plateforme indépendante pour le partage des connaissances et le dialogue politique entre les pays membres de l'OCDE et les économies en développement, permettant à ces pays d'interagir sur un pied d'égalité. Le Centre de développement de l'OCDE est un forum qui apporte des analyses d'experts au débat sur la politique de développement afin d'aider les décideurs à trouver des solutions politiques pour stimuler la croissance et améliorer les conditions de vie dans les économies en développement et émergentes, avec la participation de 25 pays membres de l'OCDE et de 29 pays non-membres de l'OCDE.

18. L'élargissement de la composition de l'OCDE et de sa coopération avec un grand nombre de pays en développement a eu pour conséquence d'étendre son mandat au-delà de la croissance économique.

19. Ce mandat englobe désormais la durabilité environnementale, l'éducation, la politique sociale, l'innovation et l'économie numérique. Par exemple, les travaux de l'OCDE sur la viabilité environnementale se sont surtout développés dans les années 1990, lorsque le changement climatique est devenu une priorité mondiale. Cependant, le mandat de l'OCDE s'est également élargi dans les années 2010, lorsqu'elle a commencé à se concentrer davantage sur la croissance inclusive, en examinant des questions telles que les inégalités, les disparités en matière d'éducation et la mobilité sociale. Cette évolution est en partie liée à la crise financière mondiale de 2008, qui a mis en évidence la nécessité de s'attaquer aux conséquences sociales et économiques de l'inégalité. Enfin, la révolution technologique a conduit l'OCDE à s'engager dans de nouveaux domaines de gouvernance, tels que l'économie numérique, l'économie du partage et la réglementation des technologies émergentes comme l'intelligence artificielle.

*

* *

20. Le Comité de la concurrence de l'OCDE a été créé en 1961[2] en tant que « Comité du droit et de la politique de la concurrence » dans le cadre de l'OCDE. Sa création s'inscrivait dans un cadre plus large visant à promouvoir la coopération et le développement économiques entre les pays membres. Il a constitué une plateforme permettant aux pays membres de discuter et de partager les meilleures pratiques en matière de droit et de politique de la concurrence.

21. En 1991, le Comité a changé de nom, passant du « Comité du droit et de la politique de la concurrence » au « Comité de la concurrence », et son rôle a été renforcé par l'adoption du communiqué [C(91)91], qui stipulait ce qui suit :

> *Au-delà du cycle d'Uruguay et des questions commerciales des années 90, les ministres ont souligné la nécessité d'aborder les nouvelles dimensions de la politique commerciale. Il s'agit notamment d'une série de questions découlant de la mondialisation croissante de l'économie mondiale et des relations plus étroites entre la politique commerciale et la concurrence, l'investissement, la technologie et l'innovation, ainsi que les politiques environnementales. La portée de plus en plus internationale de l'activité économique a vu l'émergence de domaines dans lesquels les besoins des agents privés et des gouvernements dépassent les "règles du jeu" existantes. Il semble nécessaire de mieux comprendre ces questions et, le cas échéant, de faire converger les approches politiques et d'envisager de nouvelles règles. De nombreuses questions, traditionnellement envisagées essentiellement sous l'angle de la politique intérieure, ont pris une dimension internationale, affectant la définition des politiques commerciales et d'investissement. Par conséquent, l'élargissement de l'examen des politiques commerciales dans les années 90 pour tenir compte des nouveaux développements ira de pair avec des efforts visant à éviter les conflits avec d'autres domaines politiques.*
>
> *La portée internationale croissante de l'activité économique a créé une situation dans laquelle les "règles du jeu" existantes, telles que définies par les politiques de concurrence nationales ou régionales, pourraient être utilement complétées. Les ministres demandent à l'Organisation de poursuivre ses travaux sur la dimension internationale des politiques de concurrence et leur interaction avec les politiques menées dans d'autres domaines, tels que le commerce et l'industrie. Ils notent que les travaux récents de l'Organisation sur le droit et la politique de la concurrence jettent les bases d'une plus grande convergence des politiques et de progrès vers la mise à jour et le renforcement des règles et arrangements existants (y compris les principes et procédures de politique générale) pour la coopération internationale dans ce domaine. Ils invitent les comités compétents à poursuivre activement l'examen de ces questions, y compris l'efficacité des règles commerciales dans la facilitation de la concurrence internationale.*[3]

---

[2] *Résolution du Conseil concernant l'amendement de son nom et de ses termes de référence, C(87)138(final).*

[3] *Le mandat actuel du Comité de la concurrence (2024) :* « 1. L'objectif principal du Comité est de protéger et de promouvoir la concurrence en tant que principe organisateur des économies modernes, en se fondant sur la conviction qu'une concurrence vigoureuse sur les marchés stimule la croissance et l'emploi et rend les

22. Ainsi, la nécessité pour le Comité de la concurrence de promouvoir le droit et la politique de la concurrence et de favoriser la convergence des politiques dans ce domaine était liée à la mondialisation croissante des activités économiques, qui a marqué les années 1990.

23. Outre les engagements de l'OCDE avec les non-membres, il convient également de mentionner que les comités de l'OCDE peuvent faire participer des non-membres à leurs réunions. L'OCDE distingue quatre catégories de pays participant à une réunion de comité. Les Associés sont les États membres de l'OCDE. Les Participants ont une invitation permanente à participer à toutes les réunions pour une durée indéterminée sur la base de la Résolution révisée du Conseil sur les partenariats au sein de l'OCDE[4] et du Plan de participation du comité. Les partenaires clés peuvent également être invités à participer aux réunions du comité. Enfin, les invités n'ont pas d'invitation permanente à participer aux réunions, mais une décision par consensus du comité est nécessaire pour inviter les partenaires figurant sur la liste des invités dans son plan de participation à des réunions spécifiques.

24. Dans le cas du Comité de la concurrence, il convient de noter que deux pays (le Brésil et la Roumanie) sont des Associés (c'est-à-dire des membres permanents) du Comité de la concurrence (même s'ils ne sont pas membres de l'OCDE dans son ensemble). Les quatre autres partenaires clés de l'OCDE (l'Afrique du Sud, la Chine, l'Inde et l'Indonésie) participent régulièrement aux réunions du Comité de la concurrence avec une dizaine d'invités pour chaque session (comme l'Argentine, le Taïpei chinois, la Tunisie, les Emirats arabes unis, etc.).

25. Le Comité de la concurrence a toujours eu une politique très ouverte à l'égard des non-membres. Ces dernières années, il a invité l'Autorité de concurrence de la Polynésie française, qui a pu voir de ses propres yeux comment le Comité de la concurrence travaillait et contribuer à ce travail.

26. Outre la participation de certains non-membres aux réunions du Comité de la concurrence, ce dernier organise chaque année, depuis 2001, le Forum de la concurrence de l'OCDE, qui est une réunion entre les autorités de la concurrence des États membres de l'OCDE et les autorités de la concurrence des États non membres (ainsi que certaines organisations internationales telles que la Conférence des Nations unies sur le commerce et le développement [CNUCED], l'Organisation mondiale du commerce [OMC], la Banque mondiale, etc.). Le Forum mondial sur la concurrence, où sont discutés des sujets relatifs à la concurrence intéressant les membres et les non-membres de l'OCDE, rassemble généralement plus de 100 délégations.

27. Les programmes des sessions du Forum mondial comprennent des tables rondes de type OCDE, des présentations d'experts renommés et des examens par les pairs. Les sujets de discussion bénéficient de l'apport du Comité de la concurrence de l'OCDE, dont le travail a déjà produit des résultats substantiels dans de nombreux pays et économies, tels que l'adoption volontaire de « meilleures pratiques », une convergence analytique substantielle, l'établissement de réseaux solides d'autorités

---

économies plus flexibles et innovantes. »

4 C(2012)100/REV1/FINAL, § 2 b) et c).

chargées de l'application de la législation et une coopération renforcée. Le Forum est également l'occasion pour les hauts fonctionnaires d'Amérique latine, des Caraïbes, du Moyen-Orient, d'Afrique et de la région Asie-Pacifique de tenir des réunions en vue de préparer les forums régionaux annuels.

28. Le Comité de la concurrence de l'OCDE supervise également trois centres régionaux pour la concurrence, qui fournissent une aide au renforcement des capacités et des conseils politiques par le biais d'ateliers, de séminaires et de programmes de formation sur le droit et la politique de la concurrence pour les pays de chaque région, indépendamment de leur statut de membre de l'OCDE.

29. Au début des années 2000, alors que de nombreux pays d'Europe de l'Est et d'Asie centrale passaient d'une économie planifiée à une économie de marché, il était de plus en plus admis qu'une politique de concurrence saine était vitale pour leur développement économique. Bien qu'ils aient entrepris d'importantes réformes, de nombreux pays ne disposaient pas des capacités institutionnelles, de l'expertise technique et des cadres juridiques nécessaires pour appliquer efficacement les lois sur la concurrence. En conséquence, les pratiques anticoncurrentielles telles que les monopoles, les cartels et les pratiques déloyales sont devenues des obstacles à l'efficacité du marché et au bien-être des consommateurs.

30. L'OCDE a créé le Centre régional pour la concurrence (RCC) à Budapest, en Hongrie, en 2005, pour relever ces défis. Le Centre est une entreprise commune entre l'OCDE et l'Autorité hongroise de la concurrence (GVH). Il a été créé pour contribuer à la diffusion des normes et des meilleures pratiques de l'OCDE en matière de concurrence dans la région. La mission du Centre est de fournir une assistance au renforcement des capacités et des conseils techniques et politiques aux autorités de la concurrence des pays d'Europe de l'Est, d'Asie centrale et du Caucase du Sud par le biais d'ateliers, de séminaires et de programmes de formation sur le droit et la politique de la concurrence à l'intention des fonctionnaires des organismes chargés de l'application du droit de la concurrence, d'autres parties du gouvernement, des régulateurs sectoriels et des juges. Le Centre s'efforce également de renforcer le droit et la politique de la concurrence en Hongrie et au sein de la GVH.

31. Le RCC de l'OCDE à Budapest a réussi à adapter ses activités aux contextes économiques et politiques spécifiques des pays de la région. Cette flexibilité a permis au Centre de répondre efficacement aux besoins des différents pays, dont certains ont des défis uniques liés à leurs structures politiques, leurs conditions économiques et leurs stades de développement du marché.

32. Le CCR GVH de l'OCDE à Budapest collabore étroitement avec les autorités nationales de la concurrence, les organisations internationales (telles que la Banque mondiale et la CNUCED) et les organisations régionales (telles que l'Union européenne et l'Union économique eurasienne). Il s'efforce d'aligner les pratiques régionales sur les normes internationales et soutient le renforcement des capacités locales par le biais de formations, de séminaires et d'échanges entre pairs.

33. Le GVH RCC de l'OCDE à Budapest a joué un rôle essentiel en aidant les pays de la région à développer et à moderniser leurs lois sur la concurrence. Il s'agit

notamment de fournir des conseils sur la conception de cadres de concurrence, d'aider à la rédaction de lois sur la concurrence et de fournir des conseils sur les meilleures pratiques pour la mise en œuvre de ces lois.

34. De nombreux pays de la région, dont la Géorgie, le Kazakhstan et l'Ukraine, ont adopté ou mis à jour leurs lois sur la concurrence avec l'assistance technique du RCC, ce qui a permis de renforcer les cadres réglementaires et d'améliorer l'efficacité des mécanismes d'application. Au total, quelque 17 pays[5] de la région ont bénéficié d'activités de renforcement des capacités techniques destinées aux responsables de la concurrence, aux régulateurs et aux juges, organisées par le RCC de l'OCDE à Budapest.

35. Le CCR GVH de l'OCDE à Budapest a également favorisé le renforcement de la coopération et de la coordination régionales en matière de politique de la concurrence. Cela s'est avéré particulièrement important dans une région où les autorités de la concurrence sont souvent confrontées à des défis similaires, tels que la gestion des entreprises publiques, des acteurs dominants du marché et des structures monopolistiques.

36. L'un des résultats significatifs des activités du GVH RCC de l'OCDE à Budapest a été de mettre davantage l'accent sur la norme de bien-être du consommateur dans l'application de la législation sur la concurrence. Le Centre a souligné l'importance de la concurrence en termes d'efficacité économique et de fourniture d'avantages tangibles aux consommateurs, tels que des prix plus bas, des produits de meilleure qualité et une innovation accrue.

37. Le GVH RCC de l'OCDE à Budapest s'est également efforcé de sensibiliser les gouvernements, les entreprises et la société civile à l'importance de la politique de la concurrence. Par le biais de campagnes de plaidoyer et de sensibilisation du public, il a contribué à la création d'un environnement commercial plus compétitif dans la région.

38. En soutenant le développement d'une « culture antitrust », le GVH RCC de l'OCDE à Budapest a joué un rôle essentiel dans l'évolution des attitudes à l'égard des comportements anticoncurrentiels, les rendant moins acceptables socialement et plus susceptibles d'être contestés.

39. La région de l'Asie de l'Est comprend des économies à croissance rapide telles que la Chine, le Japon, l'Inde, l'Indonésie et l'Australie, ainsi que des pays en développement comme le Vietnam, la Thaïlande, le Cambodge et le Laos. Au fur et à mesure de l'intégration de la région dans l'économie mondiale dans les années 1990 et 2000, la nécessité d'un effort coordonné pour soutenir des politiques de concurrence efficaces s'est fait de plus en plus sentir. Ces politiques peuvent garantir que les marchés restent compétitifs, que les entreprises ne se livrent pas à des pratiques anticoncurrentielles telles que les cartels et les abus de position dominante, et que les consommateurs sont protégés.

---

[5] Comprenant l'Albanie, l'Arménie, l'Azerbaïdjan, la Bosnie-Herzégovine, la Bulgarie, la Croatie, la Géorgie, le Kazakhstan, le Kosovo, le Kirghizistan, la Macédoine du Nord, la Moldavie, le Monténégro, la Roumanie, la Serbie, l'Ukraine et l'Ouzbékistan.

40. En 2010, l'OCDE a établi le Centre régional de l'OCDE pour la concurrence à Séoul, en Corée du Sud, en partenariat avec le gouvernement coréen et la Commission coréenne des pratiques commerciales loyales (KFTC), l'Autorité nationale de la concurrence de la Corée du Sud, qui est l'une des autorités de la concurrence les plus efficaces et les plus influentes en Asie et qui est reconnue depuis longtemps pour son application rigoureuse des lois sur la concurrence et ses efforts pour favoriser la concurrence sur le marché. L'établissement du CCR de la KFTC de l'OCDE à Séoul a marqué une décision stratégique visant à s'appuyer sur le régime de concurrence avancé de la Corée et à promouvoir la coopération régionale et le renforcement des capacités.

41. Dans le cadre du Centre de politique de l'OCDE/Corée à Séoul, la KFTC collabore activement avec l'OCDE en accueillant des événements, en partageant son expertise et en fournissant une assistance technique à d'autres pays de la région, dont beaucoup n'en sont encore qu'aux premiers stades de l'élaboration de leur cadre réglementaire en matière de concurrence. La contribution de la KFTC à ce projet commun est bénéfique dans trois domaines. Premièrement, l'expertise de la KFTC et son cadre de concurrence bien développé constituent un guide et une référence pour les autres pays. Deuxièmement, le gouvernement sud-coréen a fourni des ressources financières et un soutien institutionnel pour aider à établir et à maintenir le KFTC de l'OCDE à Séoul. Enfin, la Corée du Sud a joué un rôle crucial en tant que leader régional dans la promotion des réformes fondées sur le marché.

42. Le Centre de politique de l'OCDE/Corée à Séoul a joué un rôle important dans le renforcement des capacités régionales. Il organise des programmes de formation, des ateliers et des conférences pour renforcer les compétences techniques des autorités et des fonctionnaires chargés de la concurrence. Ces sessions de formation couvrent différents sujets, notamment le contrôle des fusions, la détection des cartels, l'application de la législation antitrust et les questions de concurrence spécifiques à un secteur, telles que les télécommunications, l'énergie et les marchés numériques.

43. En facilitant le partage des connaissances et l'apprentissage par les pairs, le Centre de politique de l'OCDE/Corée a aidé les pays de la région de l'Asie de l'Est à adopter une loi sur la concurrence ou à améliorer leurs cadres juridiques et institutionnels, permettant ainsi une application plus efficace des lois sur la concurrence.

44. Le Centre de politique de l'OCDE/Corée a offert une assistance technique aux gouvernements pour la rédaction et la révision de leurs lois et réglementations en matière de concurrence, en proposant des avis d'experts sur des affaires et en donnant des conseils sur les stratégies de mise en œuvre. Des pays comme l'Indonésie, le Vietnam et l'Inde ont bénéficié de ces services de soutien, qui leur ont permis de mettre en place des autorités de la concurrence plus importantes et de lutter plus efficacement contre les pratiques anticoncurrentielles. Cet effort a complété celui de la Commission économique de l'ANASE pour faire avancer l'agenda de la concurrence parmi ses membres en veillant à ce qu'ils adoptent tous une loi sur la concurrence.

45. Le Centre a également encouragé la coopération sur les pratiques anticoncurrentielles transfrontalières, telles que les cartels internationaux et les pratiques commerciales abusives des sociétés multinationales.

46. Enfin, il convient de mentionner que le CCR de l'OCDE à Séoul s'est de plus en plus concentré sur les marchés numériques, le commerce électronique et les secteurs technologiques, qui sont devenus prépondérants dans le paysage économique de l'Asie de l'Est. Il a fourni des orientations sur la manière dont la politique de la concurrence devrait s'adapter aux défis de ces secteurs, tels que la lutte contre le comportement monopolistique des grandes plateformes technologiques, la garantie d'une concurrence loyale sur les marchés numériques où les effets de réseau et le contrôle des données peuvent conduire à des positions dominantes qui nuisent à la concurrence, la réglementation des plateformes en ligne et la promotion de la protection des consommateurs à l'ère du numérique.

47. Au total, le Centre de politique de l'OCDE/Corée à Séoul a touché des responsables de la concurrence, des régulateurs et des juges d'environ 26 agences de la concurrence dans la région.

48. L'OCDE et la Banque interaméricaine de développement ont décidé d'unir leurs efforts pour promouvoir un droit et une politique de la concurrence efficaces en Amérique latine et dans les Caraïbes en 2003 en lançant le Forum latino-américain de la concurrence. Le Forum a été conçu comme un moyen concret pour les deux organisations de promouvoir le dialogue, la recherche de consensus et la création de réseaux entre les décideurs et les responsables de l'application des lois dans une région où l'idée que la concurrence économique est bénéfique pour le développement économique n'est pas largement acceptée. En 2015, les autorités de la concurrence ont décidé de changer le titre officiel du Forum en « Forum de la concurrence d'Amérique latine et des Caraïbes » afin de refléter l'implication des pays des Caraïbes dans cet événement annuel.

49. Outre la promotion de la coopération internationale et la diffusion de bonnes pratiques en matière d'application du droit de la concurrence, deux activités de la Banque interaméricaine de développement de l'OCDE sont plus particulièrement axées sur les besoins des pays d'Amérique latine. L'une d'entre elles est l'examen par les pairs. En effet, comme les progrès en matière de concurrence sont lents dans de nombreux pays d'Amérique latine en raison de l'absence d'une forte culture de la concurrence au niveau national, du niveau élevé de concentration économique et du manque de ressources des autorités chargées de la concurrence, les examens par les pairs organisés sous les auspices de l'OCDE et de la Banque interaméricaine de développement confèrent une légitimité internationale aux propositions de réforme visant à renforcer les régimes de droit de la concurrence. A ce jour, 14 des 25 pays participant au Forum latino-américain ont fait l'objet d'un examen par les pairs.

50. Une deuxième dimension des activités du Forum latino-américain de l'OCDE/Banque interaméricaine de développement sur la concurrence est l'examen comparatif des questions de concurrence dans des secteurs spécifiques des économies latino-américaines qui sont fortement réglementés ou dominés par des entreprises publiques et où des réformes favorables à la concurrence sont à la fois nécessaires mais complexes à mettre en œuvre (comme le transport aérien et l'électricité).

51. Enfin, en 2019, l'OCDE a lancé le Centre régional de l'OCDE pour la concurrence en Amérique latine et dans les Caraïbes, une coentreprise entre l'OCDE

et l'Autorité péruvienne de la concurrence (Instituto Nacional de Defensa de la Competencia y de la Propiedad Intelectual [INDECOPI]). L'objectif était de disposer d'une présence locale permanente pour aider à diffuser les normes de concurrence de l'OCDE et les meilleures pratiques en matière de droit et de politique de la concurrence dans les pays de la région qui sont confrontés à des défis liés aux pratiques monopolistiques, à une réglementation insuffisante des marchés et au manque d'expertise dans le traitement des questions antitrust complexes. Ce Centre propose régulièrement des activités de renforcement des capacités aux responsables de la concurrence, aux régulateurs et aux juges de la région.

52. L'Instituto Nacional de Defensa de la Competencia y de la Propiedad Intelectual (Institut national péruvien de défense de la concurrence et de la propriété intellectuelle [INDECOPI]) a joué un rôle de premier plan dans la création et le fonctionnement du CCR, positionnant le Pérou comme un leader régional en matière de politique de concurrence. L'autorité péruvienne a soutenu l'initiative et a apporté son expertise dans la conception et la mise en œuvre de programmes de renforcement des capacités régionales.

53. Reconnaissant que des politiques de concurrence solides font partie intégrante du développement économique, le soutien du gouvernement au rôle d'INDECOPI dans le RCC s'inscrit dans une stratégie plus large visant à promouvoir une croissance durable, à attirer les investissements et à garantir le bien-être des consommateurs au Pérou et dans l'ensemble de la région.

54. Les activités du Centre ont touché quelque 25 pays de la région, dont l'Argentine, le Brésil, le Chili, la Colombie, le Mexique, le Costa Rica, le Guatemala, la République dominicaine et l'Equateur. Ces pays ont bénéficié d'ateliers de formation et de séminaires destinés aux responsables de la concurrence afin de renforcer leurs capacités techniques et analytiques, de l'échange d'études de cas permettant aux pays de tirer parti de l'expérience des autres, de l'identification de stratégies d'application réussies et de meilleures pratiques, ainsi que de services de conseil sur mesure pour la mise en œuvre et l'amélioration de leurs politiques et législations en matière de concurrence.

55. Pour les pays dont le cadre de concurrence est moins développé, comme ceux d'Amérique centrale et des Caraïbes, le CCR offre également des conseils sur la mise en place ou l'amélioration de leur législation en matière de concurrence et sur la promotion de meilleures conditions de marché.

56. Au total, ces trois CCR régionaux de l'OCDE se sont engagés avec 68 des 100 pays non-membres de l'OCDE dotés d'une législation sur la concurrence.

57. Plus récemment, le Forum arabe de la concurrence (FAC), une initiative conjointe de l'OCDE, de l'UN-ESCWA et de la CNUCED, a été créé en 2020 en tant que premier réseau de la concurrence pour la région du Moyen-Orient et de l'Afrique du Nord (MENA). Le Forum arabe de la concurrence vise à renforcer le droit et la politique de la concurrence dans les pays de la région MENA, qui se caractérisent par le rôle prépondérant du secteur public.

58. En effet, nombre de ces pays cherchent à diversifier leur économie et à attirer les investissements privés étrangers. Ils ont besoin d'un cadre pratique en matière de

droit de la concurrence pour mener à bien leurs réformes en faveur d'un climat propice aux affaires.

59. Les cadres existants de la politique de la concurrence sont très divers dans la région, avec une combinaison de régimes matures (par exemple, en Egypte, au Maroc et en Tunisie) et de régimes plus jeunes (par exemple, en Arabie saoudite et dans les États du Golfe arabe). Le FAC offre une plateforme de partage des connaissances sur la politique de la concurrence et son application dans la région du Moyen-Orient et de l'Afrique du Nord (MENA), en réunissant des responsables de haut niveau de la concurrence, des décideurs politiques, des régulateurs et la communauté plus large de la concurrence dans un lieu unique pour faciliter la coordination et la collaboration entre les autorités de la concurrence de la région et discuter des moyens de réformer et de renforcer leurs cadres de concurrence.

60. Chacune des trois organisations fondatrices apporte son expérience et son expertise uniques à l'initiative :

- L'OCDE s'appuie sur son fonds de recherche et d'analyses rigoureuses en matière de concurrence qui s'appuient sur les échanges entre pairs caractérisant l'OCDE et sur l'expertise du secrétariat acquise dans le cadre de projets bilatéraux.
- Depuis 2014, la Commission économique et sociale pour l'Asie occidentale (CESAO) a entrepris une combinaison d'activités de recherche, de conseil et de renforcement des capacités sur la politique de concurrence dans la région du Moyen-Orient et de l'Afrique du Nord à travers le prisme des objectifs de développement durable (ODD).
- La CNUCED s'appuie sur sa grande expertise en matière de protection des consommateurs et de concurrence, tant dans la région MENA qu'à l'extérieur de celle-ci, pour favoriser le développement économique régional, condition préalable à la facilitation du commerce régional et international, en s'attaquant aux complexités inhérentes à l'organisation institutionnelle aux niveaux local et régional.

*

* *

61. Comme le suggère cette présentation, l'OCDE s'intéresse depuis longtemps à la manière dont le droit de la concurrence devrait être conçu dans des environnements très différents et à la relation entre la concurrence, la croissance et le développement économique. Très tôt dans l'histoire du Forum mondial de l'OCDE sur la concurrence, le comité de la concurrence de l'OCDE et les pays non-membres se sont concentrés sur ce qui est devenu la question de plus en plus pertinente des petites économies. Alors qu'il y a 90 ans, le monde ne comptait que 62 pays, il en compte aujourd'hui près de 200, dont 87 ont une population inférieure à 5 millions d'habitants.

62. En effet, la concurrence dans les petites économies était un thème du Forum mondial de l'OCDE sur la concurrence en 2003. Comme le suggère le document

de référence pour cette discussion,[6] les caractéristiques uniques des petites économies déterminent le besoin de politiques de concurrence adaptées. Le document de référence présente un cadre analytique pour aborder les questions clés, en se concentrant sur les défis économiques, politiques et d'application spécifiques à ces économies.

63. Les petites économies sont traditionnellement définies comme des « économies souveraines indépendantes qui ne peuvent soutenir qu'un petit nombre de concurrents dans la plupart de leurs industries en répondant à la demande » en raison de la petite taille de leur marché. La taille du marché est influencée par trois facteurs principaux : « la taille de la population, la dispersion de la population et le degré d'intégration économique avec les juridictions voisines ».[7]

64. Premièrement, les petites économies connaissent souvent des niveaux élevés de concentration du marché et une demande intérieure limitée, ce qui oblige les entreprises à opérer en dessous de l'échelle minimale efficace (EME), et la note d'information de l'OCDE suggère que « cette tendance peut signifier que les économies devraient adopter des règles de concurrence plus tolérantes à l'égard des fusions ou d'autres accords susceptibles d'accroître l'efficacité ». Toutefois, dans le même temps, le nombre limité d'entreprises dû au faible niveau de la demande augmente les risques de pratiques monopolistiques.

65. Deuxièmement, en ce qui concerne l'application de la législation antitrust contre les pratiques anticoncurrentielles ou les abus de pouvoir de marché, la petite taille pose souvent des problèmes d'application, notamment :

- des ressources financières et humaines limitées, ce qui rend difficile la mise en place et le maintien d'agences de concurrence efficaces ;
- les difficultés à prévenir la collusion entre les élites des petites entreprises et le risque que des liens étroits entre les élites des entreprises et les décideurs politiques conduisent à une collusion tacite ou à une influence sur l'application du droit de la concurrence ;
- les difficultés à traiter les dommages causés par les entreprises situées en dehors de leur juridiction, ainsi que la difficulté à obtenir des preuves et à faire appliquer les mesures correctives, en particulier lorsqu'il s'agit d'entreprises multinationales (EMN).

66. Troisièmement, la note d'information de l'OCDE suggère que les petites économies en développement sont confrontées à des obstacles supplémentaires tels que la faiblesse des marchés financiers, la corruption et l'absence d'une culture de la concurrence.

67. En ce qui concerne les recommandations politiques, la note d'information suggère, premièrement, que les petites économies devraient tenir compte des conditions locales, en équilibrant les gains d'efficacité statiques (par exemple, les économies de coûts) et les gains d'efficacité dynamiques (par exemple, l'innovation) ; deuxièmement, que la mise en commun des ressources par la coopération ou la création

---

6 OCDE, Forum mondial de l'OCDE sur la concurrence, politique de concurrence et petites économies, note du Secrétariat, 10-11 février 2003.

7 Gal Michal S., « La politique de concurrence pour les économies de marché de petite taille », 2003.

d'autorités régionales de la concurrence peut réduire les coûts et augmenter la capacité d'application de chaque agence ; et troisièmement, que la promotion d'une culture de la concurrence peut atténuer la résistance politique et sociale à l'application de la législation.

68. Cette analyse et plusieurs débats menés, soit au sein du Comité de la concurrence de l'OCDE, soit dans le cadre du Forum mondial de l'OCDE sur la concurrence, sont tout à fait pertinents pour la situation de l'Autorité polynésienne de la concurrence (APC), suggérant ainsi que cette jeune autorité peut tirer de nombreux avantages à participer aux activités de l'OCDE et à s'inspirer de ses travaux.

69. Dans plusieurs articles, Johanne Peyre, directrice de l'Autorité polynésienne de la concurrence, a décrit les principaux déterminants du paysage de la concurrence et de l'application du droit de la concurrence en Polynésie française.[8] Elle a souligné, entre autres, que « la concurrence favorise l'innovation et la croissance de la productivité, de sorte que l'encouragement de la concurrence renforce la croissance économique et que la promotion de l'application du droit de la concurrence améliorera les perspectives de croissance de la Polynésie française », ajoutant que « de cette manière, les consommateurs, en particulier les pauvres, peuvent en avoir pour leur argent » : « La concurrence renforce donc les pauvres ; elle crée des opportunités pour les nouvelles entreprises, y compris les petites entreprises, d'entrer sur les marchés et de se développer ; elle pousse les entreprises existantes à innover et garantit les prix les plus bas possibles pour les consommateurs et des produits de meilleure qualité. »

70. La relation entre l'innovation et la concurrence et entre la concurrence et la pauvreté a été débattue à plusieurs reprises au sein du Comité de l'OCDE ou du Forum mondial sur la concurrence.[9][10]

71. En ce qui concerne la relation entre la concurrence et la pauvreté, Eleanor Fox, professeur émérite de droit antitrust à l'Université de New York, s'exprimant lors du Forum mondial de l'OCDE sur la concurrence en 2013, a reconnu qu'« il n'existe pas de droit de la concurrence pour les riches et de droit de la concurrence pour les pauvres » et que « l'objectif du droit de la concurrence n'était pas la réduction de la pauvreté en soi, même si une économie compétitive est susceptible de mieux croître et de réduire le nombre de personnes pauvres qu'une économie non compétitive ». Cependant, elle a exploré la manière de créer « un système de concurrence qui soit plus favorable aux personnes sans pouvoir qu'aux personnes ayant du pouvoir et des relations ; plus favorable aux outsiders qu'aux titulaires,

---

8 Peyre Johanne, « Le droit de la concurrence en Polynésie française. Défis d'application d'une autorité de la concurrence jeune et de petite tailleVoir également PEYRE Johanne (Autorité de la concurrence de Polynésie française), « Les défis d'une juridiction jeune et de petite taille dans l'application du droit de la concurrence », *Concurrences*, mai 2023.

9 Voir par exemple : Comité de la concurrence de l'OCDE, « Patents, Competition, and Innovation » 08 janvier 2008, « Competition And Innovation: A Theoretical Perspective » Table ronde sur la politique de la concurrence de l'OCDE, 2023, « Competition and Innovation: View from Competition Authorities' Perspective » 2024 et « Competition and Poverty Reduction », Forum mondial de la concurrence de l'OCDE, 28 février 2013.

10 Dès 2014, la Division de la concurrence de l'OCDE a produit une fiche d'information sur la manière dont la politique de la concurrence affecte les résultats macroéconomiques, dans laquelle elle aborde la relation entre la concurrence, la productivité, la croissance, l'innovation et les inégalités.

en particulier aux titulaires qui bénéficient depuis longtemps de privilèges »[11]. Elle déclare :

> *De quoi les populations pauvres et les outsiders ont-ils le plus besoin en matière de droit de la concurrence ? Tout d'abord, l'accès aux marchés signifie ne pas être exclu par les restrictions omniprésentes qui accompagnent l'étatisme et le copinage et celles qui résultent inévitablement de larges exemptions. […] Deuxièmement, il existe une perspective favorable à l'amélioration des lois sur la concurrence, tant sur le plan de la procédure que sur celui du fond. […] (i) Il convient de réfléchir à des véhicules procéduraux qui rendent le système judiciaire accessible aux personnes en situation de pauvreté. (ii) Il est important de rechercher des règles plus simples qui ont un sens économique et qui évitent d'avoir recours à des armées de juristes et d'économistes. Lorsque des possibilités de règles simples se présentent, les autorités et les tribunaux devraient les saisir, de peur de créer un paradoxe selon lequel le recouvrement des infractions à la législation antitrust est un luxe réservé aux personnes les plus aisées. (iii) La manière d'obtenir des marchés efficaces, innovants et dynamiques est indéterminée, avec une fourchette, et dans cette fourchette, il y a une perspective plus favorable aux pauvres et moins favorable aux initiés. Cette perspective valorise les marchés ouverts, la rivalité et la liberté des entreprises de pratiquer des prix durablement bas […].*

72. L'Autorité polynésienne de la concurrence est une jeune agence. Elle est confrontée aux défis typiques des premières années d'application de la loi – principalement liés à la défense des intérêts, aux pouvoirs de régulation et aux spécificités économiques dans la prise de décision. Johanne Peyre observe également que « la promotion d'une culture de la concurrence est essentielle » et que

> *de nombreuses entreprises ne semblent pas conscientes des avantages de la concurrence. Cela semble être ancré dans la communauté au sens large. […] Une culture de la concurrence parmi les parties prenantes et la communauté des affaires au sens large est nécessaire pour une application et une promotion efficaces du droit et de la politique de la concurrence. Dans ce contexte, une culture de la concurrence signifie que les entreprises, les agences gouvernementales, les agences non gouvernementales, les médias, le pouvoir judiciaire, le monde universitaire et le public sont conscients des règles du droit de la concurrence et de la responsabilité générale qui leur incombe de veiller à ce que ces règles soient respectées dans l'intérêt de la concurrence et du développement économique en général.*

73. Le Comité de la concurrence de l'OCDE (ainsi que d'autres organisations telles que la CNUCED et le CII) reconnaît depuis longtemps que la défense de la concurrence est particulièrement importante en général et pour les pays en développement. Dès 2002, le Comité de la concurrence de l'OCDE a débattu de la « communication des autorités de la concurrence ». Le deuxième forum latino-américain sur la

[11] Eleanor Fox, « Imagine: Pro-Poor(Er) Competition Law », Forum mondial de la concurrence de l'OCDE, 2013.

concurrence, parrainé conjointement par l'OCDE et la Banque interaméricaine de développement, qui s'est tenu à Washington en juin 2004, a examiné les défis que représente la défense de la concurrence pour les pays en développement. Depuis lors, le Comité de l'OCDE et ses centres régionaux ont tenu des discussions régulières tant sur la nécessité de la défense de la concurrence que sur les techniques de communication qui peuvent être utilisées par les autorités de la concurrence pour rendre leur communication plus efficace et sur l'évaluation de l'efficacité de cette communication.[12] Il est souvent noté qu'il existe une complémentarité entre une mise en œuvre vigoureuse et l'efficacité de la défense des intérêts et que les études sectorielles ou la collaboration avec les régulateurs sectoriels sur la conception ou la réforme des cadres réglementaires peuvent être des moyens efficaces de défendre la concurrence.[13] Cette observation est étroitement liée à celle de Johanne Peyre : « Les leçons tirées de l'expérience des autorités de la concurrence plus avancées montrent une tendance commune qui consiste à passer de l'émission de nombreux avis et recommandations (dont certains deviennent des jalons dans les réformes gouvernementales et réglementaires en faveur de la concurrence libre) à la sanction des comportements anticoncurrentiels (allant de la collusion horizontale ou verticale à des cas plus complexes liés à l'abus de position dominante). Le point de départ est que l'importance des avis et recommandations sectoriels émis par les agences de concurrence ne doit pas être sous-estimée. Ils jouent souvent un rôle structurant majeur dans l'économie » .

74. L'Autorité polynésienne de la concurrence est également confrontée à des questions institutionnelles. D'une part, elle doit être indépendante de l'exécutif et des intérêts privés pour instaurer la confiance nécessaire à la sanction des pratiques anticoncurrentielles et garantir sa crédibilité dans sa fonction de plaidoyer. D'autre part, Johanne Peyre déclare :

> *Souvent, les questions de concurrence ont d'énormes implications pour d'autres régulateurs et institutions. L'application des règles de concurrence ne peut se faire de manière isolée et doit être considérée comme faisant partie d'un système et d'un processus complexes. Outre les régulateurs sectoriels, d'autres institutions devraient être prises en compte par le régulateur de la concurrence pour garantir l'efficacité du processus d'application des règles de concurrence. Cette coopération nécessaire doit néanmoins être gérée avec soin, en particulier dans les petites économies insulaires où les élites commerciales et politiques sont souvent imbriquées.*

75. Ces problèmes se posent également dans d'autres pays, et le Comité de la concurrence de l'OCDE a consacré beaucoup de temps à réfléchir à la conception optimale des autorités de la concurrence et à la relation entre celles-ci et les régulateurs sectoriels au fil des ans. Par exemple, il a discuté de la « conception

---

[12] Voir, par exemple, les récentes : « Communication des autorités de la concurrence : objectifs et outils », Table ronde sur la politique de la concurrence de l'OCDE, OCDE (2023) ; également, en mai 2024, le Centre régional de l'OCDE pour la Corée a organisé un atelier sur la défense de la concurrence

[13] Voir, par exemple, les récentes : « Communication des autorités de la concurrence : objectifs et outils », Table ronde sur la politique de la concurrence de l'OCDE, OCDE (2023) ; également, en mai 2024, le Centre régional de l'OCDE pour la Corée a organisé un atelier sur la défense de la concurrence

institutionnelle des autorités de la concurrence » en 2014. Une autre table ronde sur l'« Indépendance des autorités de la concurrence – Des conceptions aux pratiques » a eu lieu lors du Forum mondial sur la concurrence en décembre 2016, et une autre discussion sur « La conception, l'organisation et les pouvoirs optimaux des autorités de la concurrence » s'est tenue lors de la session de décembre 2023 du groupe de travail n° 3 du Comité de la concurrence de l'OCDE sur la coopération et l'application des règles[14]. Auparavant, une table ronde en 2019 avait exploré les rôles des régulateurs sectoriels indépendants existants et futurs ainsi que leurs relations formelles et informelles avec les autorités de la concurrence[15]. La question des « Interactions entre les autorités de la concurrence et les régulateurs sectoriels » a été à nouveau examinée lors du Forum mondial de l'OCDE sur la concurrence, le 2 décembre 2022.

76. Cette discussion et la note d'information[16] ont montré qu'en matière d'antitrust, le même comportement peut souvent être examiné à la fois au titre du droit de la concurrence et de la réglementation sectorielle. La coopération entre l'Autorité de la concurrence et les régulateurs sectoriels peut être informelle ou, lorsqu'elle est formellement prévue, prendre différentes formes : notification et consultation, partage d'informations ou, plus rarement, mise en place de groupes de travail.

77. La coopération en matière de contrôle des concentrations suit des procédures plus structurées que la coopération dans les affaires d'ententes et d'abus de position dominante. Elle est généralement réglementée dans le cadre juridique. Il existe deux modèles principaux : les examens parallèles par l'Autorité de la concurrence et le régulateur sectoriel, et le modèle dans lequel l'entière responsabilité du contrôle des fusions est confiée à l'Autorité de la concurrence, qui demande un avis sur l'opération au régulateur. La note d'information[17] tire quelques premières conclusions de son examen des différents cadres juridiques en matière de concurrence :

- La clarté des rôles et des mandats, tels qu'ils sont définis dans le droit de la concurrence et la législation sectorielle, est importante. Lorsqu'ils ne sont pas clairs, la coopération peut s'avérer difficile.
- Le droit de la concurrence et la législation sectorielle devraient inclure des dispositions qui encouragent la coopération.
- Bien que les fonctionnaires aient le devoir général de s'informer mutuellement de toute question présentant un intérêt pour d'autres autorités publiques, le cadre juridique devrait mettre l'accent sur cette exigence afin de promouvoir la coopération.
- La coopération informelle semble familière et pourrait ouvrir la voie à une coopération plus formelle. En même temps, elle présente certaines limites,

---

14 Voir aussi « The Optimal Design, Organisation and Powers of Competition Authorities », Note de politique de l'OCDE, 31 octobre 2023.

15 Voir « Independent Sector Regulators », Note de politique de l'OCDE, 22 octobre 2019, préparée comme note de fond pour une discussion tenue à l'OCDE en décembre 2019 sur les régulateurs sectoriels indépendants.

16 OCDE (2022), « Interactions entre les autorités de la concurrence et les régulateurs de secteur », OCDE.

17 Competition Policy Roundtable Background Note, www.oecd.org/daf/competition/interactions-between-competition-authorities-and-sector-regulators-2022.pdf.

car elle ne permet pas de partager des données et des informations confidentielles.

78. Un autre domaine d'intérêt en Polynésie française est celui des interventions du Gouvernement dans les secteurs stratégiques. Johanne Peyre déclare :

> *Le gouvernement local réglemente les secteurs économiques stratégiques. Le gouvernement est donc l'autorité pivot qui fixe les prix ou décide quel acteur peut entrer sur le marché. C'est notamment le cas dans les secteurs de l'énergie et des télécommunications. Cela peut s'avérer problématique en raison des opérateurs historiques contrôlés par le gouvernement local, qui pourraient théoriquement bénéficier d'une asymétrie d'information.*

79. Là encore, l'OCDE a travaillé sur plusieurs questions connexes.

80. Tout d'abord, elle s'intéresse depuis longtemps à la mise en œuvre du droit de la concurrence sur les entreprises publiques, une question complexe dans de nombreux pays en développement ou de petites économies. Elle a organisé une table ronde sur « Le droit de la concurrence et les entreprises publiques » lors du Forum mondial de l'OCDE sur la concurrence en novembre 2018.

81. Deuxièmement, le Comité de la concurrence de l'OCDE a beaucoup travaillé pour promouvoir l'importance de la neutralité concurrentielle (un « principe » selon lequel toutes les entreprises sont placées sur un pied d'égalité en ce qui concerne la propriété, la réglementation ou l'activité d'un État, y compris les niveaux central, régional, fédéral, provincial, départemental ou municipal de l'État sur le marché). L'idée sous-jacente est que la neutralité concurrentielle favorise la concurrence en éliminant ou en réduisant les avantages concurrentiels indus dont certains acteurs peuvent bénéficier par rapport à leurs concurrents, tels que le soutien accordé par l'État ou les réglementations qui favorisent les opérateurs en place. Par conséquent, les Gouvernements doivent garantir des conditions de concurrence équitables entre les entreprises publiques et privées, entre les différentes entreprises privées, ainsi qu'entre les entreprises nationales et étrangères. Garantir des conditions de concurrence équitables est essentiel pour permettre à la concurrence de fonctionner correctement et de profiter aux consommateurs et à l'économie dans son ensemble.

82. Le Comité de la concurrence de l'OCDE a débattu de l'application des règles de concurrence aux entreprises publiques et du principe de neutralité concurrentielle en octobre 2009, ainsi que lors d'une discussion sur « La politique de concurrence et la neutralité concurrentielle » en octobre 2015. Par la suite, le Conseil de l'OCDE a adopté une recommandation sur la neutralité concurrentielle en mai 2021. Cette recommandation exhorte ses membres (et les autres juridictions intéressées) à assurer la neutralité concurrentielle dans toute la mesure du possible, à moins que des objectifs de politique publique impérieux n'en décident autrement. Cette recommandation fait suite à plusieurs recommandations antérieures, dont une concernant les lignes directrices sur la gouvernance des entreprises publiques, adoptée en 2015.

83. La même année, en 2021, le Comité de la concurrence de l'OCDE a organisé une table ronde sur « La promotion de la neutralité concurrentielle par les autorités de la concurrence » lors de la réunion virtuelle du Forum mondial sur la

concurrence de 2021, qui s'est tenue du 6 au 8 décembre 2021, s'adressant ainsi aux non-membres de l'OCDE pour les alerter sur l'importance de garantir la neutralité concurrentielle.

84. En 2024, une boîte à outils sur la neutralité concurrentielle a été élaborée pour soutenir la mise en œuvre des principes de neutralité concurrentielle énoncés dans la recommandation. Elle fournit un ensemble de bonnes pratiques basées sur des exemples tirés de l'expérience internationale en matière de mesures de neutralité concurrentielle. Cette boîte à outils couvre le cadre juridique, y compris le droit de la concurrence et son application, l'environnement réglementaire et les marchés publics, ainsi que les mesures susceptibles d'améliorer les performances d'un concurrent, telles que les aides d'État et les compensations pour obligations de service public.

85. Troisièmement, le Comité de la concurrence de l'OCDE, qui avait organisé une table ronde sur « La politique industrielle et la promotion de l'industrie nationale » lors du Forum sur la concurrence en Amérique latine et dans les Caraïbes en 2018, en Argentine, reconnaissant le fait que de plus en plus de Gouvernements sont tentés d'intervenir dans les secteurs qu'ils jugent stratégiques, a également organisé une table ronde sur « La politique industrielle pro-concurrentielle » le 12 juin 2024, décrivant ainsi les types d'interventions gouvernementales qui pourraient être cohérentes avec une politique pro-concurrentielle.

86. La contribution italienne à ce dernier débat mérite d'être mentionnée, car elle explique en détail comment l'Autorité a utilisé son pouvoir de plaidoyer pour promouvoir une politique industrielle favorable à la concurrence. La contribution indique ce qui suit :

> *En s'appuyant sur ses pouvoirs de plaidoyer, l'Autorité a fourni au gouvernement des conseils sur la conception de politiques industrielles améliorant l'efficacité et de réformes favorables à la concurrence. Ces recommandations visent les instruments traditionnels du côté de l'offre et comprennent les stratégies politiques clés suivantes : i) les investissements publics dans des projets, en se concentrant sur des projets visant directement à créer des conditions propices au développement de l'activité économique ou à accélérer les investissements dans des domaines spécifiques, tels que les grands projets d'infrastructure ; ii) le soutien du gouvernement italien au niveau des entreprises individuelles : il s'agit d'incitations financières ou de subventions conçues pour atteindre des objectifs d'intérêt public. Il est essentiel de renforcer la transparence dans l'attribution des subventions et de choisir les réponses les moins perturbatrices et les plus proportionnées pour préserver des conditions de concurrence équitables et promouvoir une véritable concurrence. En veillant à ce que ce type de soutien financier soit accordé sans avantager injustement certains acteurs par rapport à d'autres, on limite les distorsions de concurrence que ces incitations ciblées peuvent introduire ; iii) l'investissement direct ou la propriété publique : il s'agit de la participation de l'État à des secteurs d'activité, soit par un investissement direct, soit par la propriété d'entreprises. L'Autorité a suggéré une gestion prudente afin d'éviter les distorsions indues du marché et de maintenir la neutralité concurrentielle. Dans certains cas, l'Autorité a*

souligné l'importance de faciliter une poussée axée sur la demande pour contribuer à la transformation industrielle, à la numérisation et au développement durable.

87. En ce qui concerne l'intensité de la concurrence sur les marchés, la Polynésie française, composée de petites îles à la population limitée, souffre d'une faible demande, de niveaux élevés de concentration intérieure et de goulets d'étranglement au niveau des importations. Cette situation structurelle est problématique pour la concurrence. Comme le souligne Johanne Peyre :

> *La production et les exportations (en Polynésie française) sont concentrées sur quelques industries majeures (par exemple, le tourisme, la pêche, les perles) et dépendent donc d'une gamme étroite de produits. Du côté de la distribution, les produits sont principalement produits ailleurs et importés. En outre, certains marchés créent des goulets d'étranglement pour d'autres marchés (par exemple, les services de transport, les télécommunications ou l'entreposage). [...] Presque tous les marchés sont très concentrés, avec peu d'acteurs. Bien qu'une forte concentration soit souvent nécessaire pour réaliser des économies d'échelle et produire efficacement, dans les petites économies telles que la Polynésie française, le défi de la prise de décision est accru lorsqu'il s'agit de décider des fusions.*
>
> *En outre, plusieurs grandes entreprises contrôlent souvent une grande partie de l'activité économique du marché, et leurs élites commerciales et politiques sont souvent imbriquées. Sur ces marchés à forte concentration globale, le risque est que les entreprises préfèrent opérer à des niveaux sous-optimaux plutôt que de croître en interne, afin d'éviter de modifier le statu quo, s'engageant ainsi dans une coordination oligopolistique avec des conséquences directes sur le bien-être social.*

88. Un certain nombre de questions sous-jacentes ont été discutées dans le cadre du Comité de la concurrence de l'OCDE. En ce qui concerne les goulets d'étranglement, le Comité de la concurrence de l'OCDE a examiné la question de l'accès aux principales installations de transport en février 2006 et a débattu de la concurrence dans les ports et les services portuaires en juin 2011.

89. En ce qui concerne l'économie concentrée, le Comité de la concurrence de l'OCDE a consacré une grande partie de ses travaux à divers aspects de l'application de la législation dans des environnements concentrés avec des oligopoles ou des entreprises dominantes.

90. En février 2006, le Comité de la concurrence a débattu de la poursuite des ententes sans preuve d'accord et, en juin de la même année, il a débattu de questions liées à la preuve de la position dominante/du pouvoir de marché et aux recours et sanctions dans les affaires d'abus de position dominante. L'année suivante, en juin 2007, le Comité de la concurrence de l'OCDE a organisé une table ronde sur les « Pratiques facilitant les oligopoles ». En 2011, il a organisé une table ronde sur « Les preuves économiques dans l'analyse des fusions », une autre sur « L'analyse économique et les preuves dans les affaires d'abus » en 2020, et encore une autre sur « L'utilisation des preuves économiques dans les affaires d'entente » dans le cadre du Forum mondial sur la concurrence en 2021. Il ne

s'agit là que de quelques exemples des nombreux débats qui ont lieu à l'OCDE sur les pratiques d'application.

91. Pour terminer ce rapide tour d'horizon de l'utilité des travaux du Comité de l'OCDE pour toutes les autorités de concurrence, y compris celles des petits pays en développement, j'aimerais citer à nouveau Johanne Peyre sur l'importance de la coopération internationale pour l'Autorité polynésienne de la concurrence. Elle déclare dans une interview qu'elle a accordée à *Concurrences* :

> *La coopération émergente entre les autorités de la concurrence dans le Pacifique et la création du Pacific Island Network of Competition, Consumer and Economic Regulators (PINCCER) est un brillant exemple de coopération régionale utile qui peut aider à relever les défis auxquels sont confrontées les nouvelles agences de la concurrence dans les petites économies de la région.*

92. Elle a également développé ce thème dans son article « Competition Law in French Polynesia: Enforcement Challenges from a Young and Small Competition Authority » où elle déclare[18]: « Une coopération plus étroite entre les agences serait bénéfique pour une application plus robuste, efficace et cohérente dans la région. Les membres de l'équipe de l'APC ont déjà bénéficié de formations et de bourses avec leurs homologues de France métropolitaine, d'Australie et de Nouvelle-Calédonie. La coopération comprend un retour d'information pratique et des ressources sur la méthodologie, la conduite d'enquêtes, les outils d'analyse de marché, les questionnaires de test de marché, etc. »

93. L'OCDE a activement encouragé le développement de la coopération bilatérale et régionale entre les autorités chargées de la concurrence.

94. Début 2012, l'OCDE et le Réseau international de la concurrence (RIC) ont uni leurs forces pour étudier la coopération entre les autorités nationales de la concurrence. Ce rapport a été discuté lors du Forum mondial sur la concurrence de 2012, intitulé « Améliorer la coopération internationale dans les enquêtes sur les cartels », et a donné lieu à un rapport de l'OCDE. En 2021, l'OCDE et le CII ont produit un deuxième rapport sur la coopération internationale en matière d'application de la législation, qui décrit les principaux aspects de l'état actuel de la coopération internationale en matière d'application de la législation entre les autorités chargées de la concurrence. Il analyse les moteurs de la coopération internationale en matière d'application de la loi, un examen de haut niveau des principales initiatives de l'OCDE et du RIC pour soutenir la coopération internationale en matière d'application de la loi, les résultats et l'analyse de l'enquête menée par les membres de l'OCDE et du RIC en 2019, ainsi que des comparaisons avec les résultats de l'enquête de 2012.

95. L'une des principales conclusions du rapport est que, bien que la coopération internationale en matière d'application de la législation augmente et que d'importants

---

18 Peyre Johanne, « Le droit de la concurrence en Polynésie française. Défis d'application d'une autorité de la concurrence jeune et de petite taille voir également Peyre Johanne (Autorité de la concurrence de Polynésie française), « Les défis d'une juridiction jeune et de petite taille dans l'application du droit de la concurrence », *Concurrences*, mai 2023.

travaux aient été entrepris pour l'améliorer, il reste encore beaucoup à faire pour remédier aux limites bien connues et à long terme de la coopération en matière d'application de la législation.

96. Le rapport identifie notamment cinq grandes catégories de défis qui limitent la coopération en matière d'application de la loi : les ressources, la coordination/le calendrier, les limites juridiques, notamment en ce qui concerne le partage d'informations confidentielles, l'assistance aux enquêtes, la coopération renforcée, la confiance et la réciprocité, et les questions pratiques (telles que la langue ou les différences de fuseau horaire).

97. Le rapport propose quatre domaines d'action clés pour tenter de remédier à ces limitations :

1. Développer d'autres produits et réseaux de coopération en matière d'application de la loi. Le rapport suggère que

   le fait d'impliquer davantage de gestionnaires de dossiers dans la compréhension des principes de base de la coopération internationale en matière d'application de la loi aidera probablement les autorités à promouvoir les avantages de la coopération en matière d'application de la loi en interne et à établir des relations de confiance plus solides entre les autorités, afin d'intensifier leur coopération en matière d'application de la loi.

2. Améliorer la transparence et la confiance entre les autorités de concurrence. Le rapport note que

   […] un certain nombre d'autorités ont indiqué qu'un manque de transparence et de confiance dans la capacité des autres autorités (et les règles et protections existantes concernant cette coopération) limitait et ralentissait la coopération potentielle. Dans certains cas, ces préoccupations concernant la confiance et la transparence (ou la capacité à les résoudre en temps utile) ont empêché toute coopération potentielle.

98. Le rapport suggère ensuite qu'il serait utile

   d'envisager des mécanismes qui améliorent la transparence et la confiance autour de la capacité des juridictions à coopérer, en particulier sur des questions telles que la capacité à partager des informations confidentielles et la manière dont les informations confidentielles d'un homologue seraient traitées dans une juridiction coopérante.

3. Soutenir le développement d'une coopération régionale efficace en matière d'application de la loi. En effet, l'enquête a révélé que la coopération régionale était très appréciée par les autorités de différentes tailles et de différentes juridictions. « L'OCDE doit envisager des axes de travail qui favoriseront le dialogue et la compréhension afin de faciliter la coopération régionale en matière d'application des lois et d'améliorer la coopération internationale plus large en matière d'application des lois. » En particulier, l'OCDE pourrait envisager de s'appuyer sur les travaux entrepris en 2018 sur la coopération régionale et d'utiliser les CCR pour promouvoir des modèles améliorés de coopération régionale.

4. Supprimer les obstacles matériels et juridiques à la coopération. Le rapport propose d'envisager des modèles possibles pour résoudre les principaux obstacles juridiques afin d'améliorer la capacité à coopérer sur certains types d'activités de coopération en matière d'application, telles que le partage d'informations confidentielles, la coopération renforcée et l'assistance à l'enquête. Cela inclut des accords comme ceux utilisés par l'Organisation internationale des commissions de valeurs (OICV), une mise à jour de la recommandation de l'OCDE de 2014, une décision de l'OCDE, un modèle d'accord bilatéral/multilatéral de l'OCDE, ou un traité international facilité par l'OCDE, avec la possibilité d'accords (bilatéraux ou multilatéraux) entre autorités compétentes sur des sujets spécifiques au sein d'un sous-ensemble de parties.

99. Le comité de l'OCDE a également organisé une « Hearing on Thinking out of the Competition Box: Enforcement Co-operation in Other Policy Areas » lors de la session de juin 2022 du groupe de travail n° 3 du Comité de la concurrence de l'OCDE sur la coopération et l'application des lois. Un rapport sur cette audition contient une description des modèles juridiques et des instruments de coopération internationale, y compris l'application des lois contre la corruption et la cybercriminalité, la coopération policière, la coopération financière et fiscale, et le droit des brevets. Il fournit des informations générales et suggère des moyens de promouvoir une coopération plus approfondie entre les autorités de la concurrence.

Conclusion

100. Ce rapport a montré l'intérêt croissant du Comité de la concurrence de l'OCDE pour la promotion d'un dialogue avec et entre un nombre toujours plus grand de pays, alors que l'organisation voyait le nombre de ses membres augmenter de manière significative et que le nombre de pays adoptant des lois sur la concurrence montait en flèche.

101. Le dialogue établi a contribué à la convergence des systèmes d'application du droit de la concurrence autour de bonnes pratiques, mais aussi à l'acceptation croissante du fait que, bien que les législations nationales en matière de concurrence aient pour objectif commun de promouvoir la concurrence sur les marchés afin d'améliorer le bien-être et l'efficacité des consommateurs, elles peuvent différer en fonction de l'histoire, du niveau de développement économique et des systèmes juridiques et politiques des pays concernés.

102. Le dialogue et la coopération, qui ont résulté du développement du droit et de la politique de la concurrence dans le monde entier et des échanges toujours plus approfondis et plus larges entre les autorités de différents pays sous les auspices d'organisations internationales telles que l'OCDE, ont permis aux autorités de la concurrence nouvellement créées, ainsi qu'aux autorités de la concurrence des pays en développement et/ou des petits pays, de bénéficier d'une analyse les aidant à surmonter certains des défis auxquels elles étaient confrontées en raison d'un environnement économique ou politique hostile ou indifférent, d'un niveau élevé de concentration du marché et d'un cadre institutionnel insuffisant.

103. Plusieurs facteurs ont contribué à développer une culture commune de compréhension et de coopération entre les autorités de concurrence, qui bénéficie non seulement aux membres de l'OCDE, mais aussi, comme l'illustre le cas de l'Autorité de concurrence de la Polynésie française, aux autorités de concurrence nouvellement créées et aux autorités de concurrence des pays en développement qui participent à ses activités. Les plus importants de ces facteurs sont l'ouverture des échanges entre les autorités de concurrence sous les auspices de l'OCDE, le maintien du haut niveau de qualité de la pensée économique par cette organisation, ainsi que son engagement à aider ses membres à identifier « de meilleures politiques pour de meilleures vies », la diversité rapidement croissante de ses membres poussant l'organisation à intégrer pleinement dans sa perspective la diversité des situations économiques et juridiques de ses membres, le fait que l'OCDE, en tant qu'organisation internationale, ne peut s'appuyer que sur la puissance douce pour promouvoir ses points de vue et doit donc instaurer la confiance et la compréhension entre ses membres, et gagner le respect de tous les pays qui participent à ses activités, et le fait que le mouvement de mondialisation économique des deux dernières décennies du 20e siècle a signifié que les économies nationales sont profondément interdépendantes et que les marchés chevauchent les frontières nationales, incitant ainsi les pays commerçants à trouver des moyens d'éviter ou de résoudre les conflits potentiels en matière de concurrence.

104. Un dialogue ouvert et une coopération sont une proposition gagnant-gagnant.

PARTIE V

Enjeux, défis et horizons de la concurrence en Polynésie française

Lutte contre la vie chère en Polynésie française : L'initiative ISLE

Jérôme Philippe*
Freshfields

1. Comme d'autres départements ou collectivités d'outre-mer, la Polynésie française rencontre une problématique récurrente de coût de la vie, reconnue par de nombreux rapports officiels[1] mais qui peine à se résoudre.
2. C'est dans ce contexte que s'est créé en 2023 l'institut de recherche ISLE, à but non lucratif et sous la forme d'une association, à l'initiative de la présidente de l'Autorité polynésienne de la concurrence, Mme Johanne Peyre.
3. ISLE se consacre à l'étude approfondie du droit de la concurrence et de l'économie, en tenant compte des défis uniques des économies de petite taille et insulaires. Sa mission est de contribuer au développement de politiques de concurrence efficaces et durables pour promouvoir des marchés équitables et compétitifs, tout en luttant contre les problèmes de coût de la vie pour le bénéfice des consommateurs.

---

* Jérôme Philippe est avocat associé chez Freshfields Bruckhaus Deringer, basé au bureau de Paris, où il dirige l'équipe antitrust, concurrence et commerce.

[1] Assemblée nationale, rapport n° 1549 du 20 juillet 2023 ; SENAT, rapport n° 620 du 9 juillet 2020, Conseil économique social et environnemental, avis n° 2023-023 du 13 octobre 2023. Voir aussi assemblée nationale, rapport n° 698 du 4 décembre 2024 sur une proposition de loi, qui toutefois ne concerne pas la Polynésie française.

4. Les activités d'ISLE ont vocation à se développer autour de cinq axes :

   1. Recherche
      - réalisation d'études spécifiques sur les dynamiques de concurrence dans les petites économies ;
      - analyse des articulations entre le droit de la concurrence, la propriété intellectuelle et l'innovation dans les économies insulaires ;
      - identification des pratiques anticoncurrentielles et des défis liés à la protection des consommateurs dans ces territoires.
   2. Politique économique
      - étude de l'impact des politiques de concurrence sur les marchés insulaires ;
      - évaluation des cadres réglementaires pour proposer des améliorations adaptées ;
      - rédaction et revue de textes législatifs et réglementaires.
   3. *Advocacy*
      - sensibilisation des Gouvernements, entreprises et citoyens aux bénéfices de la concurrence ;
      - promotion de la culture de la concurrence dans les économies insulaires.
   4. Formation
      - développement de formations sur mesure pour les Gouvernements et institutions locales ;
      - organisation d'ateliers interactifs et de programmes éducatifs pour renforcer les capacités des opérateurs.
   5. Développement d'une communauté
      - création de réseaux de chercheurs et conseillers spécialisés dans les économies insulaires ;
      - partage des résultats et animation de conférences et ateliers pour stimuler la collaboration.

5. La première action d'ISLE est un projet d'analyse visant à étudier les causes et les solutions au coût élevé de la vie dans des économies insulaires, en commençant par la Polynésie française. L'objectif est ensuite de décliner ce travail et cette méthodologie dans d'autres économies insulaires.

6. L'objet de cette analyse est de comprendre les causes multidimensionnelles des prix élevés en Polynésie française (transport, taxes, normes, structure du marché, etc.), puis de formuler des propositions concrètes pour améliorer la compétitivité locale, réduire les coûts d'importation et de transport, et encourager la transparence des prix.

7. L'analyse menée se fonde sur quatre piliers :
   - l'identification des données existantes et leur étude quantitative afin de conduire un diagnostic économique ;
   - l'analyse du droit applicable et du fonctionnement et de la gouvernance des institutions ;
   - l'étude des nombreux rapports déjà existants ;
   - des entretiens avec les principales parties prenantes : opérateurs économiques, administrations, institut de la statistique de la Polynésie française.

8. On observe une forte convergence des études économiques quantitatives et des ressentis exprimés lors des interviews, qui mettent l'accent sur les facteurs suivants :

- coûts de transport et autres coûts liés au transport (par exemple, coût de l'aconage) ;
- taxes et restrictions quantitatives (quotas, interdictions) ;
- taille réduite du marché ne permettant pas d'économies d'échelle localement, induisant un coût souvent élevé de la production locale ;
- déficit de la production locale ;
- structure de la demande (deux demandes et niveaux de pouvoirs d'achat très polarisés) ;
- normes applicables (souvent incompatibles avec les besoins des échanges régionaux) ;
- structures d'importations et de distribution très concentrées et très intégrées verticalement.

9. Sur la base de ces constats, très largement cohérents avec les rapports existants, ISLE a formulé des propositions intermédiaires, qui ont été présentées aux acteurs locaux en 2024. Cette consultation doit se poursuivre en vue de déboucher sur des propositions finales.

10. Les propositions intermédiaires sont les suivantes :

I. Renforcement de la concurrence locale

11. Renforcer le droit de la concurrence local en :

- introduisant des possibilités d'injonctions structurelles en cas d'infraction confirmée définitivement ;
- imposant la consultation obligatoire de l'APC avant toute limitation du principe de liberté des prix et du commerce, ou avant toute mesure réglementaire impactant la concurrence ;
- allégeant la charge de la preuve pour les accords d'importation exclusive : l'interdiction totale ou de principe est excessive car elle s'applique uniformément à des situations très différentes et conduit à des résultats sous-optimaux dans certains secteurs ou dans certaines situations ; inversement, les autorités de concurrence, dont la taille est réduite dans de petites économies, se trouvent devoir déployer des efforts importants pour apporter la preuve en droit de la nocivité économique de certains de ces accords, ce qui les conduit à ne sélectionner que très peu d'accords et de secteurs, et nuit à l'efficacité de leur action ; la proposition consiste donc à trouver une voie intermédiaire qui serait applicable aux accords d'importation exclusive pour des opérateurs détenant plus de 30 % du marché concerné, en introduisant au-dessus de ce seuil une obligation d'autoévaluation écrite et préalable, qui devrait être motivée et serait communicable sur demande à l'Autorité de la concurrence ; cette solution permet de prendre en compte la situation économique des secteurs concernés tout en allégeant la charge de la preuve incombant à l'Autorité de la concurrence ;

- renforçant les chambres civiles pour juger les pratiques anticoncurrentielles : l'appropriation du droit de la concurrence par les opérateurs ne se fait pas uniquement par et via les autorités de concurrence, mais aussi par des actions directes, privées, entre opérateurs qui se fondent sur le droit de la concurrence, et qui permettent une application directe ; il s'agit notamment de demandes de nullité de clauses et de contrats, et de demandes de dommages et intérêts sur la base du droit de la concurrence, dans des cas où les faits sont suffisamment simples ou établis pour ne pas nécessiter une enquête de la puissance publique ;
- augmentant la coopération avec les autorités de concurrence de la région Pacifique : beaucoup de territoires insulaires du Pacifique partagent des préoccupations communes, et l'expérience d'autres régions du monde montre qu'une coopération entre les autorités de concurrence augmente l'efficacité de la mise en œuvre du droit de la concurrence. Il s'agit essentiellement d'échanges de savoir-faire, d'échanges d'informations sur des cas d'intérêt commun (parfois sur la base de *waivers* demandés aux parties), et le cas échéant de coordination dans certaines actions (choix de remèdes, enquêtes…). La mise en place du réseau PINCCER entre les autorités de concurrence du Pacifique est un premier pas dans ce sens.

II. Faciliter le *go to market* et accroître la transparence des prix au détail

12. La transparence des prix n'est pas toujours favorable à une meilleure concurrence, loin s'en faut. Tout dépend en réalité des conditions de marché. Par exemple, lorsqu'il y a peu d'acteurs sur les marchés de gros, il est essentiel que les prix et les conditions commerciales ne soient pas transparents sur ces marchés, sauf à créer des situations de parallélisme des prix qui peuvent produire des effets néfastes pour la concurrence.

13. En revanche, il est important, pour développer la production locale et rendre plus efficace la distribution, de faciliter l'accès au marché et la détection par le public des offres locales les plus intéressantes.

    - L'offre locale passe fréquemment par un stade artisanal avant de pouvoir parfois se développer plus avant. Or cette microéconomie artisanale, très vivace, ne peut pas accéder à la distribution. Il faut donc qu'elle trouve le chemin de ses clients sans l'aide de la distribution avant, pour les plus efficaces, de se développer (« scalabilité ») et de pouvoir atteindre un stade suffisant pour être distribué.

      Aujourd'hui, cet accès au marché se fait très majoritairement via Facebook, que ce soit pour des produits (vanille, fruits…) que pour certaines pensions ou certaines activités. De ce point de vue, Facebook offre une solution efficace aux microproducteurs, leur permettant un accès au marché facile et peu coûteux. La limite de cette solution est que chaque offre reste assez peu visible (sauf à investir en publicité sur la plateforme, ce que la plupart des acteurs n'ont pas les moyens de faire) et qu'il est difficile par ce biais de faire croître l'offre.

De la même manière, un petit distributeur qui choisit de baisser un prix n'aura pas nécessairement les moyens de le faire savoir facilement.

La proposition consiste donc à créer une plateforme (site internet et/ou application mobile) pour afficher les prix au détail et la disponibilité des produits, en l'ouvrant non seulement aux distributeurs, mais aussi aux producteurs locaux.

L'entrée d'une offre sur ce site ne serait pas faite par l'administration, à la différence des sites existants. Elle serait faite par le producteur ou le distributeur lui-même. Un double système de notation par les clients et de contrôle par l'administration permettrait d'éviter les abus de communication.

L'objectif premier de cette proposition est que les offreurs les plus efficaces parviennent à se faire mieux identifier, et accroissent leur demande, afin de mettre en place un cercle vertueux leur permettant, au moins dans certains cas, de passer à un stade supérieur. L'autre objectif est de permettre à tous les opérateurs, distributeurs et producteurs, qui pratiquent un prix plus bas d'être facilement repérés et d'augmenter leurs ventes, en renforçant de cette façon la concurrence dans la distribution et l'accès au marché.

- Autre proposition : pour les produits comparables, instaurer l'affichage pour information du prix moyen du produit comparable en métropole.

III. Réduire les coûts de transport et d'importation

- Augmenter les capacités du port de Papeete pour accueillir de plus grands navires. La profondeur limitée du port de Papeete ne permet pas l'entrée de navires de taille importante (supérieure à 2 400 TEU). Cela contraint considérablement les armateurs, qui ne peuvent desservir le port avec les navires usuels de haute mer. Pour beaucoup d'armateurs, cela impose un transbordement, et donc des coûts plus élevés. Il en résulte une barrière à l'entrée, et l'on peut estimer que la concurrence serait probablement plus forte si les bateaux de grande taille pouvaient également accoster. La proposition consiste donc à accroître la profondeur de la passe pour permettre à ces navires d'accoster à Papeete.
- Réduire les coûts de manutention portuaire, qui sont beaucoup plus élevés que dans tous les autres ports régionaux (à l'exclusion de la Nouvelle-Calédonie).
- S'assurer d'une concurrence suffisante dans les services nécessaires aux importations.

IV. Révision du système de taxes et de quotas

- Réformer la taxe de développement local (TDL) et les quotas d'importation pour les rendre incitatifs. Il s'agit de revenir à son objectif initial d'incitation, plutôt qu'un instrument de contribution au budget. Cela implique de la centrer sur des produits pour lesquels une production locale serait vraiment possible, et d'adapter le taux au niveau nécessaire pour permettre cette production locale.

Plus encore, afin d'éviter la constitution de rentes qui sont in fine payées par les consommateurs, il serait nécessaire de les rendre temporaires : elles seraient instituées pour une durée limitée, à l'issue de laquelle leur nécessité et leur taux seraient réévalués. Deux raisons pourraient conduire à ne pas les maintenir : soit la production locale s'est suffisamment développée et peut désormais subsister sans taxe ou avec une taxe moindre ; soit, à l'inverse, la tentative de développement local a échoué et il n'est pas nécessaire de continuer à pénaliser les consommateurs par des prix plus élevés pour une production locale qui ne va pas se développer.

La réévaluation périodique est donc nécessaire. Cela implique aussi qu'au moment de chaque instauration, un objectif suffisamment précis soit énoncé (quel développement, pour quel volume ? À quel prix ?...).

Enfin, il serait utile d'instaurer un plafond absolu pour l'ensemble des taxes sur un produit.

La même approche, périodique, justifiée et conditionnée, serait adoptée pour les quotas.

- Simplifier et augmenter la transparence de l'ensemble des taxes portant sur chaque produit.

  Les taxes étant incitatives, elles doivent être lisibles par les opérateurs.

  Dans cet esprit, il serait utile de fusionner la TDL avec les taxes équivalentes ou similaires, et de publier une synthèse des taxes portant sur chaque produit.
- S'assurer que tous les textes instituant les taxes, y compris les taux et les modalités, sont facilement accessibles en Polynésie et pour les opérateurs étrangers.
- S'il est confirmé que la distribution tend à se focaliser sur les produits à plus forte valeur ajoutée au détriment des produits de première nécessité, étudier une incitation fiscale pour contrebalancer ce mouvement.

V. Renforcement des échanges régionaux

- Créer un label pour identifier la production purement locale, en en excluant les produits pour lesquels seule une part limitée de la valeur ajoutée est locale :
  - ce label pourrait se fonder sur les labels existants « Made in Fenua » ou « Manger local » en les adaptant ou en les étendant ;
  - reprendre le modèle du marquage « Black Diamond » au Chili en en faisant un critère de présence dans les écoles et dans les systèmes d'aide sociale.
- Développer des appellations d'origine supplémentaires (comme « Monoï de Tahiti ») pour encourager la consommation locale et l'exportation (rhum, noni, vanille, ananas...).
- Explorer la possibilité de développer des achats conjoints avec la Nouvelle-Calédonie pour certaines importations afin d'accroître les volumes commandés.
- Explorer les possibilités de création d'un marché commun du Pacifique.

VI. Aligner les normes sur les besoins

- Permettre à certaines normes de la région Pacifique, qui présentent les mêmes exigences de qualité et de sécurité que les normes européennes (par exemple, les normes australiennes et néo-zélandaises), d'être utilisées concurremment avec les normes françaises et européennes.
- Promouvoir le développement de normes « Pacifique ».
- Adapter les obligations d'étiquetage afin de ne pas créer des barrières à l'entrée artificielles.

VII. Mieux identifier les besoins et mieux cibler le soutien économique

- Permettre à l'Institut de la statistique de la Polynésie française (ISPF), à l'Autorité polynésienne de la concurrence (APC), à la Direction de l'agriculture (DAG) et à la Direction générale des affaires économiques (DGAE) d'avoir un meilleur accès aux données douanières (sous réserve du respect du secret statistique) et aux données fiscales de la DICP.
- Introduire l'obligation de communiquer à l'Autorité polynésienne de la concurrence (APC) les extraits pertinents des déclarations fiscales (chiffre d'affaires, EBITDA, marge brute...).
- Permettre à la Direction de l'agriculture (DAG) d'obtenir une meilleure connaissance du partage de la valeur ajoutée dans les chaînes verticales de production et d'approvisionnement agricoles, soit en la dotant de pouvoirs et moyens d'investigation, soit en lui permettant de demander une enquête à la Direction générale des affaires économiques (DGAE).
- Etudier les moyens d'obtenir une meilleure visibilité sur les marges d'importation (qui souvent ne sont pas réalisées sur le territoire de la Polynésie française mais sont néanmoins essentielles dans la chaîne de valeur).
- Mettre en œuvre une régulation électrique de type *price cap* et augmenter la part d'énergie hydraulique, afin de réduire le coût d'un intrant essentiel pour l'économie polynésienne.
- Accroître le développement de la SOFIDEP et améliorer le financement bancaire de l'économie polynésienne.

Augmenter la concurrence pour modérer le coût de la vie en Polynésie française : l'initiative ISLE

Benoît Durand*
RBB Economics

Sean Ennis**
University of East Anglia

I. Introduction

1. La Polynésie française affiche un coût de la vie nettement plus élevé qu'en métropole, tandis que le revenu médian y est plus bas. Cette situation découle principalement d'une forte dépendance aux importations et d'une politique protectionniste visant à soutenir la production locale. Cependant, ces mesures ont un impact significatif sur les prix, la concurrence et le pouvoir d'achat des consommateurs. Cet article explore les causes de la cherté de la vie en Polynésie française, analyse les effets des barrières tarifaires et non tarifaires et propose des pistes d'amélioration pour favoriser une économie plus dynamique et compétitive.

A. *Un coût de la vie structurellement élevé*

1. Comparaison avec la métropole et autres territoires

2. Les résidents de la Polynésie française payent en moyenne 55 % de plus que les métropolitains pour un panier équivalent de biens et services, et jusqu'à 81 % de plus pour les produits alimentaires. Cet écart s'est accru entre 2010 et 2016, malgré

une réglementation extensive des prix. En 2022, les prix étaient en moyenne 31 % plus élevés en Polynésie française qu'en métropole.

3. Cependant, cette différence de coût de la vie doit être mise en parallèle avec les écarts de revenus entre la Polynésie française et la métropole. En 2018, le revenu médian en Polynésie française était environ *18 % inférieur* à celui observé en métropole. Cette disparité de revenus limite encore davantage le pouvoir d'achat des ménages polynésiens, rendant la cherté de la vie encore plus marquée pour une grande partie de la population.

4. Le coût de l'alimentation est un facteur clé expliquant cet écart, mais il n'est pas le seul secteur concerné. Les produits alimentaires importés subissent une augmentation de prix liée aux coûts de transport élevés et aux taxes à l'importation. En particulier, les produits de première nécessité, tels que la viande, les produits laitiers et les céréales, affichent des prix bien plus élevés qu'en métropole. L'indice des prix alimentaires a augmenté de près de 60 % en Polynésie française entre 2006 et 2022, soit une croissance plus rapide que l'inflation générale. Cette hausse s'explique notamment par la dépendance aux importations, les coûts logistiques et la structure du marché local, qui limite la concurrence dans le secteur de la distribution.

5. Un élément important à noter est que le coût de la vie élevé ne résulte pas nécessairement d'une augmentation des marges bénéficiaires des entreprises. Les marges sont restées relativement constantes entre 2008 et 2022 dans de nombreux secteurs, selon les données de l'Institut de la statistique de la Polynésie française (ISPF) (voir Figure 1). Toutefois, certains secteurs, comme l'immobilier, l'agriculture, la pêche et les services financiers, ont connu une augmentation substantielle des marges.

Figure 1. Margin ratio by secteur, 2008, 2022

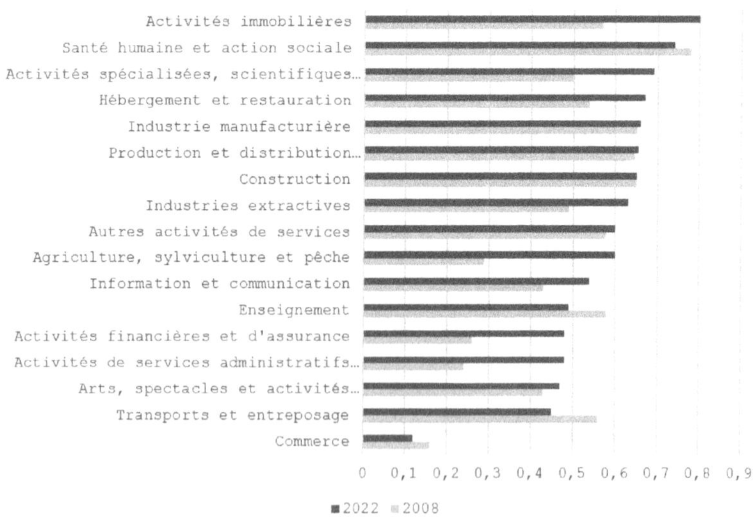

2. Une économie insulaire fortement dépendante des importations

6. Comme de nombreuses économies insulaires, la balance commerciale de la Polynésie française est largement déficitaire : en 2019, les importations s'élevaient à 2 milliards d'euros, soit 35 % du PIB. Certains secteurs sont extrêmement dépendants des importations, notamment les hydrocarbures (100 % importés) et l'agroalimentaire (60 % importé). En 2021, plus de 80 % des produits industriels et alimentaires étaient importés.

7. Une caractéristique notable des importations polynésiennes est leur éloignement géographique.[1] Une part significative des biens importés provient de la métropole, mais aussi d'autres régions éloignées comme l'UE, l'Asie, les USA et l'Océanie. Cette dépendance à des marchés lointains entraîne des coûts logistiques élevés, notamment en raison des frais de transport maritime et des délais d'acheminement prolongés. Le coût du fret, influencé par la faible concurrence sur les routes maritimes menant à la Polynésie, contribue ainsi fortement à l'inflation des prix à la consommation.

8. Dans le secteur agroalimentaire, la Polynésie française dépend largement des importations en provenance d'Europe. En 2022, environ *36 % des importations agroalimentaires provenaient de l'UE, dont 20 % directement de la France*. Ce phénomène s'explique par l'absence d'une production locale suffisante pour couvrir les besoins de la population. La plupart des produits transformés, y compris les conserves, les produits laitiers et certaines céréales, sont importés d'Europe, où les normes de production et les habitudes de consommation sont similaires à celles du marché polynésien.

9. L'importation de produits agroalimentaires est également influencée par la structure des échanges commerciaux et les accords douaniers en place. La Polynésie française applique des tarifs préférentiels pour certains produits en provenance de l'UE (Source : Avis de l'Autorité polynésienne de la concurrence, 2019), mais ces avantages ne compensent pas totalement les coûts élevés du fret et de la logistique. Cette situation contribue ainsi à *maintenir des prix plus élevés sur le marché local*, en particulier pour les produits de première nécessité.

3. Les différentes sources du coût élevé de la vie en Polynésie française

10. Trois grandes catégories expliquent le coût élevé de la vie en Polynésie française : les facteurs structurels, les barrières réglementaires et le pouvoir de marché.

- *Facteurs structurels* : L'insularité entraîne des coûts de transport élevés pour l'expédition et le stockage. L'économie de petite taille limite le nombre

---

1 * Benoît Durand est associé chez RBB Economics.
** Sean Ennis est directeur du Centre for Competition Policy et professeur de politique de la concurrence à la Norwich Business School.
Comme de nombreuses îles du Pacifique, Tahiti est éloigné des principaux centres de gravité économiques. Les distances sont bien plus importantes pour les îles du Pacifique qu'elles ne le sont pour les îles des Caraïbes par exemple. Ce handicap contribue aux coûts importants des importations.

d'entreprises viables sur certains secteurs, limitant l'émergence de la concurrence. La structure de la demande est influencée par une distribution inégale des revenus et une consommation parfois orientée vers des produits européens, qui sont plus coûteux à importer. Enfin, les liens commerciaux avec des détaillants français favorisent les importations en provenance de France, limitant la diversification des fournisseurs.

- *Barrières réglementaires* : De nombreuses mesures protectionnistes, comme les droits de douane, les exclusions, les quotas d'importation et les taxes différentielles, augmentent les coûts des biens. La concurrence locale est en outre restreinte par des licences, des autorisations commerciales et des obligations de formation pour les entreprises.
- *Pouvoir de marché* : L'absence d'entrepreneuriat pourrait être un facteur, mais aucune preuve ne le confirme. D'autres sources incluent les monopoles naturels dans certains secteurs, les barrières à l'entrée dues à une intégration verticale élevée qui exclut les nouveaux entrants, et des parts de marché dominantes des principaux opérateurs économiques.

B. *Une politique protectionniste historiquement ancrée*

1. Justifications officielles du protectionnisme

11. Le protectionnisme en Polynésie française repose sur une logique de soutien à l'économie locale et de préservation des emplois dans les secteurs stratégiques. Cette politique a été mise en place dès les années 1970 pour répondre à la forte dépendance du territoire aux importations et à la nécessité de sécuriser un développement économique plus autonome.

12. L'un des principaux objectifs de cette politique est *de favoriser la substitution aux importations*, c'est-à-dire encourager la production locale pour réduire la dépendance aux produits étrangers. Cette approche a été justifiée par le besoin de renforcer l'autonomie économique du territoire face aux aléas du commerce international et aux fluctuations des prix mondiaux.

13. Un autre argument avancé est la *protection de l'emploi local*. En limitant l'entrée des produits importés, les entreprises locales bénéficient d'un marché protégé, ce qui leur permet de maintenir et de créer des emplois. Cette mesure est particulièrement cruciale dans des secteurs où la concurrence étrangère pourrait rapidement dominer le marché local, comme l'agriculture, l'agroalimentaire et certaines industries manufacturières.

14. Le gouvernement polynésien a également défendu ces mesures en mettant en avant le besoin de *stabilité des recettes fiscales*. Les droits et taxes à l'importation constituent une source importante de revenus pour le territoire, permettant de financer des infrastructures et des services publics. Cette fiscalité douanière, bien qu'ayant un impact sur les prix des biens importés, est perçue comme un moyen de garantir un budget équilibré pour le territoire.

15. Enfin, le protectionnisme a été conçu comme un outil de *régulation des flux commerciaux*, permettant d'encadrer les importations en fonction des besoins et des capacités de production locales. Certains produits sont ainsi soumis à des quotas

ou des restrictions pour assurer une concurrence plus équitable entre les acteurs locaux et les importateurs.

16. Cependant, malgré ces justifications, de nombreuses études ont mis en avant les effets pervers de cette politique, notamment une augmentation des prix à la consommation, une offre limitée pour les consommateurs et des distorsions de marché qui nuisent à l'innovation et à la compétitivité des entreprises locales sur le long terme.

17. Il convient toutefois de noter que certaines contraintes pesant sur les importations, comme les infrastructures portuaires limitées et le coût élevé du fret maritime, bien qu'elles contribuent à l'augmentation des prix, ne relèvent pas directement d'une politique protectionniste. Ces éléments résultent plutôt de la configuration géographique du territoire et des choix en matière d'investissement public, ce qui complexifie encore davantage la problématique du coût de la vie en Polynésie française.

2. Les outils du protectionnisme

18. La politique protectionniste mise en place en Polynésie française repose sur un ensemble de barrières tarifaires et non tarifaires visant à encadrer les importations et favoriser la production locale.

19. Les barrières tarifaires comprennent des droits et taxes à l'importation particulièrement élevés sur certains produits qui concurrencent directement les industries locales. Parmi celles-ci, la *taxe de développement local (TDL)* joue un rôle clé en appliquant des taux variables allant de 2 à 82 % de la valeur CAF (coût, assurance et fret) des biens importés.

20. La TDL a été justifiée comme un moyen de compenser les désavantages structurels auxquels les entreprises locales font face, notamment en raison du coût élevé des intrants et de la petite taille du marché local. Cependant, plusieurs études, dont celles menées par l'Autorité polynésienne de la concurrence (APC) (Source : Avis de l'Autorité polynésienne de la concurrence, 2019), ont montré que cette taxe contribue directement à l'augmentation des prix à la consommation et limite la diversité des produits disponibles sur le marché.

21. Un exemple marquant de cette politique protectionniste est le secteur de la bière. Les droits et taxes sur les importations de bière dépassent 200 %, ce qui a entraîné une chute drastique des importations et a favorisé la production locale. En 2017, la bière importée ne représentait plus que 4,8 % des ventes totales en valeur, alors que sa part était bien plus élevée avant l'application de ces taxes. Par ailleurs, les matières premières utilisées pour la fabrication locale de bière, comme le malt non torréfié, bénéficient de taxes réduites, renforçant encore la compétitivité des brasseries locales par rapport aux produits importés.

22. Les barrières non tarifaires incluent des contingentements, sous la forme de quotas sur certains produits alimentaires et de première nécessité, ainsi que des licences d'importation qui limitent le nombre d'importateurs autorisés. Ces quotas sont définis selon les prévisions de consommation locale et ajustés périodiquement afin de préserver l'équilibre entre offre et demande. Toutefois, ils peuvent limiter l'entrée de nouveaux importateurs et ainsi restreindre la concurrence, contribuant

indirectement à des prix plus élevés. Certains produits sont également soumis à des interdictions d'importation afin de protéger la production locale. Ces interdictions concernent notamment des denrées alimentaires pour lesquelles une alternative locale existe, comme certains types de viandes et de produits agricoles. Cette mesure vise à favoriser l'autosuffisance alimentaire mais peut aussi entraîner des pénuries et des hausses de prix lorsque la production locale ne parvient pas à répondre à la demande. Cette réglementation s'applique notamment aux fruits et légumes frais, aux produits carnés et à certains produits agroalimentaires.

23. En outre, les procédures administratives associées aux importations sont souvent complexes et coûteuses. L'obtention de licences d'importation implique un processus de validation qui peut être long et décourageant pour les nouveaux entrants.

24. Enfin, les infrastructures portuaires limitées en Polynésie française augmentent considérablement les coûts de transport maritime, un élément clé dans la structure des prix des biens importés.

C. *Effets du protectionnisme sur les prix et la concurrence*

1. Un impact inflationniste documenté

25. En théorie, le libre-échange est bénéfique au développement économique. Les travaux de Arvind Panagariya analysent l'ouverture commerciale et la croissance économique, montrant notamment une corrélation entre croissance du commerce et croissance économique.[2]

26. Sans surprise, l'impact du protectionnisme sur les prix est aussi largement démontré. Selon une étude de Poirine et Gay, la perte nette de bien-être associée aux taxes à l'importation et aux quotas d'importation est estimée à 47 % de la valeur ajoutée de l'industrie hors construction et énergie.[3]

27. À tout le moins, l'Autorité de la concurrence de la Nouvelle-Calédonie pose la question d'une évaluation, du moins sur le court terme, des mesures protectionnistes, et notamment de savoir si les pertes pour le consommateur sont compensées par des gains pour les producteurs et pour le gouvernement sous forme de recettes fiscales.[4]

28. L'encadrement des prix sur les produits de première nécessité (PPN) a été instauré dès les années 1990 dans le but de limiter les effets inflationnistes du protectionnisme sur les consommateurs. Ce dispositif repose sur une réglementation stricte qui fixe des prix plafonds sur certains produits jugés essentiels. Ce dispositif repose sur une réglementation stricte qui fixe des prix plafonds sur certains produits jugés essentiels. L'objectif est d'assurer un accès abordable à ces biens pour les ménages à faibles revenus et de contenir l'inflation dans les secteurs les plus sensibles.

---

2 PANAGARIYA A., « Miracles and Debacles: In Defence of Trade Openness », *The World Economy*, August 2004, Vol. 27, Issue 8.

3 POIRINE B. et GAY J.-F., « Le coût du protectionnisme dans une petite économie insulaire : le cas extrême de la Polynésie française », *Région et Développement*, n° 42-2015. Le constat que les prix sont élevés en Polynésie française à cause en particulier d'une politique protectionniste n'est pas nouveau. Voir POIRINE B., Tahiti : une économie sous serre, Paris : L'Harmattan, 2011.

4 Modèles de développement économique et protectionnisme en Nouvelle-Calédonie, Notes économiques de l'Autorité de la concurrence, n° 3, octobre 2024.

29. Toutefois, malgré ces intentions, plusieurs analyses montrent que l'encadrement des prix peut également entraîner des effets indésirables. D'une part, il peut réduire l'incitation pour les importateurs et distributeurs à approvisionner le marché en quantité suffisante, ce qui peut occasionner des pénuries. D'autre part, le plafonnement des marges peut limiter la capacité des acteurs économiques à investir et à améliorer leur offre, maintenant ainsi une qualité parfois inférieure des produits disponibles.

30. L'Autorité polynésienne de la concurrence a relevé que dans certains cas, l'encadrement des prix agit comme un facteur de rigidité des prix, limitant la concurrence entre les distributeurs et entraînant une homogénéisation des prix à un niveau élevé. En d'autres termes, alors que la mesure est censée protéger le pouvoir d'achat, elle peut paradoxalement entraîner une stagnation des prix à un niveau plus élevé que celui qui aurait prévalu dans un marché plus concurrentiel.

31. Enfin, il convient de noter que le dispositif d'encadrement des prix sur les PPN s'applique de manière différenciée en fonction des zones géographiques. Dans les archipels éloignés, où le coût du transport est plus élevé, les prix restent souvent au-dessus des niveaux réglementés, rendant le dispositif moins efficace pour ces populations qui en auraient pourtant le plus besoin.

2. Distorsions de concurrence et inefficacités économiques

32. Le protectionnisme en Polynésie française a conduit à une forte concentration des acteurs économiques, en particulier dans les secteurs des importations et de la distribution. Cette observation a été relevée dans l'avis de l'Autorité polynésienne de la concurrence (2019), qui souligne que les restrictions à l'importation et les barrières administratives favorisent les acteurs déjà établis au détriment de nouveaux entrants, limitant ainsi la concurrence. Cette concentration limite la concurrence et permet à certaines entreprises d'exercer une influence considérable sur les prix.

33. Les barrières tarifaires et non tarifaires mises en place ont pour effet de restreindre l'entrée de nouveaux acteurs sur le marché. La nécessité d'obtenir des licences d'importation, combinée à des quotas stricts sur certains produits, *favorise les entreprises établies et freine la diversification de l'offre*. Par conséquent, cela *réduit la pression concurrentielle*, ce qui peut aboutir à des prix artificiellement élevés et à une offre limitée pour les consommateurs.

34. Le marché de la distribution est également marqué par une forte concentration, comme l'a documenté l'avis de l'Autorité polynésienne de la concurrence (2019). Cette étude met en avant le faible nombre d'enseignes contrôlant la distribution alimentaire et leur pouvoir sur la fixation des prix. Un nombre restreint de grandes enseignes domine la distribution alimentaire, ce qui leur confère un pouvoir de fixation des prix plus important. L'Autorité polynésienne de la concurrence a souligné que ce manque de concurrence entraîne *des marges plus élevées pour les distributeurs* et limite les bénéfices potentiels pour les consommateurs.

35. Un autre effet du protectionnisme est *la rigidité des structures de prix*. Dans un marché où la concurrence est plus forte, les entreprises sont incitées à innover et à optimiser leurs coûts pour proposer des prix plus attractifs. En Polynésie française, les restrictions commerciales et les marges réglementées sur certains

produits empêchent souvent une telle dynamique, ce qui *limite la modernisation des entreprises et la baisse naturelle des prix par l'innovation et l'optimisation des processus.*

36. Enfin, les coûts logistiques élevés, bien qu'indépendants du protectionnisme, aggravent encore cette situation. L'accès restreint à des infrastructures portuaires modernes et la forte dépendance à quelques compagnies maritimes rendent le coût du fret particulièrement élevé. Cette réalité économique, combinée aux mesures protectionnistes, *exacerbe les coûts globaux des biens importés et freine le développement d'un marché plus ouvert et compétitif.*

D. *Perspectives : recommandations pour réformer certains aspects du modèle économique*

37. Sur la base de notre analyse, nous proposons plusieurs réformes pour réduire le coût élevé de la vie en Polynésie française. Les principales stratégies incluent :
    1. *Réorienter les importations en modifiant les droits de douane, les taxes différentielles et en supprimant partiellement ou totalement certaines mesures*, ces changements pouvant être limités dans le temps.
    2. *Supprimer les exclusivités d'importation et limiter les contrats d'exclusivité*, afin de résoudre les goulets d'étranglement et accroître l'accès aux ressources rares et aux chaînes d'approvisionnement verticales.
    3. *Réévaluer les mesures protectionnistes qui restreignent la concurrence et favoriser la création de monopoles.*
    4. *Réviser les règlements pour assouplir les restrictions à la concurrence dans les secteurs à marges élevées.*

38. Ces recommandations visent plusieurs objectifs.

1. Soutenir une production locale plus compétitive

39. Pour réduire la dépendance aux importations sans recourir excessivement au protectionnisme, la Polynésie française doit favoriser un modèle économique axé sur le développement des entreprises locales et la création d'emplois. Cela passe par des *investissements ciblés dans les infrastructures*, notamment pour améliorer la logistique, le transport et les capacités de production locales.

40. Le développement de *programmes d'accompagnement des entreprises locales*, incluant des aides à la création d'entreprise, des formations pour les entrepreneurs et des dispositifs de soutien financier, pourrait encourager une production plus dynamique et innovante. Favoriser les *initiatives locales* et encourager l'exportation permettraient d'accroître la compétitivité des entreprises polynésiennes sur les marchés régionaux et internationaux.

2. Vers une politique commerciale plus équilibrée

41. La régulation de l'économie et les mesures protectionnistes en Polynésie française, si elles visent à protéger la production locale, génèrent aussi des coûts importants pour les consommateurs et freinent la concurrence. Une approche plus équilibrée pourrait consister à assouplir progressivement certaines restrictions tout en

maintenant des dispositifs ciblés pour soutenir les industries locales qui en ont réellement besoin.

42. Parmi les pistes d'amélioration, une *réduction graduelle des quotas d'importation et des taxes sur certains biens de consommation courante* pourrait permettre d'atténuer les effets inflationnistes observés. De plus, une politique commerciale plus ouverte aux accords de libre-échange avec des partenaires économiques stratégiques pourrait favoriser un meilleur accès aux marchés extérieurs tout en garantissant des prix plus compétitifs.

3. Diversification des importations et intégration régionale

43. Actuellement, une large part des importations de la Polynésie française provient de la métropole et de l'UE. Ce choix s'explique en partie par des préférences commerciales (droits de douane réduits), des habitudes de consommation et par la conformité des produits européens aux normes locales. Toutefois, cette dépendance aux fournisseurs éloignés engendre des coûts logistiques élevés et un manque de flexibilité dans l'approvisionnement.

44. Une politique d'ouverture plus large aux importations régionales, en favorisant des échanges accrus avec des pays proches comme la Nouvelle-Zélande, l'Australie et certains pays asiatiques (Singapour, Corée du Sud, Japon), pourrait contribuer à :

- *Réduire les coûts d'importation :* Les échanges avec des partenaires régionaux permettent de diminuer les frais de transport, qui constituent une part importante du coût final des produits importés.
- *Diversifier l'offre de produits :* Un accès plus large aux marchés régionaux permettrait aux consommateurs polynésiens de bénéficier de produits moins chers et mieux adaptés aux conditions locales.
- *Améliorer la compétitivité des fournisseurs :* Actuellement, la structure du commerce favorise les importateurs ayant des liens privilégiés avec la France, ce qui peut limiter la concurrence. Une plus grande ouverture pourrait intensifier la compétition et réduire les marges sur certains biens de consommation courante.

45. L'ouverture aux importations régionales représente une alternative intéressante pour modérer le coût de la vie en Polynésie française, en particulier dans le secteur alimentaire et des biens de consommation courante.

4. Renforcer le rôle de l'Autorité de la concurrence

46. L'Autorité polynésienne de la concurrence (APC) joue un rôle essentiel dans l'analyse des pratiques anticoncurrentielles et des distorsions de marché. Afin d'améliorer l'efficacité du cadre réglementaire, un *renforcement des pouvoirs de contrôle de l'APC* permettrait une surveillance plus stricte des pratiques abusives, en mettant particulièrement l'accent sur les *secteurs de l'agroalimentaire et de la distribution*, qui sont critiques pour le coût de la vie en Polynésie française.

47. L'APC pourrait aussi instaurer des *mécanismes de transparence des prix*, notamment à travers un suivi plus détaillé des marges appliquées par les importateurs et distributeurs. Cela contribuerait à limiter les risques de collusion et d'abus

de position dominante qui ont été identifiés dans certaines études récentes. Une attention particulière pourrait être portée à la structure du marché de la grande distribution, où un nombre réduit d'acteurs peut limiter la concurrence et maintenir des prix élevés.

II. Conclusion

48. La Polynésie française est confrontée à un coût de la vie élevé. Les réglementations sectorielles et les mesures protectionnistes en Polynésie française ont un impact significatif sur le coût de la vie et la structure du marché local. Bien qu'ils puissent offrir des avantages à certaines industries locales, ses effets inflationnistes et ses distorsions de concurrence doivent être mieux maîtrisés. Une approche plus équilibrée, associée à un renforcement du rôle de l'Autorité de la concurrence et à une politique de soutien à la production locale compétitive, pourrait permettre de garantir un développement économique plus dynamique et durable pour la Polynésie française.

Aperçu des défis en matière de droit et de politique de la concurrence dans les îles du Pacifique. L'exemple de la Polynésie française[1]

Johanne Peyre[*], William E. Kovacic[**]
et Alejandro Ibarra[***]

---

1 La version originale de cet article a été présentée au Forum mondial de la concurrence de l'OCDE 2023 et publiée par la suite dans le Comparative Law Journal of the Pacific, Vol. 30, 2024.

* Johanne Peyre est Présidente de l'autorité de la concurrence de la Polynésie française. Elle a précédemment dirigé la pratique de la concurrence au niveau mondial pour GSK Healthcare (New York), Pearson, un important éditeur de solutions éducatives (New York) et Michelin, un fabricant de pneus de premier plan (Clermont-Ferrand, France). Elle a également travaillé dans de grands cabinets d'avocats (Baker & McKenzie, Paris ; et Cleary Gottlieb, Bruxelles) et a été conseillère spéciale de Concurrences pour les tendances en matière de droit de la concurrence et le développement de projets. Élue par 40 in their 40s Notable Women Competition Professionals in Europe, the Americas and Africa, et présentée comme une avocate influente par plusieurs publications spécialisées dont Concurrences, Modern Legal Practice et GCR, Johanne a un engagement inébranlable pour assurer un changement innovant dans la gestion de la conformité antitrust.

** William E. Kovacic est professeur de droit et de politique de la concurrence mondiale à la faculté de droit de l'université George Washington. Il a été directeur général de la FTC de 2001 à 2004, commissaire de 2006 à 2011 et président de la FTC de mars 2008 à mars 2009. D'août 2013 à mars 2022, il a été directeur adjoint de l'autorité britannique de la concurrence et des marchés (CMA).

*** Alejandro Ibarra est membre du George Washington University Center for Antitrust Law, dirigé par William E. Kovacic, et associé du cabinet Ibarra Rimon à Bogotá, en Colombie. Il est candidat au titre de Juris Doctor (SJD) à l'université George Washington, avocat et spécialiste en droit de la concurrence et du libre-échange à la Pontificia Universidad Javeriana, et titulaire d'un Master of Laws (LL.M.) en droit international et comparé à l'université George Washington.

I. Introduction

1. L'application des règles de concurrence est souvent considérée comme un ensemble uniforme de théories visant à répondre aux mêmes besoins par les mêmes méthodes. Cependant, l'expérience de nombreuses juridictions, ainsi que les développements de différents chercheurs, principalement des pays en voie de développement, ont montré que ce n'était pas le cas. En fait, nous pourrions dire que la politique de concurrence, la théorie et l'application, ont évolué au fil du temps à un double rythme.

2. D'un côté du spectre, on trouve les développements pour et à partir des économies matures qui ont pris le train en marche très tôt. Actuellement, ces juridictions bénéficient d'une réglementation antitrust solide, d'une jurisprudence et d'organismes d'application bien établis dont l'objectif premier est de préserver l'efficacité de la répartition ou le bien-être des consommateurs[2]. Leurs priorités actuelles sont souvent liées à l'économie numérique et aux industries de haute technologie, ce qui les a amenées à se concentrer sur la surveillance des grandes entreprises technologiques, sur lesquelles se concentre actuellement la majeure partie du débat antitrust.

3. De l'autre côté du spectre, on trouve les petites économies et les pays en développement, ce qui est le cas de la majorité des 151[3] autorités de la concurrence créées dans le monde d'ici 2023[4], ainsi que d'autres pays en développement qui n'ont pas adopté de lois sur la concurrence. Comme on le sait, ces juridictions ont des structures de marché différentes, notamment en ce qui concerne la taille, et luttent en comparaison avec les pays développés[5]. Nombre d'entre eux sont confrontés à de profonds problèmes d'inégalité et de pauvreté pour lesquels la politique de concurrence pourrait faire la différence. Une telle politique – correctement développée – fait partie du moteur qui stimule le processus de développement, en créant les incitations nécessaires pour renforcer la croissance, l'innovation et

---

[2] Les auteurs reconnaissent que les objectifs du droit de la concurrence font actuellement l'objet d'un débat, mais d'un point de vue historique, il est possible d'affirmer en termes généraux que le principal objectif de cette branche du droit au cours des dernières décennies a été le bien-être des consommateurs. Pour en savoir plus sur la tension entre les objectifs du droit de la concurrence, *voir.* William E. Kovacic Antitrust, Vol. 35, No. 3, été 2021. 2021 par l'American Bar Association. Reproduit avec l'autorisation de : https://www.americanbar.org/groups/antitrust_law/resources/magazine/2021-summer/root-and-branch/. *Voir* Fox, Eleanor M., Economic Development, Poverty, and Antitrust : The Other Path. Southwestern Journal of Law and Trade in the Americas, Vol. 13, p. 211, 2007, NYU Law School, Public Law Research Paper No. 07-12, NYU Law and Economics Research Paper No. 07-26, disponible sur SSRN : https://ssrn.com/abstract=1002637.

[3] Ces informations sont tirées de la base de données du centre de droit de la concurrence de la GWU, qui fait état d'un total de 151 autorités de la concurrence, y compris les autorités supranationales régionales et l'autorité nationale libanaise en cours de création après la promulgation de la loi nationale sur la concurrence en mars 2022. Sur ces 151 autorités, 130 font partie du RIC, tandis que 21 n'en font pas partie ; 6 sont des autorités régionales internationales et le reste des autorités nationales de la concurrence, qui peuvent être une agence à part entière ou faire partie d'une autre entité gouvernementale.

[4] Selon le FMI, en 2015, seuls 37 pays étaient considérés comme des économies avancées, tandis que le reste du monde était classé dans la catégorie des économies émergentes ou en développement, et certains pays n'étaient même pas inclus dans les tableaux. *Voir*

[5] Budizinski, Oliver, Beigi Maryam H.A., Generating instead of protecting competition, The economic characteristics of developing jurisdictions, (2015) Edward Elgar

les effets distributifs. Par conséquent, elle pourrait contribuer à résoudre la crise du coût de la vie élevé qui existe dans certains de ces pays.

4. Cependant, les pays en développement n'ont qu'une faible voix dans l'arène antitrust internationale[6] bien qu'ils soient la majorité dans le monde, et que les défis dérivés de leurs similitudes dans la structure du marché (la taille en particulier) pourraient être les plus communs à travers les juridictions. Dans de nombreux cas, ils n'ont aucun intérêt ou ont été découragés de jouer un rôle de premier plan dans les discussions mondiales, et leurs défis ne retiennent l'attention et les ressources que d'un petit groupe d'universitaires et d'instituts de recherche.

5. Il est donc nécessaire que ces pays tirent les leçons de l'expérience, des tentatives réussies et ratées de leurs pairs dans des conditions économiques et structurelles similaires, ce qui peut éclairer la voie, améliorer la courbe d'apprentissage et le processus de mise en œuvre d'une politique de concurrence et d'application appropriée. Le partage et la construction de cet ensemble de connaissances collectives peuvent aider à résoudre certaines questions posées par l'un des auteurs de cet article *: Comment un dirigeant d'agence de la concurrence parvient-il à trouver des politiques gagnantes ? Quelles sont les techniques qui améliorent la probabilité d'obtenir de bons résultats politiques*[7]

6. La coopération naissante entre les autorités de concurrence dans le Pacifique et la création du Pacific Island Network of Competition Consumer and Economic Regulators (PINCCER) est un brillant exemple de coopération régionale utile, qui peut aider à relever les défis auxquels sont confrontées les nouvelles agences de concurrence dans les petites économies de la région.

7. Cet article se concentre principalement sur la Polynésie française. Par conséquent, dans la section 2, nous commençons par une vue d'ensemble du marché polynésien et des défis particuliers auxquels il est confronté ; dans la section 3, nous proposons des approches possibles pour résoudre les problèmes de concurrence auxquels il est confronté, et enfin, dans la section 4, nous tirons nos conclusions.

---

6 *Voir.* Guidi, Mattia, Tavares, Mariana, Twonly, Christopher, Considerations for a « top-to-bottom review » of the ICN : Legitimacy, effectiveness and efficiency (2022) disponible à l'adresse : https://awards.concurrences.com/en/awards/2023/academic-articles/considerations-for-a-top-to-bottom-review-of-the-icn-legitimacy-effectiveness. *« Malgré la "règle du consensus" du CIN pour l'acceptation de nouveaux produits de travail, les ANC et les AGN des économies industrialisées avancées ont souvent plus d'influence. Les travaux du CII ont donc tendance à se concentrer sur les questions qui les intéressent (même au détriment des autres). Il en va de même pour l'orientation des produits de travail qui en résultent ». Voir* Fox, Eleanor M., Linked-In : Antitrust and the Virtues of a Virtual Network (8 juillet 2009). International Lawyer, Vol. 43, p. 151, 2009, NYU Law and Economics Research Paper No. 09-27, disponible sur SSRN : *https://ssrn.com/abstract=1431560 « [E]n dépit de grands efforts d'ouverture, l'ordre du jour du RIC est principalement fixé et les normes principalement forgées par le monde développé, bien que le consensus, lorsqu'il est atteint, implique des concessions de part et d'autre.*

7 Kovacic, William E., Leading a Competition Agency, Great Competition Enforcers Lessons from Regulators, (septembre 2023) Concurrences.

II. Aperçu du marché et des défis économiques auxquels la Polynésie française est confrontée

8. Les économies en développement sont souvent assimilées à de petites économies de marché, en raison de leurs caractéristiques communes. Normalement, la taille du marché dans ces juridictions est influencée par trois facteurs principaux : la taille, la dispersion de la population et l'ouverture au commerce[8]. Ces facteurs se traduisent généralement par les trois principales caractéristiques des petites économies : forte concentration industrielle, barrières à l'entrée élevées et niveaux de production sous-optimaux[9], et peuvent être renforcés par la pression concurrentielle imposée par l'éloignement ou l'isolement[10], comme c'est le cas en Polynésie française. À cet égard, Evans et Hughes ont conclu que :

> *« Dans les petites économies en particulier, il existe un compromis entre le nombre d'entreprises et les économies d'échelle que les politiques de concurrence doivent refléter. La tension entre l'échelle et le nombre d'entreprises est aggravée par l'isolement géographique. D'autres tensions peuvent apparaître lorsque les économies sont largement dispersées à l'intérieur des frontières nationales, ce qui se traduit par des marchés géographiques encore plus petits au sein de la petite économie (...) »*[11]

9. Dans ce sens, nous allons décrire le marché de la Polynésie française, en analysant comment ces facteurs et caractéristiques l'ont affecté.

A. *Quels sont les défis politiques auxquels l'Autorité polynésienne de concurrence est confrontée ?*

10. La Polynésie française est située dans l'Océan Pacifique, à plus de 4 000 Km des principales villes du Pacifique[12]. Selon la Banque mondiale, son PIB était d'environ 6 milliards USD en 2021[13] et sa population s'élevait à 306.279 habitants en 2022[14], répartis dans 5 archipels, qui regroupent un total de 118 îles réparties sur 500.000 km^2[15]. La majorité de la population est concentrée dans l'archipel de

---

8 Gal, Michal, La taille compte : General Policy Prescriptions for Optimal Competition Rules in Small Economies (1er avril 2001). Southern California Law Review, Vol. 73, 2001, NYU Ctr for Law and Business Research Paper No. 01-004, disponible sur SSRN : https://ssrn.com/abstract=267070 ou http://dx.doi.org/10.2139/ssrn.267070.

9 Gal, Michal, Merger Policy for Small and Micro Jurisdictions (18 janvier 2013). More Pros and Cons of Merger Policy (2013), disponible sur SSRN : https://ssrn.com/abstract=2202718

10 Gal, Michal, The Effects of Smallness and Remoteness on Competition Law – the Case of New Zealand. NYU, Law and Economics Research Paper No. 06-48, Competition and Consumer Law Journal, Vol. 14, No. 3, 2007, Disponible sur SSRN : https://ssrn.com/abstract=942073

11 Evans, Lewis. (2004). Competition Policy in Small Distant Open Economies : Some Lessons from the Economics Literature, disponible à l'adresse :

12 Autorité de la concurrence de Polynésie française, Avis n° 2019-A-02, Mécanismes d'importation et de distribution sur le territoire de la Polynésie française, septembre 2019, disponible sur : https://autorite-concurrence.pf/avis-n2019-a-02-du-19-septembre-2019/

13 Les statistiques peuvent être consultées dans la base de données de la Banque mondiale, disponible à l'adresse suivante

14 Les statistiques peuvent être consultées dans la base de données de la Banque mondiale, disponible à l'adresse suivante

15 Op cit. Autorité de la concurrence de Polynésie française, avis n° 2019-A-02.

Barlovento (environ 75 %), principalement à Papeete, la capitale, où l'accès à la terre est également affecté par la rareté due aux limitations physiques inhérentes à une île.

11. Compte tenu de la taille réduite du marché, la production intérieure ne suffit pas à répondre à la demande et le pays est donc fortement tributaire des importations[16]. Une grande partie des marchandises est principalement transportée par voie maritime (99 % en volume et 83 % en valeur des importations). Cependant, le seul port en état d'accueillir le commerce international est le port de Papeete, qui peut accueillir des navires de taille moyenne. Par conséquent, toutes les marchandises étrangères doivent d'abord arriver à Tahiti avant d'être expédiées vers d'autres lieux à l'intérieur du pays. En outre, le fonctionnement du port souffre d'inefficacité et de prix élevés, en raison du cadre réglementaire applicable au secteur de l'arrimage, qui rend le processus de chargement et de déchargement plus coûteux que dans d'autres pays de la région.[17]

12. Indépendamment de l'éloignement du pays, la plupart des importations (mesurées en valeur) proviennent de France (27,2 %) et du reste de l'UE (15,4 %)[18]. Cela pourrait être le résultat direct du traitement préférentiel que la Polynésie française accorde aux importations de l'UE par rapport à celles provenant du reste du monde, y compris de ses voisins les plus proches.

13. En outre, malgré la forte dépendance à l'égard des importations, le pays dispose d'un système complexe composé de droits de douane, de taxes et de barrières non tarifaires destinées à protéger l'industrie nationale. Néanmoins, dans la plupart des cas, l'industrie nationale ne peut pas répondre à la totalité de la demande et parfois elle ne produit pas les biens couverts par les mesures susmentionnées. Si l'on analyse individuellement le taux tarifaire, il n'est pas très préoccupant ; cependant, si on le considère avec le reste des taxes conçues comme des mesures protectionnistes, les taux augmentent d'environ 30 %[19], une valeur très préoccupante en termes de pression concurrentielle.

14. En outre, les montants perçus au titre des droits de douane et des taxes de substitution constituent une source importante de financement des finances publiques[20]. Cette situation est préoccupante étant donné que dans le commerce moderne, le rôle des droits de douane est de réguler les flux commerciaux par le biais d'incitations transparentes et claires. Mais lorsque les finances de l'État sont structurées de manière à dépendre de l'argent collecté en douane, le gouvernement perd la capacité de les utiliser comme une incitation appropriée pour promouvoir ou réduire le flux de marchandises internationales sur le marché national.

15. La taxe de développement local (TDL), imposée en tant que taxe transitoire pour remplacer les réductions des droits de douane, semble particulièrement préoccupante en raison de son effet particulièrement punitif sur les produits essentiels

---

16 Ibid.

17 Ibid.

18 Ibid.

19 Ibid.

20 Ibid. Selon l'avis de l'Autorité de la concurrence, le produit de ces tarifs et taxes pourrait représenter 40 % des recettes fiscales de l'État.

(café, papier hygiénique, vêtements, bière, entre autres)[21]. Elle semble également avoir une base trop large, puisqu'elle s'applique également aux biens importés qui n'ont pas d'équivalent dans la production locale, ou protège les biens qui ont une faible valeur ajoutée locale (par exemple, uniquement les activités d'emballage ou d'assemblage).

16. Il est également nécessaire de prendre en compte les exonérations fiscales locales qui favorisent les acteurs déjà en place et puissants au détriment des nouveaux entrants, ainsi que les anciennes réglementations sanitaires qui ont besoin d'être réévaluées et qui ont des effets anticoncurrentiels (par exemple, l'étiquetage en langue française, etc.).

17. En ce qui concerne les barrières non tarifaires, la Polynésie française impose une interdiction sur certaines importations de produits de consommation massive, tels que le poisson, les saucisses, les savons et les jus, entre autres – certaines de ces interdictions ne s'appliquent qu'aux produits qui ne proviennent pas de l'UE –. D'autres produits sont également concernés par les quotas d'importation, comme le riz, le sucre, la farine, les fruits et la viande, entre autres. Le système de fixation des quotas d'importation de fruits et légumes par la Conférence agricole semble également inefficace. Les prévisions de la demande sont sous-estimées, les prévisions de l'offre sont surestimées et les quotas alloués sont imprévisibles. Cela limite la capacité des grossistes importateurs à acheter à moindre coût, entraîne des hausses de prix et des pénuries fréquentes, et n'a pas d'effet positif sur la satisfaction des besoins de la production locale.

18. En raison de ces conditions, les prix des biens de consommation dans leur ensemble sont 40 % plus élevés qu'en France métropolitaine et dans les autres territoires français d'outre-mer. Cette situation pèse davantage sur le pouvoir d'achat des ménages les plus pauvres, pour lesquels ces biens représentent une part importante de leur budget (plus de 30 % contre 12 % pour les ménages les plus riches). Le prix final qui parvient aux consommateurs est composé : (i) du prix d'achat initial, qui ne représente que 27 % du prix total d'un produit ; (ii) du transport, 8 % ; (iii) des droits et taxes à l'importation, 8 % également ; (iv) de la TVA, 13 % en moyenne ; et (v) des 44 % restants, correspondant vraisemblablement à la marge commerciale des distributeurs (importateurs-grossistes et détaillants-détaillants).

19. Une conclusion évidente est que la distance ou l'éloignement n'explique pas à lui seul les niveaux de prix élevés. Le transport et les droits de douane ne représentent chacun que 8 % du prix final pour le consommateur. Nous concluons plutôt que les barrières réglementaires et le cadre établi par le pays au fil du temps, ainsi que la taille et la structure des marchés concernés (acheminement, production, importation et distribution au détail), et le fait que ces marchés ne sont souvent pas assez concurrentiels, sont les facteurs qui font grimper les prix et imposent un lourd tribut à la population du pays.

---

21 Selon l'avis 97-24 APF, article 11 : « Art. 11. – *A compter du 1er octobre 1997, il est institué une taxe de développement local (T.D.L.) en faveur des industries locales de transformation, à la charge du service des douanes, dont l'assiette, les taux et les modalités de versement et de recouvrement sont définis par délibération de l'assemblée de la Polynésie française au plus tard 2 mois avant sa mise en oeuvre.* » (Traduction de l'auteur)

20. La loi sur la concurrence de la Polynésie française a été introduite en 2015 et l'autorité a commencé à fonctionner en 2016. Il s'agit donc d'une jeune autorité qui en est à sa première étape[22], et qui est confrontée à de grands défis découlant du paysage décrit au point précédent. Parmi ceux-ci, le dilemme de la petitesse[23], qui implique que la taille du marché ne peut pas contenir de nombreux producteurs de manière efficace, mais les niveaux élevés de concentration pour réaliser des économies d'échelle pourraient renforcer et encourager la coordination des oligopoles ou les abus de pouvoir de marché qui peuvent revenir mordre les consommateurs, et globalement, aggraver la situation actuelle. L'Agence polynésienne de la concurrence a mentionné à cet égard que :

> *« Tout d'abord, la petite taille du marché polynésien fait que, pour de nombreux produits, la demande intérieure est insuffisante pour permettre aux entreprises locales d'atteindre une taille de production minimale optimale. Ceci a un impact négatif sur les coûts de production et les investissements, car l'étroitesse du marché réduit le taux d'utilisation des capacités de production et affaiblit la rentabilité des capitaux investis. Deuxièmement, l'étroitesse du marché conduit les entreprises locales à concentrer leurs ressources de production et de commercialisation afin d'accroître l'efficacité de leur production. Toutefois, ce processus de concentration peut nuire à l'intensité concurrentielle (…) Comme le souligne l'OCDE, le nombre limité d'acteurs sur la plupart des marchés étroits peut également faciliter le maintien de cartels et d'accords collusoires : les interactions répétées entre ce petit nombre d'acteurs réduisent le besoin d'arrangements contractuels détaillés nécessaires pour soutenir la mise en place d'un cartel ».[24] (Traduction des auteurs)*

21. Ce dilemme s'aggrave lorsque l'on ajoute à l'équation la jeunesse de l'agence et les mesures protectionnistes mises en œuvre par le gouvernement, qui renforcent les effets restrictifs découlant de la structure naturelle du marché.

22. Ennis et Piffaut ont identifié six défis à relever par l'autorité de la Polynésie française : i) créer une culture de la concurrence et former les fonctionnaires ; ii) fixer des normes appropriées ; iii) développer un système de priorisation adéquat permettant de sélectionner les bonnes affaires ; iv) garantir un budget adéquat ; v) traiter efficacement le pouvoir de négociation des entreprises multinationales ; et vi) garantir l'indépendance politique.[25]

23. À ce stade, l'Autorité n'aborde pas la question du renforcement des capacités ou des défis structurels ; elle se concentre principalement sur les questions de politique et de structure du marché.

---

22 Kovacic et Lopez-Galdos ont étudié les différentes étapes par lesquelles passe une agence de la concurrence pour parvenir à une maturité réussie ou à un échec, ainsi que les rythmes auxquels la politique de concurrence est mise en œuvre, un processus complexe qu'ils ont appelé « *cycles de vie des systèmes de concurrence* ». *Voir* Kovacic William. E et López-Galdos Marianela, Lifecycles of competition systems: Explaining variation in the implementation of new regimes, Law and Contemporary Problems Vol 79, 2016, Duke University.

23 Op cit. Gal The Effects of Smallness and Remoteness on Competition Law – the Case of New Zealand (Les effets de la petitesse et de l'éloignement sur le droit de la concurrence – le cas de la Nouvelle-Zélande).

24 Op cit. Autorité de la concurrence de Polynésie française, avis n° 2019-A-02.

25 Ennis, Sean, Piffaut, Henri, Economies insulaires : Un aperçu de la jurisprudence nationale (septembre 2023) Concurrence, www.concurrences.com/*11362*

1. Absence de pression concurrentielle, d'exclusivités et de modèle d'approvisionnement

24. Comme mentionné ci-dessus, 44 % du prix final offert au consommateur reste un surplus du distributeur (importateurs-grossistes et détaillants), probablement en raison d'un manque préjudiciable de pression concurrentielle.

25. Si la petite taille du marché favorise déjà une certaine concentration des producteurs locaux, ce phénomène est accentué par le niveau élevé de protection dont ils bénéficient (en particulier dans l'industrie alimentaire). Il en résulte un comportement de recherche de rente et des prix élevés. En d'autres termes, les producteurs et les distributeurs ne sont pas encouragés à améliorer la qualité, la diversité ou le prix de leurs produits.

26. Le droit de la concurrence se concentre généralement sur la concurrence au sein d'un marché. Toutefois, comme l'ont montré des études économiques, l'une des principales sources de problèmes de concurrence pour les petites juridictions est l'impact des niveaux élevés de concentration globale sur leurs marchés[26]. En particulier, la coordination oligopolistique au sein des marchés et entre les marchés, ainsi que les barrières à l'entrée, peuvent augmenter.

27. Dans le cas de la Polynésie française, la concentration est renforcée par l'intégration verticale des principaux importateurs, producteurs et distributeurs. Les biens sont importés de deux manières. D'une part, il existe ce que l'on appelle le « *circuit court* », dans lequel un détaillant est approvisionné directement par le fabricant étranger sur ses plates-formes de stockage, éventuellement par l'intermédiaire de sa propre centrale d'achat ; ce circuit est principalement utilisé pour la commercialisation des marques propres des distributeurs. D'autre part, le « *canal plus long* », qui implique un courtier, ou agent de marque, qui négocie les conditions et approvisionne le distributeur polynésien, est le mode d'approvisionnement le plus courant. Ce dernier canal permet des économies d'échelle et fournit des services aux distributeurs (approvisionnement, mise en rayon, publicité, promotions, service après-vente).

28. Les importateurs bénéficient souvent de droits d'importation exclusifs pour une ou plusieurs marques, soit de jure (formalisés par un contrat écrit), soit de facto (sans accord formel, mais avec la sélection par le fournisseur d'un distributeur privilégié qui seul a accès à l'ensemble de la gamme de produits de la marque, à son budget publicitaire ou à la formation sur les produits). Cela limite la concurrence intramarque entre les importateurs.

29. Toutefois, dans une petite économie concentrée où la concurrence intermarques est structurellement faible, l'incitation à répercuter les économies d'échelle est également limitée. Les importateurs bénéficiant d'une telle exclusivité ne sont guère incités à exploiter la concurrence intermarques.

30. Leur pouvoir de marché est encore plus important si l'importateur exclusif est également un détaillant, ce qui est le plus souvent le cas sur le marché polynésien. C'est pourquoi, par mesure de précaution, il existe une interdiction générale de ce

---

[26] Micha S. Gal. Politique de concurrence pour les petites économies de marché. Harvard University Press (2003).

type d'accord exclusif dans tous les territoires français d'outre-mer. La Polynésie française fait toutefois exception. Depuis 2018, ces accords ne sont plus concernés par l'interdiction.

31. Dans le secteur du commerce de détail, l'opérateur principal peut en profiter pour fixer des prix de référence pour l'ensemble du marché à un niveau élevé, sur la base de l'accord des consommateurs les plus aisés. Les autres marques s'alignent sur ces prix et ne sont donc pas incitées à se concurrencer sur les prix.

32. L'intégration verticale susmentionnée, ainsi que les exclusivités, posent différents problèmes à l'autorité. Tout d'abord, même si les exclusivités peuvent représenter des gains d'efficacité ou des économies de coûts en augmentant la puissance d'achat du distributeur, ce qui lui permet d'obtenir de meilleures offres, elles peuvent également bloquer les quelques canaux de distribution existants, freinant les incitations et la capacité d'autres marques concurrentes à entrer sur le marché. Par conséquent, en l'absence d'interdiction, il incombe à l'agence d'enquêter sur et de prouver la nature anticoncurrentielle des accords dans chaque cas, ce qui, dans la pratique, peut s'avérer difficile. Les auteurs reconnaissent qu'une interdiction aveugle des exclusivités n'a pas de sens. Néanmoins, comme nous l'expliquons ci-dessous, sur un petit marché, en particulier sur un marché aussi éloigné que celui de la Polynésie, l'élaboration des politiques doit tenir compte de toute mesure qui contribue à maintenir des marchés ouverts et à éliminer les barrières inutiles. Ainsi, malgré les gains d'efficacité qui pourraient être générés, ces accords pourraient impliquer une fermeture contractuelle ou de *facto* des canaux de distribution, érodant les chances de favoriser la concurrence intermarques et intramarque.

2. Création de normes appropriées et applicables à la juridiction

33. Nous avons déjà mentionné que l'éloignement et la taille du marché se traduisent par un ensemble de caractéristiques qui créent la nécessité d'adapter les normes et les analyses applicables aux besoins et aux caractéristiques particulières de ces types d'économies. En d'autres termes, les normes et analyses appliquées dans les juridictions matures ne peuvent être directement transposées en Polynésie française sans un processus préalable d'affinage et d'ajustement.

34. Cela est particulièrement vrai dans le cadre de la procédure d'examen des opérations de concentration, où un seuil inapproprié peut conduire l'autorité à dépenser des ressources déjà limitées pour examiner des transactions nécessaires. Le risque d'un faux négatif peut causer un grand préjudice, étant donné que la force d'autocorrection du marché est plus faible que dans les grandes économies développées[27], mais aussi lorsque le risque d'un faux positif peut priver le marché de l'efficacité dynamique nécessaire pour progresser dans le processus de développement. En d'autres termes, une erreur de jugement peut avoir un impact profond et à plus long terme sur l'économie polynésienne par rapport aux économies développées.

---

27 Op cit. Gal, Michal, Merger Policy for Small and Micro Jurisdictions.

35. Le processus de décision de l'autorité polynésienne devient donc très compliqué. D'une part, elle doit veiller à ne pas bloquer des opérations qui, même si elles augmentent la concentration, sont nécessaires pour réaliser des économies d'échelle bénéfiques. D'autre part, elle doit bloquer ou imposer des conditions aux opérations qui sont susceptibles de créer des dommages irréparables ou un risque profond d'atteinte à la concurrence sur le marché.

36. Il est également important de considérer que les barrières réglementaires existantes accentuent l'impact sur la pression concurrentielle déjà affectée par les caractéristiques naturelles du marché polynésien. Par conséquent, une évaluation correcte et affirmative nécessite une analyse dynamique complexe, une mise en balance et la prise en compte des marchés en amont et en aval, ainsi que des éventuels effets de conglomérat, le cas échéant.

37. La loi de la Polynésie française a introduit un instrument peu commun dans sa boîte à outils : le contrôle ex ante des commerces de détail. Afin de maintenir un environnement suffisamment concurrentiel dans le secteur du commerce de détail, l'Agence a le pouvoir de contrôler la création et la modification des surfaces commerciales. Toute création, extension ou modification d'une surface commerciale de plus de 300 mètres carrés doit faire l'objet d'une autorisation préalable de l'Autorité.

38. L'instrument vise à examiner si l'opération est susceptible de créer ou de renforcer une position dominante. À l'issue de cette analyse, l'agence peut approuver, interdire ou subordonner l'opération à des mesures visant à protéger la concurrence.

39. Pour limiter ce risque d'erreur et améliorer le processus, l'agence dispose d'un outil qui permet aux parties de soumettre et de négocier des engagements, au stade de l'évaluation de la procédure. Si l'Autorité identifie des problèmes de concurrence, elle invite les parties à proposer des mesures correctives pour y remédier avant la phase de décision, afin d'obtenir le meilleur résultat possible pour le marché.

40. Dans une décision récente, l'agence a bloqué la construction d'un hypermarché Carrefour de plus de 1 800 m^2 à Pao Pao, sur l'île de Moorea. Il s'agit de la première interdiction prononcée par l'agence dans le secteur du développement du commerce de détail. Selon l'agence, l'opération soulève des problèmes de concurrence. Elle était susceptible d'évincer plusieurs projets concurrents, affectant ainsi le paysage concurrentiel dans la zone, et de renforcer la position de leader du groupe Wane sur le marché de la distribution alimentaire. En outre, la structure verticalement intégrée de l'opérateur et le fait que sa centrale d'achat approvisionne également des détaillants concurrents dans la zone ont soulevé, de l'avis de l'agence, des préoccupations concernant les risques de discrimination et d'auto-référencement. Dans ce cas, les remèdes proposés n'ont pas répondu aux attentes de l'APC. Il s'agit d'un outil qui soulève des questions délicates et l'autorité doit trouver un équilibre au cas par cas.

3. Coordination oligopolistique et liens sociaux

41. Un autre grand défi consiste à aborder la coordination oligopolistique. En principe, l'interdiction des accords restrictifs ne s'applique pas à ce type de comportement. Étant donné la relation d'interdépendance entre les agents oligopolistiques, les

comportements parallèles sans accord préalable ne sont pas interdits à *première vue*[28]. Toutefois, malgré son apparente légalité, un tel comportement, très courant dans les petites économies marginales[29], pourrait décourager l'entrée et avoir un impact sur la concurrence, faisant grimper les prix sans apporter d'avantages particuliers au consommateur ou à la société elle-même.

42. En ce sens, ce type de comportement représente un problème difficile que les agences de la concurrence doivent traiter principalement de trois manières : i) par le contrôle des fusions ; ii) par la réglementation (directement ou par la défense et la promotion de mesures appropriées auprès de l'autorité compétente) ; et iii) par une surveillance étroite qui empêche les comportements illégaux, en facilitant la coordination ou les restrictions à l'entrée. Trouver des solutions réglementaires pour surmonter ces menaces à la concurrence n'est pas une tâche facile, mais l'abaissement des barrières à l'entrée est une nécessité pour accroître la pression concurrentielle et la santé du marché polynésien.

43. Les liens sociaux étroits et les groupes d'intérêt liés au pouvoir politique sont une autre caractéristique problématique découlant d'une population de petite taille et de classes politiques et commerciales encore plus réduites. Si ces liens constituent un aspect normal et important de la vie sociale, ils peuvent également servir à atténuer la concurrence. Les liens sociaux et familiaux entre concurrents ou conglomérats augmentent encore le risque de coordination et de comportement illégal et peuvent bloquer les outils ou les initiatives des agences. Par exemple, les programmes de clémence sont souvent inefficaces lorsque les acteurs du marché sont liés de manière plus qu'économique. En outre, ces liens favorisent et renforcent l'activité de lobbying et le comportement de recherche de rente de ces groupes privilégiés en vue de l'imposition de mesures protectionnistes et de barrières par le gouvernement.[30]

III. Solutions possibles

44. La première préoccupation qui se reflète dans tous les défis susmentionnés, et généralement dans les petites économies de marché, est la création de la concurrence[31], ou en d'autres termes, l'augmentation de la production. On ne peut ignorer que la concurrence n'est pas une fin mais un moyen de maximiser les conditions de vie du public, ce qui, dans le cas des pays en développement, équivaut à la croissance ou au développement. Par conséquent, la politique de

---

28 *Voir. Donald F. Turner. Définition de l'accord dans le cadre du Sherman Act : Conscious Parallelism And Refusals To Deal. 75. Pp 5. Harvard Law Review 1962.* Les auteurs reconnaissent qu'il existe un certain débat sur la question ; cependant, il n'y a pas de thèse correcte sur le simple comportement interdépendant à l'heure actuelle qui, à notre avis, pourrait être administré en tant que théorie du préjudice pour une agence de la concurrence. Il doit y avoir d'autres éléments en plus du comportement parallèle, qui rendent le comportement coordonné illégal. *Voir. William E. Kovacic, Rober C. Marshall, Leslie M. Marx, Halbert White. Plus Factors And Agreement In Antitrust Law.110. Pp. 6. Michigan Law Review. 2011. Voir* également *William H. Page. Théories objectives et subjectives de l'action concertée. 79. Pp2. Antitrust law Journal 2013.*

29 Op cit. Gal Competition Policy for Small Market Economies.

30 A. E. Rodriguez & Mark D. Williams, The effectiveness of proposed antitrust programs for developing countries, 209 (1993). Disponible à l'adresse suivante

31 Op cit. Budizinski et Beigi, Generating instead of protecting competition.

concurrence et son application dans ces juridictions devraient viser à promouvoir la croissance, l'innovation et l'efficacité de la répartition ou les effets de redistribution à long terme.[32]

45. Dans cette optique, il est important de souligner que, compte tenu de la situation complexe déjà décrite, la mise en œuvre et l'amélioration d'une politique de concurrence efficace ne reposent pas exclusivement sur les épaules de l'autorité de la concurrence de la Polynésie française. Cela nécessite de profondes réformes de la politique fiscale et douanière ainsi qu'un investissement dans les infrastructures de base, telles que le port de Papeete, afin de maximiser les conditions du marché. Cependant, cela ne signifie pas que l'Agence est impuissante face aux défis auxquels elle est confrontée. Au contraire, il existe des actions concrètes que l'autorité peut entreprendre pour favoriser les changements nécessaires et améliorer les conditions de concurrence.

A. *Plaidoyer politique agressif*

46. À ce stade précoce du système de concurrence, la tâche la plus importante de l'Agence est probablement de développer une connaissance généralisée du droit de la concurrence et de ses avantages. Non seulement dans le grand public et les milieux d'affaires, mais aussi, et surtout, au sein du gouvernement. Il est extrêmement important de sensibiliser les hauts fonctionnaires et les fonctionnaires de haut rang ; les décideurs et les responsables politiques doivent prendre le sujet en considération. Parallèlement, il est indispensable que l'autorité identifie les réglementations problématiques qui pourraient entraver le processus de concurrence, en particulier celles qui posent des obstacles inutiles, et qu'elle fasse ensuite pression pour les réformer.

47. Les chefs de gouvernement pourraient être convaincus si l'agence leur montrait le coût élevé que la société doit supporter en termes de prix (en particulier dans les marchés publics), de manque de qualité et de processus de développement, en raison d'une réglementation inefficace. Naturellement, il s'agit d'une tâche lourde qui demande du temps et de la persévérance, mais qui est de la plus haute importance.

48. À cet égard, l'autorité polynésienne a été très active. Elle a émis d'importants avis analysant la structure des marchés nationaux et identifiant des pistes d'action pour améliorer les conditions d'importation et les mécanismes de distribution dans les secteurs agricole, industriel, pétrolier et énergétique[33]. Avec beaucoup de succès, l'Autorité a suscité l'intérêt du gouvernement, au point qu'il a incorporé la plupart des recommandations présentées par l'agence à un comité interministériel dans ses négociations avec les compagnies pétrolières. Le dialogue entre le gouvernement et l'autorité de la concurrence augmente les chances de l'agence de réussir le changement structurel nécessaire. La qualité des avis contribue également à renforcer la légitimité de l'autorité et à asseoir son image de marque en tant qu'organisme technique.

---

32 Kovacic, Willia E. Séminaire de concours Potificia Universidad Catolica de Ecuador 22 novembre 2023.

33 Disponible à l'adresse suivante : https://autorite-concurrence.pf/avis-liste/

49. À cet égard, l'autorité polynésienne a été très active. Elle a rendu d'importants avis analysant la structure des marchés nationaux et identifiant des pistes d'action pour améliorer les conditions d'importation et les mécanismes de distribution dans les secteurs agricole, industriel, pétrolier et énergétique. Cela a suscité l'intérêt du gouvernement, qui a incorporé la plupart des recommandations présentées par l'agence à un comité interministériel, dans ses négociations avec les compagnies pétrolières. Le dialogue entre le gouvernement et l'autorité de la concurrence augmente les chances de l'agence de réussir à réaliser le changement structurel nécessaire. La qualité des avis contribue également à renforcer la légitimité de l'autorité et à asseoir son image de marque en tant qu'organisme technique. DOUBLON????

50. Les liens avec la communauté internationale sont également importants. En janvier 2023, l'agence a organisé les Tahiti Competition Days, qui ont rassemblé des acteurs locaux, des praticiens, des experts internationaux et, pour la première fois, des représentants des autorités de la concurrence des pays du Pacifique. Il s'agissait d'une formation et d'un échange réussis de trois jours axés sur le droit de la concurrence en Polynésie française et dans la région du Pacifique. Il a permis de renforcer l'expertise des avocats locaux dans ce domaine, l'objectif à long terme étant de réduire la nécessité pour les entreprises locales de faire appel à des avocats étrangers coûteux.

51. Ce qui précède est encourageant. Néanmoins, il est important de faire preuve de persévérance et de résilience, non seulement parce que le chemin à parcourir est long, mais aussi parce qu'une fois que l'autorité commence à générer des changements fructueux, il est tout à fait naturel que de nombreux groupes et individus puissants s'opposent carrément lorsqu'ils voient leur position commerciale confortable menacée.

B. *Examen indulgent des fusions*

52. Une fois que l'autorité aura réalisé certains des changements réglementaires nécessaires, les acteurs en place seront exposés à la concurrence internationale, ce qui les obligera à s'améliorer en termes de prix et de qualité. Dans l'intervalle, il est conseillé à l'agence de permettre aux acteurs nationaux de se développer et de réaliser des économies d'échelle. Dans cette perspective, l'examen des fusions devrait se concentrer sur l'identification des fusions qui représentent un risque élevé pour le marché et épargner les ressources qui seraient consommées dans un examen plus large, pour les utiliser dans d'autres domaines qui pourraient apporter plus de bénéfices, tels que les procédures d'application et les études de marché, essentielles pour un plaidoyer efficace.

53. En ce sens, les seuils déclenchant la procédure de notification doivent être ajustés de manière à ne concerner que les transactions significatives susceptibles de présenter un risque concurrentiel pour le marché. De même, comme Gal l'a expliqué à l'adresse[34], pour éviter une consommation inutile de ressources, seules les transactions problématiques doivent passer à la deuxième étape de la procédure

---

[34] Op cit. Gal, Merger Policy for Small and Micro Jurisdictions (Politique de fusion pour les petites et micro juridictions)

d'analyse. Cela signifie qu'en principe, les indices structurels ne devraient pas jouer un rôle majeur dans la décision de faire passer la transaction à la deuxième étape, à moins qu'elle ne représente un niveau de concentration inacceptable, ce qui est particulièrement délicat étant donné que des mesures telles que l'IHH doivent être adaptées aux réalités d'un marché de petite taille.

54. L'analyse dynamique doit tenir compte de la taille et des ressources disponibles sur le marché. Ainsi, lors de l'évaluation des possibilités d'entrée, il convient de tenir compte du fait que ce processus est plus long dans les économies éloignées et de petite taille, et s'il existe une probabilité d'entrée, il est possible d'être plus indulgent ou plus tolérant à l'égard des niveaux de concentration[35]. Il convient également d'appliquer une approche équilibrée qui « *reconnaît qu'une fusion doit être autorisée si les avantages qui en découlent sont supérieurs à ses inconvénients et compensent ses* effets *anticoncurrentiels* »[36]. Les effets de conglomérat doivent également être pris en compte, car ils peuvent jouer un rôle beaucoup plus important que dans les grandes juridictions.

55. Enfin, il est également important d'inclure dans l'analyse les subventions étrangères qui pourraient affecter les importations et faire baisser artificiellement les prix. Dans ce cas, la réalisation d'économies d'échelle et de gains d'efficacité qui aident les producteurs à faire baisser les coûts peut être le seul moyen de rester sur le marché et de surmonter ce type de distorsion du marché.

C. *Politique d'application agressive*

56. La politique d'application est la clé du succès du système. Il convient d'accorder une attention particulière à la détection de tout comportement légal décourageant l'entrée sur le marché, qu'il s'agisse d'un accord ou d'un comportement unilatéral. Les ententes injustifiées ayant une incidence directe sur les prix sont bien entendu importantes. Toutefois, nous mettons l'accent sur les comportements d'exclusion et d'augmentation des coûts des concurrents, étant donné que la priorité de l'autorité devrait être de maintenir le marché ouvert et de favoriser l'innovation.

57. Il est également important de créer des incitations pour que le programme de clémence fonctionne, en particulier dans les petites juridictions comme celle de Polynésie, où les liens sociaux et familiaux étroits peuvent fortement décourager l'utilisation de cet outil.

58. Dans ce domaine, l'autorité de la concurrence de la Polynésie française a pris des mesures importantes. Dans le secteur des télécommunications, par exemple, il existe un précédent dans lequel l'autorité a enquêté sur l'abus de position dominante du plus grand fournisseur ; la procédure a été clôturée en acceptant les engagements présentés par l'entreprise. Cette procédure était extrêmement importante car le secteur était historiquement dominé par des entreprises publiques en situation de monopole, et l'arrivée de nouveaux opérateurs représentait une baisse significative des prix.[37]

---

35 Ibid.

36 Ibid.

37 https://autorite-concurrence.pf/decision-n-2018-pac-01-du-6-juin-2018/

59. Plus récemment, l'agence a enquêté et sanctionné un cartel dans l'industrie numérique pendant la pandémie, qui a augmenté les prix des services funéraires pour les personnes décédées du COVID-19. Plus d'un millier de familles, pour la plupart en situation de vulnérabilité, ont été affectées par cette entente[38]

D. *Le nouveau réseau des régulateurs économiques et des consommateurs des îles du Pacifique (PINCCER) peut aider*

60. En novembre 2023, les agences de la concurrence de l'Australie, des îles Cook, des Fidji, de la Polynésie française, de Kiribati, de la Nouvelle-Calédonie, de la Nouvelle-Zélande, de la Papouasie-Nouvelle-Guinée, de Samoa, des îles Salomon, de Tonga et de Vanuatu ont créé le Pacific Network Formed to Promote Competitive Markets (PINCCER). Ce réseau « *vise à renforcer les capacités des autorités de la concurrence en leur permettant de parler d'une seule voix dans la région du Pacifique et en leur fournissant un forum d'échange d'expériences consacré à la promotion de la concurrence sur les marchés relevant de leur compétence* »[39].

61. La création de PINCCER présente au moins trois avantages potentiels pour l'APC. Le premier est que les efforts collectifs des participants au PINCCER peuvent permettre à l'APC (et à d'autres membres du PINCCER) d'obtenir des résultats qui pourraient être impossibles à atteindre par le travail des ANC individuelles. Les contraintes de ressources évoquées ci-dessus exigent de l'ingéniosité dans la conception d'approches alternatives pour remplir le mandat des lois sur la concurrence de chaque juridiction. Par exemple, plutôt que de demander à chaque autorité nationale de concurrence de réaliser une étude de marché ou d'autres projets de recherche, le réseau PINCCER pourrait mettre en commun les ressources de manière à exploiter les capacités de chacune et à partager les coûts qui pourraient être insupportables pour une seule autorité. Le réseau PINCCER pourrait également servir de plate-forme pour l'élaboration de stratégies communes – en matière de sensibilisation et d'application de la loi – afin de s'attaquer à des phénomènes qui touchent un grand nombre ou l'ensemble des membres du réseau. Les réseaux régionaux ont la capacité particulière de permettre à leurs membres de se concentrer de manière ciblée sur des questions qui revêtent une importance particulière pour la région, ce qui n'est généralement pas possible dans le contexte de la participation à des réseaux multinationaux dont les membres sont diversifiés à l'échelle mondiale.

62. Un deuxième avantage potentiel provient de la capacité du réseau à accélérer l'apprentissage de chacun de ses membres. L'apprentissage par l'expérience, bonne ou mauvaise, est un moyen vital pour les organisations de progresser. La maîtrise du cycle d'expérimentation, d'évaluation et de perfectionnement est fondamentale pour le succès des institutions dans le domaine de la politique de concurrence et dans d'autres domaines d'activité. La collaboration en réseau permet à chaque

---

38 https://autorite-concurrence.pf/decision-n2022-pac-01-du-5-septembre-2022/

39 New Caledonian Compeptition Authority, Pacific competition authorities create collaborative network to promote competitive functioning of markets, communiqué de presse, novembre 2023, disponible à l'adresse :

membre de bénéficier de l'expérience de tous les membres – de dépasser la base d'expérience d'une ANC individuelle et d'absorber l'apprentissage de plusieurs organisations. Pour une autorité de concurrence, l'apprentissage commun peut prendre la forme d'une mise en commun des connaissances sur les problèmes économiques, les techniques d'enquête et d'application, et les solutions aux problèmes de gestion (par exemple, les méthodes de fixation des priorités et de sélection des projets pour les mener à bien). Le réseau fournit également un forum dans lequel les membres peuvent discuter de la manière de faire face aux pressions politiques et aux frictions entre agences qui se produisent dans chaque juridiction.

63. Le troisième avantage est de permettre aux membres du PINCCER d'avoir une voix plus efficace dans leurs relations avec le reste du monde de la politique de la concurrence. Les petites économies – y compris les États insulaires du Pacifique Sud – peuvent facilement être éclipsées par les grandes économies et les juridictions qui jouent un rôle prépondérant dans l'élaboration de la politique de concurrence. Le réseau PINCCER permet d'amplifier la voix des autorités membres et d'attirer l'attention sur leurs programmes et leurs points de vue en matière de politique de concurrence.

Évaluer et intégrer l'expérience comparative

64. Comme indiqué plus haut, l'apprentissage comparatif est l'un des principaux avantages que l'autorité polynésienne de la concurrence peut tirer du PINCCER. Parmi les membres du réseau, certaines agences ont déjà acquis une grande expérience, notamment en ce qui concerne les problèmes de taille et d'éloignement. La Nouvelle-Zélande est un bon exemple qui mérite d'être pris en considération.

65. En 2022, elle comptait une population d'environ 5 millions d'habitants[40], bien plus grande que la Polynésie française mais encore petite, sa situation géographique est très éloignée, même de l'Australie, son principal partenaire commercial, et ses marchés sont très concentrés.[41]

66. La Nouvelle-Zélande a fait face à cette situation en ouvrant son économie au commerce extérieur, en réduisant les obstacles aux importations et aux exportations[42], ainsi qu'en appliquant une politique de concurrence et en veillant à son application. Ils ont adapté le droit et les normes pour faire face aux défis posés par les caractéristiques particulières de la juridiction, par exemple, la section 1A du Commerce Act reconnaît comme l'un des principaux objectifs la promotion de la concurrence pour le bénéfice à long terme du consommateur[43]. Cela implique la reconnaissance de l'efficacité dynamique comme un objectif prépondérant. De la même manière, ils ont adapté leur critère d'examen des fusions, reconnaissant qu'une forte concentration est une situation connaturelle de leur juridiction. Ainsi, ils ont créé des zones de sécurité qui tolèrent un IHH plus élevé que les marqueurs

---

40 Les statistiques peuvent être consultées dans la base de données de la Banque mondiale, disponible à l'adresse suivante

41 Op.cit. Evans, Lewis. (2004). Competition Policy in Small Distant Open Economies.

42 Ibid.

43 Op cit. Gal The Effects of Smallness and Remoteness on Competition Law – the Case of New Zealand (Les effets de la petitesse et de l'éloignement sur le droit de la concurrence – le cas de la Nouvelle-Zélande).

traditionnels utilisés aux États-Unis ou dans l'UE, et ils ont même autorisé des fusions de monopoles en vérifiant l'existence d'une concurrence potentielle capable de discipliner l'entité fusionnée.[44]

67. Cette expérience pourrait s'avérer très utile à la Polynésie française pour procéder aux ajustements nécessaires afin d'améliorer la compétitivité sur son marché.

IV. Conclusions

68. Les petites économies et les économies éloignées possèdent des caractéristiques inhérentes qui doivent être prises en compte lors de la conception et de l'application de leur droit de la concurrence. En raison de leur taille, elles ne peuvent pas accueillir de nombreux agents produisant efficacement, ce qui les rend souvent très concentrées. L'abaissement des barrières et l'ouverture sont donc extrêmement importants, car ils contribuent à augmenter la production, à créer une pression concurrentielle et à protéger le bien-être des consommateurs à long terme.

69. La Polynésie française est confrontée à un coût de la vie élevé, qui est probablement dû non seulement à sa taille et à sa situation géographique, mais aussi à la barrière réglementaire élevée qui protège son industrie du commerce extérieur. Par conséquent, l'agence de la concurrence de la Polynésie française a beaucoup de travail à faire pour réussir à mettre en œuvre une politique de la concurrence qui puisse répondre à la situation. Bien qu'elle ait obtenu d'importants résultats au cours des six années qui se sont écoulées depuis sa création, l'agence doit encore persuader le gouvernement d'entreprendre de profonds changements dans la politique fiscale, douanière, sanitaire et phytosanitaire afin d'améliorer efficacement les conditions de concurrence sur le marché.

70. L'expérience des autres pays pourrait jouer un rôle très important dans ce processus. En ce sens, la création de l'agence est un grand pas en avant qui pourrait aider l'agence à tirer des enseignements des expériences comparatives et à traiter efficacement, en tant que groupe, les problèmes et les préoccupations communs à toute la région.

---

44 Ibid.

La prohibition des accords exclusifs d'importation en Polynésie : Plaidoyer pour le retour d'un texte disparu

Walid Chaiehloudj[*]

Autorité de la concurrence de Nouvelle-Calédonie

1. *Sujet polémogène.* Existe-t-il un thème plus polémogène que celui de la prohibition des accords exclusifs d'importation en Polynésie française ?[1] Lorsque l'on s'intéresse au droit de la concurrence ultramarin, le profane pourra immédiatement observer que le sujet suscite des réactions très contrastées, opposées et souvent épidermiques.

2. *Antagonisme des positions.* D'un côté, une partie de la doctrine est satisfaite de la mort juridique de cette prohibition. Il faut relever que la majorité des pourfendeurs de l'ancien article LP 200-3 du *code de la concurrence*, lequel disposait que « sont prohibés les accords ou pratiques concertées ayant pour objet ou pour effet d'accorder des droits exclusifs d'importation à une entreprise ou un groupe d'entreprises », ont participé activement à la disparition

---

[*] Walid Chaiehloudj est Vice-Président de l'Autorité de la concurrence de Nouvelle-Calédonie et a été nommé Membre du Collège de l'Autorité de la concurrence française. Il est également professeur des universités à l'Université de Perpignan. Les opinions de l'auteur sont personnelles.

[1] Il nous semble que la place accordée à l'arme qu'est l'« injonction structurelle » entraîne également de fortes controverses et une absence de consensus.

de cette disposition[2] et militent toujours énergiquement pour la suppression de cette interdiction dans l'ordre juridique métropolitain.[3] D'un autre côté, il y a les déçus et ceux qui considèrent que la loi du pays n° 2018-31 du 9 août 2018 portant modification de la partie législative du *code de la concurrence* est un mauvais coup porté à la protection de la concurrence au Fenua et au bien-être du consommateur polynésien. Dans une note du 28 février 2018 destinée aux membres de la Commission de l'économie, des finances, du budget et de la fonction publique de l'Assemblée de la Polynésie française, l'ancien président de l'Autorité de la concurrence polynésienne (ci-après l'APC) avait souligné avec virulence que la suppression, entre autres, de la prohibition des accords exclusifs d'importation priverait l'APC d'un outil pour lutter contre la vie chère. Il ajoutait que « l'avis d'universitaire[s] (auquel se réfère l'exposé des motifs) qui se sont réunis en colloque en novembre dernier à Tahiti ne saurait être pris pour "vérité révélée" tant le monde universitaire, juristes et économistes, est partagé sur le sujet ».[4] Dans un avis important, l'APC a de nouveau défendu la prohibition des accords exclusifs d'importation en considérant que les arguments du maintien d'une concurrence inter-marque n'étaient guère convaincants compte tenu des caractéristiques bien connus des territoires insulaires, à savoir le nombre réduit de produits substituables de marques concurrentes.[5]

3. *Loi du pays du 9 août 2018 et exception polynésienne.* Cette disparition de la prohibition des accords exclusifs d'importation est quoi qu'il en soit étonnante tant elle va à rebours des dynamiques métropolitaine et calédonienne. Certes, le « principe de spécialité législative »[6] autorise le législateur ultramarin à bâtir une législation sur mesure qui répond et prend en compte les besoins économiques et sociaux spécifiques de ce territoire, lesquels sont très distincts de ceux rencontrés en métropole. Cela étant dit, la précipitation du législateur polynésien pour supprimer un texte entré en vigueur le 1er février 2017 ne peut que surprendre.[7]

---

[2] Voir notamment Montet Ch., « Accords exclusifs d'importation : en finir avec le régime d'exception », *in Le droit de la concurrence en Polynésie française et dans les petites économies insulaires du Pacifique (dir. S. Cabon, Ch. Montet et F. Venayre)*, LexisNexis, 2018, p. 57 et s. Ce texte est une contribution à un colloque ayant lieu en 2017 au Fenua, qui a conduit à une réaction très rapide du législateur.

[3] Voir, par exemple, Venayre F. , « Droits exclusifs d'importation outre-mer. Se poser les bonnes questions avant d'interdire ? », *RLC*, 2018, n° 71, p. 22. Très récemment, voir Vogel L. et Vogel J., « Interdiction des droits exclusifs d'importation dans les DROM-COM : Quels risques ? Quelles solutions ? », *BRDA*, 2024, n° 4, p. 24.

[4] APC, *Note aux membres de la Commission de l'économie, des finances, du budget et de la fonction publique de l'Assemblée de la Polynésie française sur le projet de loi réformant le* code de la concurrence, 28 février 2018, p. 4.

[5] APC, avis n° 2019-A-02 du 19 septembre 2019 relatif aux mécanismes d'importation et de distribution en Polynésie française, § 391 et s.

[6] V° « Spécialité législative », *in* Giraudeau G. et Maisonneuve M. (dir.), *Dictionnaire juridique des Outre-mer*, LexisNexis, 2021, p. 504 : « le principe de spécialité législative signifie l'existence d'un droit spécifique applicable dans les territoires concernés. Ils sont soumis soit à un régime spécialement élaboré, soit aux lois et règlements métropolitains mais à la condition que ces derniers comportent mention expresse de leur applicabilité. Autrement dit, le droit métropolitain ne s'y applique pas de plein droit mais seulement par exception et à la suite de l'expression en ce sens de la volonté du pouvoir normatif, dans le texte initial ou à l'occasion de l'extension explicite de son application ».

[7] Le *code de la concurrence polynésien* est quant à lui entré en vigueur le 1er février 2016.

Il faut se rappeler que la loi du pays n° 2014-2 du 23 février 2015 relative à la concurrence disposait que

> *dans un délai d'un an à compter de l'entrée en vigueur du présent code, l'Autorité polynésienne de la concurrence statue sur l'admissibilité des accords ou pratiques concertées en cours ayant pour objet ou pour effet d'accorder des droits exclusifs d'importation et qui lui ont été soumis.*

Aussi était-il prévu pour les entreprises polynésiennes le bénéfice d'une « période pédagogique »,[8] non seulement pour s'acculturer à un nouvel environnement réglementaire plus exigeant, mais également pour saisir l'APC afin d'obtenir son approbation, ce qui ressemble fortement aux anciennes lettres de confort de la Commission européenne. A cet égard, trois points méritent une attention particulière. D'abord, d'un point de vue temporel, la durée de vie de la prohibition a été très courte. Entre l'entrée en vigueur de la prohibition des accords exclusifs d'importation et l'adoption de la loi du pays du 9 août 2018, il s'est simplement écoulé 18 petits mois… Est-ce bien suffisant pour tirer des conclusions définitives des effets d'une législation ? Ensuite, la pédagogie de la concurrence n'a guère fonctionné, puisque aucune entreprise n'a notifié d'accords exclusifs d'importation à l'APC.[9] Enfin, aucune décision de condamnation n'a été rendue pendant la période où le texte prohibant les exclusivités d'importation était en vigueur. Dans ces conditions, comment est-il possible d'affirmer sans réserve que la prohibition aurait produit des effets négatifs pour l'économie polynésienne ?

4. *Concentration des marchés polynésiens.* Le coût de la vie en outre-mer mérite plus de rigueur et de mesure, d'autant plus que dans certains territoires se rapprochant des caractéristiques polynésiennes, comme la Nouvelle-Calédonie, la prohibition des accords exclusifs d'importation est appliquée et permet de maintenir des marchés ouverts.[10] Qui plus est, plusieurs facteurs doivent être pris en compte lorsqu'on s'intéresse à la cherté de la vie en outre-mer, tels que la fiscalité, à l'instar du fameux « octroi de mer » hérité de l'époque coloniale, mais surtout la concentration du marché, qui peut être qualifiée d'hyperconcentration pour le cas polynésien.[11] Cette concentration « désigne la densité d'entreprises, qui est habituellement mesurée par la part de l'offre détenue par elle ».[12] Comme l'a récemment rappelé l' Organisation

---

8 Venayre F., « Prohibition des exclusivités d'importation à Tahiti : Fin de la (discrète) période pédagogique », *RLC*, 2017, n° 64, p. 14.

9 *Ibid.*

10 Même sur des petits marchés comme celui, par exemple, des cigarettes électroniques. Voir ACNC, décision n° 2023-PAC-01 du 1er mars 2023 relative à des pratiques mises en œuvre dans le secteur de l'importation et de la distribution de cigarettes électroniques en Nouvelle-Calédonie.

11 Une récente commission d'enquête, dans laquelle nous avons été auditionnés, relève qu'« En Polynésie française, quatre groupes d'enseignes de la grande distribution possèdent la quasi-totalité du marché : les enseignes Carrefour (Carrefour, Champion et Easy Market) sont gérées par le groupe Wane, acteur majeur de la grande distribution, qui détient 52 % du marché, les enseignes U (Hyper U, Super U et U Express) représentent 34 % du marché suivies par l'enseigne LS Proxi (presque 8 %) et l'enseigne nouvellement créée Happy Market partenaire d'Intermarché à 5,6 % ». Voir Vuilletet G. et Hajjar J., *Rapport fait au nom de la commission d'enquête sur le coût de la vie dans les collectivités territoriales régies par les articles 73 et 74 de la Constitution*, déposé le 20 juillet 2023, p. 380.

12 OCDE, *L'interaction entre la concurrence et la démocratie*, documents des tables rondes de l'OCDE sur la politique de concurrence, n° 316, 2024, p. 16.

de coopération et de développement économiques (OCDE) , « plus le nombre d'entreprises opérant dans un marché est faible, ou plus la part détenue par un nombre relativement faible d'entreprises est élevée, et plus le marché est concentré ».[13] Une telle concentration a des effets délétères pour le consommateur en termes de prix, de qualité des produits et d'innovation, mais également d'un point de vue démocratique. Dans un tel contexte, le risque de capture du législateur est grand, puisque grâce à un travail de lobbying, le pouvoir économique des entreprises en monopole ou opérant sur un marché oligopolistique peut se transmuer en un pouvoir politique.[14] L'exclusivité d'importation que détient un distributeur ne renforce-t-il pas ce pouvoir économique, et ce, indépendamment de toute prise en compte d'un gain d'efficacité ?

5. *Utilité de la prohibition à l'aune de l'histoire de l'antitrust.* En réalité, il faut revenir à l'essence du droit antitrust pour comprendre l'utilité de la prohibition des accords exclusifs d'importation. Dans un discours célèbre, le sénateur Sherman, père du Sherman Act, avait déclaré que :

> *Si nous refusons qu'un roi gouverne notre pays, nous ne pouvons accepter qu'un roi gouverne notre production, nos transports ou la vente de nos produits. Si nous ne voulons pas nous soumettre à un empereur, nous ne devons pas nous soumettre à un autocrate du commerce ayant le pouvoir d'empêcher la concurrence et de fixer le prix de n'importe quelle marchandise.*[15]

Une exclusivité d'importation faisant du distributeur élu un « autocrate du commerce », c'est-à-dire l'unique entité à pouvoir vendre le produit sur le territoire, la prohibition de l'accord ne paraît pas dénué de sens, à tout le moins en termes de politique de concurrence.

6. *Un plaidoyer.* Cette contribution propose un plaidoyer, défini par l'Académie française comme un « écrit qui soutient une idée ou une cause ». Ce plaidoyer se veut libre et parfois « sans rigueur » dans son acception carbonnienne. Il soutiendra la cause de la prohibition avec certainement des arguments d'inégales valeurs, mais qui concordent tous vers la résurrection du défunt texte. D'une part, le retour de la prohibition des accords exclusifs d'importation permettrait aux consommateurs polynésiens de bénéficier d'une concurrence intra-marque (I). D'autre part, il libérerait des ressources limitées pour que l'APC puisse concentrer son action sur des pratiques plus difficilement détectables et sanctionnables (II). Enfin, il est nécessaire d'expérimenter une interdiction pour tirer des conclusions (III).

I. Le bénéfice d'une concurrence intra-marque

7. *Généalogie de la prohibition.* La croyance selon laquelle un accord exclusif d'importation est moins grave qu'une entente ou qu'un abus de position dominante provient d'une position malheureuse qui a été exprimée lors des débats parlementaires

---

13 *Ibid.*

14 *Ibid.*, p. 18.

15 Senator Sherman John, 21 Cong. Rec. 2515 (1889) : « If we will not endure a King as a political power we should not endure a King over the production, transportation, and sale of the necessaries of life. If we would nott submit to an emperor we should not submit to an autocrat of trade with power to prevent competition and to fix the price of any commodity » (trad. libre).

avant l'adoption de la loi n° 2012-1270 dite « loi Lurel » du 20 novembre 2012. Dans son avis du 3 octobre 2012, la Commission des lois constitutionnelles, de la législation et de l'administration générale de la République avait indiqué sans s'en justifier que

> *les pratiques de droits exclusifs outre-mer ne saurait [sic] présenter la même gravité que les cartels et abus de position dominante et se voir appliquer les mêmes sanctions pénales, car les atteintes aux règles de concurrence et de l'ordre public économique sont moindres.*[16]

8. Dans sa première décision de sanction[17], l'Autorité de la concurrence métropolitaine avait repris cette argumentation – devenue par la suite une antienne[18] – mais là encore, sans se justifier quant au caractère moins attentatoire de la pratique en comparaison de celles d'entente et d'abus de position dominante. Or cette appréciation va quelque peu à contre-courant de son analyse originelle. En effet, il faut se souvenir de la genèse de la consécration de la prohibition. Pour adopter la loi Lurel, le législateur s'est appuyé sur les travaux de l'Autorité de la concurrence et notamment sur un avis de 2009 qui insistait, d'une part, sur l'importance du maintien de la concurrence intra-marque dans les territoires domiens et, d'autre part, sur sa fragilisation dans le secteur de la grande distribution, fragilisation qui par contagion affaiblirait la concurrence inter-marque.[19] A cet égard, elle avait souligné que :

> *Selon les caractéristiques du marché et des exclusivité[s] considérées (durée et modalités des exclusivités, modalités de résiliation, part de marché des*

---

16 Commission des lois, avis n° 243 du 3 octobre 2012.

17 Aut. conc., décision n° 16-D-15 du 6 juillet 2016 relative à des pratiques mises en œuvre dans le secteur de la distribution des produits de grande consommation en outre-mer, § 46.

18 Aut. conc., décision n° 17-D-14 du 27 juillet 2017 relative à des pratiques mises en œuvre dans le secteur de la distribution des produits de grande consommation en Outre-mer, § 48 ; Aut. conc., décision n° 18-D-03 du 20 février 2018 relative à des pratiques mises en œuvre dans le secteur de la commercialisation de pièges à termites à base de biocides à la Réunion, aux Antilles et en Guyane, § 123 ; Aut. conc., décision n° 18-D-21 du 8 octobre 2018 relative à des pratiques mises en œuvre dans le secteur des produits de grande consommation sur les îles du territoire de Wallis et Futuna, § 79 ; Aut. conc., décision n° 19-D-11 du 29 mai 2019 relative à des pratiques mises en œuvre dans le secteur de la commercialisation de réactifs et consommables pour laboratoires hospitaliers sur le territoire de la Guyane, § 94 ; Aut. conc., décision n° 19-D-20 du 8 octobre 2019 relative à des pratiques mises en œuvre dans le secteur de la distribution de produits de parfumerie et cosmétiques aux Antilles, en Guyane et à la Réunion, § 110 ; Aut. conc., décision n° 20-D-16 du 29 octobre 2020 relative à des pratiques mises en œuvre dans le secteur de la commercialisation du champagne aux Antilles et en Guyane, § 151 ; Aut. conc., décision n° 21-D-23 du 7 octobre 2021 relative à des pratiques mises en œuvre dans le secteur de la commercialisation du champagne et de spiritueux à la Réunion (Cattier), § 70 ; Aut. conc., décision n° 23-D-02 du 8 mars 2023 relative à des pratiques mises en œuvre dans le secteur de la commercialisation du champagne Canard-Duchêne aux Antilles et en Guyane, § 179, voir aussi, *French Competition Authority, The French Competition Authority fines several companies which have implemented exclusive import agreements (Materne / Sodibel), 27 juillet 2017, e-Competitions July 2017, Art. N° 84545, voir aussi Michel Debroux, Exclusivité d'importation : L'Autorité de la concurrence sanctionne à nouveau des accords exclusifs d'importation et de distribution dans les collectivités d'outre-mer et précise le champ d'application de la loi Lurel (Commercialisation de pièges à termites à base de biocides à La Réunion, aux Antilles et en Guyane), 20 février 2018, Concurrences N° 2-2018, Art. N° 86863, pp. 73 – 74*

19 Dans cet avis, après avoir présenté la structure de la distribution en « circuit long », l'Autorité avait relevé que « Dans une certaine mesure, cette limitation de la concurrence intra-marque peut affecter la concurrence inter-marque : en présence d'une exclusivité territoriale, une hausse des prix par un fabricant ou par un grossiste a plus de chances d'être suivie par les grossistes concurrents ». Voir Aut. conc., avis n° 09-A-45 du

> *clients liés par l'exclusivité, part de marché des fabricants utilisant ces exclusivités, caractère cumulatif des exclusivités considérées, existence de barrières à l'entrée sur les marchés considérés, etc.), une exclusivité d'approvisionnement peut être de nature à empêcher l'entrée de fabricants concurrents tandis que la réduction de la concurrence intra-marque issue d'une exclusivité de clientèle peut également s'étendre à la concurrence intermarque. Le Conseil de la concurrence avait notamment indiqué [Décision n° 05-D-49 relative au secteur des machines à affranchir] que ces atteintes [à la concurrence] sont d'autant plus graves que le contexte économique et juridique du marché en cause est très défavorable à la concurrence et qu'elles sont le résultat d'un ensemble significatif de contrats similaires couvrant la quasi-totalité du marché concerné et produisant un effet cumulatif.*[20]

Toute cette argumentation montre combien la pratique est préjudiciable pour le libre jeu de la concurrence dans un territoire caractérisé par l'étroitesse de son marché. Aussi existe-t-il une dissonance entre la sévérité de la répression et le fait d'indiquer que ces pratiques sont moins attentatoires à l'ordre public économique. De plus, il paraît peu pertinent d'adopter une approche *in abstracto* plutôt qu'une approche *in concreto*. Qu'est-ce à dire ? Cela signifie qu'actuellement l'Autorité adopte une approche idoine selon les cas et demeure indifférente quant au marché concerné pour appliquer le critère de gravité. Or la gravité devrait d'autant plus être identifiée dans des secteurs sensibles, tels que le secteur de la santé, par exemple. Car au dommage à l'économie s'agrègent des dommages sociaux évidents. N'y a-t-il pas une atteinte importante à l'ordre public lorsque des matériels médicaux sont vendus plus chers pour défaut de concurrence en raison d'une exclusivité d'importation ?

9. *Une barrière à l'entrée.* En outre, dans des territoires dominés par la culture de la non-concurrence et où la concentration des marchés est forte, il nous semble qu'il n'y a guère de raison de considérer que la pratique est moins grave qu'une entente ou un abus de position dominante. Aussi, si le législateur a considéré que la pratique devait être sanctionnée *per se*, et a donc allégé la charge de la preuve pour l'Autorité de la concurrence, c'est bien parce qu'il estime que la pratique ferme à la concurrence les marchés ultramarins. Autrement dit, il s'agit d'une barrière à l'entrée de nature juridique, puisqu'un produit notoire ou attractif soumis à une exclusivité d'importation ne pourra pas être proposé par un nouvel entrant. N'est-ce pas là un dommage à l'économie flagrant ?

10. *Animation concurrentielle.* D'ailleurs, des membres de l'Autorité de la concurrence métropolitaine ont récemment indiqué que « l'interdiction des accords exclusifs d'importation a permis d'introduire *davantage d'animation concurrentielle* dans

---

8 septembre 2009 relatif aux mécanismes d'importation et de distribution des produits de grande consommation dans les départements d'outre-mer, § 102, voir aussi, *Alain Ronzano, Santé – Réseaux de professionnels de santé : L'Autorité de la concurrence dit tout le bien qu'elle pense des réseaux de professionnels agréés par les complémentaires de santé (Affaire réseaux de soins agréés), 9 septembre 2009, Concurrences N° 4-2009, Art. N° 55848*

20 *Ibid.*, § 135.

les rapports entre grossistes importateurs et fournisseurs via la généralisation des procédures de mises en concurrence ».[21] Qui plus est, sous l'impulsion de l'Autorité de la concurrence métropolitaine,[22] le législateur a introduit à l'article L. 420-2-1 du *Code de commerce*, par la loi DDADUE du 3 décembre 2020,[23] une nouvelle disposition qui interdit aux distributeurs intégrés, c'est-à-dire aux distributeurs qui sont à la fois présents à l'amont en tant que grossistes importateurs et à l'aval dans la vente au détail, de favoriser les magasins intragroupes au détriment des magasins concurrents. En d'autres termes, est désormais sanctionné le fait pour un acteur intégré de discriminer ses clients tiers par rapport à ses clients intragroupes.

11. *Protection de la concurrence intra-marque.* Quoi qu'il en soit, la prohibition des accords exclusifs d'importation protège la concurrence intra-marque. Et à ce jour, on peine à comprendre pourquoi une partie de la doctrine demeure hostile à cette défense de la concurrence intra-marque.[24] La comparaison avec certains pays n'est pas toujours convaincante. Par exemple, celle faite avec l'île de Malte, où la prohibition des accords exclusifs d'importation n'existe pas, ne permet de tirer aucun enseignement. Les données proposées par de nombreuses entités montrent que dans ce pays le coût de la vie est moins élevé que dans d'autres pays européens tels que l'Allemagne ou la France[25] alors que l'écart entre la Polynésie et la métropole est estimé quant à lui à 30,8 %.[26]

12. *L'exemple calédonien.* En toute hypothèse, l'exemple calédonien offre une voie tangible pour dessiller les yeux du législateur polynésien et sa forfaiture. Dans une récente décision, l'Autorité calédonienne est intervenue dans le secteur des télécommunications,[27] secteur ô combien important pour la connectivité de l'archipel au reste du monde. En l'espèce, la société Ericsson vendait exclusivement des équipements de réseaux de télécommunications à un distributeur. Aussi, le client final, qui était principalement l'Office des postes et télécommunications de

---

21 Kerguelen E. et Piffau H., « Distribution », *Concurrences*, 2023, n° 2, p. 19 (Journées Concurrence Tahiti [Papeete, 23-25 janvier 2023]).

22 Aut. conc., avis n° 19-A-12 du 4 juillet 2019 concernant le fonctionnement de la concurrence en outre-mer, voir aussi *ean-Philippe Kovar, Outre-Mer : L'Autorité de la concurrence dresse un état des lieux de la concurrence dans les départements et régions d'Outre-Mer et recommande un renforcement de ses pouvoirs (Fonctionnement de la concurrence en Outre-Mer), 4 juillet 2019, Concurrences N° 4-2019, Art. N° 92374, pp. 191-193*

23 Loi n° 2020-1508 du 3 décembre 2020 portant diverses dispositions d'adaptation au droit de l'Union européenne en matière économique et financière.

24 Montet Ch. et Venayre F., « Coût de la vie en outre-mer et politique de concurrence en Polynésie française », *in Mélanges offerts à Louis Vogel*, LexisNexis e.a., 2024, p. 303 et s.

25 Et surtout, beaucoup moins élevé qu'en Polynésie française. Par exemple, l'EURopean Employment Services indique que le coût moyen de nombreux produits de grande consommation est beaucoup plus bas que pour la Polynésie. Par exemple, une salade coûte en moyenne 1,63 euro à Malte alors qu'à Tahiti le prix moyen constaté début 2025 est de 4,19 euros. Voir pour plus de comparaison : https://eures.europa.eu/living-and-working/living-and-working-conditions-europe/living-and-working-conditions-malta_fr (consulté le 08/01/2025). De plus, Malte ne souffre guère du problème de la distance avec le continent européen, l'île se situant à 2 heures d'avion de Barcelone ou de Milan et de 2 heures 50 minutes de Paris. Nous sommes très loin de la vingtaine d'heures qui sépare Tahiti de la capitale métropolitaine qu'est Paris. Cela conduit nécessairement à un coût d'importation des produits bien moindre.

26 Institut de la statistique de la Polynésie française (ISPF), coll. Point Etudes et Bilans, 2023, cité par Montet Ch. et Venayre F., « Coût de la vie en outre-mer et politique de concurrence en Polynésie française », *op. cit.*

27 ACNC, décision n° 2024-PAC-04 relative à des pratiques mises en œuvre dans le secteur des équipements pour réseaux de télécommunications en Nouvelle-Calédonie.

Nouvelle-Calédonie (OPT), ne pouvait bénéficier de la concurrence intra-marque pour les produits d'Ericsson, le distributeur bénéficiant d'une position monopolistique pour la distribution des solutions d'Ericsson en Nouvelle-Calédonie. C'est dire qu'une baisse des prix sur ces produits était tout à fait illusoire. Qui plus est, si un nouvel entrant souhaitait proposer les produits d'Ericsson, l'exclusivité d'importation lui fermait définitivement les portes du marché. Certes, il est impossible de savoir à ce jour si des concurrents pourront ou non rentrer à court, moyen ou long terme sur ce marché tant il demande des compétences techniques de haut niveau. Cela étant dit, n'est-ce pas le rôle d'une autorité de concurrence que de faire en sorte que l'accès des marchés ne soit pas verrouillé ?

13. *Faiblesse de l'argument économique.* Enfin, il nous semble que l'argument de l'efficacité économique est faible s'agissant des accords exclusifs d'importation. En premier lieu, l'ancien texte du *code de la concurrence* ainsi que les textes équivalents en métropole et en Nouvelle-Calédonie autorisent les entreprises à sauver un accord exclusif d'importation sous réserve de démontrer des gains d'efficacité sous la forme du progrès économique. Or, jusqu'alors, aucune entreprise n'a réussi à en démontrer depuis l'adoption de la loi Lurel et depuis l'installation de l'Autorité calédonienne en 2018. En deuxième lieu, il n'y a pas de littérature économique fiable sur le sujet, si bien que les auteurs favorables à la suppression du texte citent souvent les mêmes études. En dernier lieu, la suppression du texte ne va pas dans le sens de l'histoire. Actuellement, les débats sont intenses sur l'apport réel de l'approche plus économique. Le Prix Nobel d'économie Jean Tirole invite lui-même les autorités à ne pas être tétanisées par le risque d'erreur.[28]

II. La libération des ressources

14. *Ressources limitées de l'APC.* Il n'est guère original de relever que les ressources des autorités de concurrence sont limitées et faibles en comparaison des moyens détenus par certaines entreprises. Le budget de l'APC n'est que d'une centaine de millions de francs pacifiques et ses effectifs sont très réduits. S'agissant du service d'instruction, qui est le cœur du réacteur d'une autorité de concurrence, il se compose simplement de 6 rapporteurs, dont 1 rapporteur général et 1 rapporteur général adjoint.[29] Ces chiffres ne pèsent pas bien lourd lorsqu'ils sont mis en perspective avec les chiffres d'affaires réalisés par les grandes entreprises du Fenua. Les journaux et radios du territoire[30] révèlent que le groupe Wane réalise 53 milliards de francs pacifiques[31] de chiffres d'affaires, Air Tahiti Nui 35,4 milliards, Carrefour Polynésie 28,9 milliards et le groupe EDT-Engie 28,5 milliards. Il est clair que

---

28 Tirole J., *Competition Policy in Digital Age, Keynote Speech at the « Shaping Competition Policy in the Era of Digitisation »*, conférence, 17 janvier 2019, cité par PRIETO C., « Sources économiques du droit de la concurrence : quelle efficacité ? », *CCC*, 2020, n° 6, dossier 3.

29 Voir APC, *rapport annuel 2023 : Des règles du jeu équitables pour une croissance durable*, 2024, p. 10.

30 Ces chiffres éloquents ont été divulgués en 2019 dans la presse généraliste à laquelle nous nous référons, faute d'avoir accès au compte des entreprises mentionnées. Voir https://www.radio1.pf/atn-carrefour-et-edt-engie-restent-les-poids-lourds-de-leconomie-locale/ (consulté le 08/01/2025).

31 Ce groupe à la fin des années 2010 représentait près de 12 % du PIB polynésien. Voir https://la1ere.francetvinfo.fr/polynesie/combien-pese-groupe-wane-polynesie-501389.html (consulté le 08/01/2025).

face à ces énormes entreprises, non seulement les asymétries d'information jouent à plein, mais surtout les moyens financiers et économiques rendent les enquêtes plus difficiles. Dit autrement, la détection des pratiques anticoncurrentielles n'est guère aisée. D'abord, les enquêtes de concurrence prennent du temps. L'Autorité de la concurrence métropolitaine par exemple, qui a des effectifs bien plus fournis et une immense expérience en la matière, met en moyenne 2 à 3 ans pour arriver jusqu'à une décision de condamnation. Et il y a parfois des affaires qui prennent bien plus de temps encore ! Ensuite, on constate que la culture de la non-concurrence en outre-mer conduit à des difficultés de dissuasion et de détection. Que ce soit en Polynésie française ou également en Nouvelle-Calédonie, la procédure de clémence pour l'instant n'a pas rencontré le succès escompté.[32] La dernière grande affaire d'entente, celle des pompes funèbres, date de 2022 et n'a pas été décelée grâce à une demande de clémence.[33] Partant, le faible taux d'affaires en matière de pratiques anticoncurrentielles n'est pas dû au manque de volonté de l'APC, mais à l'exigence des standards de preuve pour arriver à la qualification d'une pratique et à une décision qui ne sera pas censurée par les juridictions de contrôle. Qui plus est, les affaires d'abus de position dominante, qui imposent la délimitation d'un marché pertinent, la réalisation d'études économétriques précises et la mise en œuvre de tests économiques complexes, sont également très difficiles à traiter.[34]

15. *David contre Goliath.* Au regard de ce qui précède, l'argument qui consiste à dire que

> *si certains responsables soutiennent ce type de sanction per se [la prohibition des accords exclusifs d'importation], c'est probablement qu'elles sont moins exigeantes en termes d'instruction des dossiers et qu[']elles permettent de donner le sentiment d'une activité soutenue de l'administration au service des population[s] »*[35]

---

32 La différence avec l'UE est frappante. Par exemple, en 2020, 8 cas sur 10 étaient identifiés et jugés grâce à la procédure de clémence. Aujourd'hui, la moitié des cas continue de provenir de la procédure de clémence. Voir Guersent O., « Le droit de la concurrence est très efficace, mais trop lent dans le contexte du digital », *Décideurs magazine* [en ligne], 16 décembre 2024. Disponible sur : https://www.decideurs-magazine.com/regulation-juridiques/60054-olivier-guersent-le-droit-de-la-concurrence-est-tres-efficace-mais-trop-lent-dans-le-contexte-du-digital-ce-qui-ne-veut-pas-dire-qu-on-arrete-de-l-appliquer.html (consulté le 08/01/2025). Voir pour le cas calédonien : Chaiehloudj W. , « Le droit des pratiques anticoncurrentielles calédonien : des procédures diversifiées pour rétablir le jeu de la concurrence », *Concurrences*, 2022, n° 4, n° 109579. Pour une perspective plus large : Chaiehloudj W, « Réguler la concurrence : contexte insulaire et expérience calédonienne », *CCC*, 2025, à paraître.

33 APC, décision n° 2022-PAC-01 du 5 septembre 2022 relative à des pratiques mises en œuvre dans le secteur des pompes funèbres, *voir aussi, Alain Ronzano, Polynésie française : L'Autorité polynésienne de la concurrence fait le ménage dans le secteur des pompes funèbres en sanctionnant sévèrement une entente horizontale de prix (HPP Funéraire...), 5 septembre 2022, Concurrences N° 4-2022, Art. N° 110025*

34 La dernière affaire d'abus de position dominante pour l'heure est une affaire qui n'a pas encore été traitée au fond. Voir APC, décision n° 2023-PAC-01 du 31 mars 2023 relative à une demande de mesures conservatoires présentée par la société Viti pour des pratiques mises en œuvre dans le secteur des télécommunications, en matière de prestations d'itinérance dans les archipels éloignés. Cette décision a été confirmée par la Cour d'appel de Paris. Voir CA Paris, pôle 5, ch. 7, 6 juillet 2023, n° RG 23/06177.

35 Montet Ch. et Venayre F., « Coût de la vie en outre-mer et politique de concurrence en Polynésie française », *op. cit.*, p. 312.

nous paraît très sévère et quelque peu frappé du sceau de l'idéologie. Car cet argument est totalement réversible et méconnaît surtout la réalité de la vie institutionnelle d'une autorité. C'est surtout oublier que, dans ce monde agonistique, une autorité de concurrence est un David qui essaie de mettre au jour des pratiques illégales de nombreux Goliath ! C'est également oublier que dans un monde où l'asymétrie informationnelle bénéficie aux entreprises, il a fallu trouver des voies pour davantage les responsabiliser. N'est-ce pas à cause des ressources limitées des autorités de concurrence – et non pour donner un sentiment d'activité – qu'il a été imposé aux entreprises d'autoévaluer et de réaliser leur propre diagnostic des comportements qu'elles envisagent d'adopter sur le marché ?[36] De plus, s'agissant des accords exclusifs d'importation, le défunt texte ne désarmait pas les entreprises, puisqu'elles bénéficiaient toujours de la possibilité d'apporter des preuves de gains d'efficacité générés par l'accord litigieux. Si jusqu'alors les entreprises en métropole ou en Nouvelle-Calédonie n'ont pas réussi à démontrer ces gains, n'est-ce pas un indice important de la nocivité de la pratique ?[37]

III. L'absence d'expérience

16. *Le bon sens.* Le dernier argument ne nécessite pas de développements très substantiels, puisqu'il fait appel au simple bon sens. Comment tirer une leçon de la nocivité de la prohibition des accords exclusifs d'importation pour l'économie polynésienne alors que le texte n'a jamais été appliqué et qu'il est donc impossible de savoir les incidences qu'il aurait eues en termes de libre jeu de la concurrence ?

17. *Position monopolistique du distributeur.* A l'évidence, une exclusivité d'importation ressemble beaucoup à une « exclusivité territoriale », exclusivité mise sous surveillance par les autorités de concurrence.[38] Dans le contexte insulaire, cette exclusivité d'importation conduit à coup sûr à une position monopolistique du distributeur, puisque la concurrence intra-marque est totalement verrouillée par l'accord. Qui plus est, comme expliqué précédemment, la concurrence inter-marque, souvent très faible, ne permet pas de pallier la perte sèche de la concurrence intra-marque. Au regard de ces éléments, ne faudrait-il pas laisser une place à l'expérimentation ? Le retour à la prohibition ne permettrait-il pas de voir poindre de nouvelles pressions concurrentielles sur le territoire polynésien ?

*

* *

---

36 Lasserre B., « Concurrence et bien public à travers la *compliance* », *in* Frison-Roche M.-A. (dir.), *Régulation, Supervision, Compliance*, Dalloz, 2017, p. 35.

37 Pour notre part, nous considérons que la montée en puissance de « méta-intérêts », tels que la durabilité, pourrait conduire à sauver un accord. Par exemple, si un accord exclusif d'importation conduit à protéger l'environnement ou à des effets sociaux positifs pour les salariés, un tel accord pourrait être sauvé. Voir Chaiehloudj W., « Les avancées du droit européen de la concurrence et des droits étrangers à l'aune de la durabilité », *in* Chaiehloudj W., Mestre J. et Dupouy S. (dir.), *La durabilité et le droit économique*, LexisNexis, 2025, à paraître.

38 Buy F., « Clause d'exclusivité territoriale », *in* Buy F., Lamoureux M., Mestre J. et Roda J.-Ch. (dir.), *Les principales clauses des contrats d'affaires*, LGDJ, 2018, p. 349.

18. *Conclusion.* En définitive, le choix de sortir de l'ordre juridique polynésien la prohibition des accords exclusifs d'importation est une mauvaise décision politique, laquelle est incompréhensible à plusieurs égards. Incompréhensible d'abord, car la durée de vie du texte n'aura permis ni de l'appliquer ni de savoir l'effet qu'il aurait eu sur l'économie du Fenua et le bien-être du consommateur. Incompréhensible ensuite, car ce choix méconnaît les contraintes des autorités de concurrence. Décider de sanctionner *per se* ces accords nous paraît être une bonne politique de concurrence au regard du contexte ultramarin et permet de prendre en compte la réalité des ressources financières de l'APC. Incompréhensible enfin, car la prohibition *per se* ne fermait guère la porte à l'analyse économique dans la mesure où les entreprises demeuraient libres de justifier la conclusion des accords en prouvant des gains d'efficacité.

En outre, et en dernier lieu, il y aura peut-être à l'avenir un argument additionnel, peu ou prou anecdotique, se fondant sur la notion d'ordre public. Dans une affaire, *Monster Energy*,[39] la Cour de cassation a récemment cassé un arrêt de la Cour d'appel de Paris pour défaut de base légale, en considérant que pour rejeter l'exequatur d'une sentence, la juridiction parisienne n'avait pas assez motivé sa décision. Concrètement, la Cour d'appel n'aurait pas suffisamment expliqué en quoi la sentence était contraire à l'ordre public, à savoir le droit de la concurrence, et précisément en l'espèce l'article L. 420-2-1 du *Code de commerce*. Dans l'hypothèse où cet article serait reconnu comme une composante de notre ordre public français dans l'ordre international, l'exception polynésienne apparaîtrait encore davantage comme une anomalie que le législateur du Fenua aurait bon goût de réparer. *Errare humanum est perseverare diabolicum…*

---

39 Cass. 1re civ., 17 mai 2023, n° 21-24106, *Monster Energy.*

L'intégration du développement durable dans le droit polynésien de la concurrence : entre incertitudes et opportunités

Hervé Raimana Lallement-Moe*
Université de la Polynésie française
Centre de droit international Lyon 3

E'ere roa atu te Nātura i te hō'ē faufa'a mate, e ao rā e tuatāpapa, e ao māramarama, te puna o te 'ite iā 'oe iho 'e ia vetahi 'ē. E tuatāpapa i te Nātura, nō te 'ite ïa iā 'oe – Pour les Polynésiens, la nature n'est pas un objet inerte et inanimé mais au contraire un monde à déchiffrer, un monde du sens, la source d'une meilleure compréhension de soi-même et des autres. Déchiffrer la nature c'est se comprendre soi-même.[1]

1. Cet extrait d'un discours de la vice-présidente de la Polynésie française, Mme Eliane Tevahitua, du 21 juin 2023 démontre toute l'importance de l'environnement pour les Polynésiens. La situation est différente pour le droit de la concurrence, matière introduite très récemment et de nature exogène pour les Polynésiens, preuve en sont les débats houleux qui ont suivi son introduction contemporaine.[2]

---

* Hervé Raimana Lallement-Moe est docteur en droit public et chercheur associé au laboratoire Gouvernance et Développement Insulaire de l'Université de la Polynésie française ainsi qu'au Centre de Droit International de l'Université Lyon III.

[1] Pour les discours des membres du gouvernement de la Polynésie française : https://www.presidence.pf/.

[2] Cabon Sarah Marie., Montet Christian. et Venayre Florent.(éd.), *Le Droit de la concurrence en Polynésie française et dans les petites économies insulaires du Pacifique : Bilan et perspectives*, éd. LexisNexis, 11 novembre 2018.

2. La combinaison des deux est évidemment hors-norme pour le droit polynésien, même s'il faut toutefois préciser qu'indépendamment de ses développements récents en droit national et européen, la doctrine a envisagé la question des interactions entre la concurrence et le développement durable depuis fort longtemps.[3] Il est cependant évident que de prime abord, la logique de marché semble difficilement compatible avec la réalisation d'objectifs d'intérêt général à l'instar de la protection de l'environnement. Cette particularité nécessite de revenir globalement sur la collectivité territoriale de la Polynésie française et ses particularités en matière de droit de la concurrence et droit de l'environnement.

3. La Polynésie française est une collectivité d'outre-mer (COM) dotée de l'autonomie, catégorie de collectivité territoriale créée par la loi constitutionnelle n° 2003-276 du 28 mars 2003 relative à l'organisation décentralisée de la République[4]). Son statut d'autonomie actuel a été fixé par la loi organique statutaire n° 2004-192 du 27 février 2004 modifiée. Ce régime a pour conséquences principales l'application du principe de spécialité législative, un système normatif interne spécifique et un partage de compétence entre l'État, la collectivité de Polynésie française et les communes.[5] C'est aussi au regard de l'Union européenne un pays et territoire d'outre-mer (PTOM) depuis le traité de Rome de 1957 et dont le régime est aujourd'hui fondé sur les articles 198 à 204 du Traité sur le fonctionnement de l'Union européenne (TFUE). Les effets notables sont notamment l'attribution de la citoyenneté européenne (du fait de la citoyenneté française) pour les Polynésiens, le fait que la Polynésie ne fasse pas partie du territoire européen et que le droit dérivé de l'Union européenne ne s'y applique pas.[6] En droit international général, c'est un territoire non autonome rattaché à la « puissance administrante » française. Cette dénomination se fonde sur les résolutions de l'Assemblée générale des Nations unies 66/265 (I) en date du 14 décembre 1946, et 67/265 en date du 17 mai 2013. Ce statut conduit à un rapport annuel du Comité spécial chargé d'étudier la situation en ce qui concerne l'application de la Déclaration sur l'octroi de l'indépendance aux pays et aux peuples coloniaux, ainsi qu'à une résolution annuelle de l'Assemblée générale des Nations unies.[7] Si d'autres collectivités territoriales sont aussi des COM, on peut sans problème affirmer que la Polynésie française est la collectivité la plus autonome au sein de la République, au côté de la Nouvelle-Calédonie, qui bénéficie quant à elle d'un régime constitutionnel spécifique. La Polynésie française possède la compétence de principe alors que les deux autres entités possèdent une compétence d'attribution que l'on peut notamment retrouver aux articles 14 et 43 de la loi organique statutaire de 2004 précitée.

4. Avec cette loi, le droit de la concurrence – hormis les dispositions de droit pénal, de procédure pénale, de procédure administrative contentieuse, celles relatives

---

3 Idot L., « Environnement et droit communautaire de la concurrence », *JCP G*, 1995.

4 Art. 74 de la Constitution

5 Moyrand Alain. et Lallemant-Moe Hervé Raimana, *Introduction à l'étude des institutions politiques et administratives de la Polynésie française*, 2e éd., éd. Créaprint, septembre 2020.

6 Pastorel Jean-Paul., « Les relations entre l'Union européenne et son outre-mer : entre intégration et spécificité juridique », *Revue du droit public*, 2018, n° 3, p. 823.

7 Lallemant-Moe Hervé Raimana, « Clearing the Path to Decolonization with Pragmatism and Agility in a Global Pandemic Context: the Case of French Polynesia », *CLJP*, 2022, n° 27, p. 13 et s.

aux garanties des libertés publiques et de la politique étrangère – ressortit à la compétence du pays. Des articles 7 et 14 de la loi organique statutaire de 2004, il est ainsi confirmé que le pays est compétent en la matière. En Polynésie française, le droit de la concurrence s'est matérialisé par l'intermédiaire de la création d'un code polynésien de la concurrence par les lois du pays n° 2015-2 du 23 février 2015[8] et n° 2015-4 du 14 avril 2015.[9] Inspiré du modèle national, le droit polynésien de la concurrence,[10] la loi du pays n° 2015-2 précitée a confié à l'Autorité polynésienne de la concurrence[11] (APC) la mise en application et le pilotage du droit polynésien de la concurrence, destinés à assurer le bon fonctionnement des marchés au bénéfice des consommateurs, à travers trois types de missions : un rôle consultatif (diagnostic concurrentiel des projets de réglementation et analyse du fonctionnement de tout secteur économique, à la demande des autorités publiques polynésiennes ou sur autosaisine, afin de proposer les améliorations nécessaires) ; un contrôle préventif des structures (concentrations industrielles et commerciales et contrôle de l'aménagement commercial) ; et un contrôle des pratiques mises en œuvre par les acteurs économiques avec un pouvoir répressif permettant de sanctionner les pratiques anticoncurrentielles (ententes illicites et abus de position dominante).[12]

5. La Polynésie française étant entièrement compétente depuis l'entrée en vigueur de la loi n° 77-772 du 12 juillet 1977 relative à l'organisation de la Polynésie française, en matière de droit de l'environnement – hormis les dispositions de droit pénal, de procédure pénale, de procédure administrative contentieuse, celles relatives aux garanties des libertés publiques et de la politique étrangère (en ce compris l'application en droit interne des engagements internationaux) réservées à l'État par l'article 74 de la Constitution et par l'article 14 de la loi organique statutaire n° 2004-192 du 27 février 2004 portant statut d'autonomie de la Polynésie française[13] – le pays s'est doté en 2003 d'un *code de l'environnement de la Polynésie française.*[14] Le *Code de l'environnement* en vigueur au niveau national n'est donc pas applicable sur le territoire polynésien, réserve faite des compétences de l'État en matière de défense, de procédure administrative contentieuse, de droit pénal et de procédure pénale, de sécurité et d'ordre publics (notamment la police

---

[8] Loi du pays n° 2015-2 du 23 février 2015 relative à la concurrence, paru in extenso au *Journal officiel*, 2015, n° 8 NS du 23 février 2015, p. 234, dans la partie « Lois du pays ».

[9] Loi du pays n° 2015-4 du 14 avril 2015 portant réglementation des pratiques commerciales, paru in extenso au *Journal officiel*, 2015, n° 17 NS du 14 avril 2015, p. 450, dans la partie « Lois du pays ».

[10] Moyrand Alain., « Polynésie : La révolution concurrentielle serait-elle en marche ? », *Concurrences*, 2014, n° 4-2014, art. n° 69133 ; Retterer Stéphane. et Troianiello Antonino, « Antitrust Regimes in the Pacific Region – Le droit polynésien de la concurrence : un premier bilan de l'Autorité polynésienne de la concurrence », *Concurrences*, 2018, n° 4-2018, art. n° 88089, p. 19-54 ; Cabon Sarah-Marie, Montet Christian. et Venayre Florent (éd.), *Le Droit de la concurrence en Polynésie française et dans les petites économies insulaires : Bilan et perspectives*, LexisNexis, 2018, 270 p.

[11] Disponible sur : https://www.autorite-concurrence.pdf/.

[12] Merot Jacques., SIMS Rods, Zoude-Le-Berre Aurélie., Healy Deborah, Marchal Tehono. et Simpson Robin, « Antitrust Regimes in the Pacific Region », *Concurrences*, 2018, n° 4-2018, art. n° 88089, p. 19-54.

[13] Peres Jean, « Application des lois et règlements en Polynésie française », *RJP/NZACL YEARBOOK*, 2004.

[14] Arrêté n° 1843 CM du 15 décembre 2003 portant codification des réglementations territoriales en matière d'environnement, créant le *Code de l'environnement de la Polynésie française*, et modifiant le *Code de l'aménagement de la Polynésie française*.

et la sécurité de la circulation maritime), de politique étrangère et pour sa propre organisation administrative.

6. Si le droit polynésien – droit de la concurrence et droit de l'environnement compris – reste soumis à la hiérarchie des normes nationales, les collectivités d'outre-mer (COM), y compris la Polynésie française, disposent toutefois d'une organisation particulière. Il en résulte que le régime juridique qui leur est applicable est différent, pour une partie, de celui qui régit l'Hexagone. Ce particularisme des COM est justifié par le fait que ces entités peuvent se prévaloir de leurs « intérêts propres ».[15] C'est pourquoi, chaque COM dispose d'un ordre juridique particulier, regroupant les normes adaptées à ses besoins. Cette différence est perceptible à tous les niveaux de la hiérarchie des normes. En effet, si le bloc de constitutionnalité s'applique sur l'ensemble du territoire de la République, il s'avère que dans les COM, certaines dispositions de la Constitution sont agencées différemment et donc produisent des effets de droits qui ne sont pas identiques à ceux qui prévalent en droit national.[16]

7. Pour revenir à la combinaison entre développement durable et concurrence, comme le démontre le communiqué de l'Autorité de la concurrence du 27 mai 2024 relatif aux orientations informelles de l'Autorité en matière de développement durable, les relations entre droit de la concurrence et protection de l'environnement ne sont pas forcément antinomiques. La situation est cependant bien différente en Polynésie française où le droit de la concurrence n'est apparu qu'en 2015 et peine toujours à être pleinement compris par les autorités publiques, les acteurs économiques et les usagers, presque 10 ans après son introduction, et on peut se demander si l'intégration de la notion de durabilité dans le droit polynésien de la concurrence est réaliste.

8. Si l'APC pourrait déjà en tenir compte dans ses lignes directrices et sa pratique décisionnelle (I), l'intégration réglementaire au sein du *code de la concurrence* paraît être incontournable pour produire de véritables effets en matière de protection de l'environnement et de gestion vertueuse de la concurrence (II).

I. L'Autorité polynésienne de la concurrence comme potentiel moteur en matière d'intégration du développement durable au sein du droit polynésien de la concurrence

9. Si l'APC, organisme distinct de l'Autorité nationale de la concurrence (A), peut théoriquement intégrer le développement durable dans sa pratique décisionnelle, le pas n'a pas encore été pleinement franchi pour la seule autorité administrative indépendante (AAI) polynésienne (B).

---

15 Constitution française, art. 47 C.

16 Par exemple les dérogations aux articles 34 et 37 de la Constitution ; préférence territoriale en matière d'emploi et de protection de la propriété foncière.

A. *Un acteur distinct et autonome de l'Autorité nationale de la concurrence (ADLC) et de ses orientations*

10. L'APC est une AAI polynésienne et donc distincte des AAI nationales. Ces AAI locales ne ressortissent ni à la loi organique n° 2017-54 du 20 janvier 2017 relative aux autorités administratives indépendantes et autorités publiques indépendantes, ni à la loi n° 2017-55 du 20 janvier 2017 portant statut général des autorités administratives indépendantes et des autorités publiques indépendantes, ni aux décisions juridictionnelles y afférentes, sauf à entreprendre un négationnisme arbitraire de l'article 74 de la Constitution et de la loi organique statutaire de 2004. Le Conseil constitutionnel l'a rappelé notamment dans sa décision n° 2017-746 DC du 19 janvier 2017 relative à la loi organique susmentionnée, en différenciant clairement la catégorie d'une : « autorité administrative indépendante ou d'une autorité publique indépendante créée par l'[E]tat ».

11. Les AAI polynésiennes ressortissent ainsi exclusivement à l'article 30-I de la loi organique statutaire susmentionnée disposant que :

> *I. – La Polynésie française peut, pour l'exercice de ses compétences, créer des autorités administratives indépendantes, pourvues ou non de la personnalité morale, aux fins d'exercer des missions de régulation. / L'acte prévu à l'article 140 dénommé « loi du pays » créant une autorité administrative indépendante en définit les garanties d'indépendance, d'expertise et de continuité. / Il peut lui attribuer, par dérogation aux dispositions des articles 64, 67, 89 à 92 et 95, un pouvoir réglementaire ainsi que les pouvoirs d'investigation, de contrôle, de recommandation, de règlement des différends et de sanction, strictement nécessaires à l'accomplissement de ses missions. / Il détermine le régime budgétaire et comptable de l'autorité administrative indépendante, dans le respect des garanties fixées au deuxième alinéa du présent I. / II. – Nul ne peut être désigné membre d'une autorité administrative indépendante si, au cours de l'année précédant sa désignation, il a exercé les fonctions de président ou de membre du gouvernement de la Polynésie française ou le mandat de représentant à l'assemblée de la Polynésie française. / III. – Les comptes de l'autorité administrative indépendante sont présentés au contrôle de la chambre territoriale des comptes. Ils sont communiqués à l'assemblée de la Polynésie française et au président de la Polynésie française.*

12. L'APC est aujourd'hui la seule AAI en Polynésie française et se fonde principalement sur le *code de la concurrence*. Cette source a été créée en application de l'article 30-I (al. 2) précité par l'intermédiaire de la loi du pays modifiée n° 2015-2 du 23 février 2015 relative à la concurrence et l'arrêté modifié n° 1347 CM du 10 septembre 2015 créant la partie « Arrêtés » du *code de la concurrence de la Polynésie française*. En droit positif se rajoute le règlement intérieur homologué par le Conseil des ministres par l'arrêté n° 107 CM du 23 janvier 2019.

13. Pour ce qui ressortit aux compétences de l'État relevant de l'article 14 de la loi organique statutaire de 2004 – notamment en matière de recherche des infractions et d'organisation juridictionnelle – il est possible de faire mention de l'ordonnance n° 2017-157 du 9 février 2017 étendant et adaptant à la Polynésie française

certaines dispositions du livre IV du *Code de commerce* relatives aux contrôles et aux sanctions en matière de concurrence, de la loi n° 2018-643 du 23 juillet 2018 relative aux contrôles et aux sanctions en matière de concurrence en Polynésie française et en Nouvelle-Calédonie et du décret n° 2018-880 du 11 octobre 2018 pris pour l'application des articles 10 et 11 de l'ordonnance n° 2017-157 du 9 février 2017 relatifs aux recours contre les décisions de l'Autorité polynésienne de la concurrence.

14. L'APC est ainsi bien distincte de l'Autorité de la concurrence nationale (ADLC). Le fait que l'Autorité nationale soit passée sans dommage sous le contrôle du Conseil constitutionnel, qui a validé notamment son organisation ainsi que sa procédure et son pouvoir de sanction,[17] n'implique nullement que l'organisation de l'APC doit être identique à l'Autorité de la concurrence nationale ou être soumis au droit national. Ces autorités ne sont pas régies par les mêmes fondements juridiques, et l'étude des principes propre aux AAI doit toujours se faire au prisme de l'article 74 de la Constitution et de l'article 30-I de la loi organique statutaire de 2004. Il convient d'ailleurs de préciser que le *Code de procédure civile national* n'est pas applicable en Polynésie française, la collectivité étant principalement compétente en l'espèce.[18]

15. L'APC est ainsi différente de l'ADLC, n'est pas soumise à la réglementation qui s'impose à cette AAI nationale, n'est pas tenue de suivre sa pratique décisionnelle (notamment en lien avec le développement durable), mais a contrario peut tout à fait s'en inspirer, d'autant plus que le régime juridique de l'APC lui laisse une marge de manœuvre appréciable.

B. *Une intégration de l'environnement par l'intermédiaire du pouvoir réglementaire résiduel de l'APC possible mais non encore réalisée*

16. Il existe en droit national un pouvoir réglementaire résiduel attribué aux AAI. Le Conseil constitutionnel a ainsi pu énoncer qu'il existe une possibilité pour que : « le législateur confie à une autorité autre que le Premier ministre le soin de fixer […] des normes permettant de mettre en œuvre une loi »[19] si elles « ne concernent que des mesures de portée limitée tant dans leur champ d'application que dans leur contenu »[20] (). On retrouve un mécanisme similaire dans le 3e alinéa de l'article 30-I de la loi organique statutaire de 2004 pour les AAI polynésiennes, qui précise cependant que ces dérogations doivent être établies dans une loi du pays. L'alinéa susmentionné dispose ainsi que : « Il peut lui attribuer, par dérogation aux dispositions des articles 64, 67, 89 à 92 et 95, un pouvoir réglementaire

17 Cons. const., 12 octobre 2012, n° 2012-280 QPC. Voir aussi Sorinas Sergio et Colmet Daage Grégoire, « QPC – Retrait autorisation : Le Conseil constitutionnel confirme la constitutionnalité du pouvoir de retrait des autorisations de concentration et valide l'organisation interne de l'Autorité de la concurrence (Canal Plus) », *Concurrences*, 12 octobre 2012, n° 1-2013, art. n° 50592, p. 140-141.

18 Gourdon Pascal et Marchand Johan, *Code de procédure civile de la Polynésie française*, éd. Polydroit, 2017.

19 Cons. const., 18 sept. 1986, n° 86-217 DC.

20 Cons. const., 17 janv. 1989, n° 89-248 DC.

ainsi que les pouvoirs d'investigation, de contrôle, de recommandation, de règlement des différends et de sanction, strictement nécessaires à l'accomplissement de ses missions. »

17. En Polynésie française, l'APC peut ainsi adopter son règlement intérieur, des lignes directrices et des communiqués. Sur le fondement de l'article LP 610-11 du *code de la concurrence*, il faut toutefois préciser que le règlement intérieur de l'APC doit être homologué par arrêté pris en Conseil des ministres. Cette modification issue de la loi du pays n° 2018-31 du 9 août 2018 portant modification de la partie législative du *code de la concurrence* est venue considérablement réduire le pouvoir réglementaire autonome de l'APC en soumettant l'adoption du règlement intérieur de cette AAI à la volonté du gouvernement de la Polynésie française.

18. Subsiste cependant les lignes directrices. Elles se fondent sur l'article LP 630-1 du *code de la concurrence*, qui dispose que :

> *L'Autorité polynésienne de la concurrence établit des lignes directrices qui précisent notamment, en vue de l'information des acteurs économiques, le champ d'application et les modalités de déroulement des procédures engagées devant elle et, dans ce cadre, les définitions et critères d'analyse des situations qui lui sont soumises, ainsi que les méthodes de détermination des sanctions susceptibles d'être prononcées par elle. / Ces lignes directrices font l'objet d'une délibération du collège puis d'une publication. Tout intéressé est fondé à s'en prévaloir à rencontre de l'Autorité.*

19. Ces lignes directrices n'existent aujourd'hui qu'en matière de concentrations[21] et pour la procédure de clémence.[22] Elles ne comprennent logiquement aucun élément lié à la durabilité, au développement durable ou à la protection de l'environnement. En outre, il n'existe toujours pas de lignes directrices en matière de sanctions au sein de l'APC, ces dernières pouvant potentiellement intégrer des critères environnementaux. Au sein de l'Union européenne, le 21 décembre 2021, la Commission européenne a adopté de nouvelles lignes directrices concernant les aides d'État au climat, à la protection de l'environnement et à l'énergie, et fixant les conditions dans lesquelles les aides d'État accordées par les États membres dans les domaines du climat, de la protection de l'environnement et de l'énergie peuvent être considérées comme compatibles avec le marché intérieur et les critères appliqués par la Commission pour examiner les aides fournies par les États membres dans ces domaines.[23] Il est vrai qu'une application trop stricte du droit de la concurrence peut potentiellement handicaper les projets émanant d'acteurs

---

21 Délibération n° 2017-DC-06 du 4 octobre 2017 relative à la modification du règlement intérieur de l'Autorité polynésienne de la concurrence et des lignes directrices relatives au champ d'application et à la procédure de contrôle des concentrations ; délibération n° 2019-DC-08 du 9 mai 2019 modifiant les lignes directrices relatives au champ d'application et à la procédure de contrôle des concentrations.

22 Délibération n° 2019-DC-11 du 27 août 2019 portant adoption des lignes directrices relatives au programme de clémence polynésien.

23 Ronzano Alain, « Réforme : La Commission européenne révise les lignes directrices concernant les aides d'État au climat, à la protection de l'environnement et à l'énergie, et accorde un sursis au gaz naturel », *Concurrences*, 21 décembre 2021, n° 1-2022, art. n° 104201.

économiques présentant pourtant un fort intérêt général, notamment en matière de protection de l'environnement.[24]

20. En matière de *soft law*, l'APC n'a pas réalisé de communiqué spécifique au développement durable ou à la protection de l'environnement à l'instar de l'ADLC et de son communiqué relatif aux orientations informelles de l'Autorité en matière de développement durable du 21 décembre 2023. Il est vrai que c'est souvent par ce biais qu'est intégrée la notion de développement durable ou de protection de l'environnement dans la pratique décisionnelle en droit de la concurrence. Ainsi, le 18 novembre 2021, la Commission a adopté un communiqué intitulé « A Competition Policy Fit for New Challenges »[25] , qui se concentre sur l'accompagnement de la sortie de la crise sanitaire, la contribution de la politique de concurrence à un marché unique vert et numérique et l'amélioration de la résilience du marché unique.[26]

21. Si l'APC n'a pas adopté de communiqué directement lié à l'intégration de l'environnement dans sa pratique décisionnelle, des indices se glissent toutefois plus distinctement dans les derniers rapports d'activité de l'AAI polynésienne. Ainsi, dans le rapport de 2021, la présidente de l'APC met en avant que : « Outre la dématérialisation de nos procédures de saisine et de notification, l'APC s'attache à prendre en considération la dimension et les enjeux environnementaux dans ses avis et décisions », comprenant dans le même rapport un article dédié au « droit polynésien de la concurrence et considérations environnementales ».[27] La phrase susmentionnée de la présidente de l'APC est reprise à l'identique dans le rapport 2022[28] mais disparaît du rapport 2023,[29] sans avoir été suivie d'effets dans tous les cas.

22. Cette frilosité à intégrer unilatéralement des critères environnementaux dans la pratique décisionnelle de l'APC semble être directement liée au fait que cette AAI polynésienne cherche avant tout à bien faire comprendre les règles du droit de la concurrence au sein d'un territoire doté d'une économie historiquement fortement administrée. Les opérations annuelles d'*advocacy* de l'APC le démontrent,[30] le droit de la concurrence n'est pas encore pleinement approprié au sein de la collectivité. En outre, avec six décisions de pratiques anticoncurrentielles en 10 ans dont seulement une ayant abouti à des sanctions, on peut considérer que la pratique décisionnelle et les orientations de l'APC ne sont pas encore pleinement stabilisées.

*

* *

---

[24] Silicani Jean-Ludovic., « Environnement et développement durable – Comment concilier le droit de la concurrence et le développement durable ? », *Energie – Environnement – Infrastructures*, avril 2024, n° 4, repère 4.

[25] COM(2021) 713 final, 18 nov. 2021.

[26] IDOT Laurence, « Une politique de concurrence adaptée aux nouveaux défis », *Europe*, janvier 2022, n° 1.

[27] APC, *Rapport annuel 2021 : Relever les potentiels, Autorité polynésienne de la concurrence*, 2022.

[28] APC, *Rapport annuel 2022 : Garantir aux entreprises des règles de jeu équitables*, 2023.

[29] APC, *Rapport annuel 2023 : Des règles de jeu équitables pour une croissance durable*, 2024.

[30] « Trois jours pour comprendre la concurrence », *Tahiti Infos*, 11 janvier 2023.

23. Si théoriquement l'APC est en capacité d'intégrer des considérations environnementales dans sa pratique décisionnelle, il n'en reste pas moins qu'elle est extrêmement frileuse à le faire en pratique, sa relative jeunesse et ses difficultés à faire pleinement accepter les règles basiques du droit de la concurrence en Polynésie française motivant certainement la volonté de se concentrer, pour le moment, au noyau dur des règles applicables en l'espèce. Il semble donc que la porte la plus rapide pour rendre applicable des facteurs non économiques tels que le développement durable soit la voie normative.

II. La nécessaire modification du *Code polynésien de la concurrence* pour une véritable intégration de la protection de l'environnement

24. S'il est possible de se raccrocher à des interprétations de disposition déjà existantes en droit polynésien de la concurrence (A), le salut semble provenir avant tout d'une modification explicite du *code de la concurrence* (B).

A. *L'interprétation non encore utilisée de dispositions existantes du code de la concurrence*

25. Si le droit de la concurrence ne comprend pas forcément de références explicites à l'environnement au sein de ses normes, subsistent cependant des possibilités d'interprétations. À titre d'exemple, l'article 101 du Traité sur le fonctionnement de l'Union européenne (TFUE) dispose notamment, en matière d'ententes, que les accords ou pratiques concertés peuvent être déclarés valides, sous réserve qu'ils : « contribuent à améliorer la production ou la distribution des produits ou à promouvoir le progrès technique ou économique, tout en réservant aux utilisateurs une partie équitable du profit qui en résulte […] ».

26. Pour certains auteurs, l'interprétation de l'article susmentionné peut déjà permettre d'intégrer d'éventuelles considérations environnementales, rattachées aux facteurs de politique « non économique » dans le droit de la concurrence, car les avantages environnementaux peuvent justement être inclus dans le bien-être du consommateur.[31]

27. En Polynésie française, si la création du *code de la concurrence* ne visait pas à prendre en compte la perspective environnementale, certaines dispositions – à l'instar du droit de l'Union européenne – permettent potentiellement de rattacher la protection de l'environnement à la notion de progrès économique. Ainsi à l'article LP 200-5 du code précité, il est énoncé que sont exclus du champ des prohibitions relatives aux ententes et des abus de position dominante, les mesures :

> *[d]ont les auteurs peuvent justifier qu'elles ont pour effet d'assurer un progrès économique, y compris par la création ou le maintien d'emplois, et qu'elles réservent aux utilisateurs une partie équitable du profit qui en*

---

[31] Holmes Simon, Middelschulte Dirk et Snoep Martin (éd.), « Competition Law, Climate change & Environmental sustainability », *Concurrences*, 2021, 466 p.

résulte, sans donner aux entreprises intéressées la possibilité d'éliminer la concurrence pour une partie substantielle des produits en cause. Ces pratiques ne doivent imposer des restrictions à la concurrence que dans la mesure où elles sont indispensables pour atteindre cet objectif de progrès.

28. La notion de « progrès économique » pourrait être liée au fait qu'il soit nécessaire d'éviter les externalités négatives. Une externalité négative se produit lorsque l'activité économique impose des coûts à des parties prenantes qui ne sont pas directement impliquées. Par exemple, les émissions polluantes d'une usine peuvent affecter la qualité de l'air et la santé des résidents voisins, qui peuvent engager la responsabilité de l'entreprise en charge de l'usine. Les risques d'atteinte aux droits de l'homme et à l'environnement constituent en effet un problème d'externalité négative, autrement dit une dette sans compensation spontanée.[32] On pourrait donc penser que l'article LP 200-5 du *code de la concurrence* est une porte d'entrée pour introduire un aspect environnemental, sous réserve que celui-ci participe bien au progrès économique.

29. En outre et dans la même continuité, dans le cadre des examens approfondis en matière d'opérations de concentration (art. LP 310-6) ou en matière d'opérations d'aménagement commercial (art. LP 320-3-1), il est précisé dans les deux cas que l'Autorité polynésienne de la concurrence : « apprécie si l'opération apporte au progrès économique une contribution suffisante pour compenser les atteintes à la concurrence ». Là aussi, les dispositions sont suffisamment larges pour penser qu'il soit possible d'intégrer la protection de l'environnement comme une contribution suffisante pour compenser les attentes à la concurrence. L'intégration de cet aspect environnemental pour le mécanisme des concentrations en Polynésie française est réaliste au sens ou des éléments non économiques avaient déjà été pris en compte par l'APC dans le passé, durant la pandémie de Covid-19 en matière de santé publique. En effet, dans un communiqué du 16 avril 2020, l'APC précisait ainsi que :

La Polynésie française dispose déjà de règles dérogatoires prévues par le code de la concurrence, qui pourraient, de surcroît dans ces circonstances exceptionnelles, être mises en œuvre dans l'intérêt de l'économie, des entreprises et des citoyens/consommateurs. L'Autorité encourage les entreprises à lui faire part d'ores et déjà de leurs éventuels projets en la matière pour vérifier leur compatibilité avec les règles de concurrence et l'intérêt général.

30. Une transposition en matière de développement durable serait ainsi tout à fait possible, même s'il convient de préciser que malgré le communiqué précité, aucune décision de concentration n'a tenu compte de cette ouverture en matière de santé publique et de lutte contre la pandémie de Covid-19. Si les incitations font souvent place à une pédagogie plus dure en matière d'intégration de critères non économiques,[33] ce premier pas n'a pas encore été franchi en Polynésie française.

---

32 Deffains Bruno, « Pour une lecture économique du devoir de vigilance ! », *La Semaine juridique – Entreprise et Affaires*, 3 août 2023, nos° 31-35, p. 1242.

33 Chaiehloudj Walid, « Environnement et développement durable – Les incitations des autorités de concurrence », *Energie – Environnement – Infrastructures*, juill. 2024, n° 7, dossier 15.

31. Il convient aussi de préciser que sur la base de l'article LP 620-4 du *code de la concurrence* :

> *L'Autorité peut prendre l'initiative de donner un avis sur toute question concernant la concurrence. Elle peut également recommander au gouvernement de la Polynésie française de mettre en œuvre les mesures nécessaires à l'amélioration du fonctionnement concurrentiel des marchés. Les avis et recommandations de l'Autorité sont publiés au Journal officiel de la Polynésie française et sur son site internet.*

32. Ce pouvoir d'autosaisine pourrait justement être utilisé pour mieux définir les contours de l'intégration de la problématique environnementale au sein du droit en Polynésie française et a fortiori de pousser certaines réformes normatives.

B. *L'efficiente solution offerte par une intégration explicite du développement durable au sein du code de la concurrence*

33. Si la plupart des autorités de concurrence dans le monde ont fait le choix politique de s'attaquer avec véhémence aux agissements anticoncurrentiels les plus dommageables au développement durable en mobilisant l'entièreté de l'arsenal processuel et répressif à leur disposition,[34] ce n'est toujours pas le cas en Polynésie française. Indépendamment du contexte et de la volonté ou de l'absence de volonté de cette AAI d'agir, il faut préciser que l'Autorité nationale de la concurrence, les autres autorités de concurrence en Europe, ou tout simplement les organes compétents en la matière au sein de l'Union européenne ont beaucoup plus de liberté dans l'interprétation des textes et leur application.[35] Le pouvoir réglementaire autonome de l'APC n'est en fait que résiduel et très encadré par les institutions de la Polynésie française et par les dispositions du *code de la concurrence*.

34. Une manière d'assurer l'intégration des critères environnementaux dans les procédures relevant de la compétence de l'APC est tout simplement de modifier le *code de la concurrence*. Il est évident que ce type de modification – en particulier pour le domaine matériellement législatif – demande un travail de coopération particulièrement étroit avec les institutions polynésiennes et plus spécifiquement le ministère en charge de l'économie et le ministère en charge de l'environnement. En tout état de cause, il serait possible de prévoir l'intégration du critère environnemental par une loi du pays qui viendrait modifier les dispositions suivantes au sein du *code de la concurrence* :

35. 1° Une modification de l'article LP 200-5 est envisageable en tant que celui-ci distingue les pratiques qui ne sont pas soumises aux articles LP 200-1 et LP 200-2 (pratiques anticoncurrentielles). Il pourrait être prévu un peu plus explicitement que certains objectifs d'intérêt public à l'instar de la protection de l'environnement peuvent être rattachés à la notion de progrès économique.

---

34 Bettoni Lucas, « Droit de la concurrence – Les accords de durabilité ou la promotion du développement durable par le droit des ententes », *Contrats, concurrence, consommation*, mars 2024, n° 3, étude 3.

35 Bosco David, « Pratiques anticoncurrentielles – "Porte ouverte" à l'Autorité de la concurrence pour les projets en lien avec le développement durable », *Contrats, concurrence, consommation*, juillet 2024, n° 7, comm. 118.

36. 2° En ce qui concerne les concentrations, l'article LP. 310-1 dispose que : « Sont prohibées les opérations de concentration susceptibles de porter une atteinte substantielle à la concurrence ou de créer une situation de monopole préjudiciable à l'intérêt des consommateurs. » Un alinéa supplémentaire relatif à la prise en compte d'objectifs d'intérêt général – à l'instar de l'environnement – pourrait être rajouté, sous réserve que ne soit pas créée une exception permettant d'échapper trop facilement à ce type de contrôle administratif *ex ante*.

37. 3° Le contrôle des aménagements commerciaux – exception polynésienne et calédonienne uniquement – est largement contesté en tant que mécanisme de droit de la concurrence[36] et plutôt présenté comme une régulation (au mieux), voire comme de l'interventionnisme (au pire).[37] On voit mal en quoi les notions de développement durable ou de protection de l'environnement pourraient être rapidement et utilement intégrées dans cet outil, sauf à compléter le fait que : « L'Autorité peut également veiller à ce que les projets visés à l'article LP. 320-1-1 répondent aux exigences d'aménagement du territoire » (art. LP 320-3-1, al. 3) en y adjoignant les exigences environnementales. Ces aspects n'étant pas directement liés à l'analyse concurrentielle, cet ajout est déconseillé, les agents de l'APC n'ayant pas vocation à devenir stricto sensu des experts en droit de l'urbanisme ou droit de l'environnement.

*

* *

38. L'intégration d'orientations de protection de l'environnement ou de notion de développement durable au sein du droit polynésien de la concurrence est donc largement réalisable, avec ou sans modification normative explicite. Il n'en reste pas moins que la Polynésie française et plus spécifiquement l'APC devront aller au-delà d'un simple affichage risquant d'être assimilé a du « *Competition-Washing* », visant à rendre le droit de la concurrence plus attrayant pour les Polynésiens en y intégrant des notions globalement soutenues à l'instar de la protection de l'environnement.

39. Mais il est incontestable qu'en droit de la concurrence, l'intégration du développement durable ou de l'environnement – ou plus généralement d'éléments non économiques – ne peut être considérée comme un simple effet de mode. Le progrès économique peut effectivement se trouver au-delà des frontières du pouvoir de marché et même si l'APC doit continuer à s'affirmer comme un acteur incontournable en Polynésie française, il est rassurant de constater que cette jeune AAI s'intègre dans des mouvements mondiaux d'évolution du droit de la concurrence.

40. Il conviendra à présent de joindre le geste à la parole. *A rave i te ohipa i te arutaimareva e te ture tata'ura'a mātete.*

---

[36] Venayre Florent, « Quelques interrogations relatives à la première sanction d'un défaut de notification d'aménagement commercial à Tahiti », *Revue Lamy de la concurrence*, n° 127, 1er mai 2023.

[37] Destours Stéphane, « L'impossible contrôle juridictionnel des autorisations d'aménagement commercial par les autorités de concurrence du Pacifique au regard des principes du droit de la concurrence », *Revue Lamy de la concurrence*, 1er juillet 2023, n° 129.

Concilier concurrence et durabilité dans les économies insulaires n'est pas un simple exercice de « verdissement » des politiques existantes

Léopold Temoana Biardeau*
Gouvernement de la Polynésie française
Membre du Collège de l'Autorité polynésienne de la concurrence

Introduction

1. Le mois de mars 2025 marque le dixième anniversaire du régime de droit de la concurrence en Polynésie française, jalon majeur dans l'histoire de la politique concurrentielle dans le Pacifique. À cette occasion, l'Autorité polynésienne de la concurrence (APC) se propose de dresser un bilan des réalisations et des défis, tout en ouvrant le débat sur des questions transversales, dont celle, cruciale, du développement durable. Cette thématique est particulièrement pertinente dans les économies insulaires, soumises à la fois à des contraintes structurelles – dépendance aux importations, étroitesse des marchés, risques liés aux changements climatiques – et à des enjeux de pouvoir économique souvent concentrés.

2. Le présent chapitre entend examiner à la fois les tensions et les synergies potentielles entre le développement durable et la notion de concurrence économique, en les confrontant aux spécificités des économies insulaires, avec un accent particulier sur la Polynésie française. Pour ce faire, il adopte une approche critique de ces

* Dr Léopold Temoana Biardeau, est Délégué interministériel chargé du climat et du développement durable et membre du Collège de l'Autorité polynésienne de la concurrence.

deux concepts. Certains considèrent en effet que le développement durable va de soi ou qu'il suffit de miser sur la dynamique concurrentielle pour stimuler les innovations « vertes ». Or, certaines analyses mettent en évidence les ambiguïtés et contradictions qui caractérisent ces notions. Il s'agit donc de justifier pourquoi il peut être nécessaire de déconstruire ces concepts et d'identifier les possibles détournements, instrumentalités ou compromis politiques qui en restreignent l'efficacité. Les réserves formulées à l'égard du développement durable et de la concurrence ne visent pas à rejeter en bloc ces deux notions, mais à mieux comprendre comment elles peuvent être articulées, réinventées ou, au besoin, réorientées.

I. Approches critiques du développement durable et de la concurrence

A. *Le concept de développement durable : Ancrages théoriques et critiques*

3. Le concept de développement durable a été largement popularisé par le rapport Brundtland de 1987, *Our Common Future*, rédigé par la Commission mondiale sur l'environnement et le développement.[1] Le rapport définit le développement durable comme un processus qui « répond aux besoins du présent sans compromettre la capacité des générations futures à répondre aux leurs ». Deux principes y sont mis en avant :

    1. la priorité à accorder aux besoins essentiels des plus pauvres ;
    2. la prise en compte des limites écologiques liées aux technologies et aux modes d'organisation sociale.

4. Cette définition fonctionnelle a par la suite été reprise dans les Objectifs du millénaire pour le développement (OMD), puis dans les Objectifs de développement durable (ODD ou SDG en anglais) adoptés par l'ONU en 2015.

5. Malgré cette reconnaissance internationale, des analyses mettent en évidence la multiplicité des interprétations du terme « développement durable ». D'un côté, des approches réformatrices misent sur l'innovation technologique et la croissance verte ; de l'autre, des approches plus radicales dénoncent l'insoutenabilité fondamentale du modèle de croissance capitaliste. Selon Redclift,[2] la tension entre « développement » (souvent associé à la croissance économique) et « durabilité » (renvoyant aux limites planétaires) n'est jamais résolue de façon satisfaisante, ce qui rend la notion difficilement opératoire.

6. De nombreux travaux critiquent la trop grande flexibilité sémantique du développement durable, qui se prête à des usages rhétoriques variés. Redclift[3] insiste sur l'apparente incompatibilité entre les principes de durabilité écologique et le paradigme classique du développement industriel. Brown[4] va jusqu'à qualifier le développement durable d'« oxymore », estimant que les économies capitalistes, fondées sur la quête perpétuelle de profits et la consommation croissante, ne peuvent véritablement intégrer les contraintes écologiques.

---

1 ONU WCED, *Our Common Future*, Oxford : Oxford University Press, 1987.
2 Redclift M., *Sustainable Development: Exploring the Contradictions*, Routledge, 2002.
3 *Ibid.*
4 Brown K., « Sustainable Adaptation: An Oxymoron? », *Climate and Development*, 2011, vol. *3*, n° 1, p. 21-31.

7. Par ailleurs, cette flexibilité sémantique ouvre la voie à des formes de récupération par des Gouvernements ou des entreprises recherchant une légitimation « verte » sans réelle volonté de transformation.[5] Büscher et Fletcher[6] décrivent ce phénomène comme une stratégie d'« accumulation par la conservation », où la nature devient un nouveau champ de valorisation économique et de légitimation de pratiques potentiellement dommageables. L'essor de mécanismes comme la compensation carbone ou la « finance verte » illustre cette possibilité de *greenwashing* : des acteurs privés ou publics mettent en avant des actions environnementales symboliques, alors même que leurs modèles d'affaires ou leurs politiques demeurent fondamentalement extractifs et, par conséquent, précaires.

8. Les politiques et projets qualifiés de « durables » reposent souvent sur des instruments de marché, comme les marchés du carbone ou les partenariats public-privé visant la « croissance verte ». Or ces instruments, en commodifiant les ressources naturelles, peuvent engendrer des effets pervers : les entreprises peuvent privilégier l'achat de « droits à polluer » plutôt que la réduction de leurs émissions à la source.[7] Ainsi, Hickel[8] estime que les ODD avalisent la croissance économique et l'innovation technologique comme leviers fondamentaux du développement, sans prendre véritablement en compte les limites physiques planétaires et l'urgence de réduire la consommation énergétique dans les pays riches.

9. Sur le plan conceptuel, Daly[9] distingue la « durabilité faible » de la « durabilité forte » : la première suppose que le capital naturel est substituable par le capital manufacturé (ex. : planter des arbres ou créer des toits verts pour compenser la déforestation), tandis que la seconde exige de préserver les processus écosystémiques essentiels, jugés irremplaçables. En pratique, les grands cadres institutionnels comme les ODD relèvent davantage de la « durabilité faible »,[10] car ils misent essentiellement sur la croissance économique et l'innovation comme moteurs de la transition, sans toutefois remettre en cause le modèle même de croissance et de consommation[11] inhérent au productivisme capitaliste.

10. Enfin, la dimension géopolitique est cruciale : Escobar[12] montre que le discours sur le développement durable reproduit parfois des asymétries de pouvoir Nord-Sud, où l'expertise du Nord est censée « résoudre » le sous-développement du Sud, sans prendre pleinement en considération les savoirs autochtones ni les

---

5 Lohmann L., *Carbon Trading – A Critical Conversation on Climate Change, Privatisation and Power*, 2006.

6 Buscher B. et Fletcher R., « Accumulation by Conservation », *New Political Economy*, 2015, vol. *20*, n° 2, p. 273-298.

7 Lohmann L., *Carbon Trading – A Critical Conversation on Climate Change, Privatisation and Power*, *op. cit.*

8 Hickel J., « The Contradiction of the Sustainable Development Goals: Growth Versus Ecology on a Finite Planet », *Sustainable Development*, 2019, vol. *27*, n° 5, p. 873-884.

9 Daly H. E., « Toward some Operational Principles of Sustainable Development », *Ecological Economics*, 1990, vol. *2*, n° 1, p. 1-6.

10 Spash C. L, « Bulldozing Biodiversity: The Economics of Offsets and Trading-in Nature », *Biological Conservation*, 2015, vol. *192*, p. 541-551.

11 Hickel J., « The Contradiction of the Sustainable Development Goals: Growth Versus Ecology on a Finite Planet », *op. cit.*

12 Escobar A., *Encountering Development: The Making and Unmaking of the Third World*, Princeton University Press, 1995.

dynamiques coloniales passées et présentes. Shiva[13] critique, par exemple, les approches technocratiques de la « révolution verte » qui marginalisent les pratiques agricoles paysannes. Dans cette logique, le développement durable peut parfois servir de couverture à des opérations de dépossession ou de concentration des terres au profit de grands groupes industriels.[14] Il en résulte qu'en l'absence d'une vigilance accrue, le « développement durable » peut se résumer à un slogan consensuel soutenant un modèle essentiellement productiviste, auquel on applique un vernis vert.

11. Face à ces ambiguïtés que nous venons de mettre en avant, adopter une approche critique du développement durable n'est pas un simple exercice théorique : il s'agit d'explorer les conditions réelles de mise en œuvre du concept et de mesurer l'écart entre ses promesses et ses résultats tangibles. Alors que certains estiment qu'il suffit d'ajuster les mécanismes de marché pour concilier croissance et préservation de l'environnement, d'autres considèrent que l'examen critique est indispensable pour éviter une forme de naïveté politique et pour réfléchir à d'autres voies de transformation. Cela n'empêche pas de reconnaître qu'une partie de l'agenda du développement durable reste utile, notamment quand il s'agit de mobiliser des ressources ou de développer des indicateurs. Mais cet agenda mérite d'être affiné et complété par des approches alternatives.

B. *Les limites de la durabilité portée par la concurrence et le marché*

12. La concurrence est souvent présentée en économie néoclassique comme un vecteur d'efficience économique et, par extension, comme un levier potentiel de durabilité. En théorie, l'innovation « verte » serait stimulée par la compétition entre firmes, la pression des consommateurs et la réglementation. Toutefois, plusieurs analyses soulignent des contradictions structurelles entre la logique concurrentielle, telle qu'elle est pratiquée dans les économies de marché, et la préservation de l'environnement.

13. Les travaux de Hickel et Kallis[15] montrent qu'il n'existe à ce jour aucune preuve empirique d'un découplage absolu à l'échelle mondiale entre la croissance et ses impacts environnementaux grâce aux progrès technologiques et aux gains d'efficience. Si tel avait été le cas, nous aurions pu observer une diminution globale des émissions de gaz à effet de serre ou de l'extraction de ressources concomitante à une augmentation du PIB. Même si certaines industries s'avèrent moins polluantes (énergies renouvelables, économie numérique), les effets rebond[16] – parfois désignés par le Jevons Paradox – peuvent induire une augmentation de la consommation globale, contrebalançant les gains d'efficience.[17]

---

13 Shiva V., *The Violence of the Green Revolution: Third World Agriculture, Ecology and Politics*, Zed Books, 1991.

14 Buscher B. et Fletcher r., « Accumulation by Conservation », *op. cit.*

15 Hickel J. et Kallis G., « Is Green Growth Possible? », *New Political Economy,* 2020, vol. *25*, n° 4, p. 469-486.

16 Lorsqu'une technologie devient plus efficiente (par exemple, une voiture consommant moins de carburant), le coût d'utilisation baisse. Cela peut inciter les consommateurs à augmenter leur usage, ce qui aboutit à une hausse globale de la consommation et des émissions.

17 Sorrell S., « Jevons' Paradox Revisited: The Evidence for Backfire from Improved Energy Efficiency », *Energy Policy,* 2009, vol. *37*, n° 4, p. 1456-1469.

14. En stimulant la production et la consommation, la concurrence de marché tend à renforcer cette course à la croissance. Les entreprises maximisatrices de profit cherchent sans cesse à s'étendre, à gagner des parts de marché et à réduire leurs coûts, quitte à externaliser les coûts environnementaux. Dans un objectif de rentabilité à court ou moyen terme, la durabilité est souvent reléguée au second plan dès lors qu'elle ne contribue pas immédiatement à la profitabilité de l'entreprise.

15. Les mécanismes de marché nécessitent donc un encadrement normatif strict pour orienter les acteurs économiques vers des modes de production et de consommation plus sobres[18] et intérioriser ces externalités négatives. On parle d'externalité négative lorsque l'activité d'un agent économique inflige un coût à la collectivité sans être compensée. Par exemple, une industrie rejetant ses effluents polluants dans un lagon ne paie pas pour la dégradation de l'écosystème marin (pollution, atteinte à la biodiversité, etc.).

16. Dans le cadre d'une économie mondialisée, la concurrence incite les entreprises qui le peuvent à délocaliser leurs activités polluantes là où la réglementation environnementale est moins contraignante, phénomène connu sous le nom de *pollution havens* ou d'« avantage comparatif environnemental ».

    - Par exemple, une entreprise de transformation du thon peut choisir d'installer ses unités de production dans un pays où les normes de rejet en mer sont plus laxistes, plutôt que dans une juridiction appliquant des standards élevés de traitement des eaux usées.
    - Pistor[19] note que la flexibilité des législations et la possibilité de recourir à l'arbitrage réglementaire réduisent la portée effective des politiques climatiques et de protection environnementale. Ainsi, même quand un pays ou une région adopte des normes ambitieuses, les émissions ou les dommages environnementaux peuvent simplement être transférés ailleurs, érodant l'efficacité de la régulation à l'échelle globale.

17. Cette mobilité internationale du capital et des activités industrielles complique la mise en œuvre de politiques coordonnées de durabilité. Les pays insulaires, disposant souvent de ressources administratives limitées, peinent à imposer et à faire respecter des normes contraignantes face à des multinationales capables de déplacer leurs investissements vers d'autres territoires. À l'inverse, lorsqu'une île, un pays ou une région se dote d'exigences environnementales plus strictes, il risque de voir son attractivité remise en cause dans une compétition internationale fondée sur la réduction des coûts.

18. Face à une demande croissante de produits et de services « verts », des entreprises peuvent recourir à des stratégies de marketing trompeuses ou à des labels peu contraignants afin de se positionner comme « durables » sans modifier significativement leurs processus de production.

    - On parle alors de « *greenwashing* concurrentiel » : les firmes revendiquent un engagement écologique de façade (emballages « éco-*friendly* », slogans environnementaux, etc.) pour améliorer leur image et gagner des parts de

---

18 Spash C. L, « Bulldozing Biodiversity: The Economics of Offsets and Trading-in Nature », *op. cit.*

19 Pistor K., *The Code of Capital: How the Law Creates Wealth and Inequality*, Princeton University Press, 2019.

marché, alors que leurs activités réelles demeurent fortement émissives ou destructrices d'écosystèmes.

- Ce phénomène fausse la concurrence au détriment d'acteurs réellement engagés dans la réduction de leur empreinte environnementale (par exemple, recours à l'énergie solaire ou à des pratiques d'économie circulaire), qui voient leurs efforts dilués par l'abus de communication verte.

19. Dans le secteur du tourisme insulaire, par exemple, un hôtel peut communiquer sur sa « certification verte » tout en continuant à surutiliser l'eau potable dans une île soumise au stress hydrique, ou en ne gérant pas correctement ses déchets. Sans contrôle public ni normes de labellisation rigoureuses, ce type de pratique entretient une illusion de durabilité et oriente mal la demande, freinant l'émergence de modèles plus vertueux.

II. Concurrence et durabilité dans les économies insulaires : Perspectives et renouvellements

A. *Concurrence, durabilité et spécificités des économies insulaires : Le cas polynésien et du Pacifique*

20. Les économies insulaires, comme la Polynésie ainsi que de nombreuses nations du Pacifique en général, présentent des caractéristiques structurelles qui exacerbent les difficultés rencontrées dans les domaines de la concurrence et du développement durable :

- Etroitesse des marchés : Un marché restreint limite la possibilité de réaliser des économies d'échelle et tend à favoriser la concentration.
- Forte dépendance aux importations : Les produits alimentaires, l'énergie et la majorité des biens de consommation proviennent souvent de l'extérieur, ce qui amplifie la problématique du coût de la vie et des émissions liées au transport.
- Exposition accrue aux risques climatiques : Les atolls et îles basses sont particulièrement vulnérables à la montée des eaux, aux cyclones et aux variations climatiques.[20]
- Biodiversité fragile : Les écosystèmes insulaires sont souvent endémiques et très sensibles à l'introduction d'espèces invasives ou à la surexploitation des ressources.

21. Dans ce contexte, la promotion du développement durable est aussi urgente qu'elle s'avère complexe. Les externalités négatives sont plus évidentes (surpêche, pollution marine, etc.), et la marge de manœuvre budgétaire et réglementaire peut être limitée.

22. Depuis 2015, la Polynésie dispose d'une autorité de concurrence (l'Autorité polynésienne de la concurrence [APC]), qui s'est attelée à lutter contre les pratiques anticoncurrentielles (cartels, abus de position dominante) et à promouvoir une meilleure régulation des marchés. L'un des objectifs affichés consiste à participer

---

[20] IPCC, *Sixth Assessment Report*, Geneva : IPCC, 2022.

à la réduction du coût de la vie (un enjeu social majeur), tout en favorisant l'innovation et la qualité.

23. Or, les questions environnementales ne font pas explicitement partie du mandat traditionnel de l'APC, lequel est avant tout centré sur le maintien d'une saine concurrence et la protection du consommateur en termes de prix et de choix. Certaines autorités de concurrence à travers le monde, cependant, s'orientent vers une intégration explicite des objectifs de durabilité :

- L'Autorité de la concurrence en France, par exemple, a publié un communiqué en mai 2024 pour accompagner les entreprises dans leurs projets de développement durable, en fournissant des orientations informelles sur la compatibilité de ces projets avec les règles de concurrence.[21]
- Au niveau européen, les lignes directrices sur les accords entre concurrents comportent désormais un chapitre consacré à l'évaluation des accords poursuivant des objectifs de durabilité.[22]

24. Cependant, en Polynésie comme dans les petites économies insulaires en général, la structure oligopolistique de nombreux marchés (importation, distribution, transport) peut faire obstacle à l'essor de solutions plus respectueuses de l'environnement. Par exemple, si quelques grandes entreprises dominent l'importation de biens, elles peuvent arbitrer en faveur de produits à faible coût mais à fort impact carbone, plutôt que d'encourager des filières locales ou régionales plus durables (mais potentiellement plus onéreuses).

25. En Europe, certaines initiatives de « durabilité partagée » ont été jugées contraires au droit de la concurrence lorsqu'elles impliquaient une entente sur les prix ou sur les normes de production. L'exemple emblématique reste l'accord néerlandais sur le *Chicken of Tomorrow*, qui visait à améliorer le bien-être animal et la qualité environnementale de la production de volaille, mais qui a été retoqué par la Commission européenne au motif qu'il limitait la concurrence par les prix.

26. De la même manière, la promotion d'une concurrence définie de manière trop restrictive pourrait empêcher, en Polynésie, des acteurs économiques de s'entendre pour fixer des critères environnementaux stricts qui augmenteraient le prix de vente, même s'ils contribuent à réduire l'empreinte écologique locale, car cette tentative d'accord pourrait être perçue comme relevant d'une pratique anticoncurrentielle.

27. À l'inverse, la concurrence peut encourager l'innovation en faveur de la durabilité, à condition qu'elle soit encadrée par des règles et des incitations claires (subventions aux énergies renouvelables, fiscalité écologique, normalisation de labels sérieux, etc.). Une saine concurrence, associée à une politique publique volontariste, peut également permettre de diversifier l'offre (ex. : production

21 Autorité de la concurrence, *L'Autorité publie son communiqué relatif aux orientations informelles qu'elle pourra donner aux entreprises qui s'interrogent sur la compatibilité de leurs projets poursuivant un objectif de développement durable avec les règles de concurrence [en ligne]*, 2024. Disponible sur : https://www.autoritedelaconcurrence.fr/fr/communiques-de-presse/lautorite-publie-son-communique-relatif-aux-orientations-informelles-quelle.

22 Commission européenne, *Guidelines on the Applicability of Article 101 of the TFEU to Horizontal Co-operation Agreements,* 2021.

agricole locale, écotourisme) et réduire la dépendance aux importations à forte empreinte carbone. Dans des économies insulaires comme la Polynésie, où le coût de la vie est élevé, cette démarche de soutien à la production locale peut être l'occasion de valoriser des savoir-faire traditionnels et des modes de production plus respectueux de l'environnement (pêche artisanale, agroforesterie, etc.).

28. Les autorités de concurrence peuvent jouer un rôle plus proactif, à condition que leur mandat évolue ou que leur interprétation du droit intègre davantage les objectifs environnementaux. Plusieurs pistes se dégagent :

1. *Examiner les effets environnementaux dans l'analyse d'opérations de concentration* : l'APC, lors de l'examen de fusions ou d'acquisitions, pourrait considérer non seulement l'impact sur les prix et le choix du consommateur, mais aussi les conséquences en termes de durabilité (émissions, impacts sur la biodiversité).
2. *Encourager la mise en place de coopérations environnementales* : dans certaines conditions, des accords entre concurrents visant à réduire l'empreinte écologique ou à fixer des normes environnementales communes pourraient être autorisés, dès lors que les bénéfices collectifs et les gains environnementaux l'emportent sur les restrictions de concurrence.[23]
3. *Lutter contre le greenwashing et la publicité trompeuse* : les abus d'entreprises qui se présentent comme « vertes » sans preuve réelle de durabilité constituent une pratique trompeuse pouvant fausser la concurrence au détriment d'acteurs réellement engagés. Les autorités de concurrence pourraient renforcer leur vigilance, en lien avec d'autres institutions de régulation.
4. *Collaboration interinstitutionnelle* : entre les autorités de concurrence, les ministères en charge de la transition écologique et les agences de protection de l'environnement, afin de mutualiser les compétences et d'élaborer des politiques cohérentes. Dans un contexte postcolonial, il convient aussi de rappeler que certains monopoles ou structures très concentrées sont hérités de l'époque coloniale. Les mettre en question, en diffusant les bénéfices économiques au plus grand nombre plutôt qu'à une élite restreinte, peut participer à un processus de décolonisation institutionnelle.

B. *Au-delà de la concurrence et du développement durable « classique »*

29. Sans prétendre à l'exhaustivité, nous présentons ci-dessous quelques pistes qui pourraient enrichir la réflexion sur la Polynésie et les économies insulaires dans le domaine du développement durable et de la concurrence, en dépit des limites conceptuelles soulevées en début de chapitre.

30. Le mouvement de la décroissance préconise une réduction planifiée de la production matérielle et de la consommation dans les sociétés industrialisées, afin de préserver les écosystèmes et de redistribuer équitablement les ressources.

---

23 *Ibid.*

Hickel[24] souligne qu'il ne s'agit pas simplement de freiner l'activité économique, mais de la repenser pour privilégier le bien-être, la relocalisation, la solidarité et la sobriété volontaire. Dans des contextes insulaires où la pression démographique et la dépendance extérieure posent des enjeux aigus, la décroissance pourrait se traduire par le soutien aux économies circulaires, la valorisation du patrimoine culturel et la souveraineté alimentaire.

31. Par ailleurs, Escobar[25] et Shiva[26] insistent sur la nécessité de décoloniser la notion même de « développement », trop souvent définie selon des critères occidentaux de croissance et de productivité. Dans certaines régions du Pacifique, la cosmovision et les savoirs autochtones (par exemple, la gestion coutumière des zones de pêche) peuvent constituer une base solide pour une gestion soutenable des ressources, à condition que ces savoirs soient reconnus et appuyés par les politiques publiques.

32. Dans des sociétés insulaires où les communautés partagent une forte solidarité, les coopérations entre producteurs peuvent être perçues comme des formes de collusion du point de vue d'une conception atomiste de la concurrence (où chaque firme agit sur la base des conditions auxquelles elle est confrontée, sans se coordonner avec ses concurrentes). En réalité, ces coopérations reflètent souvent un fort lien social et permettent des retombées positives pour la collectivité : meilleures conditions de production, partage des risques, préservation de savoir-faire locaux, etc. Une approche de la concurrence adaptée aux réalités insulaires devrait donc tenir compte de ces spécificités socioculturelles et reconnaître que la maximisation du bien-être collectif peut passer par des ententes désirables qui, bien qu'elles restreignent la concurrence « sur le papier », apportent un bénéfice plus large à la société.

33. L'une des failles souvent identifiées dans le modèle de développement durable *top-down* est l'absence de participation démocratique des populations concernées.[27] Au-delà de la stricte logique concurrentielle, il s'agit de repenser la gouvernance économique et environnementale en associant activement les communautés locales. Dans un contexte insulaire, cette participation peut se traduire par :

- *des comités locaux de planification écologique* : intégrant les autorités publiques, les acteurs économiques, les associations et les représentants des communautés traditionnelles ;
- *des mécanismes de cogestion* : pour la préservation des ressources marines, impliquant les pêcheurs artisanaux et les habitants des archipels ;
- *la transparence dans la fixation des prix et des tarifs* : afin que les consommateurs puissent faire des choix éclairés, y compris en payant éventuellement un « juste prix » qui intègre l'intégralité les coûts environnementaux et sociaux. Dans la théorie concurrentielle, on suppose

---

24 Hickel J., « The Contradiction of the Sustainable Development Goals: Growth Versus Ecology on a Finite Planet », *op. cit.*

25 Escobar A., *Encountering Development: The Making and Unmaking of the Third World*, *op. cit.*

26 Shiva V., *The Violence of the Green Revolution: Third World Agriculture, Ecology and Politics*, *op. cit.*

27 Kothari A., Demaria F. et Acosta A., « Buen Vivir, Degrowth and Ecological Swaraj: Alternatives to Sustainable Development and the Green Economy », *Development*, 2014, vol. 57, n° 3, p. 362-375.

que le prix reflète le coût réel de production et la valorisation par les consommateurs ; dans la pratique, de nombreuses distorsions (subventions aux énergies fossiles, manque de comptabilisation des coûts environnementaux, etc.) empêchent que ce signal prix soit complet et incitent à la surconsommation.

34. Les réflexions sur la « durabilité » de la concurrence prennent de l'ampleur, en particulier dans les pays où l'urgence climatique est devenue incontournable.[28] Plusieurs pistes d'action se dégagent :

   1. *Intégration d'objectifs environnementaux et sociaux dans la définition du bien-être du consommateur* : cela supposerait de dépasser les critères typiques tels que le seul niveau de prix pour inclure le coût total de la production (émissions, épuisement des ressources, risques sanitaires). Dans la théorie, le prix est censé signaler le « vrai » coût de production et la valeur pour le consommateur ; dans la réalité, il est souvent faussé par des externalités non prises en compte.
   2. *Création d'exemptions ciblées* pour les accords visant à réduire l'empreinte carbone ou la pollution, lorsque les effets positifs sur l'environnement et la société compensent les restrictions de concurrence.
   3. *Renforcement des pouvoirs d'enquête sur la durabilité* : permettant aux autorités de concurrence de sanctionner les pratiques de *greenwashing* qui trompent le consommateur et créent une distorsion de concurrence au profit d'acteurs peu scrupuleux.
   4. *Collaboration interinstitutionnelle* : entre les autorités de concurrence, les ministères en charge des enjeux environnementaux (en Polynésie, il s'agit en janvier 2025 du ministère de l'Agriculture et de l'Environnement [MPR]), en transversalité avec d'autres ministères comme celui de l'Economie et des Finances (MEF), avec la possibilité d'un appui logistique de la Délégation interministérielle en charge du climat et du développement durable, et les agences de protection de l'environnement (comme la Direction de l'environnement [DIREN] en Polynésie, rattachée au MPR), afin de mutualiser les compétences et d'élaborer des politiques cohérentes. Dans les anciens territoires coloniaux, il peut être crucial de démanteler les rentes historiques et de diffuser plus largement les bénéfices économiques à la population, poursuivant ainsi un objectif de décolonisation.

35. Dans une économie insulaire comme la Polynésie, ces innovations institutionnelles pourraient aider à réduire le coût de la vie tout en renforçant la résilience écologique et sociale. Par exemple, en favorisant une production locale durable de denrées alimentaires, on diminuerait la dépendance aux importations, on préserverait la biodiversité tout en créant des emplois de proximité. Toutefois, cela requiert de repenser la notion même de concurrence, de manière à permettre des coopérations durables entre acteurs économiques locaux.

---

28 Commission européenne, *Guidelines on the Applicability of Article 101 of the TFEU to Horizontal Co-operation Agreements*, *op. cit.*

Conclusion

36. Le développement durable, tel qu'il est couramment défini dans les agendas internationaux comme les ODD, repose sur une synthèse a priori séduisante entre économie, écologie et équité. Or, certaines analyses[29] ont mis en évidence les contradictions, l'ambiguïté et la potentielle cooptation du concept par des intérêts établis. Dans un contexte capitaliste néolibéral, la logique de concurrence et de croissance tend trop souvent à se traduire par l'expansion de l'extraction des ressources, la maximisation du profit à court terme et l'externalisation des coûts socio-environnementaux.

37. Pourtant, la concurrence n'est pas nécessairement incompatible avec la durabilité, à condition d'opérer des changements substantiels dans les modes de régulation, de gouvernance et d'évaluation des performances économiques. Cela suppose de valoriser des pratiques d'innovation socialement désirables, de prévenir le *greenwashing* et de réhabiliter les coopérations à finalité environnementale et sociale. Les autorités garantes du respect des règles de la concurrence, y compris en Polynésie avec l'APC, peuvent jouer un rôle décisif à cet égard en repensant leurs méthodes d'analyse (intégration du critère environnemental), en encourageant les bonnes pratiques (coopérations « vertueuses ») et en sanctionnant les abus (distorsions de marché au détriment de la durabilité).

38. Dans les économies insulaires, marquées par une forte dépendance aux importations, une vulnérabilité climatique élevée et une biodiversité fragile, l'urgence de repenser le modèle de développement ne saurait être minimisée. L'exemple polynésien donne espoir de penser qu'il est possible de consolider la concurrence pour lutter contre la cherté de la vie, tout en insufflant des dynamiques durables. Toutefois, cela exige d'aller au-delà d'une vision limitée du développement durable, et d'envisager de nouveaux paradigmes qui replacent la préservation de la biosphère, la justice sociale et la participation citoyenne au cœur des priorités du modèle économique.

39. En définitive, concilier concurrence et durabilité dans les économies insulaires n'est pas un simple exercice de « verdissement » des politiques existantes. Il s'agit d'une reconfiguration en profondeur des logiques économiques, institutionnelles et socioculturelles, de manière à assurer la viabilité à long terme des écosystèmes et le bien-être des populations. Le dixième anniversaire de la politique de concurrence en Polynésie offre ainsi l'opportunité de repenser le rôle et les objectifs de la concurrence dans la transition écologique, et d'inscrire durablement la Polynésie et l'ensemble du Pacifique dans une trajectoire de développement réellement soutenable et équitable.

---

[29] Redclift M., *Sustainable Development: Exploring the Contradictions*, *op. cit.* ; Daly H. E., « Toward some Operational Principles of Sustainable Development », *op. cit.* ; Escobar A., *Encountering Development: The Making and Unmaking of the Third World*, *op. cit.* ; Hickel J., « The Contradiction of the Sustainable Development Goals: Growth Versus Ecology on a Finite Planet », *op. cit.*

Warren Dexter

Ministre de l'économie et des finances de la Polynésie française

« Mettre davantage l'accent sur les pratiques anticoncurrentielles »[*]

Pour Warren Dexter, ministre de l'Économie et des Finances, il est capital de « soutenir le développement de la concurrence » et l'Autorité polynésienne de la concurrence est « l'un des leviers essentiels » pour y parvenir, dans l'objectif de lutte contre la vie chère que s'est fixé le gouvernement. Mais 10 ans après la création du droit local de la concurrence l'heure est aussi à la réflexion sur les moyens budgétaires, humains et réglementaires que le Pays doit donner à l'APC.

Mars 2025 marque les dix ans du droit de la concurrence polynésien. Que vous inspire cet anniversaire ?

Le droit de la concurrence mis en place en 2015, avec l'Autorité polynésienne de la concurrence, je dirais que c'était une grande avancée. Et c'est vrai que le bilan que l'autorité affiche sur ces 10 années est satisfaisant. Elle a démarré modestement, parce qu'elle avait des petits moyens, et elle est montée en puissance. Elle compte dans ses rangs des « pointures » comme Vivien Terrien et Henri Piffaut, elle a noué des liens avec les autorités de concurrence des pays voisins. Aujourd'hui, l'Autorité polynésienne de la concurrence a, plus que jamais, son importance dans les politiques publiques : la priorité du gouvernement, c'est la lutte contre la vie chère, et l'un des leviers essentiels pour remédier à ça, c'est de soutenir le développement de la concurrence. C'est là que l'autorité peut avoir tout son rôle à jouer.

L'ambition que j'ai pour l'autorité de la concurrence, j'aimerais bien qu'elle puisse mettre davantage l'accent sur les luttes contre les pratiques anticoncurrentielles. Parce que de ce que j'entends dans le monde de l'entreprise, ce sont quand même des pratiques courantes.

Comment les acteurs économiques polynésiens voient-ils l'APC aujourd'hui ?

C'est vrai que l'Autorité a su faire sa place, avec notamment les ateliers qu'elle organise chaque année. J'y étais l'année dernière, et j'ai vu qu'effectivement, les grands chefs d'entreprises y participent. Ça a contribué à démythifier un peu l'action de l'Autorité de la concurrence. Ça ne veut pas forcément dire que les actions de l'APC soient acceptées ; les derniers bilans de l'Autorité polynésienne de la concurrence montrent qu'il y a de plus

---

[*] Propos recueillis par Caroline Perdrix, rédactrice-en-chef à Radio1 Tahiti.

en plus de contentieux sur ses décisions. Ça, évidemment, c'est de nature à augmenter aussi les coûts, notamment d'avocats.

Il y a une sorte de crainte des chefs d'entreprises de s'adresser à l'Autorité. Il faudrait trouver le moyen de démocratiser la saisie de l'autorité de la concurrence et ensuite qu'elle puisse avoir les moyens de lutter contre ces pratiques.

Comment renforcer les outils de l'APC pour atteindre l'objectif que vous vous êtes fixé ?

Énorme sujet. Quand on avait travaillé sur le code de la concurrence, on avait deux outils à la disposition de l'Autorité polynésienne de la concurrence, l'interdiction des accords exclusifs d'importation et les injonctions structurelles. Et comme par miracle, deux ou trois ans plus tard, ça a disparu…

Donc le débat aujourd'hui c'est : est-ce qu'on les remet en place ? Je dois vous dire que je suis très dubitatif. Dans une autre vie, en tant que consultant, j'ai vu des abus. Mais par nature, je suis de tendance libérale, donc je n'aime pas les interdictions. La tendance mondiale des fabricants, surtout pour les petits marchés, c'est de ne pas s'embêter et de passer par un agent exclusif. Et donc, je ne suis pas sûr que ce soit une bonne idée d'interdire les accords exclusifs pour notre petit marché. Par contre, il faut donner les moyens à la PC de traquer les pratiques anti-concurrentielles.

Vous semblez partagé entre la nécessité de réguler en général et vos convictions libérales. N'est-ce pas risquer d'affaiblir L'Autorité polynésienne de la concurrence ?

Il faut forcément la rendre plus présente dans l'économie parce que les positions dominantes sont un vrai problème dans ce pays, et pas que chez nous, d'ailleurs. Je pense que c'est une problématique pour la construction de l'avenir économique de la Polynésie. Quand on voit que la moitié de l'économie – pour schématiser – est dans les mains de quelques-uns, moi, ça me fait peur. Je reconnais qu'ils nourrissent des milliers de familles, je n'aime pas obliger, mais il faut qu'on puisse faire en sorte que l'APC soit un véritable contrepoids à ces volontés hégémoniques, il faut donner la chance aux plus petits de devenir grands.

L'APC s'est vu supprimer deux postes. La présidente, qui a demandé leur retour, sera-t-elle entendue ?

Il faudra qu'on revisite cette question. Sinon, l'alternative, ce serait effectivement de revoir l'étendue des missions de l'Autorité polynésienne de la concurrence, par un diagnostic des missions. Est-ce que certaines pourraient être allégées ou supprimées pour qu'elle puisse se concentrer davantage sur les missions que le Pays souhaite privilégier ?

Je pense à certaines missions comme le contrôle de l'implantation des grandes surfaces. Est-ce que ça vaut le coup de donner à l'Autorité polynésienne de la concurrence le pouvoir de bloquer des projets en amont ? Est-ce qu'on ne peut pas simplement laisser les choses se faire ? Par contre, elle sera très regardante sur les modalités d'entrée sur le marché des nouveaux entrants.

En décembre, en pleine séance de l'assemblée, vous avez suspendu le projet de loi du Pays qui aurait donné à l'Autorité polynésienne de la concurrence le rôle de régulateur du secteur de l'énergie. Pourquoi ?

Parce que je veux voir l'incidence RH. Le budget qu'on a fait adopter à l'Assemblée a mis en exergue le gros problème de masse salariale du Pays, qui représente plus de 27 % des dépenses fonctionnelles. Mais je ne suis pas convaincu par l'argument de l'opposition qui dit, si vous laissez l'APC réguler les délégations de service public en matière d'énergie, c'est elle qui va établir la stratégie du Pays. Là, on se mélange les pinceaux. Ce n'est pas parce qu'elle va contrôler qu'elle va dire au Pays ce qu'il faut faire. Mais j'avais soutenu le projet, parce que j'étais parti de l'idée que l'Autorité a cette culture du contrôle.

Il faut agir assez vite parce que le texte prévoit une mise en application au 1er septembre. Je vais revoir les membres de l'Autorité et nous reverrons la copie.

L'Autorité polynésienne de la concurrence va-t-elle encore connaître des changements ?

En tout cas, ce qui est sûr, c'est que si réforme il doit y avoir, ça sera en concertation étroite avec la présidente. Je ne ferai jamais des choses dans son dos. Parce que je sais, et je le regrette, que des décisions à la fois sur la vocation des budgets de fonctionnement et les RH ont été pris un peu sans concertation. J'aimerais qu'on puisse faire des choses en bonne intelligence.

Moetai Brotherson

Président de la Polynésie française

*« Je suis un fervent adepte de la concurrence et un tout aussi fervent défenseur de l'Autorité polynésienne de concurrence (APC) »**

Monsieur le Président, quels sont selon vous les principaux enjeux et objectifs économiques pour la Polynésie dans les années à venir ?

Le territoire fait d'abord face à des enjeux structurels :

- sa géographie, puisque la Polynésie française représente une population équivalente à celle d'une ville comme Montpellier, mais s'étend sur un territoire de la taille de l'Europe. Dans de telles conditions, il n'est pas facile de s'assurer que les habitants sont traités équitablement partout alors que cela est nécessaire à notre contrat social ;
- son éloignement des grands marchés, qui crée des difficultés à l'export du fait des coûts, et qui renchérit aussi les importations ;
- l'héritage du Centre d'expérimentation du Pacifique (CEP), qui a transformé l'économie de la Polynésie. Avant le CEP, la Polynésie était autosuffisante, et elle était aussi une exportatrice de certains produits. Par exemple, elle était le premier exportateur mondial de vanille. Mais le CEP a transformé la population, qui est devenue majoritairement ouvrière et fonctionnaire, et a provoqué un exode massif vers Tahiti. Pendant deux générations, les Polynésiens souhaitaient massivement que leurs enfants deviennent fonctionnaires, et ma génération est la première depuis le CEP qui ne raisonne pas de cette façon. S'agissant de l'exode, à Rapa, par exemple, il ne reste que 450 personnes environ sur une île qui préalablement en comptait plus de 2 000. Aujourd'hui 70 % de la population polynésienne vit sur l'île de Tahiti. De manière générale, le CEP a transformé l'économie polynésienne, autrefois largement autosuffisante, en économie de comptoir, dans laquelle l'essentiel de la consommation est importé.

Un autre challenge est constitué par le développement économique et social :

- nous disposons d'opportunités économiques réelles. Les 118 îles de la Polynésie permettent une offre touristique sans égale dans le monde. Et nous sommes situés très loin, à l'abri de tous les conflits du monde, ce qui permet aux visiteurs de trouver une véritable paix en Polynésie. Cela permet un écosystème très favorable ;

* Propos recueillis par Jérôme Philippe, avocat associé au bureau parisien de Freshfields Bruckhaus Deringer, où il dirige l'équipe Antitrust, Concurrence et Commerce.

- en revanche, la population étant toute petite, notre marché intérieur est minuscule. Nous ne pouvons donc concevoir le développement économique que par l'exportation ;
- l'énergie constitue aussi un challenge. Le territoire n'a pas d'autre choix que d'être autonome pour son énergie. Notre énergie est aujourd'hui fossile à 93 %, même si ce taux diminue.

Enfin, l'environnement, et notamment le réchauffement climatique, est aussi un challenge majeur.

Il est clair que la Polynésie, compte tenu de sa taille, n'aura aucun effet, quoi qu'elle fasse, sur la trajectoire globale de réchauffement. En revanche, elle risque de subir pleinement les conséquences de ce réchauffement. Je pense notamment à l'archipel des Tuamotu, qui est quasi intégralement situé juste au-dessus du niveau de la mer et qui donc est très exposé. La question se pose, en fonction de la trajectoire à venir, des actions de remédiation. Mais ces actions peuvent devenir de plus en plus coûteuses, et finalement impossibles, si le niveau de l'océan monte trop. Il faudrait alors évacuer ces atolls, ce qui serait un traumatisme majeur, à la fois bien sûr pour la population, qui y vit depuis des générations, mais aussi sur le plan économique, car ces atolls concentrent l'essentiel de l'industrie perlière et une partie importante de la pêche. La question qui se posera est de savoir où est la limite de dépense pour pouvoir, dans le futur, continuer à y vivre.

Face à ces enjeux, quelles sont vos priorités ?

J'ai défini quatre secteurs prioritaires.

Première priorité : le tourisme durable

Le tourisme est aujourd'hui la première « exportation » de la Polynésie. Nous recevons environ 300 000 touristes par an en Polynésie, principalement d'Amérique du Nord, puis d'Europe et enfin d'Asie, cette dernière origine étant toutefois en croissance.

Mon objectif est de doubler les revenus du tourisme. Cela ne veut pas nécessairement dire doubler le nombre de touristes, mais à la fois augmenter le nombre de touristes et augmenter leurs dépenses en Polynésie, de sorte que le revenu total double. Cela implique de développer un tourisme de haute qualité et respectueux de l'environnement, tant via les hôtels que les pensions de famille. Nous observons aussi un développement important des Airbnb, ce qui est positif mais peut parfois localement poser des difficultés pour les Polynésiens qui veulent se loger.

Aujourd'hui, l'essentiel de la dépense touristique se produit à Bora-Bora, qui est hypertrophiée et ne peut pas continuer à augmenter encore.

Il est donc nécessaire de développer d'autres destinations en Polynésie, tout en respectant le choix des habitants. Par exemple, dans les Australes, la population a choisi de ne pas avoir d'hôtels, et de se limiter aux pensions de famille. De la même manière, aux Tuamotu, les habitants veulent conserver un certain ratio entre les hôtels et les pensions de famille.

C'est pourquoi j'ai d'ores et déjà modifié le régime d'aides pour qu'il favorise le développement des pensions de famille. Elles sont éligibles à un niveau d'aide qui dépend de leur éloignement.

Sur la période 2019-2021, nous avons vécu des fermetures d'hôtels, et nous avons aujourd'hui un certain nombre de friches hôtelières, souvent dans de très beaux endroits. Il est important que nous fassions rouvrir des hôtels dans ces lieux.

Et bien sûr, il y a également des projets de nouveaux hôtels, qui sont soutenus à la fois par le pays et par la France. À cet égard, nous travaillons actuellement sur un schéma d'hébergement avec KPMG Hospitality, et nous avons identifié 18 sites intéressants appartenant au pays. Le pays lancera l'année prochaine un appel à projets pour plusieurs sites dont il est propriétaire. Le foncier représentant en général entre 15 et 25 % du coût, l'aide apportée sera ainsi significative.

Au-delà des hébergements, il faut aussi que l'offre de transports se développe. Sous mon impulsion, nous sommes passés d'un duopole Air France/Air Tahiti Nui à une offre beaucoup plus large, en ajoutant United Airlines, Delta et French Bee, ce qui nous permet d'avoir aujourd'hui plus de 400 000 sièges.

Deuxième priorité : le secteur primaire

Comme je l'ai déjà mentionné, le secteur primaire a été, depuis trois générations, largement délaissé au profit des secteurs secondaire et tertiaire, ce qui nous a valu de perdre notre autosuffisance et nos exportations.

Il est essentiel de reconstituer nos cultures vivrières afin de moins dépendre des importations, et de moins subir l'inflation importée. Cela implique aussi une action sur la demande, notamment par l'éducation dans les écoles. Par ailleurs, exporter est essentiel en termes de revenus.

Toutefois, la surface des terres en Polynésie est de 4 500 km^2, dont un tiers environ est exploitable. La surface agricole exploitable est donc limitée, et à cela s'ajoutent évidemment des coûts de transport importants. Il en résulte que, hors cultures vivrières, seules des productions à haute valeur ajoutée sont pertinentes pour l'économie polynésienne.

Il faut donc que nous recherchions et développions de nouveau ces productions à haute valeur ajoutée :

- la vanille, par exemple : la production de vanille s'élevait en 1952 à 330 tonnes, et comme je l'ai dit nous étions alors le premier exportateur mondial. Aujourd'hui cette production est tombée à 20 tonnes seulement. Il faut que nous redéveloppions cette production ;
- nous avons, par exemple, le concombre de mer qui non seulement se cuisine, mais présente aussi des propriétés essentielles pour la santé des articulations. Il fait partie depuis des siècles de la pharmacopée chinoise. L'espèce étant en danger, elle ne peut être pêchée en mer. Toutefois, nous avons une start-up en Polynésie qui élève le concombre de mer, et peut donc le commercialiser et l'exporter ;
- de la même manière, nous essayons de développer le noni, qui fait partie de la pharmacopée locale ;
- on peut citer encore, par exemple, les bénitiers d'aquariophilie, qui sont des produits à très forte valeur ajoutée.

Troisième priorité : l'énergie

Comme je l'ai indiqué, notre énergie est aujourd'hui fossile à 93 %, même si ce taux diminue. Et le territoire n'a pas d'autre choix que d'être autonome en énergie compte tenu de son éloignement.

- Le solaire fonctionne bien en Polynésie, mais nécessite des batteries pour le stockage de l'électricité, or nous ne disposons ni de batteries, qui doivent être toutes importées, ni d'une filière de recyclage. Nous sommes donc très dépendants, mais néanmoins le solaire représente un axe de développement important pour nous. Nous avons déjà quatre fermes solaires en fonctionnement.
- L'éolien *onshore* ou *offshore* fonctionne mal en Polynésie compte tenu des régimes de vents, et il est également très mal accepté, donc ce n'est pas une solution.
- L'énergie thermique des mers est une source importante de développement. La technologie nous permet aujourd'hui d'utiliser la différence de température de la mer entre l'eau profonde, qui est froide, et l'eau de surface, qui est chaude. Il s'agit d'aller chercher de l'eau froide en profondeur et de créer de l'énergie à l'aide d'un échangeur thermique. Cette source d'énergie est d'autant plus adaptée que nous n'avons pas de plateau continental, de sorte qu'il est possible d'aller puiser en profondeur à proximité immédiate des îles. Nous avons déjà trois installations (SWAC) qui fonctionnent, l'une pour l'hôpital de Papeete, l'autre pour l'hôtel de Tetiaroa et la troisième pour un hôtel de Bora-Bora, et d'autres sont en projet. C'est probablement à terme la source d'énergie idéale pour la Polynésie.

Quatrième priorité : le numérique et l'audiovisuel

- Le numérique représente aujourd'hui 2 % du PIB de la Polynésie, et j'ai donné comme objectif qu'il en représente 25 % dans 10 ans.
- C'est en effet un bien idéal, puisqu'il n'a pas besoin d'acheminement. Il est facile, et souvent optimal, de travailler en temps décalé par rapport à l'Amérique du Nord et même à l'Europe. La beauté de la Polynésie et la douceur de son style de vie font qu'il est idéal de s'y installer pour des créateurs, des développeurs, ou encore pratiquement tous les autres métiers du numérique ou de l'audiovisuel. C'est l'approche *follow the sun* des Américains, et il est plus agréable de travailler en Polynésie que dans la plupart des autres endroits du monde dès lors que le travail le permet.
- Pour cela, il faut évidemment une connectivité élevée, et c'est désormais chose faite avec les cinq nouveaux câbles intercontinentaux qui vont s'ajouter aux deux existants pour mieux relier Tahiti au monde. Ce contrat, que j'ai signé avec Google, va multiplier par 50 la bande passante internationale disponible en Polynésie, et cela sans le moindre franc de dépense pour le pays, ce qui est remarquable. Nous allons également créer une école CANEA pour former les jeunes Polynésiens aux métiers du numérique, et nous lançons un partenariat avec le CNAM, le Conservatoire national des arts et métiers.
- Cela va permettre de développer ici de nouveaux métiers du numérique, mais aussi de l'audiovisuel, du médical et de beaucoup d'autres domaines.

- Cet accord, que j'ai pu initier grâce aux contacts que j'avais noués précédemment avec Google aux États-Unis, est une formidable opportunité de développement pour la Polynésie et va donner des perspectives nouvelles, localement, à la jeunesse polynésienne.

Quel rôle doit, selon vous, jouer la régulation de la concurrence pour baisser le coût de la vie et augmenter l'efficacité de l'économie ?

Je suis un fervent adepte de la concurrence et un tout aussi fervent défenseur de l'Autorité polynésienne de la concurrence (APC). La concurrence est absolument nécessaire au bon fonctionnement de l'économie, c'est elle qui permet l'émulation saine nécessaire à la croissance.

Sur un territoire comme la Polynésie, nous avons une entropie qui conduit naturellement à l'absence de concurrence. C'est-à-dire que, si les pouvoirs publics ne font rien, très vite il n'y a plus de concurrence.

On entend très souvent, par exemple, que compte tenu de la taille des marchés locaux, il n'y a « pas de place pour deux ». C'est souvent inexact, et en travaillant dans le détail on se rend compte qu'il y a souvent bien de la place pour plusieurs acteurs.

Il est donc essentiel que la concurrence soit régulée, et essentiel qu'elle le soit par une autorité administrative indépendante, qui peut agir de manière identique sur tous les secteurs. Le rôle de l'APC est donc très important.

J'ai néanmoins quelques regrets, car l'Assemblée a dans le passé quelque peu coupé les ailes de l'APC, en lui enlevant deux outils importants, l'interdiction des accords exclusifs d'importation et l'injonction structurelle. Je note que l'Autorité française et l'Autorité de la Nouvelle-Calédonie disposent de ces outils. Il me paraît important de les rétablir en Polynésie.

POSTFACE

« Travailler ensemble pour trouver des solutions efficaces aux défis régionaux communs »

Gina Cass-Gottlieb

Présidente de la Commission australienne
de la concurrence et de la consommation

En tant que président de la Commission australienne de la concurrence et de la consommation (ACCC), j'ai le grand honneur d'être invité à célébrer le 10e anniversaire du régime polynésien de la concurrence et les réalisations de l'un de nos précieux partenaires dans la région du Pacifique, l'Autorité polynésienne de la concurrence (APC).

L'APC fait partie des pionniers du droit et de la politique de la concurrence dans le Pacifique et a été un grand défenseur du rôle clé que joue la concurrence pour soutenir et débloquer le grand potentiel des marchés polynésiens. Depuis sa création en 2015, l'APC a fait de grands progrès dans ses activités d'application et de surveillance. Au cours de cette période, elle a mené à bien des enquêtes dans neuf secteurs, examiné 27 demandes de fusion et continué à développer son portefeuille de travail. Je suis également heureux d'apprendre que, pour témoigner de l'expertise émergente de l'APC en matière de réglementation, l'autorité s'est vu confier une nouvelle mission de réglementation de l'énergie.

L'APC est également un exemple régional dans ses activités d'éducation à la concurrence et de conformité. Par le biais d'ateliers, d'un engagement communautaire et des « Journées de la concurrence de Tahiti » annuelles, l'APC travaille sans relâche à promouvoir une plus grande sensibilisation au droit de la concurrence. Les Tahiti Competition Days sont un événement important dans le calendrier régional du droit de la concurrence, et constituent un forum clé pour les entreprises, les universitaires et les régulateurs qui se réunissent et discutent des défis et des opportunités en matière de concurrence dans le Pacifique et à l'étranger.

Je tiens à souligner tout particulièrement la contribution de Johanne Peyre au renforcement de la concurrence dans notre région grâce à son rôle de présidente de l'APC depuis juillet 2021. Sous la direction de Johanne, l'APC est devenue un leader régional dans la défense de la concurrence et un lien entre les universitaires et les autorités de la concurrence dans le Pacifique. En particulier, Johanne a sensibilisé le public aux solutions personnalisées nécessaires aux petites économies insulaires pour mettre en œuvre efficacement un régime de concurrence.

Au niveau régional, l'année dernière a vu la formation du Pacific Island Network of Competition Consumer and Economic Regulators (PINCCER), une initiative régionale établie dans le but de partager l'information, les techniques d'investigation et les meilleures pratiques entre les régulateurs du Pacifique. Je tiens à souligner le rôle de l'APC dans le développement de ce réseau et son leadership dans la sensibilisation et l'éducation des membres en matière de concurrence.

PINCCER a renforcé les relations entre les autorités réglementaires de la région du Pacifique et contribuera à la mise en place de cadres réglementaires cohérents au niveau régional et à l'application rigoureuse des règles de concurrence. Bien que PINCCER soit un réseau relativement nouveau, son impact s'est déjà concrétisé dans l'enthousiasme et l'engagement croissants de ses membres à construire une culture de la concurrence dans leurs propres économies et dans toute la région du Pacifique. L'ACCC est honorée de faire partie de ce réseau.

L'une des principales caractéristiques de PINCCER est que ses membres représentent diverses économies et différents stades de leur parcours en matière de concurrence. Cela signifie que chaque membre a des contributions et des perspectives individuelles uniques à partager et qu'il aura toujours quelque chose à apprendre de ses homologues. En tant qu'agence mieux établie dans la région, je sais que l'ACCC a beaucoup apprécié d'être informée des questions de concurrence régionale et d'être en contact avec ses homologues du Pacifique.

Une autre caractéristique importante est que PINCCER fournit un forum collectif grâce auquel les membres peuvent avoir une voix amplifiée et une plus grande représentation dans des forums internationaux plus importants. Permettre aux autorités du Pacifique, qu'elles soient jeunes ou plus établies, de faire entendre leur voix dans les forums et réseaux internationaux est également essentiel pour renforcer la représentation régionale et sensibiliser le monde aux défis auxquels sont confrontées les petites économies.

Au niveau mondial, APC a contribué aux forums du Réseau international de la concurrence (RIC) et de l'Organisation de coopération et de développement économiques (OCDE). Ces organisations permettent la diffusion des meilleures pratiques et une coopération internationale efficace et sont essentielles pour faciliter la coopération transfrontalière entre les autorités de la concurrence dans le contexte de l'émergence de défis mondiaux exigeant des solutions mondiales.

Alors que les autorités plus jeunes ont toujours été moins présentes dans les forums internationaux, ces dernières années, le RIC et l'OCDE ont démontré leur engagement à amplifier les voix des agences de concurrence plus petites et plus jeunes. Le projet Bridging du CII, par exemple, vise à accroître la présence et la participation des jeunes membres, à élargir les points de vue du CII et à faire en sorte que le réseau réponde aux besoins de tous les membres.

En offrant aux jeunes autorités, y compris celles de la région du Pacifique, la possibilité et l'espace nécessaires pour participer activement aux forums internationaux, les autorités mondiales comprendront mieux les défis auxquels sont confrontées les petites économies, faciliteront un transfert efficace des connaissances et une meilleure coopération, et relèveront le niveau mondial de sensibilisation à la concurrence et d'application de la législation en la matière.

L'ACCC est reconnaissante des opportunités de partenariat avec nos voisins du Pacifique dans le but de renforcer les lois et l'expertise en matière de concurrence dans la région. L'expérience croissante des nations du Pacifique peut être partagée avec d'autres économies plus petites dans le monde. J'encourage les autres agences à travailler avec leurs jeunes homologues régionaux lorsque l'occasion se présente – on ne saurait trop insister sur les avantages d'apprendre les uns des autres.

C'est une bonne occasion pour moi de participer aux célébrations du 10ᵉ anniversaire du régime de concurrence en Polynésie française, car l'Australie célèbre également une étape importante dans l'histoire de son droit de la concurrence. Cette année marque en effet le 50ᵉ anniversaire de la loi australienne sur les pratiques commerciales (Trade Practices Act) qui, à l'époque, a jeté les bases de la loi australienne sur la concurrence et la consommation (Competition and Consumer Act), appliquée aujourd'hui par l'ACCC. L'Australie et la Polynésie française célèbrent non seulement les anniversaires du droit de la concurrence dans nos pays respectifs, mais aussi les nombreux progrès réalisés dans la mise en œuvre de régimes de concurrence efficaces dans l'ensemble du Pacifique. Je suis impatient de célébrer la création et les étapes importantes d'autres autorités de la concurrence dans notre région dans les années à venir.

L'ACCC est très fière de sa relation avec l'APC et a apprécié de faire partie du parcours de l'APC au cours de la dernière décennie. Nous nous réjouissons de continuer à apprendre les uns des autres et de travailler ensemble, avec nos autres partenaires du Pacifique, pour trouver des solutions efficaces aux défis régionaux communs et construire une culture régionale de concurrence dynamique.

TABLE DES MATIÈRES

PARTIE II
RETOUR SUR UNE DÉCENNIE DE DÉCISIONS ET AVIS DE L'AUTORITÉ POLYNÉSIENNE DE LA CONCURRENCE

PARTIE III
CONTRIBUTION À LA RÉGULATION DES PRINCIPAUX SECTEURS D'ACTIVITÉS

PARTIE V
ENJEUX, DÉFIS ET HORIZONS DE LA CONCURRENCE EN POLYNÉSIE FRANÇAISE

Concurrences
Competition Laws Review

Revue Concurrences

Revue trimestrielle dédiée aux droits interne et européen de la concurrence

Concurrences est une revue universitaire mensuelle dédiée aux droits interne et européen de la concurrence. Créée en 2004 par Laurence Idot, Frédéric Jenny et Nicolas Charbit, la revue est un forum de discussions entre universitaires, magistrats et praticiens du droit de la concurrence. Son rayonnement en dehors du champ des spécialistes est tel que plusieurs personnalités publiques de premier plan ont publié des points de vue dans ses colonnes : Christine Lagarde, Bill Kovacic, Emmanuel Macron, Antonin Scalia and Magrethe Vestager....

Comité scientifique et comité international

Le Comité scientifique, présidé par Laurence Idot assure l'indépendance de la revue et sélectionne les articles soumis à la revue sur des critères de rigueur de la démonstration et d'objectivité. Le Comité international, présidé par Frédéric Jenny, contribue à la diffusion de la revue à l'international et à l'organisation des conférences hors de l'Europe.

Contributeurs

Plus de 2 500 contributeurs provenant de 30 pays ont publié dans la revue Concurrences. Ces contributeurs sont universitaires, magistrats ou représentants d'autorités de concurrence, avocats ou conseils juridiques, tous spécialisés en droit ou en économie de la concurrence.

Version électronique

Depuis 2004, Concurrences a publié plus de 15 000 articles (au 1er mars 2025). La version électronique reprend l'intégralité des articles parus dans la version imprimée depuis 2004 ainsi qu'environ 30 % d'articles supplémentaires. Ce supplément électronique correspond à descontributions publiées exclusivement sur le site de la revue notamment en raison de leur ampleur : actes de colloques, articles de fond, contributions économiques ...

www.ingramcontent.com/pod-product-compliance
Lightning Source LLC
LaVergne TN
LVHW010641051026
849532LV00001B/141
9791094201947